河北省物流业发展报告

（2015—2016）

河北省现代物流业发展领导小组办公室　编

中国财富出版社

图书在版编目（CIP）数据

河北省物流业发展报告．2015—2016／河北省现代物流业发展领导小组办公室编．—北京：中国财富出版社，2016.6

ISBN 978－7－5047－6164－4

Ⅰ．①河…　Ⅱ．①河…　Ⅲ．①物流—经济发展—研究报告—河北省—2015—2016　Ⅳ．①F259.272.2

中国版本图书馆 CIP 数据核字（2016）第 126345 号

策划编辑　葛晓雯　　**责任编辑**　葛晓雯　惠　婳

责任印制　何崇杭　　**责任校对**　杨小静　梁　凡　　**责任发行**　斯　琴

出版发行　中国财富出版社

社　　址　北京市丰台区南四环西路 188 号 5 区 20 楼　　邮政编码　100070

电　　话　010－52227568（发行部）　　010－52227588 转 307（总编室）

010－68589540（读者服务部）　　010－52227588 转 305（质检部）

网　　址　http://www.cfpress.com.cn

经　　销　新华书店

印　　刷　北京京都六环印刷厂

书　　号　ISBN 978－7－5047－6164－4/F·2604

开　　本　787mm×1092mm　1/16　　版　　次　2016 年 6 月第 1 版

印　　张　27.75　　印　　次　2016 年 6 月第 1 次印刷

字　　数　608 千字　　定　　价　160.00 元

《河北省物流业发展报告》（2015—2016）

编写人员

特约顾问：贺登才

主　　编：宗树明

副 主 编：张学引　徐计增

主要成员：刘学亮　于　玥　郜利宁　武笑笑　李建婷

策　　划：现代物流报社

北京中物汇成工程技术研究院

《河北省物流业发展报告》（2015—2016）

特约撰稿人

（按姓氏笔画排名）

于　涛　河北机场管理集团有限公司市场部航线拓展经理
马　辉　河北万合物流股份有限公司科员
王亚楠　河北邢业通物流有限公司
尹纪周　河北好望角物流发展有限公司外部董事
石玉昆　河北省铁道经济技术合作协会副会长
史育红　河北润丰物流有限公司
付永军　迁安市北方钢铁物流产业聚集区管委会综合办公室主任
曲　炜　河北机场管理集团有限公司规划发展部规划主管
刘　超　河北好日子商业股份有限公司战略发展部经理
安海旭　迁安市北方钢铁物流产业聚集区管委会办公室科员
苏卉卉　河北省邮政管理局办公室科员
李　玲　河北省煤炭运销协会副理事长兼秘书长
宋新廷　河北省煤炭工业行业协会副会长兼秘书长
张　远　安平县聚成国际物流有限公司办公室主任
张　慧　邯郸国际陆港有限公司规划发展部科员
苑宜江　河北港口集团有限公司党委工作部对外宣传科科长
周志强　国药乐仁堂医药有限公司
姚广达　冀中能源国际物流集团有限公司发展规划部科长
贾冬梅　河北好日子商业股份有限公司总经理
高　林　河北省冶金行业协会副秘书长
崔宇秋　原河北省现代物流协会副会长
鲁　泽　原河北省现代物流协会会长

阙亚男　唐山成联电子商务有限公司行政副总裁
翟冬梅　国药乐仁堂医药有限公司物流中心总经理
霍　森　冀中能源国际物流集团有限公司发展规划部科员

特别鸣谢：河北省统计局

序

河北省地处华北平原、兼跨内蒙古高原。全省内环京津，北接内蒙古、辽宁，西靠山西，南与河南、山东接壤，东临渤海，素有“南北通衢、燕晋咽喉”之称，是全国铁路、公路辐射面最广的省份。到 2015 年年底，全省高速公路通车总里程达到 6333 千米，铁路总里程达到 7166 千米，港口总通过能力达到 10.1 亿吨。这些为河北省发展物流业奠定了坚实的基础条件。

2014 年，国家发布了《物流业中长期发展规划（2014—2020 年）》，把物流业确定为基础性、战略性产业，指明了全国物流业的发展目标和总体布局，提出了按照推动京津冀协同发展、环渤海区域合作等思路，加快商贸物流业一体化进程，为河北省物流业发展明晰了“路线图”。2015 年 4 月，《京津冀协同发展规划纲要》提出，要把河北建成“全国现代商贸物流重要基地”，明确了河北在京津冀协同发展乃至全国物流业中的功能和定位。

2015 年，河北省经济进入新常态后，在下行压力不断加大的情况下，物流业仍保持了平稳增长，产业发展新动力逐步显现，为“稳增长”“调结构”“惠民生”较好地发挥了支撑和保障作用。社会货物物流总额达到 83695 亿元，同比增长 6.71%；物流业增加值达到 2613 亿元，同比增长 6.91%；物流业增加值占服务业增加值比重为 21.8%，物流业增加值占 GDP 的比重为 8.77%，物流总费用占 GDP 的比重为 18.78%；全社会货运量达到 23.11 亿吨，同比增长 9.34%；港口货物吞吐量完成 9.13 亿吨，新增港口通过能力 0.9 亿吨；全社会货运周转量达到 12937 亿吨公里，同比增长 1.77%，其中道路货运周转量增长较快，增速达到 10.17%。据不完全统计，32 个省级物流产业聚集区已建成和正建项目有 100 多个，总投资千亿元以上；截至 2015 年年底，全省现代物流业贷款余额 4547.49 亿元，同比增长 14.11%，比年初新增 562.37 亿元。另外，石家庄、唐山城市共同配送和物流标准化试点取得成效，家电产品、农产品、药品、快递物品等居民快消品配送效率进一步提高，物流成本大幅降低。

2015 年，河北省人民政府办公厅印发《河北省物流业发展三年行动计划（2015—2017 年）》，提出到 2017 年，力争全省物流业增加值年均增长 10% 以上，物流业增加值达到 3200 亿元，物流总费用占全省生产总值比重较 2014 年下降 0.5 个百分点，为河北省物流业指明了发展目标和努力方向。

2016 年，河北省物流工作将深入贯彻党的十八届五中全会、中央和省经济工作会议精神，认真坚持创新、协调、绿色、开放、共享的发展理念，全面落实河北省人民政府《关于印发河北省建设全国现代商贸物流重要基地规划（2016—2020）的通知》要求，积极推动供给侧结构性改革，圆满完成河北省人民政府办公厅《关于印发河北省现代服务业重点行业发展三年行动计划的通知》提出的阶段性任务。力争全年物流增加值增长7%以上，物流总费用占全省生产总值的比率较2015年下降0.2个百分点，物流业运行效率明显改善，社会化、专业化和现代化水平显著提高，物流企业进一步发展壮大，物流业与其他产业融合度进一步提高，为建设全国现代商贸物流重要基地奠定基础。

为回顾河北省物流业发展情况、反映物流业发展现状、了解物流业发展思路、把握物流业发展趋势，给河北省委、省政府领导决策提供科学依据，河北省现代物流业发展领导小组办公室委托现代物流报社组织编写了《河北省物流业发展报告（2015—2016）》（以下简称《报告》）。《报告》分为五篇。其中，综合篇，内容涉及河北省物流业2015年发展环境、发展情况、2016年工作要点，京津冀协同发展的物流创新研究，2015年河北省现代物流业十件大事；专题篇，内容涉及河北省物流聚集区发展情况及建议，河北省商贸、公路、铁路、港口、航空、快递、钢铁、煤炭、粮食、农产品、医药、电商、国际货代业等专业物流发展情况及展望；区域篇，内容涉及河北省11个市的物流业2015年发展情况及2016年展望；企业篇，重点介绍了河北省内的11家重点物流企业的基本情况、核心优势和在物流技术、企业管理、市场拓展、商业模式、运营方式、网络建设、系统优化等方面的典型案例以及河北省A级物流企业名录；政策篇，辑录了2015年国家、河北省出台的与物流相关的政策、法规文件。

《报告》出版过程中，得到了河北省现代物流业发展领导小组成员单位，各设区市发展和改革委，省级物流产业聚集区管委会和部分行业协会、重点物流企业的大力支持，在此表示感谢！由于是首次编写，加之资料较少，难度较大，《报告》中不足之处，恳请读者批评指正，以便在下年度编写中改进提高。

现代物流报社编写组

2016年5月

目　录

综合篇

专题篇

区域篇

企业篇

政策篇

综 合 篇

第一章　2015 年河北省物流业发展环境

2015 年，在复杂严峻的形势下，河北省认真贯彻落实习近平总书记系列重要讲话精神，坚持稳中求进工作总基调，以提高经济发展质量和效益为中心，主动适应经济发展新常态，国民经济稳中有进，社会事业取得全面进步，物流业面临新的经济和政策环境。

一、国民经济稳中有进

全省生产总值实现 29806.1 亿元，比上年增长 6.8%。其中，第一产业增加值 3439.4 亿元，增长 2.5%；第二产业增加值 14388.0 亿元，增长 4.7%；第三产业增加值 11978.7 亿元，增长 11.2%。第一产业、第二产业、第三产业增加值分别占全省生产总值的比重为 11.5%、48.3%、40.2%。如图 1 所示。

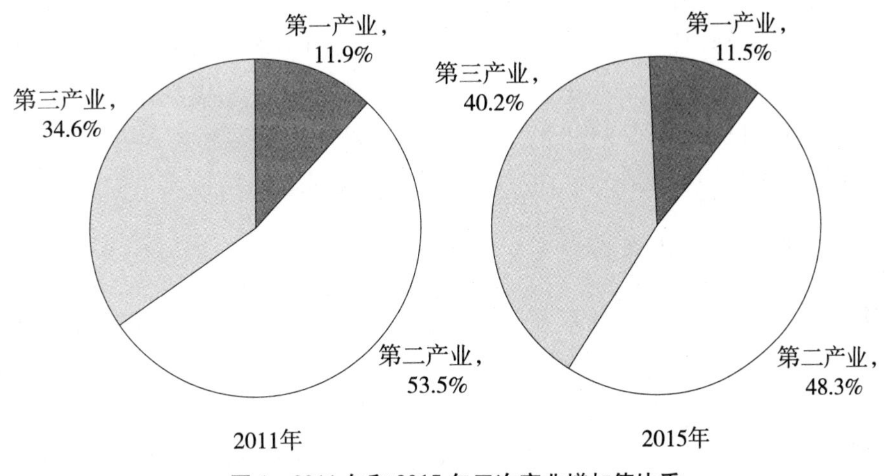

图 1　2011 年和 2015 年三次产业增加值比重

（一）工业生产增幅总体放缓，不同板块有升有降

2015 年，全年全部工业增加值 12626.2 亿元，比上年增长 4.3%。规模以上工业增加值 11244.7 亿元，增长 4.4%，如图 2 所示。在规模以上工业中，国有及国有控股企业增加值下降 1.5%，集体企业下降 8.4%，股份制企业增长 4.9%，外商及港澳台投资企业增长 3.4%。

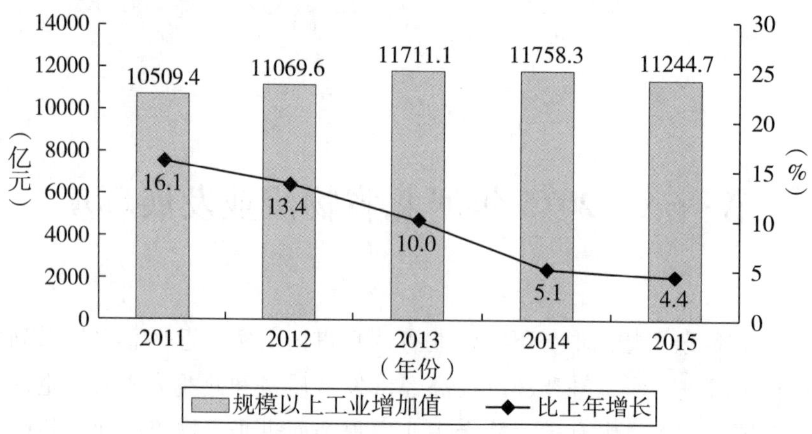

图2　2011—2015年规模以上工业增加值及增速

分门类看，规模以上工业中，装备制造业增加值比上年增长7.0%，占规模以上工业的比重为23.7%，比上年提高3.1个百分点；钢铁工业增加值增长5.0%，占规模以上工业的比重为26.0%，比上年下降4.6个百分点；石化工业增加值增长6.1%；医药工业增加值增长4.8%；建材工业增加值增长1.1%；食品工业增加值增长3.2%；纺织服装业增加值增长3.3%。六大高耗能行业增加值比上年增长3.2%，增速比上年提高0.4个百分点。其中，煤炭开采和洗选业下降5.3%，石油加工、炼焦及核燃料加工业增长9.1%，化学原料及化学制品制造业增长7.0%，非金属矿物制品业增长0.5%，黑色金属冶炼及压延加工业增长4.8%，电力、热力的生产和供应业下降2.1%。高新技术产业增加值增长11.6%。其中，新材料、高端装备制造、电子信息和新能源四个领域增加值分别增长10.9%、11.8%、13.8%和19.7%。

分产品看，29种主要工业产品中有16种产品产量比上年增长。

（二）农业生产总体保持稳定

全省全年粮食播种面积639.2万公顷，比上年增长1.0%；粮食总产量3363.8万吨，增长0.1%，如图3所示。其中，夏粮产量1450.2万吨，增长0.4%；秋粮产量1913.6万吨，下降0.1%。

分产品看，棉花总产量37.3万吨，下降13.4%；油料总产量151.5万吨，增长0.9%；蔬菜总产量8243.7万吨，增长1.5%；肉类总产量462.0万吨，比上年下降1.3%；禽蛋产量373.6万吨，增长3.0%；牛奶产量473.1万吨，下降3.0%；水产品产量129.3万吨，比上年增长2.3%；木材产量80.4万立方米，比上年下降10.8%。

（三）国内贸易较快增长

社会消费品零售总额实现12934.7亿元，比上年增长9.4%，如图4所示。按经营单位所在地统计，城镇消费品零售额完成10069.4亿元，增长9.3%；乡村消费品零售

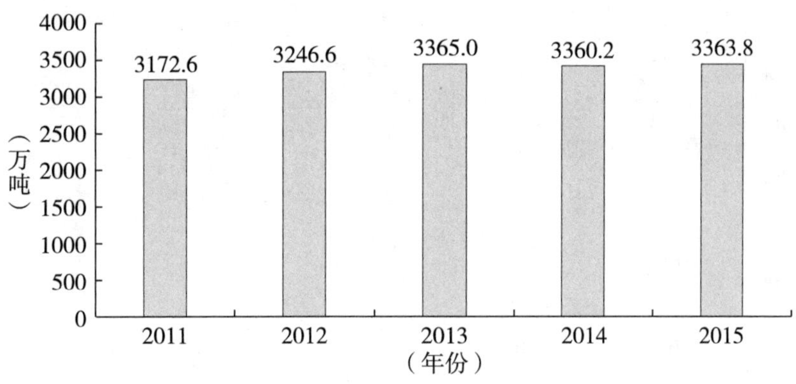

图 3　2011—2015 年粮食总产量

额完成 2865.2 亿元，增长 9.8%。在限额以上批发和零售企业（单位）商品零售额中，粮油、食品类增长 10.1%，饮料类增长 15.7%，烟酒类增长 10.9%，服装鞋帽针纺织品类增长 6.7%，日用品类增长 7.0%，中西药品类增长 18.3%，家具类增长 26.6%，汽车类增长 3.9%。

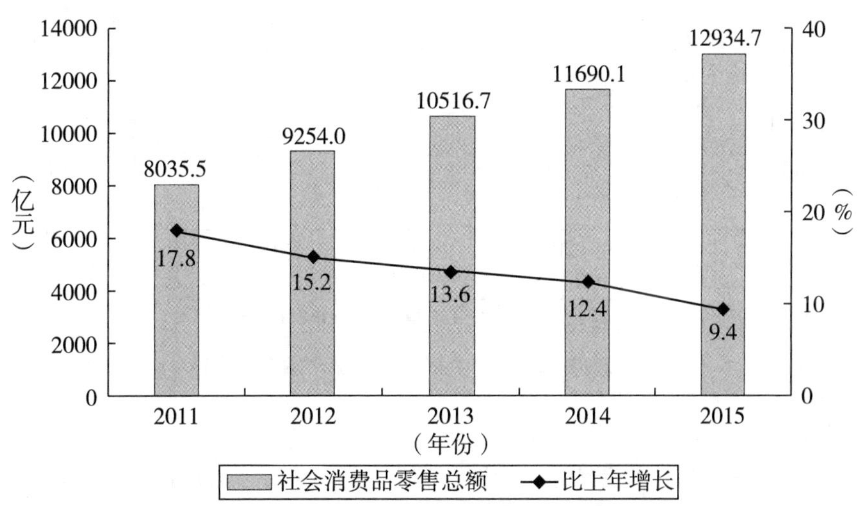

图 4　2011—2015 年社会消费品零售总额及增速

（四）对外贸易全面下降

进出口总值完成 514.8 亿美元，比上年下降 14.2%。其中，出口总值 329.4 亿美元，下降 7.8%；进口总值 185.4 亿美元，下降 23.6%，如图 5 所示。

（五）固定资产投资增速放缓

全年全社会固定资产投资完成 29448.3 亿元，比上年增长 10.4%，如图 6 所示。其中，固定资产投资（不含农户）28905.7 亿元，增长 10.6%；农户投资 542.5 亿元，

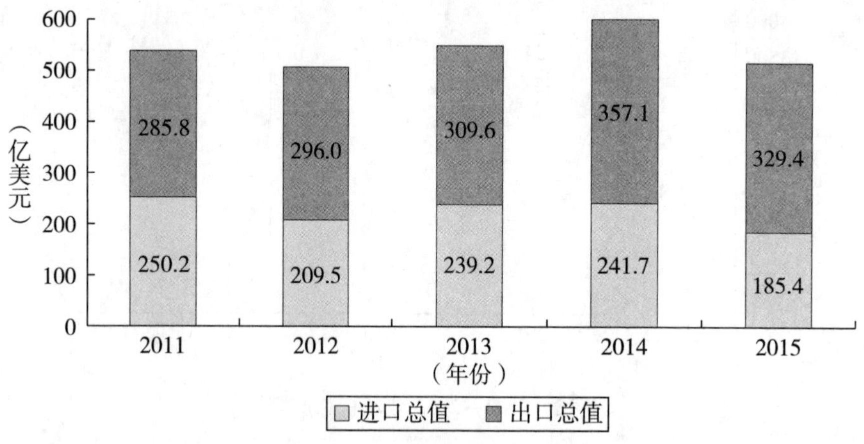

图 5　2011—2015 年进出口总值

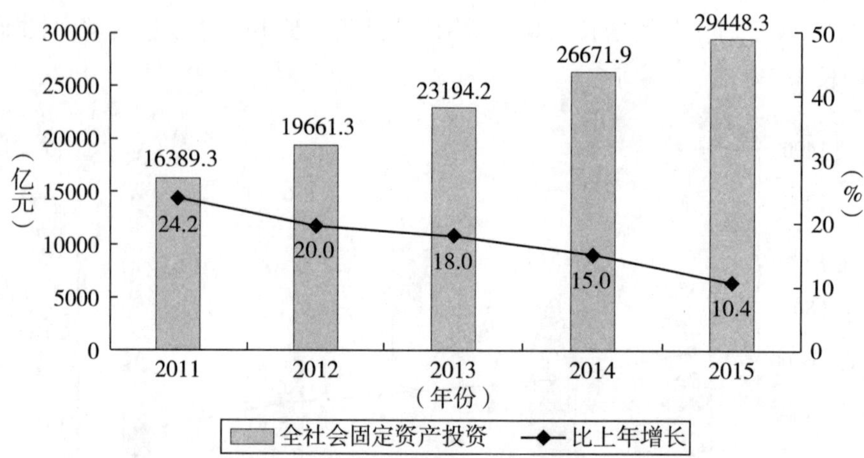

图 6　2011—2015 年全社会固定资产投资及增速

增长 3.4%。

在固定资产投资（不含农户）中，第一产业投资 1409.3 亿元，比上年增长 35.4%；第二产业投资 14649.4 亿元，增长 12.3%；第三产业投资 12847.1 亿元，增长 6.5%。

二、顶层设计上对河北省物流业发展定位明朗化

2015 年 4 月底，中央政治局会议审议通过的《京津冀协同发展规划纲要》中确定了河北省“一基地三区”功能定位，即全国现代商贸物流重要基地、产业转型升级试验区、新型城镇化与城乡统筹示范区、京津冀生态环境支撑区，这对河北省物流业发展，既明确了方向，也无疑是一项重大利好。

围绕落实四大功能定位，河北省有针对性地编制了四个专项规划，到 2015 年年底

已基本完成。其中，“全国现代商贸物流重要基地规划”的核心是服务京津、发展河北，发挥好河北省的区位交通和资源优势，发展壮大商贸物流业，尽快将其打造成新的支柱产业。

京津冀地区拥有1.2亿消费人口，商品销售总额、物流业增加值分别占全国的23%和12%，是全国商贸物流最活跃、最集中的区域之一。河北省环绕京津，区位优势独特，交通快捷便利，特别是随着北京新发地、大红门等商品集散地先后迁址河北，以及北京新机场和轨道交通项目加快建设，河北省发展商贸物流业迎来了前所未有的机遇。

全国现代商贸物流重要基地规划准确把握建设全国现代商贸物流重要基地的内涵和要求，做到了“三个突出”：一是突出发展目标。到2020年，物流效率达到国内先进水平，优势领域达到或接近国际水平，把现代商贸物流业打造成全省重要支柱产业，培育世界级商贸物流产业集群。二是突出空间布局。明确提出打造“一环、两通道、多节点”商贸物流空间结构。“一环”即环首都商贸物流产业聚集带，“两通道”即东西向大宗商品物流通道和南北向综合物流通道，“多节点”包括各设区市重要物流枢纽、100个县域特色物流市场和100个商贸交易中心。三是突出载体支撑。围绕河北省商贸物流业发展重点领域，谋划实施空港海港、大宗商品、制造业、农产品、传统商贸提升、电子商务、快递、多式联运、物流品牌化、绿色商贸等十大商贸物流工程，这是规划的重要抓手，现在已开始实施，力争2017年年底前取得重大进展。

2015年5月底，商务部等10部门联合印发《全国流通节点城市布局规划（2015—2020年)》（以下简称《规划》)，目的是加快构建全国骨干流通网络，努力提升流通节点城市功能，更好地发挥流通产业的基础性和先导性作用，进一步释放消费潜力。

《规划》根据国家区域发展总体战略及“一带一路”、京津冀协同发展和长江经济带战略等部署，结合国家新型城镇化规划、全国主体功能区规划等，确定2015—2020年“3纵5横”全国骨干流通大通道体系，明确划分国家级、区域级和地区级流通节点城市，并提出完善流通大通道基础设施、建设公益性流通设施、提升流通节点城市信息化水平、建设商贸物流园区、完善城市共同配送网络、发展国家电子商务示范基地、提升沿边节点城市口岸功能、促进城市商业适度集聚发展、强化流通领域标准实施和推广等九项重点任务。

根据《规划》，石家庄市被确定为全国37个国家级流通节点城市之一；唐山、保定、秦皇岛和邯郸被确定为区域级流通节点城市；沧州、衡水、邢台、张家口和承德也由河北省确定为地区级流通节点城市，为河北省及各地物流业发展定位提供了可靠依据。

三、政府推动物流业发展的着力点更加准确

继2013年、2014年国家商务部、财政部成功开展城市共同配送试点工作以后，

2015 年商务部、财政部、国家标准委等部门又出台政策，积极推动物流标准化试点项目和智慧物流配送工作。

根据财政部办公厅、商务部办公厅、国家标准化管理委员会办公室《关于开展物流标准化试点有关问题的通知》（财办建〔2014〕64 号）精神，2015 年 7 月，在全国遴选 11 个城市（含石家庄、唐山）开展物流标准化试点工作。按照“政府引导、企业主导、以点带面、由易到难”的原则，以城市配送体系中物流标准化建设、托盘标准化及其循环共用、标准周转箱容器应用等为工作重点，支持对非标准托盘按照国标《联运通用平托盘主要尺寸及公差》《联运通用平托盘性能要求和试验选择》进行标准化更新，提高标准化托盘使用量，优先推广 1.2 米 ×1.0 米托盘；鼓励企业带标准化托盘运输，支持使用和更新标准化周转箱、笼车等标准化物流设备；推广应用与标准化托盘、周转箱、笼车相适应的货架、叉车等设施设备，带动物流设施设备标准化升级改造和普及应用；促进物流配送交接模式变革，推动覆盖京津冀区域，包括快速消费品生产、物流、零售终端全过程的物流标准化进程，降低物流成本，提高物流效率。

通知要求，力争经过三年试点，参与试点的第三方物流企业、商贸批发企业、快速消费品生产企业标准化托盘使用量达到 90% 以上，其中 60% 为租赁使用，实现带托配送、托盘循环共用、免检直通模式门店占到总配送门店的 5% 以上；对于零售连锁企业，第三方物流及商贸批发企业直送门店的货物 20% 以上实现带托运输，托盘进入循环共用体系，企业内部配送中心标准化托盘租用率达到 70% 以上；完成相关标准的研究、制定和发布。培育并形成推动本市物流标准化体系建设和具有示范作用的推广物流标准化的骨干物流和零售企业。

2015 年 7 月商务部办公厅下发《关于智慧物流配送体系建设的实施意见》（以下简称《意见》），提出以“互联网 +”理念为指导，将满足生产和消费需求作为出发点，把握互联网、物联网背景下物流业发展规律，以信息化、智能化设备为载体，加强技术创新和商业模式创新，优化供应链管理和资源配置，推动物流业与制造业、商贸业的融合，物流与商流、信息流、资金流的融合，互联网、移动互联网、物联网与车联网的融合，促进提高效率、降低成本，提升物流业综合服务能力和整体发展水平。

《意见》明确，重点提升物流设施设备智能化水平，物流作业单元化水平，物流流程标准化水平，物流交易服务数据化水平，物流过程可视化水平。推广物联网技术、信息技术应用；加强物流企业订单处理、需求分析、数据安全管理；推动物流业线上线下结合，电子商务与物流协同发展；促进物流业经营模式创新等领域重点推进。在 1 ~2 年内，在全国创建 10 个智慧物流配送示范城市、打造 50 个智慧物流配送示范基地（园区）、培育 200 个智慧物流配送示范企业。通过示范创建工作，推动配送效率提高 20%，仓储管理效率提高 20%。

2015 年 7 月，交通运输部、国家发展和改革委联合印发了《关于开展多式联运示范工程的通知》，共同开展多式联运示范工程。按照既要突破硬技术、更要优化软环境，激发市场主体活力、支撑国家重大战略等思路，先期在全国范围内选取 15 个项目，开展多式联运示范工程建设，发挥典型示范意义和带动作用。示范工程实施时间为 3 年。2015 年 7 月为示范工程启动阶段，各省级交通运输、经济运行调节部门进行示范工程项目初选，确定实施项目和单位，示范工程项目名单将于 2016 年 5 月底公布。交通运输部、国家发展和改革委将根据有关规定，对符合要求的多式联运示范工程给予政策支持，对于符合预算内基建、铁路、公路、水路资金（基金）使用政策的项目，将按规定给予资金补助。

2015 年 8 月，国家发展和改革委下发《关于加快实施现代物流重大工程的通知》（以下简称《通知》），指出加快推进现代物流重大工程建设，是适应经济发展新常态，引领社会资本增加对物流业的投入、推动物流业发展的重要举措，对于稳定经济增长，促进产业结构调整、转变发展方式和提高国民经济竞争力具有重要意义。坚持积极助力国家战略的实施，引领社会资本重点投向与“一带一路”、京津冀协同发展、长江经济带、自贸区等国家战略相匹配的物流工程，重点提高沿带、沿路、沿江和京津冀区域内的物流基础设施水平，促进互联互通；着力促进物流业转型升级，提高重大工程实施的整体性和协同性，建设一体化、顺畅衔接的物流通道和设施网络，加强新技术和现代化设备的应用，提高物流运行效率。

《通知》明确提出了建设联通国际国内的物流大通道，打通长江经济带地区多式联运通道，推动京津冀物流协同发展，建设一批适应电子商务等新型业态发展需要的物流设施，提升物流业信息化、标准化水平，构建覆盖全国主要物流节点便捷高效的物流基础设施网络等多项重大任务。

四、降低物流成本、减轻企业压力的政策频频出台

2015 年 1 月，国家发展和改革委下发《关于调整铁路货运价格进一步完善价格形成机制的通知》，其中规定：取消铁路运输企业收取的“大宗货物综合物流服务费”。铁路运输企业要严格执行国家价格政策，建立健全内部运行机制，自觉规范价格行为。不得强制服务、强行收费，或只收费不服务。要认真落实明码标价规定，及时在各营业场所公示调整后的各类货物铁路运输基准运价率。

2015 年 8 月，财政部下发《关于继续实施物流企业大宗商品仓储设施用地城镇土地使用税优惠政策的通知》（以下简称《通知》），明确自 2015 年 1 月 1 日起至 2016 年 12 月 31 日止，对物流企业自有的（包括自用和出租）大宗商品仓储设施用地，减按所属土地等级适用税额标准的 50% 计征城镇土地使用税。

同时明确，《通知》所称物流企业，是指至少从事仓储或运输一种经营业务，为工农业生产、流通、进出口和居民生活提供仓储、配送等第三方物流服务，实行独立核算、独立承担民事责任，并在工商部门注册登记为物流、仓储或运输的专业物流企业。通知所称大宗商品仓储设施，是指同一仓储设施占地面积在 6000 平方米及以上，且主

要储存粮食、棉花、油料、糖料、蔬菜、水果、肉类、水产品、化肥、农药、种子、饲料等农产品和农业生产资料，煤炭、焦炭、矿砂、非金属矿产品、原油、成品油、化工原料、木材、橡胶、纸浆及纸制品、钢材、水泥、有色金属、建材、塑料、纺织原料等矿产品和工业原材料的仓储设施。

为进一步规范港口建设费征收管理，切实减轻外贸和水运企业负担，2015 年 12 月，财政部、交通运输部联合下达《关于完善港口建设费征收政策有关问题的通知》规定，对水运进港货物中属于船过船作业以及卸船未提离港口库场又直接办理转船转运的，无论收货人（或其代理人）是否发生变更，在水运全过程只征收一次港口建设费。对 30 英尺以下的非标准集装箱，按 20 英尺集装箱的征收标准征收港口建设费。对 30 英尺（含 30 英尺）以上的非标准集装箱，按 40 英尺集装箱的征收标准征收港口建设费。

2014 年年底，河北省人民政府出台《关于促进物流业加快发展的若干意见》，在简化审批手续、保障物流用地、加大资金投入力度、落实税费政策、促进便利通行、突破关键技术和深化管理改革等方面明确一系列意见，为物流企业简化办事程序、提高办事效率、降低物流成本提供了宽松、务实的政策环境。

五、行业物流发展得到进一步重视

（1）医药物流。2015 年 1 月，商务部办公厅下发《关于加快推进中药材现代物流体系建设指导意见的通知》（以下简称《通知》），要求各地商务主管部门推动建立中药材现代物流体系，促进中药材流通现代化，提升中药材质量安全保障能力。明确了到 2020 年初步形成采收、产地加工、包装、仓储和运输一体化的中药材现代物流体系的总体目标，提出了六项主要任务：一是建设中药材产业加工基地；二是规范中药材包装；三是建设集中仓储配送网络；四是推广应用现代物流管理与技术；五是完善中药材专业市场的配套物流服务功能；六是做强做大中药材仓储物流企业。

为实现以上目标和任务，《通知》提出四项保障措施：一是加强规划引导与政策支持，争取在中药材集约化产地加工基地、社会化仓储基地建设方面提供土地、资金、融资支持；二是尽快形成覆盖中药材物流全过程的标准体系；三是推行中药材仓储质量认证制度，确保从事中药材公共仓储服务的企业具备相应的储存条件；四是充分发挥相关行业协会在中药材标准制定与宣传贯彻、人才培训、专业咨询等方面的积极作用。

（2）冷链物流。2014 年 12 月底，国家发展和改革委、商务部、财政部等十部委联合下达《关于进一步促进冷链运输物流企业健康发展的指导意见》（以下简称《意见》），引导大力发展第三方冷链物流，提升冷链运输物流服务水平。提出大力提升冷链运输规模化、集约化水平，鼓励冷链运输物流企业通过参股控股、兼并重组、协作联盟等方式做大做强，加快形成一批经济实力雄厚、经营理念和管理方式先进、核心竞争力强的大型冷链运输物流企业。

《意见》还鼓励企业购置节能环保的冷链运输车辆，推广全程温度、湿度自动监测系统和控制设备，要求加强温度监控和追溯体系建设，加强物联网、云计算、大数据、移动互联等先进信息技术在冷链运输物流领域的应用。

（3）农村物流。2015 年 3 月，交通运输部会同农业部、供销合作总社、国家邮政局联合印发了《关于协同推进农村物流健康发展、加快服务农业现代化的若干意见》（以下简称《若干意见》），引导探索建立交通运输、农业、供销、邮政管理多部门共同推进农业物流发展的新机制，加强部门协同配合，依托各部门和行业在农村物流发展中的已有基础和优势，加强资源整合共享与合作开发，构建“场站共享、服务同网、货源集中、信息互通”的农村物流发展新格局。

《若干意见》要求，加强交通运输、农业、供销、邮政快递等农村物流基础设施的规划衔接，实现统筹布局、资源互补、共同开发，逐步完善以农村物流枢纽站场为基础，以县、乡、村三级物流节点为支撑的农村物流基础设施网络体系。结合本地区实际需求，因地制宜建设具有客运服务、交通管理、农资及农产品仓储、日用品分拨配送、再生资源回收、快递配送等功能的农村综合运输服务站。完善乡镇邮政局所、农资站的综合物流服务功能，打造上接县、下连村的农村物流中转节点，支撑农村物流各类物资的中转仓储和分拨配送。

《若干意见》还提出，继续推进“新农村现代流通网络建设工程”以及邮政“三农”服务站、快递网点的建设。支持邮政和快递企业将业务延伸至农村地区，打通农村物流“下乡与进城”的双向快捷通道。对乡村信息服务站、农村综合服务社、超市、邮政“三农”服务站、村邮站、快递网点等基层农村物流节点的信息系统进行整合和升级改造，推进农村物流信息终端和设备标准化，实现与县级农村物流信息平台的互联互通。

此外，《若干意见》还要求，各地交通运输、农业、供销、邮政管理等部门要积极争取中央财政农村物流服务体系发展专项资金，对站场设施建设、邮政“三农”服务站和农村快递网点建设、设施装备改造、信息系统建设、组织模式创新等具有较强公益性的项目予以引导扶持。

（4）电商物流。2015 年 9 月，商务部等 19 部门联合印发《关于加快发展农村电子商务的意见》，针对我国农村物流配送等基础设施滞后等问题，提出加强交通运输、商贸流通、农业、供销、邮政各部门和单位及电商、快递企业等相关农村物流服务网络和设施的共享衔接，发挥好邮政点多面广和普遍服务的优势，逐步完善县乡村三级物流节点基础设施网络，鼓励多站合一、资源共享，共同推动农村物流体系建设，打通农村电子商务“最后一公里”。推动第三方配送、共同配送在农村的发展，建立完善农村公共仓储配送体系，重点支持老少边穷地区物流设施建设。

总之，相关政策还有很多。2015 年，国务院和各部委精准施策，大力促进物流业加快发展，出台实施了一批政策措施。河北省委省政府加快贯彻落实国务院和有关部委关于推进物流发展的政策部署，配套出台实施了一批政策措施，形成了促进全省物流业加快发展的政策环境体系。

第二章 2015年河北省物流业发展情况

2015年是“十二五”规划的收官之年。全省经济步入新常态，经济增速放缓，结构调整加快，发展动能转换。经济下行压力不断加大，但物流业仍保持中高速增长。物流业作为国民经济的基础性、战略性产业，为“稳增长”“调结构”“惠民生”较好地发挥了支撑和保障作用。总体来看，河北省物流业产业发展新动力逐步显现，全行业面临从规模速度型粗放式增长，向质量效率型集约式增长转型的重大抉择，机遇和挑战并存，纵观全年，有以下几个特点：

一、总量规模有较大增长

2015年，社会货物物流总额达到83695亿元，同比增长6.71%；物流业增加值达到2613亿元，同比增长6.91%，仍处于中高速增长区间，物流业增加值占服务业增加值比重为21.8%，物流业增加值占GDP的比重为8.77%，是全省服务业发展的重要增长点和优化经济结构的“稳定器”。物流业发展的质量和效率有所提升，燃油价格连续下降，社会物流总费用增速小幅回落，达到5635亿元，同比增长2.76%，物流总费用占GDP的比率为18.78%。全社会货运量达到23.11亿吨，同比增长9.34%，港口货物吞吐量完成9.13亿吨。全社会货运周转量达到12937亿吨公里，同比增长1.77%，其中道路货运周转量增长较快，增速达到10.17%。国资委监管企业涉及物流业总资产1064.3亿元，同比增加6.4%，净资产419.1亿元，同比增长5.2%；完成营业收入3193.6亿元，同比增长2.2%；利润44.4亿元，同比增长12.0%，其中，冀中能源物流、河北港口和河北省物产三家企业利润额同比分别增长2.45亿元、2.9亿元、0.85亿元，增幅较为显著。全省快递业务总量完成5.5亿件，居全国第8位，比上年提升1位，同比增长61.4%，居全国第6位，快递业务收入56.2亿元，同比增长36.8%。

二、结构调整、转型升级步伐加快

面对复杂多变的市场形势，全省物流业界积极应对，加快转型升级，行业调整出现新动向。一是市场需求结构变化较快，围绕居民消费升级，快递快运、电商物流、冷链物流等生活消费性物流保持快速增长，成为市场投资热点。在生产领域，基础原材料等资源工业消耗品物流需求总体下降，特别是钢铁、煤炭、建材等大宗生产资料物流需求下滑严重，铁路货运量持续下降。二是市场主体加速分化，物流企业通过兼并重组、战略调整、联盟合作等多种方式，市场集中度显著提高，国资监管的物流大型企业对全省物流业增加值贡献较大。三是一批企业通过打造公共服务平台，整合物流资源，发挥自身优势条件，提供物流一体化解决方案，拓展全产业链模式，提供物流、贸易、金融等全方位服务，“互联网＋物流”得到快速发展。这些新理念新模式倒逼传统企业转变观念，加速变革，国大36524集团通过“互联网＋”模式，由传统门店向网上直销转变，业务服务半径由城市向小城镇、乡村延伸，效果良好。四是国际物流迈出新步伐，冀中能源国际物流等企业积极拓展国际市场，开展海外物流业务，为全省物流业“走出去”探索了新路子。

三、交通物流基础设施扩容提档

物流基础设施建设加快，到2015年年底，全省高速公路通车总里程达到6333公里，仅次于广东省，居全国第2位。年内新增高速公路通车里程6条段、445公里，比年初计划增加95公里。至此，河北省“五纵六横七条线”的高速公路主骨架初步形成，各设区市与省会、京津两大都市间全部实现高速贯通，高速公路密度超越日、法等发达国家，达到3.6公里/百平方公里，基本实现县县通高速，全省98%以上县城30分钟内上高速。地方铁路投资完成45亿元，同比增长5.6倍。新增港口通过能力0.9亿吨，港口总通过能力达到10.1亿吨，居全国第2位。

四、物流节点建设进一步加快

石家庄、唐山城市共同配送试点取得成效。家电产品、农产品、药品、快递物品等居民快消品配送效率进一步提高，物流成本大幅降低。石家庄市等10个城市共同配送试点项目建成并通过验收，总投资2.2亿元，获得中央财政资金2699万元支持。唐山市等20个城市共同配送试点项目建成投产，总投资18.98亿元，获得中央财政资金4000万元支持。省级财政加大了对农产品批发市场、配送中心、农产品仓储冷链、医药配送和直销网点等50个项目的资金补贴力度。全省物流聚集区快速发展，以物流园区为支撑的产业生态圈逐步形成。

五、物流标准化得到进一步推广

2015年，国家商务部、财政部将石家庄市、唐山市列为物流标准化国家试点，分别给予5000万元国债支持，主要示范推广托盘标准化及其循环共用系统，托盘公用信息系统和物流综合信息服务平台的改造升级，促进了互联互通和资源整合。目前，河北省已有30家单位进行物流服务业标准化试点，对物流业规范发展起到了带动作用。河北省质量技术监督局等11部门联合起草下发了《关于贯彻落实国标委等15部门单位制定的〈物流标准化中长期发展规划（2015—2020年）〉的实施意见》，为河北省“十三五”期间物流标准化工作的开展明晰了路径。2015年全年内，全省新增A级物流企业10家，至此，共有62家物流企业达到了国家A级物流企业标准（其中5A级企业10家）；十几家仓储企业达到了星级仓储企业标准并取得相关资质。

六、现代信息和物流技术得到广泛应用

随着大数据、云计算、物联网广泛应用，新兴物流模式不断涌现，互联网思维加快改造传统产业，网络化、智能化、服务化、协同化的“互联网+高效物流”生态体系加快建立。嵌入物联网技术的物流设施设备快速发展，车联网技术从传统的车辆定位向车队管理、车辆维修、智能调度、金融服务延伸。云计算服务为广大中小物流企业信息化建设带来福音。

物流信息平台加快建设。2015年共培育认定“两化融合”公共服务示范平台11个，其中物流公共服务示范平台3个。唐山成联公司与中国仓储协会建立的智慧物流公共服务信息平台成为中国物流官网，“物流河北”“物流京津冀”，实现北京、天津两市与河北11个城市物流信息互联互通。熙平物流商贸配送信息平台为河北及周边省份提供车辆运输、装卸车辆租赁、物流仓储的一体化服务。城市智能配送终端及便民服务平台整合全国各类物流快递企业，解决了从快递网点到用户的最后一公里问题。

三大大宗商品电子交易平台加快建设。河北钢铁交易中心更名为河钢云商，目前已完成邯钢、宣钢、承钢现货网上直销功能及系统对接，与唐钢、邯钢、宣钢、承钢实现ERP（企业资源计划）接口对接，实现循环物资、化工产品网上竞拍功能。环渤海煤炭交易中心在河北港口集团秦皇岛海运煤炭交易市场基础上升级开发，目前组建方案已确定，正注册“河北省环渤海煤炭交易中心有限公司”。内蒙古西部煤炭交易中心，由冀中能源国际物流集团与内蒙古土默特右旗政府共同出资筹建，目前已实现网上煤炭超市、商铺、中远期交易、回购交易等功能，即将成为全国业界有影响力的电子交易中心、金融结算中心、物流配送中心及煤炭价格指数中心。

组织开展了物流业重大关键技术攻关。省科技厅以物流装备、物联网、物流信息化等为重点，组织相关企业、高校、科研机构开展物流行业重大关键技术攻关，共投入科技资金500多万元，组织实施了保定长安客车制造有限公司“长安睿行系列纯电动物流车的研发”、格力电器（石家庄）有限公司“格力空调产业园智能物流”、河北大学“基于物联网的冷链物流协调控制及优化”、国药乐仁堂医药有限公司“基于物联网技术的医药物流系统研发与应用示范”等20多项技术创新项目。

七、投资力度显著加大

大项目投资节奏加快。邯郸国际陆港项目是河北港口集团与邯郸市政府合作投资项目，一期工程投资总额32.5亿元。2015年累计完成投资8亿元，已正式开港，海关已正式入驻。曹妃甸港口物流园区项目（河钢集团）投资总额49.7亿元，一期年内完成投资11.24亿元。黄骅港港口物流园区一期项目（河钢集团）总投资16.60亿元，

已累计完成投资13亿元，边建设边运营。曹妃甸数字化煤炭储配基地项目（开滦）总投资16.6亿元，已累计投资6.05亿元。河北金宝钢丝绳有限公司项目（冀中能源）总投资额4.5亿元，年内完成投资1.78亿元。冀中陆港物流园区项目是冀中国际物流集团在邯郸投资的重大物流项目，年内已完成投资1.40亿元。据不完全统计，32个省级物流产业聚集区已建成和正建项目有100多个，总投资千亿元以上。

多渠道筹集建设资金。截至2015年年底，全省现代物流业贷款余额4547.49亿元，同比增长14.11%，比年初新增562.37亿元。其中，省农行抢抓京津冀协调发展机遇，重点支持了32个省级现代物流产业聚集区建设，发放现代物流业贷款232.74亿元。举办“金融·科技·产业”融合创新大型资本对接会，为33个省级重点物流产业项目提供融资支持184.8亿元，进一步拓宽物流企业的融资渠道。积极推动物流企业在境内外多层次资本市场挂牌上市，鼓励符合条件的物流企业发行债券，唐山港年内A股增发募集25.08亿元，省物流集团发行5亿元短期融资券，唐山港发行了4亿元短期融资券和2亿元中期票据，庞大汽贸发行了11亿短期融资券，曹妃甸港务集团发行了7亿元短期融资券。

在取得成绩的同时，全省物流业仍存在一些问题。一是企业盈利水平仍然较低。2015年，冀中能源物流利润率仅为1.3%，开滦物流、省物流集团利润率在0.3%以下。二是受经济下行冲击影响较大，行业平均利润率由2014年的1%下滑至0.4%，一些钢、煤和流通企业面临着停产、资金链断裂的风险，对物流企业产生了较强的传导效应，据调样测算，物流业平均利润率仅为0.4%。三是土地指标制约明显，全省全年服务业省管重点项目用地5537亩，占省管重点项目用地不足20%，与投资占比不相称。

（资料来源：河北省发展和改革委员会）

第三章　2016 年河北省物流工作要点

为促进河北省物流业加快转型升级，圆满完成河北省人民政府办公厅《关于印发河北省现代服务业重点行业发展三年行动计划的通知》（冀政办字〔2015〕87 号）提出的阶段性任务，2016 年的全省物流工作，要深入贯彻党的十八届五中全会、中央和省经济工作会议精神，全面落实创新、协调、绿色、开放、共享发展理念，发力供给侧结构性改革，以提升效率为核心，以市场为导向、企业为主体、先进技术为支撑、物流园区为载体，促进物流业与农业、制造业、商贸流通业深度融合，推动构建连通全球、面向全国、服务京津、带动周边、发展自己的现代物流服务网络，为建设全国现代商贸物流重要基地奠定扎实基础，开创良好发展格局。力争全年物流业增加值达到 2800 亿元左右，增长 7% 以上，物流总费用占全省生产总值的比率较 2015 年下降 0.2 个百分点，物流业运行效率明显改善，社会化、专业化和现代化水平显著提高，物流企业进一步发展壮大，物流业与其他产业融合度进一步提高，物流产业支柱性地位进一步巩固。重要工作任务包括：

一、加强规划引导

（1）制定并实施《河北省建设全国现代商贸物流重要基地规划》，加快落实“十三五”期间全省商贸物流业发展思路、工作重点和政策措施。研究部署制定一批重点专项规划。

（2）编制完成全省和 11 个市的邮政业发展“十三五”规划、全省快递业发展行动计划，做好与综合交通运输、物流业、现代服务业、电子商务等专项规划衔接。推进各级政府将城乡快递服务网点、快件处理中心、智能快件箱等快递基础设施纳入当地城乡规划和土地利用规划。

（3）指导各市做好商贸物流发展专项规划编制工作，促进商贸、医药、农产品物流发展。

二、加快降低成本

（1）规范涉路执法行为。严格执法程序，加强执法监督，严肃查处群众举报、媒体曝光的涉路“乱收费”“乱罚款”违法行为。严格落实涉路行政执法自由裁量权基准制度、一事不再罚制度和罚款收缴分离制度。

（2）畅通城市配送。明确物流行业配送车辆及从业人员主管部门，落实交通安全监管责任。制定出台河北省快递专用电动三轮车管理办法，着力解决快递车辆城市通行难、停靠难、作业难等问题。

三、推进物流聚集

（1）促进物流要素向园区聚集。进一步完善省级物流产业聚集区规划，促进各类物流资源向省级物流产业聚集区集聚，做好省级物流产业聚集区规划审核调整工作。抓好国家级物流园区示范工程。组织省级物流产业聚集区与省内外物流战略投资者对接，加大招商引资力度。做好国家物流示范城市试点申报工作。

（2）促进物流要素向空港海港聚集。依托北京新机场建设，谋划建设临空物流园区。依托沿海港口，加快建设国有企业投资兴建临港物流园区。

（3）促进国际物流向综合保税区聚集。推动石家庄保税物流园区建设，加快邯郸、承德、保定、张家口内陆港项目建设进度。

四、发展行业物流

（1）快递物流。进一步优化快递许可流程，规范快递企业分支机构、末端网点备案手续，实行快递企业网上年报。大力推进“快递三进”工程。引导支持院校设置邮政、快递相关专业，加强邮政行政执法监督，落实好《邮政行政执法监督办法》。

（2）大宗商品物流。推进钢铁、煤炭和农产品三大省级大宗商品交易平台，进一步完善交易设施，拓宽业务范围，丰富交易品种。

（3）商贸物流。抓好石家庄、唐山两个国家级共同配送试点。开展商贸物流标准化专项行动。配合国家制定和实施《京津冀商贸物流专项规划》。

（4）医药物流。支持药品流通行业与信息、金融、交通运输、设备制造等行业跨界融合，着力打造第三方医药物流，培育医药商流、物流、资金流、信息流现代物流供应链体系。支持大型药品流通企业、中医药生产企业和中药材加工企业，进一步提升物流信息化、自动化、立体化、便利化水平。支持大型药品零售企业开展医药现代物流体系建设试点。

（5）农产品物流。积极推进农超对接、农批对接，加快推广“超市＋基地”“批发市场＋基地”农产品现代流通模式。建立鲜活农产品直供、直销、直采长效机制，通过各种展会，搭建产需对接平台，加快农产品冷链物流设施建设。

（6）粮食物流。积极谋划与北京、天津在粮食流通基础设施建设合作对接，争取在统筹三地粮食仓储物流设施建设方面取得新突破。确保全省粮食仓储物流设施条件持续好转，逐步提升粮食仓储物流基础设施智能化水平，逐步实现粮食的散储、散运、散装、散卸和整个流通环节的供应链管理，减少粮食储运环节损耗。

五、创新管理方式

（1）促进物流服务品牌化。引导企业完善服务功能，扩大A级物流企业覆盖面，加强品牌建设，推出一批省级物流服务品牌。

（2）推进物流业与关联产业联动发展。支持大型生产和商贸企业剥离物流业务，加快由企业物流向第三方物流企业转变，发挥好物流业对制造业转型升级的支撑带动作用。引导运输、仓储、货代、快递企业整合功能、延伸服务，拓展增值服务和高端服务，增强第三方物流企业的实力和市场竞争力。积极引导和支持河北省货运企业开展资源整合，培育现代货运业主导企业，增强市场影响力和占有率。推动甩挂运输试点，优化运输组织方式，提高运输效率。

（3）培育一批龙头企业。引导开滦、冀中能源、河北钢铁、华北制药、河北港口、河北物流等大型企业集团加快建设物流项目。努力打造4家以上销售收入超500亿元的物流企业，2家以上千亿元级物流企业。

（4）开展多式联运示范。加快完善基础设施，逐步破解多式联运发展的制约瓶颈，切实提升综合运输服务质量和水平。

（5）提高通关效率。加快推进跨区域检验检疫一体化进程，全面实施“两直、三通、四放、五统一”的通关新模式。加快推进跨部门通关协作，全面落实关检合作“三个一”。积极推动河北“互联网+”电子口岸建设，实现多部门信息互换、监管互认、执法互助。推进中国电子检验检疫主干系统上线运行，实现检验检疫核心业务信息化应用新跨越。

（6）积极开展航空口岸快件监管。继续复制推广上海自贸实验区新型海关监管制度。加强武安保税物流中心（B型）基础和监管设施的建设指导，做好物流中心的验收各项准备工作；指导京唐港保税物流中心建设，争取按期验收；支持有条件、有需求的地区设立保税仓库、出口监管仓库，进一步提高审批效率。

六、加强场站网点建设

（1）加快货运场站建设。加快推进张家口西山物流园区、宣化工业物流、冀盛物流集散、邯郸马头综合物流、石家庄河北瑞川物流、保定高新物流园区、邯郸国际陆港等大型物流枢纽项目建设工作。

（2）推进快递末端投递网点建设。鼓励快递企业与电子商务企业合建电子商务快递园区。推进石家庄快件监管中心和国际邮件互换局建设。开展“快递下乡”工程和公路客运班车代运快件试点，推进农村邮政电商寄递网络建设，加快推进快递业服务制造业工程。

（3）加强农村流通网络建设。深入开展“万村千乡市场工程”和“新农村现代流通服务网络工程”，建设集聚商品零售、物流配送、文化娱乐、餐饮等功能为一体的综合性乡镇商贸中心。大力推进农产品信息服务、网上交易市场体系建设，构建覆盖全省的农产品生产流通企业、物流中心、种养基地和集贸市场的农村市场信息网络平台。搭建“一村一店一网”农村商贸服务平台。扶持培育一批大型农产品批发企业，鼓励开展直销配送。扶持培育一批大型农产品物流配送企业，提高物流效率和服务水平。

七、拓宽投融资渠道

（1）加快物流金融创新。积极协调各金融机构加大信贷支持力度，引导物流企业与金融机构开展深度合作，鼓励各商业银行开展仓单质押等物流金融创新产品和业务。

（2）促进直接融资。支持符合条件的物流企业采取上市和发行债券等多种方式筹集资金，筛选一批实力强、前景好的物流企业作为重要上市梯队加以重点培育，推动符合条件的物流企业在境内外多层次资本市场挂牌上市，鼓励符合条件的物流类上市公司采取增发、配股等再融资方式，扩大直接融资规模，筛选一批规模大、效益好的物流企业大力发展债券融资。

（3）深化银企对接。加快建立常态化、制度化银企对接机制，推动金融机构与产业项目对接，吸引信贷资金和金融资本支持河北省物流业发展。

八、推进物流现代化

（1）提升物流科技现代化水平。进一步加强物流产业重大关键技术研发和物流行业技术创新平台建设，在面向城市服务的物联网应用系统、危险品储运监控系统、城市智慧物流公共服务信息平台、基于大数据的农产品物流系统等方面，进一步提高科技创新对物流业的支撑能力。

（2）促进物流信息平台建设。加快建设“物流河北”信息服务平台，争取全省11个市分别建成区域商贸物流信息服务平台，基本实现在全省范围内物流信息互联互通、信息共享。

（3）开展物流标准化试点。推动石家庄市、唐山市物流标准化试点城市建设，抓好重点企业物流标准化推广应用，促进标准化托盘循环共用。引导物流企业参与国家和国际标准化活动，积极采用国际标准，完善物流地方标准和服务规范。加快培育一批全省、全国知名的物流名牌企业和产品。

九、优化发展环境

（1）加强市场监管。继续清理阻碍或限制跨行业、跨地区物流服务的政策措施，依法制止滥用行政权力限制物流竞争行为，加强市场调研，针对存在的突出问题，组织开展专项整治，规范物流企业经营行为，维护物流市场秩序。

（2）加快京津冀物流对接。加快落实《京冀物流合作协议框架》。

（3）开展专题研究。重点围绕港口物流、国际物流、物流城乡一体化、农产品物流、物流税收、人才培育、项目管理等领域组织一批研究课题。

（4）加强人才队伍建设。完善物流专业教育体系，努力形成具有自身特色的优势物流专业和专业群。进一步推进物流实训基地项目建设，促进校企融合。开展不同层次的物流人员资质认证等培训工作。组织有关人员到发达国家和国内先进地区招商引资、考察培训。培养物流标准化人才队伍，建设一支既具有标准化知识，又熟悉行业经营管理的物流标准化实施推广人才队伍。

（5）加强运行监测。按季度开展物流统计监测。摸清底数，核准重点物流企业数量，形成重点物流企业名录。进一步提高物流统计调查与核算数据的客观真实性。适时选择2～3个物流产业聚集区进行试点，研究建立物流产业聚集区统计制度。

（资料来源：河北省发展和改革委员会）

第四章　京津冀协同发展的物流创新研究

近年来，河北省现代物流业保持了持续快速发展的态势，产业规模逐步壮大，全省物流总额和社会物流增加值都创造了历史最好水平。

一、河北省物流创新现状与问题分析

（一）河北省物流创新的现状

（1）多样化的新型服务日趋活跃。目前，河北省物流企业大部分的服务活动仍然集中在运输、仓储等方面，但很多企业已开始探索和拓展新型服务内容，物流服务呈现多样化的趋势。配送、物流信息服务、流通加工、物流咨询与方案设计、包装、物流金融及物流地产等日趋活跃。服务创新已成为物流企业最为基础的创新活动。

（2）新兴行业加快发展成为物流创新的亮点。河北省物流产业中出现了物流服务专业化、细分化的趋势，带动了如危险品物流、液体化工物流、能源物流、汽车整车物流、冷链物流及快递等新兴物流服务行业的快速发展。以快递业为例，在电子商务及网络购物高速发展的带动下，2014 年的我国业务规模首次跃居世界第一，河北省的快递业务也取得了长足的发展，成为发展最为迅速的新兴物流行业和物流产业发展的新亮点。

（3）新型物流组织为物流产业发展注入新活力。一方面，具有现代治理结构和创新能力的民营物流企业均已进驻河北省物流市场，如顺丰速运、德邦物流、新宁物流、飞马国际等，迅速成为快递、第三方物流等新兴物流行业的龙头。其中，部分企业已经成为国内外资本市场的上市公司，还有 20 余家正准备在国内外上市。这些新兴民营物流企业已成为具有物流创新活力的市场主体。另一方面，物流集群和物流平台发展开始起步。

（4）技术创新为物流产业发展提供新动力。河北省物流行业的技术进步不断加快，突出表现在现代信息技术的普及应用方面。如物流企业信息系统在仓储管理、运输管理、配送管理、车辆控制及订单处理上的应用。信息技术加快普及和应用，不仅成为提高物流管理水平和作业效率的主要手段和工具，也为物流企业拓展服务、创新经营方式，特别是在开展信息服务、资源整合、供应链体系管理等方面提供了有力支撑。

（二）河北省物流创新的问题分析

（1）物流创新总体水平较低。河北省物流业尽管取得了长足的进步，但是物流创新仍然处于较低水平。大多数货主企业仍然没有实现物流外包，物流产业内部的细分化、专业化发展也比较缓慢，导致专业化、社会化的服务创新依然不足；物流企业普遍规模较小，组织创新活力不强，技术创新迫切需要向更大范围和更深层次拓展。

（2）物流产业创新驱动发展的效应尚未显现。我省全社会物流成本水平依然较高，全社会物流总费用占 GDP 的比例仍然大大高于发达国家或地区的水平，物流创新对全社会物流效率提升的推动作用不强。一方面，新型物流体系建设尚在起步阶段；另一方面，物流设施布局调整和升级仍然滞后，多种运输方式之间、物流园区与交通运输设施之间仍然难以衔接，新型物流体系尚未形成，物流创新推动物流产业结构升级进展缓慢。

（3）制度障碍导致创新活力无法释放。河北省物流产业发展面临准入审批多、多头监管、重复执法、标准体系不合理、资源优化配置与整合机制不健全、税收政策与创新引导机制不完善等问题的困扰，物流体制机制的改革创新尚未得到全面推进。这不仅是物流创新水平不高的突出反映，也是物流创新活力无法充分释放的主要原因。

二、京津冀协同发展背景下河北省物流创新体系构建

京津冀协同发展背景下河北省物流创新体系的构建，既有本地区抢进增长的物流服务需求拉动、不断推出的政策推动和全社会已形成的创新驱动的强力支撑，又受制于京津冀三地行政区划分割管理体制、物流发展缺乏利益协调机制等因素，其内容应是全方位、多角度的。

（一）物流服务创新

（1）基础服务差异化。鼓励交通、仓储等传统物流行业进一步细分市场，加快培育新型专业化服务，促进多样化新兴运输、仓储服务行业发展。在京津冀协同发展背景下，鼓励现有资源进行市场调研，细分客户需求，结合地区优势产业向差异化、专业化方向发展，承接京津产业转移带来的物流需求，提高服务水平。

（2）增值服务多样化。重点支持和鼓励运输中介、货运代理、分拨配送、包装加工、第三方物流、供应链管理等新型物流服务的发展，加快对传统物流服务行业的整合和带动，使之成为物流产业创新的主导。鼓励河北钢铁、石药集团、华药集团、中车唐山轨道客车厂和石家庄车辆厂等大型企业将物流业务分离，组建现代化的第三方物流企业，提供专业化、社会化的物流服务；促进多式联运发展，使港口、机场、货运站等交通设施与京津差异化定位，功能上互补，统一规划，协同发展。

（3）综合服务专业化。加快促进物流设施装备投资与经营的专业化，引导和促进

物流信息服务、物流知识创新服务、物流金融服务等新型物流服务及相关行业的加快发展，为物流产业创新发展提供高效率和高质量的资源要素支撑。

（二）物流技术创新

（1）重点推动现代信息技术的深度应用，为实现全面物流创新提供技术保障。在继续提升物流企业信息化水平的基础上，更加注重推动物流企业运用信息技术开展管理创新、服务创新和电子商务创新，引导和鼓励物流企业面向供应链上下游各环节，开展流程再造、功能重组、一体化运营等更大范围的管理创新和服务手段创新，为物流企业实现服务创新、组织创新和方式创新提供技术支撑。

（2）全面提升物流装备现代化水平。进一步推动运输、仓储、装卸、搬运、包装、场站等物流作业层面的技术进步，促进物流装备和设施的标准化、自动化和智能化，为物流高效运行提供技术支撑。如开发应用先进实用的交通运输技术，大力发展供应链式的物流服务方式，提高物流运输效率；突破关键技术，重点支持货物跟踪定位、无线射频识别、智能交通、物流移动信息服务等关键技术研发、应用和推广，开展物流网、云计算等新一代信息技术在物流领域的示范。对包装、运输、仓储、装卸、条码及标志印刷、信息管理等物流技术设备的研制和开发，可提高现代物流业的产业化发展能力。加快布局建设货运站、集装箱专用设施、管道设施等，与京津地区沟通协作，提高物流设施的标准化、通用性，实现多种运输方式的有效衔接。引导和支持节能降耗等方面的技术创新，围绕节能降耗加强与京津高校，科研院所的合作，加快技术创新，加快推广适用性高、技术效能显著的物流设施设备和管理工具，加快推动京津冀物流产业的绿色发展。

（3）推广物流管理技术在农村和农业上的应用。鼓励支持本省大型农产品流通企业和京津农产品物流企业在河北发展，引导和支持其农产品生产和流通过程中采用的现代物流技术、操作规范，实现其从产地到销地的配送；推动河北供销合作社创新发展，转型升级，开发农村生活消费品和农业生产资料的统一配送和连锁经营服务，为农民提供方便实惠的一条龙物流服务。

（三）物流信息化创新

（1）建设完善河北物流信息网络。通过系统资源的优化整合，实现京津冀物流网络系统的最佳运作。在京津冀协同发展的背景下，完善河北物流信息资源网络系统，建设各种物流信息库，实现信息应用系统联网运行，使运输、储存、加工等信息子系统汇成河北省区域物流信息网络系统，以实现区域物流信息资源共享；搭建京津冀传输和交换物流信息的高速、宽带、多媒体的公用通信网络；共同建设京津冀计算机网络系统，把分布在不同地方的计算机与专门的外部设备通信线路互联，形成一个规模大、功能强的网络系统。

（2）建设物流信息平台。随着物流产业的转型升级，河北钢铁集团电子商务交易平台、环渤海大宗物资交易平台等相继建立，石家庄、唐山城市物流信息平台正在建设。经过政府地大力推动，信息平台建设取得了一定的成效。但物流信息平台往往独立运营，而无法与其他平台之间实现数据共用、资源共享、信息互通。在京津冀一体化的大背景下，河北应加强体制创新促进物流信息一体化，联合京津共建囊括商务、金融、税务、海关、邮政、检验检疫、交通运输、铁路运输、航空运输和工商管理等多部门的物流管理与服务信息平台。在此基础之上，河北省依托钢铁、煤炭、矿石的生产和运输优势，推动物流功能向上游延伸，加快完善大型综合交易平台的服务功能。着力发展网上交易、电子商务，增强信息查询、抵押融资、电子支付、国际分销、跨区采购、合同采购等综合服务功能。

（3）建立标准化公共服务信息共享互联互通机制。长期以来，京津冀地区，特别是津冀地区，由于彼此产业结构相似，在物流方面同质化竞争严重。而受此影响，两地物流等公共服务信息一直处于壁垒状态。未来要想实现三地的协调发展，必须打破这种壁垒，建立标准化的公共服务信息，特别是交通物流信息的共享机制。未来要实现这个目标，采用统一的技术架构、数据接口，在北京、天津以及河北的 11 个设区市分别搭建本地的物流标准化信息平台，与物流京津冀标准化公共服务平台形成母子架构，各城市平台的私有云信息与顶端公共云台实现信息互通、数据共享。

（4）大力推动河北省云计算基地建设。加快推进张北云计算产业基地建设，引导大型数据中心向张北聚集，打造京津冀云存储主基地和国家示范绿色数据中心；支持秦皇岛数据产业基地侧重开展云计算软件研发，推动张北基地与承德、廊坊基地备份双活、协调发展。加快阿里张北云数据中心、浪潮河北云计算中心、承德安云数据中心、汉佳曙光云数据中心、保定广联 ICC 云中心等项目建设，促进云数据中心实时、便捷应用。加快石家庄“宽带中国”示范城市建设，发挥示范引领作用，逐步向宽带产业发展或应用较为集中的地区普及延伸。围绕京津冀协同发展战略部署，加强与国家有关部委和北京、天津市对接，创建产业协同发展共同体和区域云计算品牌，促进京津冀云计算产业协调发展。云计算基地的建设将会为河北省物流创新提供巨大的数据支持。

（四）物流标准化创新

（1）着力推进基础设备国家标准的执行。为促进京津冀物流协同发展，提高物流效率，河北省应加强和京津的沟通，共同执行国家已发布的各项基础设备标准。例如托盘的尺寸标准、周转箱的容量标准、货架标准、相应装卸搬运设备标准、集装箱、卡车、货架的标准等。提高物流标准对接能力，提倡设备循环共用，推动集装技术和单元化技术的应用，增强一体化服务能力。

（2）加强物流信息标准化。统一物流信息分类编码标准。对于物流基础标准应加强标准的稳定性和指导性；对于物流业务标准应充分考虑各个物流环节中的具体操作，在整个物流信息系统建设的基础上制定物流业务标准；对于物流专门领域的标准，如提供对运输工具的动态实施跟踪和导航功能的全球定位技术、应用于商业贸易和政府审批（如报关等）的电子数据交换技术，这类标准的制定和研究工作重点应放在便利性和适用性上。京津冀物流一体化应着眼于建设物流专门标准系统。

（3）统一物流信息识别标准。京津冀应加强合作，应针对不同的企业、不同的作业流程设计不同的方案，必须加快制定统一的物流信息识别标准。针对信息载体格式、载体（条码、RFID 或其他）、采集设备、通信方式、信息处理、中间体、后台系统等进行分析和研究。

（4）统一物流电子单证及信息交换平台标准。提高信息的有效录入和搜集，实现管理工作规范化和标准化，为京津冀物流一体化，通关一体化等提供保障。

（五）物流组织创新

（1）加快大型物流企业发展。重点促进开滦集团国际物流公司、冀中能源集团国际物流公司、河北物流集团、河北供销合作总社等国有大型物流企业采取上市、并购、重组及联合等方式，逐步形成一大批具有现代治理结构、核心竞争能力的大型物流服务企业，成为京津冀物流产业创新发展的龙头和参与国际竞争的主力。

（2）促进河北省中小物流企业专业化、集群化发展。以物流园区、交通枢纽、制造业集群为依托，着力培育多样化、专业化的中小物流企业，促进集群集聚发展。鼓励创新创业，引导中小企业联盟协作，进一步释放中小企业的创新活力。加快培育新型物流平台。针对中小物流企业的共性需求，加快培育和发展物流交易、信息服务、信用体系、设备租赁、技术服务、人力资源、培训研发、担保质押等新型功能平台和服务机构，为中小企业发展提供多样化的共性服务和创新来源。

（3）加快培育新型物流平台。针对中小物流企业的共性需求，加快培育和发展物流交易、信息服务、信用体系、设备租赁、技术服务、人力资源、培训研发、担保质押等新型功能平台和服务机构，为中小企业发展提供多样化的共性服务和创新来源。

（4）建立物流联盟。通过建立物流战略联盟，物流企业根据合作伙伴的需求从供应链优化角度，为客户提供集商品的储存、分拣、配送、加工、包装、订单处理、库存管理、信息处理等综合服务，而工商企业则专注于自己的核心业务。物流联盟是长期合作伙伴关系，双方共担风险，共享物流服务和增值服务过程中产生的收益。

（六）物流方式创新

（1）加快推动多式联运发展，河北省拥有唐山港、秦皇岛港、黄骅港，拥有正定国际机场和多个铁路枢纽、货运编组站，综合交通运输基础设施条件良好。河北省促进多式联运发展首先要使港口、机场、货运站等交通设施与京津差异化定位，功能上互补，统一规划，协同发展。其次，为更好地实现海铁联运、海空联运应加快布局建设货运站、集装箱专用设施、管道设施等，与京津地区沟通协作，提高物流设施的标准化，通用性，实现多种运输方式的有效衔接。

（2）大力发展第三方物流和供应链管理，在更大范围促进社会物流资源整合和优化配置。在继续推动工商企业剥离物流资产和外包物流服务的同时，着力促进第三方物流和供应链管理等物流方式的发展，以在更大范围实现运输、仓储、加工等物流资源整合和优化配置，促进专业化、社会化物流服务体系和供应链管理体系加快形成，实现物流产业整体效率和竞争能力的提升。

（七）物流集成创新

（1）提高综合交通运输体系的发展水平。围绕大型运输枢纽、物流园区，加强多种交通运输基础设施的互联互通，着力解决多式联运“最后一公里”对接问题；加强物流装备、操作规范等方面的对接统一和集成创新，逐步实现多种运输方式一体化、联动发展的新格局。

（2）加快发展专业化、社会化的物流服务体系。适应京津冀区域和河北省生产消费格局加快调整的新趋势，根据多样化物流要求，积极促进物流服务、组织、技术、方式的多元化创新和集成创新，发展多样化的新型物流体系。如面向农业主产区、制造业集聚区及京津冀城市群的产地集配体系和城市公共配送体系，面向鲜活农产品的冷链物流体系，面向粮食、煤炭、钢材、成品油等大宗商品物流体系。

（3）以大型物流枢纽城市为支撑，促进以京津冀一体化为基础的全省物流网络体系加快形成。在京津冀统一市场加快形成过程中，以地理区位优越、交通设施发达、物流功能较强的大型中心城市为依托，进一步完善和提升综合交通枢纽设施及各类物流基础设施。加快实施物流创新示范，促进物流创新要素集聚，吸引各类新型物流组织，促进物流总部基地和大型物流产业集群发展，建设具有多样化物流体系和强大服务功能的物流中心城市，促进全省物流网络体系的加快形成。

（八）物流金融模式创新

（1）建立健全政府和社会资本合作（PPP）机制。加强政策引导，在物流园区、交通运输、仓储配送等领域积极推广PPP模式，规范选择项目合作伙伴，引入社会资本，增强物流供给能力。平衡好社会公众与投资者利益关系，既要保障社会公众利益不受损害，又要保障经营者合法权益。健全PPP模式法规体系，保障项目顺利运行。建立独立、透明、可问责、专业化的PPP项目监管体系，形成由政府监管部门、投资者、社会公众、专家、媒体等共同参与的监督机制。

（2）充分发挥政府资金的引导带动作用。优化政府资金使用方向，主要投向交通、物流等基础性领域；改进政府资金使用方式。政府资金安排使用要明确规则、统一标准，同等对待各类投资主体。在同等条件下，政府投资优先支持引入社会资本的项目，支持社会资本参与物流领域建设；放大政府资金作用，扩大政府投资中股权投资规模，用好河北沿海开发产业投资基金、冀财股权投资基金及其他股权投资基金，加快组建战略性新兴产业、环保产业、现代农业、服务业、装备制造等产业引导基金，撬动更多社会资本和民间资本参与重点领域项目建设。

（3）支持物流领域项目开展股权和债权融资。探索创新信贷服务，扩大物流领域直接融资规模。探索和创新推进物流企业上市的途径和方式，支持物流业已上市公司通过增发、配股、发行可转换债券等方式实现再融资。支持物流业项目采用发行企业债券、项目收益债券、公司债券、私募债、中期票据、项目收益票据等方式通过债券市场筹措投资资金。

（4）支持物流业推进资产证券化。鼓励银行业金融机构与信托公司、证券公司等合作，选择我省符合条件的重大物流基础设施项目贷款、物流相关产业贷款等多元化信贷资产作为基础资产推进信贷资产证券化，进一步盘活存量贷款，支持物流业项目建设。

（5）进一步扩大重点领域开放。加快基础设施和物流业等重点领域开放，采用股权投资、捆绑开发、政府和社会资本合作等模式引导外商参与项目建设和运营，着力构建全方位开放创新格局。进一步深化与跨国公司、中央企业、行业龙头企业等战略合作，支持生态环保、铁路、轨道交通、能源、信息网络等重点领域项目建设。

当然，要实现京津冀协同发展背景下的河北省物流创新，还需要通过统一规划设计，加强物流标准化、信息化建设，增强中小物流企业发展实力，建立一体化交通运输网络，构建京津冀区域协调机制，提供物流创新政策土壤等加以保障。

（资料来源：河北省物流与采购联合会）

第五章　2015 年河北省现代物流业十件大事

2015 年 12 月 31 日，河北省物流办、省发展和改革委、现代物流报社、省现代物流协会联合评选出“2015 年河北省现代物流业十件大事”：

一、《京津冀协同发展规划纲要》明确河北省“全国现代商贸物流重要基地”定位

《京津冀协同发展规划纲要》对三省市提出定位，北京是“全国政治中心、文化中心、国际交往中心、科技创新中心”，天津是“全国先进制造研发基地、北方国际航运核心区、金融创新运营示范区、改革开放先行区”，河北是“全国现代商贸物流重要基地、产业转型升级试验区、新型城镇化与城乡统筹示范区、京津冀生态环境支撑区”。为此，河北省正抓紧编制《河北省建设现代商贸物流重要基地规划》。

二、河北省人民政府印发《河北省物流业发展三年行动计划（2015—2017 年）》

2015 年 7 月，河北省人民政府办公厅印发《河北省物流业发展三年行动计划（2015—2017 年）》提出，到 2017 年，力争全省物流业增加值年均增长 10% 以上，物流业增加值达到 3200 亿元，物流总费用占全省生产总值比重较 2014 年下降 0.5 个百分点。

三、石家庄、唐山被确定为国家物流标准化试点城市

2015 年 8 月，财政部、商务部、国家标准委确定了唐山、天津、石家庄、杭州、南京、徐州、芜湖、东莞、中山、佛山、肇庆 11 个城市为 2015 年国家物流标准化试点城市，主要对托盘标准化进行试点。

四、京津冀城际铁路投资有限公司成立

2015 年 4 月，京津冀三地政府、中国铁路总公司在北京注册成立京津冀城际铁路投资有限公司，首期注册资本 100 亿元，出资比例为 3∶3∶3∶1，主要对京津冀城际铁路进行投资。

五、2015 京津冀物流推介会在唐山举办

由京津冀贸促会和物流协会合办的“2015 京津冀国际投资贸易洽谈会和物流产业推介洽谈会”于 11 月 19—21 日在唐山市进行，来自埃塞俄比亚、卢旺达、马拉维、塞内加尔、乌干达等 36 个国家地区驻华使馆、商协会及国内 10 余个省市 600 余人参会，8 个项目现场签约，合作金额达 125.32 亿元。

六、河北集装箱班轮航线总数达到 66 条

2015 年，河北省新增京唐港至福州、京唐港至虎门等 8 条集装箱班轮航线，航线总数达 66 条，实现国内外 50 多个港口直航。沿海港口货物通过能力首次突破 10 亿吨，集装箱达到 350 万标箱，刷新历史纪录。

七、世界最大型运输机降落石家庄正定国际机场

2015 年 12 月，由乌克兰安东诺夫航空公司运营的世界最大运输机安 - 124、安 - 225 先后降落石家庄机场，这在国内尚属首次。

八、预验收石家庄综合保税区

2015 年 12 月，石家庄综合保税区顺利通过预验收。该综合保税区于 2014 年 9 月 15 日经国务院批复同意设立，是集机场、高铁、高速公路为一体的空港、空铁复合型综合保税区，拟建设 13 个保税加工、25 个国际贸易物流及 15 个服务项目。

九、引进战略投资者取得新进展

浙江传化物流集团拟在唐山、石家庄建设“智能公路港”，保定市、安国市与天津天士力控股集团共建数字化中药都商贸仓储物流园区，河北省首家物流交易所——林安物流交易所在邯郸市邯山区挂牌成立，国内大型电商京东集团与保定涞水县政府签订电子商务进农村战略合作协议。非首都核心功能疏解第 1 个农批市场转移项目——河北新发地高碑店农副产品物流园 10 月正式开业。

十、河北省 A 级物流企业达 60 家

到 2015 年年底，河北省 A 级物流企业总数达 60 家，其中 5A 级 9 家，4A 级 24 家，3A 级 23 家。

专 题 篇

第一章　2015 年河北省省级物流聚集区发展情况及建议

物流集聚区是在供应链管理背景下产生的，由以物流企业为主体的产业集群利用现代化物流设施与信息管理技术、以多种运输方式为全球、全国及省际供应链提供生产、消费、流通全方位物流服务的服务地域综合体。物流集聚区是物流服务功能的空间集中载体，是实现企业间“横向管理”功能的核心空间，物流聚集区的良好发展关乎整个物流产业。为了解掌握河北省物流产业聚集区（园区）发展状况，河北省特开展《关于组织参加“2015 年全国物流园区调查及综合评价”工作的通知》（冀物流协〔2015〕11 号）。调查过程中，全省 32 个省级物流产业聚集区中有 23 个按时提交了调查问卷，通过对各地市物流聚集区发展情况掌握及此次问卷资料数据汇总分析，总结了河北省物流聚集区发展取得的成绩、发现了其中存在的问题，并就此提出了相应的建议，具体如下：

一、2015 年河北省物流聚集区发展情况

物流产业聚集区作为联系产业链上下游的纽带，是各项物流活动开展的重要载体。在促进区域经济发展，提升物流服务水平，提高土地集约化使用，减轻道路、环境和能源的压力，加强物流市场管理，增加就业机会等方面发挥着重要作用。因而有必要关注物流聚集区的发展，明确其现实情况，肯定其取得的成绩，更好地掌握行业发展动态，促进经济可持续发展。

（一）物流聚集区项目建设如火如荼

2015 年，河北省物流聚集区项目建设继续呈稳步增长态势。32 个省级物流产业聚集区中，规划面积普遍都比较大，实际建成面积大多接近 50%；实际完成投资额占园区规划投资额的比例多数超过 50%。聚集区均在已建项目的基础上，不断拓展新项目。积极与多方合作，扩大占地面积、引进投资，实现物流聚集区的不断壮大。例如，好望角综合物流园区现占地 496 亩，已投资 6.2 亿元，建筑面积已达 16 万平方米，600 间统一规格的配载站房，5 个大型 10 万平方米的停车场，12 栋现代化标准仓库，面积达 5 多万平方米。唐海临港物流产业聚集区入区建设项目 14 个，总投资 94.62 亿元、占地 6064.53 亩，其中已完工项目 7 个，总投资 23.95 亿元，占地 2654.43 亩；在建项目 5 个，总投资 19.34 亿元，占地 1290 亩；前期项目 2 个，总投资 51.33 亿元，占地

2120.1 亩。安国市中药物流产业聚集区已完成的开发建设面积为 450 亩（折合 0.3 平方千米），2015 年正在建设的开发面积为 516 亩（折合 0.344 平方千米），累计开发面积 966 亩（折合 0.644 平方千米）。已经建成北京同仁堂集团股份公司物流仓储项目，续建九州通集团安国中药材物流园项目，新建天士力集团安国数字中药都仓储物流项目（北方中药材交易中心）一期工程，总投资 15.6 亿元。诸如此类物流聚集区建设情况，沧州、邯郸、廊坊、秦皇岛、石家庄、承德、张家口等市也取得了良好的业绩，物流聚集区项目建设呈现欣欣向荣的态势。

（二）形成了较为多元化的物流运输路线

物流运输路线直接关系货物运输数量、运输效率、运送范围，决定物流行业的整体发展。河北省物流产业聚集区依其地域优势，依靠四通八达的交通路线，进而在物流运输上呈现出诸多优势，甚至有很多物流聚集区开设了自己的物流专线。在建的石家庄卓新商贸物流港项目正是依托正定铁路、公路、航空等多式联运交通优势，建设运营以铁路货场和铁路专用线为主的现代综合物流园区。滦县物流产业聚集区内现有铁路 3 条，企业自备铁路专用线 4 条。

（三）物流聚集区运营蒸蒸日上

2015 年，各省级物流产业聚集区的货物吞吐量、营业收入、就业人数和上缴税收多数聚集区实现了增长，增长率大多在 10% ~20%，有的超过 50%，甚至有几家实现了成倍增长，同时聚集区入驻企业数量也都有了显著的增加。例如，白沟新城省级物流产业聚集区现已开放的货运专线 120 余条，货源覆盖百公里区域近 20 个县市，线路辐射全国 31 个省（市）自治区，通过中转可以到达全国所有县级以上城市，园区于 2015 年新增加线路 13 条，货物年吞吐量达 1450 余万吨，入驻的物流企业达 80 余家。曹妃甸物流产业聚集区新开工项目 5 个，已完成固定资产投资 28 亿元，入住企业 11 家。霸州胜芳国际物流园区已有物流企业及个体工商户达一千余家，从业人员 9000 人。

（四）物流聚集区业务功能多样化

物流聚集区的发展与当地经济发展阶段和水平具有明显的关联性。多数物流产业聚集区正在从项目招商的初级阶段向服务创新、管理创新的发展阶段过渡。从物流聚集区主要业务功能来看，虽然仓储、运输、配送等传统业务功能仍占主导地位，但是加工、交易、转运、报关以及金融物流等服务也得到了快速发展。永清铁海物流产业聚集区在承载功能方面表现尤为突出，积极开展各项基础设施建设，基本实现了“七通一平”（电网、供水、路网、有线电视、宽带、公共交通、邮政和土地平整）。信息集散功能。正在规划建设的“白沟国际物流仓储产业园（内陆港）项目”，将集国际贸易、国际物流、智能仓储、科技物流创新应用、金融、商务等功能于一体，同时具备政府服务功能、国际物流多式联运功能、智能仓储托管功能、信息集散功能。

（五）物流聚集区发展凸显物流信息化

在经济全球化、组织网络化的背景下，物流园区的服务范围逐渐扩大，并通过贸易不断向周边区域辐射。通过跨区域合作，形成网络化服务体系，逐渐成为现代经济对物流园区发展的必然要求。调查显示，多数聚集区非常重视信息化建设工作并加大了投入，把提高物流信息化水平摆在了重要的位置。白沟新城省级物流产业聚集区现有电商企业15000余家，从业人数4万多人，32家快递公司日发货18万余单，年增速达30%，其淘宝规模在全国20个淘宝村中，网点数量第一位。此外，秦皇岛临港物流产业聚集区也将电子商务产业园列为2016年重点推介项目，占地5万平方米，主要建设电商综合体，包括创意研发产业区、电子交易服务区、品牌展览区、仓储物流区等在内的大型国际商品交易中心，形成面向京津、覆盖华北、辐射东北亚的重要商品集散基地，凸显信息化建设重要地位。

（六）物流聚集区招商引资积极开展

招商引资是物流业发展的助推剂，能够直接、有效地促进物流业发展，因而河北省各地市积极拓展招商思路，多渠道全方位开展招商引资工作。遵化市物流业发展深入贯彻《遵化市关于成立专项招商组织实施有效招商的工作方案》文件精神，在全市开展“大招商”的浓厚氛围下，截至2015年年底，园区共接待客商20多批次，成功推进项目5个，项目计划总投资3亿元，占地150亩。唐山路南现代物流产业聚集区设立北京招商联络处，组建了专职招商团队，积极与北京市商务委、北京市海淀区政府、河北省商务厅、中国物流协会、中国商业联合会、中华环保联合会等20家单位建立了长期合作关系，开展委托招商，提高招商影响力和招商水平；与新兴重工集团、北科建集团、绿地集团、北京王府井百货集团、斯普瑞斯奥特莱斯、清华同方股份有限公司等80余家央企、国企、上市公司进行接洽，接待考察重要客商60多人次，并与部分客商达成初步投资意向。

二、2015年河北省物流聚集区发展存在的问题

物流产业聚集区与工业等其他产业聚集区区别之处在于，依托当地产业基础和交通优势，发展现代物流业，并形成带动辐射作用。河北省物流产业聚集区虽然有了较快发展，但有的物流产业聚集区还未形成产业优势；有的物流产业聚集区发展方向不清晰，只要有项目就放进来，形同经济开发区；有的以商贸流通业为主业的聚集区，存在以商贸代替物流，忽视了第三方服务性物流业的发展，局限了聚集区的发展空间。诸如此类问题依然存在，具体情况如下：

（一）物流产业聚集区还未形成产业优势

产业优势不突出主要表现在物流业聚集水平层次较低。相当一部分聚集区传统的物流营业模式比较普遍，主要集中在运输和简单的仓储等低端领域，缺乏专业仓储、分拣配送、电子商务、冷链物流等高端物流企业；特色服务和增值服务不足，导致同质化经营严重，难以对周边地区的物流企业形成吸纳和辐射作用；入驻的物流企业数量少、规模小、管理粗放、服务水平低，真正的第三方物流企业很少；部分聚集区内的物流信息化建设滞后，聚集的项目相对体现出“小、弱、差”的特点，反映出聚集区建设中发展现代物流产业的理念相对滞后。

（二）物流产业聚集区发展方向不清晰

部分物流聚集区在论述其建设理由时，往往列举三大优势：区位交通优势明显、物流需求市场空间巨大、政策与基础条件优越，但缺乏对实际物流需求的市场调研，仅凭一些宏观统计数据就完成了可行性论证，导致物流聚集区功能布局和设计缺乏区域经济特色，聚集区服务辐射区域重叠、服务同质化现象比较明显，容易造成重复建设、资源浪费，不利于物流聚集区健康发展。

（三）物流发展基础要素不完备

用地问题是制约物流聚集区发展的最大瓶颈之一，也是多地物流聚集区年度总结报告面临的首要问题。征地困难成为物流聚集区发展过程中遇到的最大阻力，而缺乏物流聚集区运营优惠政策成为紧随其后的阻力和困难，没有政策的大力支持，物流业发展势必受阻颇多。同时，物流人才也视为物流发展基础必需品，但目前人才缺乏现象也比较突出，综合服务能力亟待加强。

三、2016 年河北省物流聚集区发展建议

（一）规划建设应明确战略定位

聚集区建设具有周期长、初始投资大的特点。因此，聚集区规划建设一定要有科学预测，对未来市场的可变性应有提前预判。应特别加强实地调研，重视区域性产业布局、产业转移的分析以及交通运输体系建设引发的格局变化。同时，应站在区域的角度，加强物流聚集区竞争分析，避免重复建设，导致区内物流资源不足。在此基础上，根据服务对象的需求，明确园区功能定位，培养核心竞争力，形成聚集区发展和服务特色。

（二）招商发展应增强服务意识

聚集区需要在招商、物业服务的基础上进一步从区域供应链服务的角度出发，整

合资源、改善功能、培育园区服务特色。要有选择地进行招商，避免鱼龙混杂，尽量引进国内有影响力的物流企业，从而带动物流聚集区的发展。要建立起政府、行业管理部门与聚集区企业的沟通渠道，促进区内企业之间的合作与衔接，更好地为区域经济发展服务。应充分重视投资环境建设，创新招商引资服务模式，按照专业化、规模化、系统化原则整合资源，为入驻企业提供一体化服务，使物流园区真正成为区域物流服务载体。

（三）运营管理应推进同生共赢

物流聚集区的发展应突出其供应链节点的属性和物流服务特色，以“资源整合、一站式服务”为指导思想，创新建设产业公共服务平台，加快建设公共信息平台，鼓励诚信交易系统的创建和社会化服务，充分利用公共信息平台互联互通和资源整合作用，提高聚集区运营效率和物流服务水平。物流聚集区应加强调查统计工作，并积极组织入驻企业参与社会物流统计核算并按时申报报表，促进入驻企业提升服务能力和管理水平，重点培育 A 级物流企业成为聚集区服务主体。注重发挥聚集区的平台优势和集聚效应，实现物流聚集区与入驻企业共赢的良性互动局面，不断提高聚集区综合物流服务的组织化、集约化和信息化管理水平。

（资料来源：河北省现代物流协会）

第二章　2015年河北省商贸物流发展情况与2016年展望

2015年，河北商贸物流迎来了具有里程碑意义的一年，《京津冀协同发展规划纲要》出台，将河北省定位为“全国现代商贸物流重要基地”，伴随着河北省物流业的快速发展，商贸物流呈现出“稳中向好”的发展态势。

一、2015年商贸物流发展回顾

（一）社会消费品零售总额平稳增长

2015年，河北省社会消费品零售总额实现12934.7亿元，比上年增长9.4%，增速趋缓，如下图所示。按经营单位所在地统计，城镇消费品零售额完成10069.4亿元，增长9.3%；乡村消费品零售额完成2865.2亿元，增长9.8%。

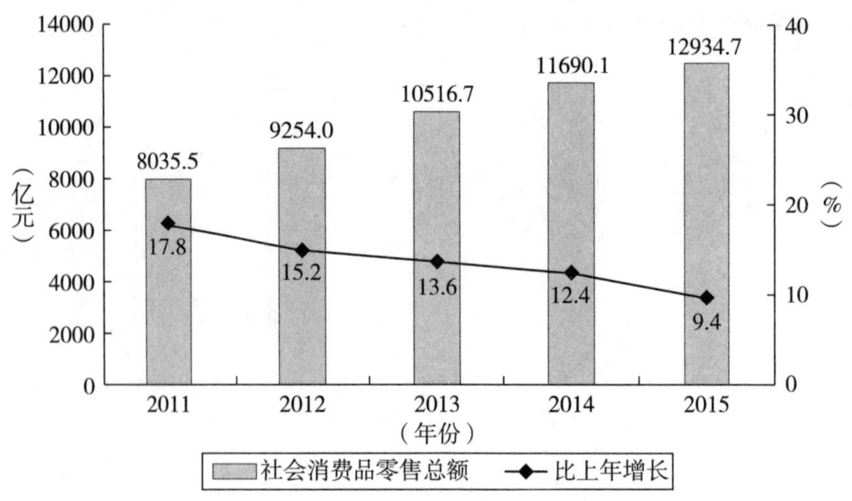

河北省社会消费品零售总额

在限额以上批发和零售企业（单位）商品零售额中，粮油、食品类增长10.1%，饮料类增长15.7%，烟酒类增长10.9%，服装鞋帽织品类增长6.7%，日用品类增长7.0%，中西药品类增长18.3%，具类增长26.6%，汽车类增长3.9%。

（二）电子商务交易规模扩大

2014年，河北省电子商务交易额达到10833亿元，“十二五”前4年年均增长

48.6%，网络零售额达到1029亿元，占全社会消费品零售总额比重达到8.8%。张家口华佗医药有限公司年电子商务交易额实现2亿多元，较好地带动了快递物流业的发展。

（三）城市商贸物流建设进展显著

1. 城市共同配送试点顺利开展

经过两年的积极建设，2015年石家庄、唐山两市的城市共同配送试点工作均已结束，基本建立起了城市共同配送体系，家电产品、农产品、药品、快递物品等居民快消品配送效率进一步提高，物流成本大幅降低。石家庄市10个城市共同配送试点项目建设完成，并通过验收，项目总投资2.2亿元，安排拨付中央财政资金2699万元；唐山市20个城市共同配送试点项目，已全部完成了建设任务，项目总投资18.98亿元。安排补助中央财政资金4000万元。

为提升物流社会化水平，推广统一配送、共同配送模式，商务厅2015年安排1100万元的省级财政资金，支持石家庄、保定、廊坊、衡水等10个物流配送中心建设改造项目。一是支持商贸物流仓储设施的升级改造，支持冷库设施设备更新改造，鼓励建设节能型冷库。二是支持配送中心建设，推进标准托盘和集装单元的应用，实行货物生产、包装、装卸、集配、运输的全过程标准化管理。三是支持企业物流配送信息平台建设，大力推进信息网络技术和物联网技术在商贸物流领域的应用，提高物流企业的运行效率。廊坊、衡水、张家口、保定、唐山等9个配送中心项目已建设完成并通过验收。

2. 加强农产品流通基础设施建设

充分发挥省级商贸流通发展专项资金的引导作用，重点支持大型农产品批发市场、城乡菜市场、农贸市场的升级改造，改善市场经营环境，提升服务水平。支持农产品产地集配中心建设，推动农超对接深入开展，重点支持集配中心和农超对接所需的冷藏冷冻、分选包装、物流配送、电子结算等基础设施建设和改造。2015年利用省级财政补贴3300万元用于支持建设农产品批发市场、配送中心和农产品仓储冷链和直销网点项目建设，支持项目总数近50个。

2015年，国家商务部将河北省列为公益性农产品批发市场试点省份，争取国家财政补贴2亿元对保定市工农路农产品批发市场和石家庄市北方农产品中心批发市场建设进行支持。

3. 加强医药物流基础设施建设

随着医药物流行业标准的颁布和新版GSP的强制实施，各药品流通企业继续加大在物流建设上的投入，加快发展现代物流和第三方物流业务。目前，全省已建成现代医药物流配送中心5家；在建拟建面积超过1.5万平方米的医药物流配送中心8家。乐仁堂、中诚、金仑、新兴、华佗、以岭等医药流通企业，进一步加大了专业化的医药物流项目建设，进一步提高了医药物流网络覆盖率和终端配送水平。

2015 年，天士力集团签约建设保定安国中药都。在现代物流基础设施建设上，新建和在建加工仓储和物流仓储面积达到 16 万平方米。其中，安国数字中药都一期仓储物流园项目占地 200 亩，建设面积 15 万平方米。投入使用后，年吞吐量达 300 万吨，将成为全球中药材专业仓储物流投资额最大，现代化程度最高，全程可视化运输，具备国内最规范的中药材养护条件，国内首家具备医药物流行业第三方资质的现代化物流中心。

（四）农村商贸物流快速发展

1. 完善农村市场体系基础设施

重点支持乡镇商贸中心、农家店、乡镇集贸市场等建设和改造，开展农村面貌提升行动，不断提升农村市场整体功能和经营环境，提升农村流通网络的连锁化、规模化、品牌化、信息化水平，逐步解决农民消费不方便、不安全问题。支持乡镇配送中心建设，推动农村物流节点向乡镇下移，提高农家店统一配送率，解决农村物流配送半径大，配送成本高的问题。2015 年利用省级财政补贴 1700 万元支持农村商品配送中心、农村超市和农村集贸市场建设，项目总数超过 50 个。

2. 搭建城乡产销协作平台

利用市场推介、信息发布、企业对接、农超对接、超市下乡等方式，畅通“日用工业品下乡、鲜活农产品进城”双向流通渠道，促进农村市场产业结构和消费结构调整。继续开展农超对接，扩大大型连锁超市农产品经营面积，提高农超对接直采比例。积极利用各种展会开展产销衔接，精心组织省内外 150 多家大型连锁超市和流通企业以及 100 多家农产品生产龙头企业代表参加农交会“采购商专场”活动，成交各类农产品 60 多个品种，成交金额近 2 亿元。

（五）物流标准化建设开始试点

2015 年，商务部、财政部将石家庄市、唐山市列为物流标准化国家试点，并分别给予 5000 万元的中央财政资金，支持围绕托盘标准化及其循环共用进行的相关配套改造；支持标准化的物流综合信息服务平台和托盘公用信息系统改造，促进互联互通和资源整合。

目前，石家庄、唐山物流标准化试点工作正在有效推进，均已成立了试点工作领导小组，制定了《试点实施方案》及《项目和资金管理办法》。石家庄、唐山两市积极做好项目评审工作，组建了专家库，制定了《评审标准》。石家庄市共确定物流标准化试点项目 25 个，唐山市 31 个，试点工作完成后，两市的物流成本将进一步降低。

（六）商贸物流信息服务平台建设增速

1. “物流河北”全面推广

2015年，在总结唐山成联电子商务有限公司建设“物流唐山”公共信息服务平台经验基础上，向保定、承德、秦皇岛三市推广复制，由企业自愿选择作为区域物流信息平台承办单位，目前，保定、承德、秦皇岛物流信息服务平台均已建设完成，并投入运营。

2. 中药材流通追溯体系建成

保定安国市是全国17个中药材市场之一，也是商务部确定的第一批中药材流通追溯体系建设试点城市。2013年开始招标建设，2014年试运行。目前，安国市21个中药材种植基地，36家中药饮片生产企业，54家中药材及饮片批发企业，20家饮片零售企业，54家药店，3家医院及中心交易大厅1350余户经营户，都将实现中药材流通追溯体系技术上的全程贯通，基本实现了中药材流通“来源可知、去向可追、责任可究”的目标。中药材流通追溯体系建设，为中药材物流插上了信息化的翅膀，为今后中药材现代物流体系建设奠定了坚实基础。

二、2016年商贸物流发展展望

2016年，河北省商贸物流发展将重点抓好以下几个方面工作。

1. 全力落实商贸物流规划内容

全力做好《京津冀商贸物流专项规划》和《河北省建设全国现代商贸物流重要基地规划》的编制工作，并在此基础上积极落实，全力抓好规划内容的落实。

2. 推动建设“物流河北”信息服务平台

到2016年年底，全省11个设区市分别建成区域商贸物流信息服务平台，并在全国率先搭建完成省级物流信息服务平台，有效整合全省物流资源，降低物流成本，基本实现在全省范围内的物流信息互联互通、信息共享，解决车找货、货找车、空驶率高等问题。

3. 推动物流标准化试点工作

石家庄市、唐山市要通过物流标准化试点工作，建立托盘标准化及其循环共用体系，推进物流设施设备标准化升级改造，搭建物流标准化信息服务平台，完善物流相关标准和服务规范，辐射带动全省物流标准化水平提升。两市预计共将拉动社会投资10亿元以上，试点企业物流成本将降低15%以上。

4. 抓好商贸物流配送中心建设

指导各市（含定州市、辛集市）建设城乡商贸物流配送体系，支持大型商贸企业、商贸连锁经营企业、第三方商贸物流企业的配送中心建设。支持物流企业购置先进的仓储设施、运输设施、分拣设施；支持企业物流配送信息平台建设，大力推进信息网络技术和物联网技术在商贸物流领域的应用，鼓励物流企业信息平台与城市物流信息服务平台互联互通，信息共享，提高物流配送效率；推动城市配送车辆标准化、标识化、绿色化。

5. 推进农村流通网络上水平

一是加强农村流通网络建设。继续深入开展“万村千乡市场工程”，在开展农家店建设的基础上，建设集聚商品零售、物流配送、文化娱乐、餐饮等功能为一体的综合性乡镇商贸中心，构筑农村现代流通网络。二是加强农村信息网络建设。大力推进农产品信息服务、网上交易市场体系建设，构建覆盖全省的农产品生产流通企业、物流中心、种养基地和集贸市场的农村市场信息网络平台，定期发布农产品供求及市场行情等信息，进行形势分析与预测，使农产品市场信息透明化。利用全省加强基层建设年活动的契机，着眼解决买难卖难、便民富民问题，搭建“一村一店一网”农村商贸服务平台。三是培育壮大流通主体。着力培育发展大型农产品流通主体，提高流通组织化程度。扶持培育一批大型农产品批发企业，引导经销商实现公司化、规模化、品牌化发展，鼓励开展直销配送。扶持培育一批大型农产品物流配送企业，积极发展第三方物流，提供仓储、运输、包装、加工等增值服务，提高物流效率和物流服务水平。

6. 促进电商物流行业规范化

电商物流得到越来越多政策支持的同时，也受到了越来越多的法律法规约束，电商物流行业将加紧规范化步伐。

2014 年国务院发布《物流业发展中长期规划（2014—2020 年）》，其中将物流业定位为支撑国民经济发展的基础性、战略性产业。2015 年，商务部牵头制定了“全国电商物流专项规划”，河北省人民政府制定的《河北省建设全国现代商贸物流重要基地发展规划》已近定稿、等待出台；2015 年 12 月河北省发展和改革委员会出台了《河北省“十三五”电子商务发展规划》，其中制定了“十三五”期间电子商务发展目标任务，促使河北省电商物流沿规范化方向发展。

（资料来源：河北省商务厅、河北省 2015 年国民经济和社会发展统计公报）

第三章　2015 年河北省公路货运物流发展情况与 2016 年展望

一、2015 年公路货运物流发展回顾

（一）交通投资及公路基础设施建设取得突破性进展

1. 公路建设

2015 年，河北省紧紧围绕京津冀交通一体化率先突破，全面推进公路建设。一是全省交通固定资产投资完成 1000.2 亿元，同比增长 10%。二是全省公路通车里程 18.5 万千米，比上年增长 3.3%。其中，新建高速公路 445 千米，高速公路通车里程达到 6333 千米，稳居全国第二，仅次于广东省。三是新改建普通干线公路 2200 千米、农村公路 1 万千米。农村公路总里程达 16.1 万千米。四是全省高速公路 ETC 用户增加 150 万户，突破 200 万户，ETC 与全国联网，实现 ETC 车道全覆盖。

2. 货运场站建设

我省积极推进公路货运场站基础设施建设，全年有 5 个项目获得国家财政补助，截至 2015 年年底项目进展不同。其中保定高新区物流园区完成总体工程 80%；邯郸国际陆港物流园区西区核心功能区域已基本建设完成，11 月初投资运营；石家庄河北瑞川物流园区正在建设；张家口西山物流园区一期工程已全部完成，并投入运营，二期冷库建设将于 2016 年开工建设，承德华北物流园区物流公共服务中心项目主体完工。

（二）公路货运量呈现增长趋势

2015 年全省公路货运量 20.75 亿吨，货运周转量达到 7733.56 亿吨公里，同比分别增长 11.99%、10.17%，其中每个季度实现货运量指标如下表所示。

河北省 2015 年各季度公路物流指标

指标	一季度	二季度	三季度	四季度
货运量（亿吨）	3.6	4.95	6.24	5.96
增长率（同比,%）	6.9	8.26	10.04	11.99
货运周转量（亿吨公里）	1395.9	1815.2	2254.2	2238.2
增长率（同比,%）	8.2	7.22	8.53	10.17

注：省统计局有季报数据。

（三）载货汽车数量增长速度放缓

2015 年，河北省载货汽车（含拖拉机）保有量为 146.64 万辆，比 2014 年同期 143.54 万辆，增加约 3.1 万辆，从统计情况看，载货汽车数量增长速度放缓。

（四）公路物流改革稳步推进

一是积极推动我省高速公路收费权改革试点。完成了承秦承德段、邢临高速、邢衡高速收费权转让工作；深化农村公路管理机制改革，省燃油税补助资金实行切块管理。

二是积极推进物流试点、示范工程。推进城市配送物流试点，石家庄市出台了城市配送车辆管理规定，秦皇岛市政府出台了城市物流配送实施方案；开展公路甩挂运输试点，经省交通运输厅筛选、推荐了河北快运公司、邯郸永年新兴重工甩挂运输试点项目申请国家甩挂运输试点；开展多式联运示范工程，经省交通运输厅、省运管局、省铁路局、省发展和改革委等部门联合初评，推荐万合集团和唐山港乌海朔州二连浩特集装箱多式联运项目为国家多式联运示范工程。

三是积极落实“全省交通运输物流公共信息平台”建设，项目取得突破性进展。

二、2016 年公路货运物流发展展望

2016 年全省公路交通固定资产计划完成投资 688 亿元。其中，高速公路投资 333 亿元，新增通车里程 167 千米，到年底总里程达到 6500 千米。普通干线公路投资 108 亿元，新改建 2000 千米。农村公路投资 135 亿元，新改建 1 万千米。路网改造投资 82 亿元。场站投资 30 亿元。

第一，全面推进京津冀交通一体化。

积极落实《京津冀交通一体化规划》。加快密涿北三县高速公路建设，确保北京大外环河北段全线建成通车。打通扩容一批“断头路”“瓶颈路”，重点实施省道松兰公路、京蒋线等项目。加快重点区域交通设施建设，推进北京新机场集疏运通道建设，开展北京新机场北线高速公路前期工作。推进冬奥会区域京北公路、延崇公路前期工作，力争京北公路一期 33 公里和赛区之间隧道开工建设。

第二，全面拓展交通基础设施建设。

加快高速公路建设，充分发挥好太行山高速“开工办”的作用，全力推进太行山高速京蔚、涞曲、邢台段和邯郸段前期工作，确保上半年全面开工。开工建设津石、唐廊等 10 条段、653 千米，建成荣乌、邢衡、京沪等 4 条段、167 千米。全面启动公路“三个建设”，新改建国省干线 2000 千米，新改建农村公路 1 万千米，建成公路安全生命防护工程示范段 258 千米。开工建设普通干线通道 1100 千米，重点升级改造国道

104 沧州南段、340 邢台段、112 线化稍营至宣化段。开工建设县域公路通道 1500 千米。大力推进省会周边路网升级改造。完成 4000 个村主街道路面硬化任务。

加快推进张家口西山物流园区、宣化工业物流中心、冀盛物流集散中心、邯郸马头综合物流中心、石家庄河北瑞川物流园区、保定高新物流园区、邯郸国际陆港等大型物流枢纽项目建设工作。

第三，全面提升交通现代化智能化水平。

实施“互联网 + 交通网”网网工程，推动移动互联网、大数据等技术与交通运输深度融合。加快推进河北省交通运输物流公共信息平台项目建设工作，力争年底前完成平台公共服务功能建设，力争与国家交通运输物流公共信息平台实现对接。建设政企合作的京津冀综合交通出行服务系统。提高 ETC 服务网点覆盖率，年内新增 ETC 用户 100 万户。鼓励科技创新，做好橡胶沥青路面技术等重点科技项目研究和先进科技成果推广应用。

第四，全面提供优质高效的运输服务。

认真贯彻落实交通运输部关于开展综合运输服务示范城市建设的有关要求，着力推动运输组织化、规模化，培育龙头骨干企业，加快甩挂运输、农村物流试点和城市配送行业发展。根据各地交通基础设施条件、货物运输特点及经济发展需求等方面的实际需求，指导推荐具有典型示范意义和带动作用的物流园区项目申报多式联运示范工程，同时积极督促 2016 年度示范工程项目加快建设进度，完成建设任务。推进石家庄、唐山两个综合运输服务示范城市组织实施工作。

最终通过示范工程，完善联运基础设施，充分发挥不同运输方式的组合优势，逐步破解多式联运发展的制约瓶颈，全面推动我省多式联运发展，切实提升综合运输服务质量和水平。

第五，全面推动交通运输绿色发展。

落实交通环保职责，配合环保部门开展好道路车辆污染整治专项行动，加大公路扬尘、工地扬尘治理力度。大力推进节能减排，推广使用新能源汽车，加快推进 LNG 等清洁能源应用。加快服务区充电站建设，力争 2016 年实现我省已建成运营的高速公路服务区充电站全覆盖。促进资源集约节约利用，优化工程设计，统筹利用综合运输线位、运输枢纽等资源，提高建设用地利用效率。积极倡导废旧路面等资源再生循环利用。

第六，全面深化交通运输改革。

一要开展交通筹融资集中攻坚，健全和完善交通投融资机制。全方位争取国家债券、政策性贷款。加强与央企、国企、民企合作，吸引社会资本参与交通建设。推动接收邢台邢衡高速公路，推进廊涿、廊沧、承秦秦皇岛段高速公路收费权转让。全面推进 PPP 模式，探索实施 PPP 模式的方法途径，力争在太行山高速等项目上取得新进展。深化与国开行河北分行、农发行河北分行合作，争取两行通过扶贫专项贷款、专项建设基金和政策性金融贷款等方式加大资金投放。二要推动解决补充耕地指标难题，发挥土地开发整理公司作用，加快实施阜平、曲阳、临城2.2万亩土地整理项目。三要加大简政放权力度，深化重点领域行政审批事项改革，严格落实省燃油税补助农村公路建设资金切块到县。

第七，全面推进法治交通建设。

强化对重大决策的合法性审查，扩大公众参与度，提升交通运输重大决策的科学性、合法性。加快推进《河北省道路运输条例》立法调研项目进程。建立与京津两市的沟通机制，修订违法超限案件移送办法，统一超限车辆认定标准和处罚裁量标准，实现京津冀道路运输和港航审批统一。简政放权，完善事中事后监管制度，做好国家取消下放行政审批事项的承接工作。加强执法队伍建设，全面实行行政执法人员持证上岗和资格管理制度，深入开展行政执法“三基三化”建设（基层执法队伍职业化、基层执法站所标准化、基础管理制度规范化）。完善网上执法办案及信息查询系统，强化科技装备在交通行政执法中的应用。加快综合执法体制改革，落实好交通运输部新修订的交通执法程序。

第八，全面抓好平安交通建设。

深入开展重点领域专项整治，突出道路运输危险化学品的储藏、运输安全监管，明确危险化学品安全监管职责，加大事故隐患排查治理，坚决遏制重特大安全事故发生。加强道路运输安全监管，强化对“两客一危”等重点车辆的动态监控，严禁超员、超速、超载和疲劳驾驶。狠抓治超工作，全年全省超限率控制在2.5%以下。强化工程质量监督，确保通车项目验收合格率和质量优良率两个100%。加强交通应急保障能力建设，提高应急反应水平。

（资料来源：河北省交通运输厅）

第四章　2015 年河北省铁路物流发展情况与 2016 年展望①

一、2015 年铁路物流发展回顾

2015 年，国家经济发展进入新常态，大宗原材料进入产能调整期，以“黑货”运输为主的铁路货运量持续下滑，货运经营面临前所未有的困难。河北省国铁货物发送量完成 26161 万吨，较 2014 年减少 3617 万吨，下降 12.1%；其中煤炭、石油、金属矿石等九类大宗品类发送量累计完成 24822 万吨，同比减少 2969 万吨，下降 12.9%。

同时，随着铁路货运改革的深化，以及向现代物流转型步伐的加快，河北省国铁零散、批量和集装箱等散货运输得到了快速发展，按季度，货运量定基发展速度为 1∶1.4∶1.6∶1.9，全年累计完成 1113.8 万吨，较 2014 年增加 258.3 万吨，增长 30.2%，散货占比由 2014 年 2.9% 提高到 4.3%，河北省国铁货运的结构性变化日趋明显，现代物流转型发展效果逐步显现。

（一）2015 年大宗类货物装车情况（如下表所示）

大宗类货物装车情况

单位：万吨

品类		2015 年	2014 年	较上年	增幅（%）
主要大宗货物品类	煤炭	6346	7450	-1104	-14.8
	石油	530	508	22	4.3
	焦炭	372	359	13	3.6
	金属矿石	1435	1501	-66	-4.4
	钢铁	824	1047	-223	-21.3
	非金属矿	163	197	-34	-17.3
	矿建	183	354	-171	-48.3
	粮食	160	198	-38	-19.2
	化肥农药	120	166	-46	-27.7
合计		10133	11780	-1647	-14.0

① 注：铁路物流包括国家铁路物流和地方铁路物流两个部分，河北省铁路物流以河北省范围内国家铁路物流为主，地方铁路所占比例较小，河北省国铁物流基本能反映河北省铁路物流的基本状况。

（二）2015 年散货任务完成情况

（1）零散货物快运。全年完成 144 万吨，同比增加 122.6 万吨，增幅 573%。全年收入 3.63 亿元，同比增加 3.02 亿元，增长 497%；按季度，货运量定基发展速度之比是 1∶1.6∶2.4∶2.5。

（2）批量零散货物快运。全年完成 463.6 万吨，同比增加 47.1 万吨，增长 11.3%。收入完成 11.71 亿元，同比增加 3106 万元，增长 2.7%。按季度，货运量定基发展速度之比是 1∶1.3∶1.5∶1.7。

（3）集装箱运输。全年完成 506.2 万吨，同比增加 88.6 万吨，增长 21%；累计完成 30.78 万 TEU，同比增加 9.93 万 TEU，增长 47.6%。按季度，货运量定基发展速度之比是 1∶1.4∶1.5∶1.8。

（三）相关业务完成情况

（1）接取送达业务情况。2015 年以来，河北省国铁系统认真落实铁路总公司《关于加快全路接取送达服务体系建设的实施意见》《中国铁路总公司关于建立物流到达端跨局协调机制的通知》等相关文件要求，统筹管理全系统接取送达车辆，不断规范接取送达业务流程，提升服务质量，接取送达业务量不断攀升。全年完成接取送达业务 14 万单，260 万吨，实现业务收入 7500 万元，各项指标同比增长均超过 100%。

（2）物流总包业务情况。2015 年，河北省国铁以药品、电器、饲料等企业为重点积极开展营销，通过制定个性化物流解决方案，签订物流总包协议，提升全程物流服务水平。全年共签订物流总包项目 153 个，累计完成运量 527 万吨，实现收入 6.22 亿元。

（3）班列业务情况。2015 年，根据铁路总公司特快、快速货物班列开行方案，针对管内货源主要结构、区域内经济发展、客户群体构成等情况，通过市场营销、密贴公路市场价格方式，提高各类班列装车兑现率，全年班列开行安全顺畅、经营良好。

（四）2015 年物流货运市场分析

随着国家经济进入新常态，社会对大宗原材料总的需求量下降，煤炭、钢铁等行业产能过剩现象较为严重，大宗商品价格大幅下跌。2015 年，钢材价格指数跌至 20 年前的水平，12 月环渤海 5500 大卡动力煤综合平均价格 370 元/吨，较 2014 年年底的 525 元/吨下降 155 元/吨，行业亏损严重，大宗商品货运市场低迷。与此同时，白货市场交易进一步活跃，高附加值货物空间广阔，白货物流需求快速增长。

1. 货源情况分析

（1）河北省国铁支柱货源——煤炭市场分析。煤炭是河北省国铁物流系统支柱货源，近 5 年来全局货运量占比在 58% 以上，主要分布在张家口地区、唐山地区、阳泉地区、邯郸地区以及阳涉线、朔黄线。2015 年以来，管内煤炭市场普遍萎缩，货运需求减少，货运量大幅下滑。河北省净削减 4000 万吨。

市场因素分析：一是张家口地区是河北省国铁煤炭市场流失重灾区。全年因客户发运量减少，影响煤炭发运 350 万吨；因客户转移发运地点（如到山西发运）或停止经营，影响煤炭发运 367 万吨。二是管内四家燃煤电厂于 3 月 18 日全部正式停机（高井热电厂于 2014 年 7 月 23 日关停），影响管内煤炭市场需求减少 287 万吨。三是管内 38 家电厂总耗煤量下降，全年到达电煤 5613 万吨，同比减少 1366 万吨，影响管内煤炭减少发运 793 万吨。四是管内部分地区煤炭质量不高。唐山地区开滦矿范矿含硫量较高，影响销售；阳涉线煤炭含硫普遍在 2.0 左右，电厂要求含硫量在 1.5 以下，必须用陕蒙低硫煤掺配，进一步增加了客户煤炭销售成本，影响市场交易，预计阳涉公司今年完成 1180 万吨，较年计划亏欠 500 万吨。

其他因素分析：一是庆祝世界反法西斯战争胜利七十周年大阅兵期间（8 月 28 日至 9 月 5 日），企业停限产，影响煤炭发运 55 万吨。二是张家口地区冬奥会迎检，3 月中旬、下旬期间停止装车，影响煤炭发运 27 万吨。三是煤矿事故、检修等影响。阳泉地区“2 · 12”阳煤集团寺家庄矿事故，影响阳涉线煤炭发运 86 万吨。邯郸地区冀中能源梧桐庄矿 1—4 月检修，影响煤炭发运 50 万吨。四是“8 · 12”天津港爆炸事件影响。塘沽站停止装车一周，同时天津港南疆 26#泊位、矿石码头物流货场、南货场自 9 月 8 日起停止营业，10 月 17 日恢复装车，影响天津港南疆铁矿石运输。

综合以上各种因素，共计影响河北省国铁煤炭发运 2015 万吨。

（2）日益增长的货源——白货市场分析。河北省国铁管内拥有伊利、蒙牛、中粮集团、承德露露、老才臣等多家大型生产型企业以及安得物流、北京泰通、盛大横森等物流有限公司。主要发运品类有乳饮料、奶制品、葡萄酒、麸皮、纸制品、化工品、医疗器械、工业机械零配件等。

经过一年的白货市场开发，目前，各货运中心基本上形成了各自区域内稳定的白货货源：

北京货运中心：大红门、保定的“日用杂品”“体育用品”；

丰台货运中心：张家口南的“乳饮料”、葡萄酒；

唐山货运中心：唐山的“纯碱”、燕郊的豆粕；

天津货运中心：沧德地区的面粉、玉米、啤酒、麸皮；

石家庄货运中心：衡水的“铸钢件”“普通人造板”，正定的“氨基乙酸”，任丘的“三轮车”；

邯郸货运中心：京广沿线的“麸皮”，邯郸地区的“陶粒”，临洺关的“标准件”。

2. 客户运输需求分析

（1）运输距离缩短。为降低物流成本，煤炭、钢铁等企业采取了以地销为主方式，如：宣钢为扩大产品销售，采取送货到工地，以此降低客户成本，以服务促销售，造成地销量增大，尤其是北京、天津、沙张地区铁路无竞争优势。

（2）销售方式转为直销。传统上，钢材多以代理商发送为主。代理商具有发运量需求较大，钢材型号单一，运输需求稳定等特点，一般会利用铁路到站的货场或专用线作为钢材转销仓库，所以代理商型客户多选择铁路运输。今年由于钢材市场的萎缩，为降低产品销售成本，企业大幅减少了与代理商客户合作，改为企业直销方式。

（3）运输时限要求更高。2015 年以来，由于银行对钢铁行业的信贷持续收紧，企业为了加快资金周转，应对订单不足的现实情况，纷纷采取压缩库存，缩短产品的交货周期的措施，而铁路难以满足运到时限要求。例如：石钢公司部分下游客户资金紧张，要求 2 ~3 天内发到，否则就会影响生产，这种情况只能用公路运输保交货期。

（4）白货物流特需需求。客户对白货物流需求更加严格，从运到时限、运输价格上提出了特需班列需求。今年，主要有 7 个方向特需班列需求：保定（石南、邯郸）—大朗，大红门—大朗，双桥（百子湾）—包头东（集宁），石工—呼和浩特（包头东），丰台西站（衡水、石南、邯郸）—王家营西，张家口南—新港集装箱，新港—石家庄南。按照客户上述物流需求，我省国铁系统已陆续开行了各方向特需班列，并且新产品得到了客户的认可，拉动了白货增量。

3. 运输市场竞争分析

由于国内油价持续下调，公路运输价格持续降低，特别是随着管内国民经济下行带来的运输总量下滑，造成持续扩张的公路运输也面临货源不足的压力，但由于公路价格相较于铁路更加灵活多变，且能实现门到门服务，造成铁路在与公路竞争中面临更加不利的局面。例如宣钢到天津港集港的钢材公路运输每吨价格只有 80 元，返程自天津港运输矿粉价格只有 60 元，而宣钢到天津港集港的钢材铁路每吨综合价格达到 130 元，造成钢厂更多倾向于公路运输。

2015 年，天津港集疏港累计完成 9500 多万吨，其中：疏港完成 3300 多万吨，同比增加 60. 7 万吨。

二、2016 年铁路物流发展展望

2016 年，河北省内经济形势总体判断是“经济下行压力进一步增大”。预测 2016 年河北省 GDP 增长幅度不超过 6% ，较 2015 年 GDP 增长幅度预计下滑约 0. 8% ，重点区域污染与环境治理进一步加强，主要是张家口地区及唐山地区，铁路与公路价格竞争进一步激烈，货运市场形势依然严峻。

（一）稳定大宗基础货源

1. 积极推行大宗品类物流总包服务

按照“包总量、包优惠；保总量、保优惠；列项目、保兑现”的思路，统筹企业原材料到达及产品发送需求，通过物流总包方式，实现量价互保。在河钢集团承钢、宣钢进行试点，逐步在管内生产企业推行大宗品类物流总包服务，稳定大宗货源。

2. 大力发展港口运输

（1）天津港。在北京铁路局与天津港、天津市交委建立战略合作协议框架下，加快通关速度，协调港口同步降低港杂费用、降低企业物流成本；发挥周边大毕庄、军粮城、官港等集装箱办理站的作用，扩大集装箱运量；推进集装箱中心站建设，尽早开通，带动港口疏港运量。

（2）黄骅港。与邯黄公司共同组织到邯郸、石家庄地区的矿粉运输，运用“一口价”政策，开发河北南部钢厂的进口矿粉货源，实现铁路疏港货物上量。

（3）秦皇岛港。重点开发秦皇岛南至塘沽玻璃集装箱项目、秦皇岛港至马仗房、沙河驿镇矿石运输项目。

（4）曹妃甸港。深化与曹妃甸港合作，在做好南堡至宣钢铁矿粉运输的同时，继续推进南堡至包头东、哈业胡同铁铝矾土集装箱运输，实现钟摆式运输。

3. 抓好区域增量点，实现增运增收

（1）阳煤集团茌平电煤实现500万吨。

（2）神华集团煤炭实现800万吨。

（3）黄骅港矿石实现200万吨。

4. 签订重点企业运输互保协议

与35家重点企业签订运输互保协议，稳定管内基础货源。确保协议运量20120万吨目标兑现。

（二）大力组织白货增量

（1）充分对接客户需求，提高产品服务质量。

（2）优化特需班列开行，打造特需班列产品品牌。

（3）大力组织集装箱增量，推进焦炭、块煤等大宗货物入箱项目。扩大集装箱办理站数量。

（三）加强与路内企业合作

（1）发挥华北区域营销联动机制，加强与呼和浩特、济南、太原局之间合作，在已确定的14个项目基础上，再联动开发10个项目。同时，与相关铁路局深度合作，做优既有班列产品品牌。

（2）加强与中铁集装箱、中铁特货、中铁快运公司合作，按照路局与三大公司“四位一体”战略合作确定的重点开发项目，加快推进项目的落地实施。

（资料来源：河北铁道协会）

第五章　2015年河北省港口物流发展情况与2016年展望

一、2015年港口物流发展情况

（一）港口物流指标稳中有升

2015年，全省港口货物吞吐量达9.1亿吨，同比下降4.0%，港口集装箱吞吐量252.5万标准箱，同比增长37.5%。

唐山港货物综合吞吐能力达到4.9亿吨，集装箱突破152万标箱，同比增长37%。秦皇岛港口货物吞吐量达到2.53亿吨，集装箱突破50万标箱；秦皇岛港成为国家进境粮食指定口岸。沧州港全年完成港口吞吐量1.67亿吨，集装箱突破50万标箱，跻身中国20大港口之列。

（二）基础设施建设稳步推进

唐山港新增开放泊位32个，与70多个国家和地区160个港口通航，张唐铁路全线通车，港口腹地得到拓展，唐山正在成为“一带一路”重要枢纽。有史以来第一艘40万吨级货船驶入渤海湾，停靠在曹妃甸港区。在曹妃甸港区，唐山港口投资公司推进曹妃甸港区西区一号、二号港池项目前期工作，为起步项目尽快开工奠定基础。

黄骅港口岸正式开放，综合保税区加快建设，20万吨级航道、20万吨级矿石码头、邯黄铁路同步建成投用。河北港口集团推进黄骅港区的原油、煤炭、集装箱等码头项目前期工作。

秦皇岛港推进西港搬迁改造各项工作，积极引进战略投资者；稳步推进秦皇岛港150航道改扩建工程。

（三）地区和国际合作积极开展

河北港口集团与天津港开展合作取得重要进展，2015年年底由河北港口集团和天津港集团合资组建的渤海津冀港口投资发展有限公司，分别与沧州渤海港务有限公司、天津临港产业投资控股有限公司签署协议，收购黄骅港综合港区多用途码头两个泊位和天津港木材码头泊位。

（四）港口物流货源多渠道巩固

在经济下行压力增大，大宗商品货源紧俏的形势下，河北省港口物流企业依托港口优势，积极构建大宗商品供应链集成体系，延伸物流服务链条，为港口提供货源支撑。

河北港口集团利用已经建立的业务平台和行业影响力，配送区域向“两湖一江”及山东区域拓展，逐步实现环保洁净煤炭物流供应链集成服务。

（五）科技创新助推港口发展

由河北港口集团和燕山大学共同组建的“河北省现代港口煤炭物流工程技术研究中心”，以科技平台建设促进煤炭物流科研升级。目前，该中心已建设成为集“港口煤炭物流工程技术的研发基地、港口煤炭物流高级人才培养基地、新技术应用推广示范基地”于一体的河北省唯一一家港口物流方向的工程技术研究中心。研究课题以“港口物流供应链优化管理”“现代港口煤炭物流信息化”“港口物流设备的维护保养与节能降耗”“现代港口工业化与信息化深度融合”为主，已取得省部级奖励30项，发表学术论文180多篇，有力地支撑和推动了港口物流业的发展。

（六）港口物流发展存在的问题

2015年是一个转折点，结束了港口高速发展时代，这与整个经济形势相吻合。在此前高速发展的同时也存在一些问题亟待解决。一是河北省港口存在腹地重叠、货源交叉、业务同质、低价竞争的现象，严重制约着港口物流的集约化发展；二是四大港区在规划和基础设施建设上没有形成统一性，各港口物流企业分属不同的地区管理，导致了重复建设或者低端产能出现过剩趋势；三是港口物流设施标准化程度低，一定程度上制约了多式联运的发展，影响着港口物流作业效率；四是信息化投入较多，但是各港口企业之间没有形成完善的信息共享机制，仍然存在信息孤岛，影响河北省整体港口竞争力。

二、2016年港口物流发展展望

（一）加强港口基础设施建设

2016年，省交通运输厅将安排港口基础设施建设投资100亿元，新增生产性泊位7个，设计通过能力增加3100万吨。启动秦皇岛港20万吨级深水航道工程，建设曹妃甸港区华电煤三期工程建设、黄骅港综合港区冀海散杂货码头。完善港口集疏运体系，力争建成曹妃甸港区铁路扩能主线工程，继续推进唐曹铁路建设，全面开工水曹铁路。加快港口管理体制改革，协调推进港口公用基础设施剥离和港口公共调度中心建设，把唐山港作为深化港口管理体制改革试点，力争取得实质性进展。

秦皇岛市支持秦皇岛港转型升级，向物流、商贸、信息、金融等功能拓展，提升质量效益和服务水平，由单一的煤炭运输港向综合贸易港转型。积极推进西港搬迁改造提升，统筹做好东扩港区建设方案、临港物流园区控制性详细规划和西港新城区城市设计，努力引进战略投资者，推动150航道实质性开工，科学稳妥实施东扩港区建设和西港片区开发，打造京津冀滨海高端商务区和对外开放新平台。

（二）推动港口资源整合

随着我国经济进入提质增效的攻坚期，港口物流整体也将朝集约化方向发展，我省各个港口乃至周边港口之间的作用需要有差异化，形成各自的独特竞争力，无论是国际航运中心、枢纽港、区域港口还是中小港口，都要体现出层次和互补性。港口自身作为支点或节点的网络属性彰显出来，现阶段应在政府的支持下，以市场为导向，加快推动港口资源向省级港口企业集中，优化港口资源配置，避免粗放型发展，利于对海岸线的利用和保护。

通过统筹这些节点来统筹航线布局，陆地上的路网建设、管网建设，也利于整个社会更加有序发展。首先，各种运输方式要实现无缝对接，进而提高生产性服务业的供给效率，政府推动公路网、铁路网、管网及最后一公里合理布局；其次，在港口规划建设层次清晰以后，需要出台各种扶持政策，全力推动各种节点形成，期间则需做好相应统筹规划。

港口功能整合的同时，还要促进联盟发展。比如沿着港口节点的两侧，无论是供应链、产业链还是物流链，都可融合发展，进而让资源配置更有效率，这也利于港口资源的整合与集成。

（三）增强港口增值服务能力

港口物流增值服务不仅仅是建保税港或综合保税区，而应从保税、信息、贸易、物流等多方面努力。港口的规划不应再与城市行政等级挂钩，要从服务区域经济的效果去评价，去行政化去级别化。各港口物流企业根据港口物流供应链特点，积极延伸服务链条，提供增值服务，满足客户的个性化需求，同时提升自身竞争力，增强企业发展能力。

（资料来源：河北港口集团有限公司、现代物流报等）

第六章　2015 年河北省航空物流发展情况与 2016 年展望

一、2015 年航空物流发展回顾

（一）航空货邮吞吐量略有下降

2015 年河北全省机场完成货邮吞吐量 4.62 万吨，同比减少 2.5%，如下表所示。

2015 年河北省机场货邮吞吐量情况统计表

项目		2015 年	2014 年	累计同比增长（%）
合计	货邮吞吐量（吨）	46219	47383	-2.5
	其中：国内货邮吞吐量	39979.3	41699.8	-4.1
石家庄	货邮吞吐量（吨）	44693.9	45554.6	-1.9
	其中：国内货邮吞吐量	38454.2	39871.4	-3.6
秦皇岛	货邮吞吐量（吨）	330.4	694.9	-52.5
邯郸	货邮吞吐量（吨）	396.6	201.2	97.1
唐山	货邮吞吐量（吨）	734.16	905.1	-18.9
张家口	货邮吞吐量（吨）	63.9	27.2	134.9

（二）航空货运市场有较快增长

1. 航线通达能力进一步增强

依托省市政府资金、政策扶持，河北机场集团深挖国际、国内航空货运市场潜力，不断优化货运航线网络布局，提升地面运输网络覆盖能力。大力引进国际货运包机，积极发展独联体包机业务，提升国际货运服务保障能力。2015 年石家庄机场运营航空公司 27 家，通航城市 70 个，全部运营航线 92 条，其中国内客运航线 72 条，国际地区客运航线 17 条，石家庄—武汉—南京、石家庄—郑州—南京和杭州—石家庄等国内货运正班航线 3 条。

2. 市场销售渠道不断拓宽

一是拓展了货运线路和中转渠道。加强同航空公司联系，最大限度地用好航班航线，做好货物直达及中转运输，提高出港航班货舱位利用率。加强国际和地区的货运线路的开发，积极开展经香港中转国际货运业务。二是加大了货源市场开发力度。掌握市场动态，了解货物运输信息，发展合适的代理，稳定市场占有率。

3. 经济快件运输量显著增长

加强与邮政、申通、圆通、韵达、天天、顺丰、中通等快递企业的合作，及时了解掌握快递企业对航空运力的需求，针对需求设计航班航线产品，有效回流经济快件。2015 年，省邮政速递物流开通了多个航线的经济邮件业务，顺丰货运包机的开通大幅提高了顺丰快递货物的出港率。

4. 国际货运业务稳步发展

2015 年，先后与中国邮政航空、蒙古航空、DHL、东海航空、美国 ABX 航空、泛运货运、华远物流、大田物流等公司沟通协商，探讨共同合作开拓货运航线的新模式。石家庄机场共运行国际货运航班 400 余架次，开通了至爱沙尼亚、吉尔吉斯斯坦、哈萨克斯坦、尼泊尔、斯洛伐克、德国等货运包机航线。2015 年，多次保障世界上最大的货运飞机安 225、安 124 等机型在机场起降。

（三）航空货运基础设施建设和保障能力情况

1. 石家庄机场改扩建货运工程

石家庄机场改扩建货运工程于 2010 年 10 月开工建设，2014 年全面竣工验收并投入使用，货运站总面积达到 3.6 万平方米，满足年货邮吞吐量 25 万吨需要，石家庄机场货运基础设施水平和保障能力得到很大提升，航空货运处理效率显著提高。

2. 石家庄国际机场航空快件集散中心

河北省邮政速递物流公司航空邮件处理中心项目顺利推进，将发挥石家庄机场进出口邮件航陆互转等功能，极大提升邮件处理能力。

2015 年，积极推进河北汇特仓储服务有限公司石家庄机场国际快件监管中心和河北邮政速递国际快件监管仓库建设，两个项目已建设完成，并通过海关总署验收，正在进行联调联试，正式启用后将可进行国际快件的通过作业，更加方便国际快件的转运、汇集和发散。

3. 航空货运保障能力持续提升

石家庄机场通过了民航华北局使用许可换证升级审定，飞行区等级指标达到 4E。石家庄国际机场改扩建货运工程、石家庄机场航空邮件处理中心和两个石家庄机场国际快件监管中心项目均已竣工验收，获得海关批准并投入使用。机场运输承载能力和综合保障能力得到了显著提升。

（四）发展中存在的主要问题和对策建议

1. 存在的主要问题

一是当前航空业发展面临的宏观形势依然严峻，受国际供应过剩、需求增长乏力等因素影响，外贸进出口增速虽走出低迷，但仍处于较低水平。我国经济由高速增长阶段逐步转向了中速增长阶段，对航空货运发展产生一定影响。二是石家庄机场是国内最后一个通航的省会机场，起步较晚、基础薄弱，又受到首都机场虹吸效应等因素影响，市场分散，航线航班网络不完善制约航空物流发展。一方面石家庄至国内繁忙机场的航线航班密度低于国内其他省会机场及周边机场，而目前国内繁忙机场时刻十分紧张，加密困难，且航空货运市场竞争日益加剧。另一方面石家庄机场航班密度偏低，特别是点对点航线偏少，经停或串飞航线多，受始发站预留舱位限制，实际可利用的舱位较少，对于货运操作存在一定局限。三是同比周边机场的国家倾斜政策、地方政府货运发展政策和支持力度都有所不足，石家庄机场航空货运发展缺乏竞争力。周边机场低价分流石家庄地区货物问题严重。受周边京津、太原、郑州、济南机场航班密度大、舱位充足且采取补贴地面运输费用和低运价政策吸引河北地区航空货源的影响。石家庄周边地区及衡水、沧州、邢台、邯郸地区航空货源流失严重。郑州机场、天津机场受国家倾斜政策支持、政府补助资金、海关快件监管仓库、保税区、保税航油、联检单位大通关政策支持，航空货运发展条件十分优越。以郑州机场为例，郑州航空货运发展迅猛，得益于东西部产业转移、国家政策扶持和地方政府补贴资金支持。郑州空港经济综合实验区成为国家批准的第一个以航空经济为引领的国际级新区和中原经济区的核心增长极。继富士康“苹果”生产线在郑州航空港区落地之后，酷派、天语、创维等14家智能手机生产企业相继入驻，该地区正成为世界手机制造业基地，对航空货运的需求急剧增长。

2. 政策建议

随着京津冀协同发展深入推进，北京城市功能疏导、产业转移，京津冀三地互联互通交通一体化网络逐步建设，以及京津冀民航协同发展石家庄机场将承接首都机场航线航班分流。在电子商务、新型贸易、临空产业等新兴业态的刺激下，石家庄机场综合保税区、海关快件监管中心设立，使得服务于区域经济结构调整和产业升级的石家庄机场航空货运及快件业务功能发展潜力尤为凸显。一是建议河北省抢抓京津冀协同发展历史机遇，加大政策引导力度，设立京津冀民航发展专项资金，积极引导首都机场航线航班以及航空快件航班分流至石家庄机场，缓解首都机场运营压力的同时，完善货运航班网络及大力开发航空快件特色市场。二是建议省、市政府在产业布局、政策措施等方面给予更大力度，加大石家庄机场空港工业园招商引资力度，构建优质临空产业转移和聚集平台，吸引国内外一流企业入驻，实现空港与园区联动发展。三是建议协调国家民航空管部门以及空军等有关单位，进一步采取有效措施，合理分配京津冀区域空域资源，优化石家庄机场空域使用效率，提升空域容量，为京津冀民航运输协同发展提供空域保障。

二、2016年航空物流发展展望

（一）总体思路和目标

积极贯彻落实国家民航强国战略和《民航局关于推进京津冀民航协同发展的意见》精神，吸引国内外大型航空货运和航空快递企业入驻，引导首都机场溢出货运航班和快件航班分流至石家庄机场。加快推进石家庄机场航空物流产业发展，加大对航空邮件处理中心、国际快件监管中心、跨境电商等建设运营步伐，积极打造华北地区航空货运及快件集散中心，力争到2016年年末石家庄国际机场实现货邮吞吐量5万吨。

（二）主要措施

（1）进一步完善航空货运枢纽航线网络。以京津冀民航运输协同发展为契机，积极争取政策支持，引导首都机场航班分流至石家庄机场。科学、合理利用航线补贴，优化航线结构，完善航线网络布局，进一步加密省会城市及重点经济城市等骨干航线。积极联合省内支线机场，完善省内支线网络，充分利用省内已开通的张家口、唐山、秦皇岛航线航班，搭建畅通的空中货物走廊，吸引河北北部城市航空货物在石家庄机场开展中转业务。

（2）积极推进石家庄机场航空快件集散中心建设。联合邮政速递物流推进石家庄邮政航空邮件处理中心项目运营，开通国内快件全货机航线，引进国内较大的快件运营商在石家庄机场建立分拨中心，进一步完善邮件、快件的航线网络结构，拓展辐射能力。大力发展国际快件及跨境电商业务，以国际快件监管中心运行为契机，汇集国际速递公司，拓展国际速递航线，抓住跨境电商物流发展机遇，发展以对独联体国家为主的跨境电商国际货运航班。进一步与海关等监管部门加强沟通，简化通关流程，促进国际邮件、快件流程的进一步优化，提升处理能力。

（3）加大货运市场开发力度。依托石家庄综保区和快件园区的规划，积极与航空公司协调沟通，提高出港航班舱位利用率。切实解决因航班航线的局限性造成的干线航班货物出港压力及冷线航班货量不足的矛盾。以本地特色农产品为主，进一步拓展电子商务销售业务。深挖北京地区货运市场，力争北京地区货物至石家庄机场运输业务量有较大增长。

（4）不断提升航空货运安全保障水平。继续加强安全管理工作，强化货物运输收运、库房操作、机坪装卸等关键环节的安全检查和管理，加强员工安全教育和培训，增强员工安全责任意识和安全防范意识，提高员工不安全事件预判及处置能力，做到防患于未然。适当优化机构设置、合理调配人员岗位，理顺各岗位工作职责和操作流程，确保新货站运转顺利，机场货运保障工作顺畅，措施得力。加强对所监管的装卸外包单位的监管及沟通，加强与机场其他相关部门的沟通协调，提高机坪装卸保障能力及水平。

（资料来源：河北机场管理集团有限公司）

第七章　2015 年河北省快递发展情况与 2016 年展望

一、2015 年快递发展回顾

（一）快递业快速发展

1. 快递业务普遍增长

2015 年全省快递业务总计完成 5.49 亿件，居全国第 8 位，比上年进 1 位，同比增长 61.4%，增幅居全国第 6 位；快递业务收入达到 56.2 亿元，同比增长 36.8%。

2. 快递业务全年平稳增长

2015 年全年，全省快递业务量基本呈现逐月平稳增长，其中 2 月受春节假日影响，业务收入和业务量均为全年的低点，10 月、11 月受国庆、中秋、“双 11”等节日电商促销影响，快递业务量急速增长，其他月份基本保持平稳增长的节奏，如图 1 所示。

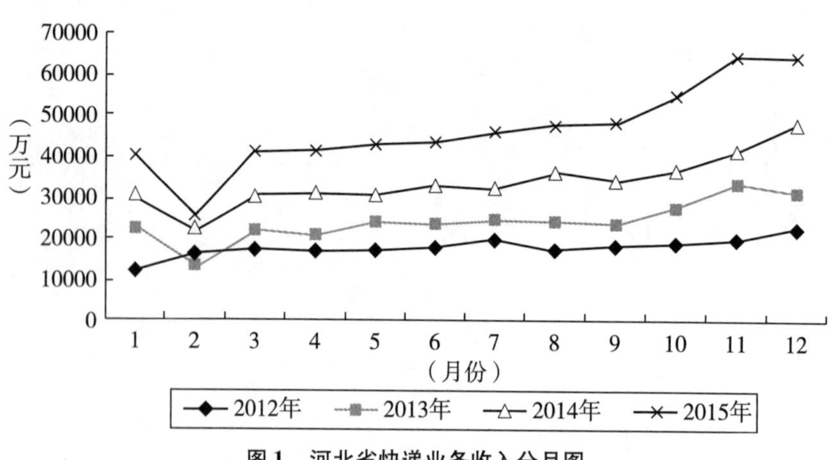

图 1　河北省快递业务收入分月图

3. 快递业务结构略有变化

2015 年全年，同城业务量完成 6519.90 万件，同比增长 59.15%；异地业务量累计完成 4.82 亿件，同比增长 61.93%；国际及港澳台业务量累计完成 177.48 万件，同比增长 20.09%。同城、异地、国际及港澳台快递业务收入分别占全部快递收入的 8.24%、76.11% 和 4.15%；业务量分别占全部快递业务量的 11.87%、87.81% 和 0.32%，如图 2、图 3、图 4 所示。

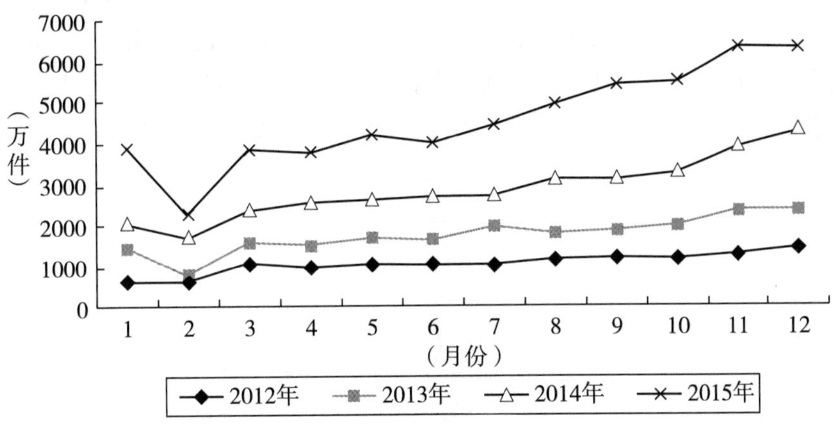

图 2　河北省快递业务量分月图

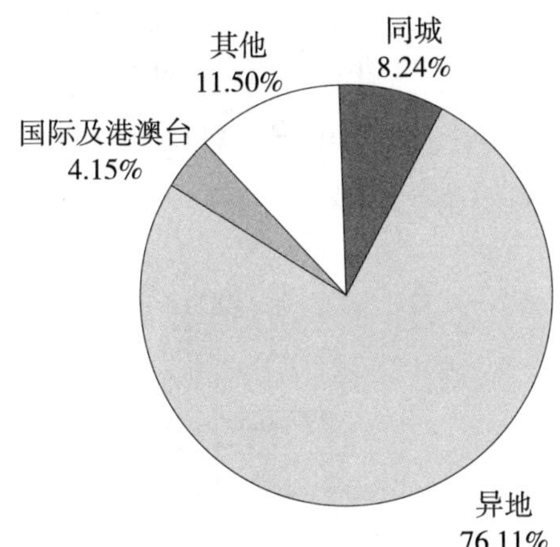

图 3　快递业务收入结构图

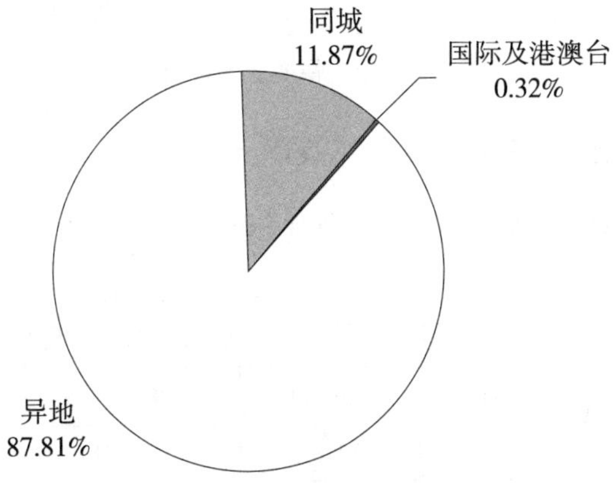

图 4　快递业务量结构图

与2014年同期相比，同城快递业务收入的比重上升0.41个百分点，异地快递业务收入的比重下降了3.9个百分点，国际及港澳台业务收入的比重下降了0.75个百分点；同城快递业务量的比重下降0.17个百分点，异地快递业务量的比重上升0.29个百分点，国际及港澳台业务量的比重下降了0.11个百分点，如图5、图6所示。

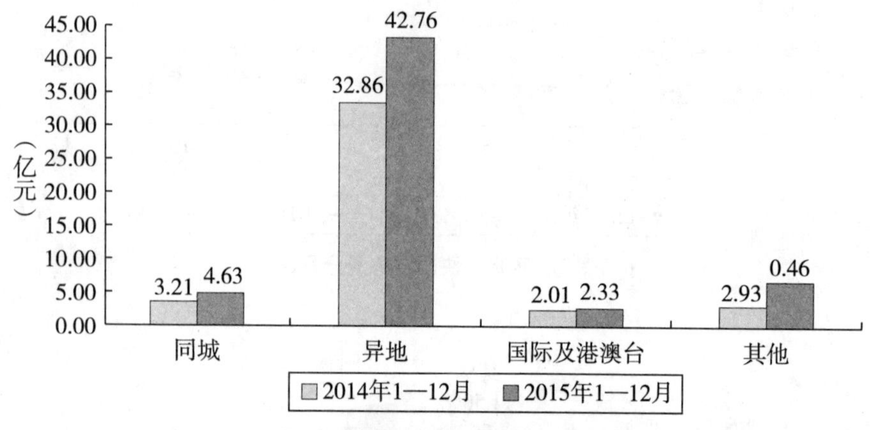

图5　分专业快递业务收入比较

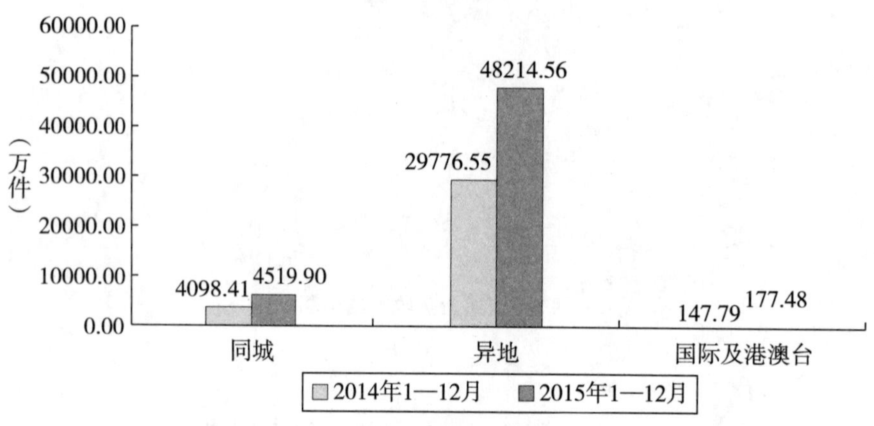

图6　分专业快递业务量比较

4. 全省各地快递业发展不均衡（如下表所示）

全省各地市快递服务企业业务量和业务收入情况表

单位	本年累计（万件）	同比增长（%）	占全省比重（%）	本年累计（万元）	同比增长（%）	占全省比重（%）
河北省	54911.94	61.41	100.00	561787.91	36.78	100.00
石家庄市	16373.39	63.91	29.82	185975.71	39.34	33.10
唐山市	4054.84	33.86	7.38	36721.43	-11.57	6.54

续 表

单位	本年累计（万件）	同比增长（%）	占全省比重（%）	本年累计（万元）	同比增长（%）	占全省比重（%）
秦皇岛市	1395. 66	87. 49	2. 54	19916. 29	38. 59	3. 55
邯郸市	1530. 65	28. 29	2. 79	20966. 77	37. 23	3. 73
邢台市	4091. 23	61. 65	7. 45	37084. 03	48. 28	6. 60
保定市	10748. 18	84. 44	19. 57	99718. 94	55. 60	17. 75
张家口市	790. 44	-0. 81	1. 44	10568. 53	7. 17	1. 88
承德市	597. 75	47. 50	1. 09	9771. 88	24. 81	1. 74
沧州市	3097. 12	68. 38	5. 64	37683. 59	18. 17	6. 71
廊坊市	9193. 89	61. 09	16. 74	75264. 57	63. 14	13. 40
衡水市	3038. 79	55. 33	5. 53	28116. 17	32. 18	5. 00

（二）快递基础建设加速

（1）快递网点建设加速发展，截至 2015 年 12 月底，全省快递营业网点已达 4468 家，快递网络县级覆盖率达到 100%，乡镇网络覆盖率达到 93%，廊坊、沧州、秦皇岛、保定、邯郸、邢台 6 个市实现乡镇覆盖率 100%。全国性主要快递品牌企业顺丰、韵达、汇通、中通、申通、圆通、EMS 皆在河北省布局，Fedex、DHL、TNT 三家外资品牌也在河北省设有分支机构。快递服务品牌集中度指数 CR8 为 91. 24。

（2）快递中心建设加强，申通快递石家庄分拨中心、邮政速递华北（廊坊）陆路邮件处理中心等 5 处区域性快递集散中心建成使用，顺丰石家庄智能综合物流基地、白沟速通快递产业园等 7 个项目列入建设规划或意向。石家庄机场国际快件监管中心已具备运营条件。

（3）快递网点下乡工程加快，全年新建村邮站 5780 个，超额完成建设任务，行政村通邮率保持 100%。新建住宅楼房信报箱安装率达到 100%。

（三）行业发展环境显著优化

1. 政府重视快递发展

为积极落实国务院《关于促进快递业发展的若干意见》，省政府印发《关于促进快递业发展的实施意见》。省邮政管理局积极编制全省《邮政业发展“十三五”规划》，主动做好与全省国民经济发展规划和专项规划相衔接。将快递园区建设、新能源车辆应用、快递服务跨境和农村电商等工作纳入了省委关于“十三五”规划建议、全省“十三五”规划、电子商务发展“十三五”规划、建设全国现代商贸物流重要基地规划。

省政府办公厅召开专题调度会，落实快递领域应用新能源汽车优惠政策，企业协议购置新能源车辆300台。石家庄快递三轮车通行过渡期经主管省领导批准再延长一年。

2. 积极优化快递业行政管理

省邮政管理局按照简政放权的工作要求，将多项职权全部下放到市邮政局，发挥行政服务中心作用，优化流程，提高效能，印发快递业务经营许可工作优化方案，为企业开设绿色通道，快递企业申请材料精简55%，审批时限比法定时限缩短20个工作日，许可变更时限比规定时限缩短15个工作日，服务效率显著提升。

邮政管理部门积极作为，主动帮助企业协调解决园区用地、车辆通行等瓶颈问题。积极推进石家庄市电子商务与物流快递协同发展试点工作。

3. 快递安全机制逐步健全

一是建立安全管理工作协调机制。省邮政业安全中心在省领导的支持下，完成了前期筹备工作。河北省市均成立了寄递渠道安全管理工作领导小组，召开了领导小组会议，明确了小组会议制度和成员单位职责，将各单位履职情况纳入综治考评体系。各市局联合公安、国安等部门开展了全省首次寄递渠道安全监督检查和培训，并组织企业开展应急演练，形成了齐抓共管的格局。二是深入开展安全专项执法。开展了快递物流清理整顿、危爆品寄递、收寄验视制度、缉枪治爆专项整治等系列活动。

4. 扎实推进基础服务工作

快递职鉴工作成效显著。首次开展了快递业务师职业技能鉴定。实现职鉴考点11个市全覆盖。省邮政管理局组织开展了全省快递行业统计培训和专项检查。定期发布统计公告，统计工作连续9年获得省级特等奖。省快递协会倡导企业自律，评选出148家“自律守信”企业。各市快递协会服务、协调和自律职能进一步发挥。

二、2016年快递发展展望

（一）快递业务将持续增长

2016年，全省快递业务量预计达到7.4亿件，同比增长35%，快递业务收入达到72亿元，同比增长28%。2016年年底前全省乡镇快递服务网点覆盖率将达到95%以上。

（二）行业发展环境不断优化

一是充分发挥规划引领作用。省邮政管理局做好全省和11个地市的邮政业发展“十三五”规划的完善和发布，抓好与当地国民经济和社会发展规划纲要和综合交通运输发展、服务业等专项规划、部门规划的衔接。编制完成全省快递业发展推进计划，与京津冀快递发展规划及物流业、电子商务、物流园区等专项规划做好对接。推进各级政府将城乡快递服务网点、快件处理中心、智能快件箱等快递基础设施纳入本级城乡规划、土地利用规划和公共服务设施规划。

二是加快推进政策配套落实。把全面落实国务院61号文和省政府52号文作为重中之重，争取各市出台相应的配套支持政策，举全省之力推进各项措施落地。争取各级政府安排专项资金支持快递业发展。联合有关部门推进快递末端投递网点建设。深入推进“快递下乡”工程，提高农村地区快递网络覆盖率，带动农村消费，助力农村贫困地区脱贫致富。鼓励快递企业与电子商务企业合建电子商务快递园区。加快新能源车辆在行业的推广应用。继续深化交邮合作，因地制宜发展快件航空运输。支持邮政、快递企业创新合作模式，提高邮政基础设施利用效率，推进农村邮政电商寄递网络建设。支持快递企业积极“走出去”，开展跨境网购等寄递业务。加快推进快递业服务制造业工程。推动实施快递企业“一照多址”模式。

三是进一步转变政府职能。进一步优化快递许可流程，规范快递企业分支机构、末端网点备案手续，实行快递企业网上年报制度。加大政策、资金支持争取力度，强化企业帮扶，深入走访调研，及时有效解决行业瓶颈问题，强力推进“快递三进”工程。

（三）行业发展动力不断增强

全省邮政业要牢牢把握发展第一要务，全力抢抓京津冀协同发展机遇，坚持创新、协调、绿色、开放、共享发展理念，发挥全省县域特色产业发达的优势，立足本地实际，主动作为，挖掘潜力，突出特色，积极服务于全省经济社会发展。廊坊依托首都第二机场，引导快递总部企业建设辐射华北区域的大型快件分拨中心，加快推进国家一级快递枢纽项目建设；石家庄、保定发挥区域优势，率先突破，加快推进国家二级快递枢纽项目建设；加快推进快件监管中心和国际邮件互换局的建设工作。

（四）行业发展秩序不断净化

一是强化快递市场监管。落实快递末端网点备案管理规定。开展“双整”专项行动，遏制无证经营和末端网点不备案行为。加大事中事后监管力度，实行“双随机”抽查。重点整治非法加盟（委托）、野蛮分拣、超范围经营等违法违规行为。抓好旺季快递服务保障，杜绝重大责任事故和服务热点事件发生。落实失信企业“黑名单”和违规寄递处罚警示制度。推进快递企业营业网点标准化建设工作。

二是严守安全底线，确保寄递渠道安全。狠抓收寄验视关口，全面实施收寄验视制度，从源头上杜绝禁寄物品流入寄递渠道，严厉查处未经验视直接收寄的行为。加快推进省市级以上大型邮件、快件处理中心X光机配置到位。开展安全应急专项培训，配置安全检测、应急处置等装备，修订完善应急预案，开展安全应急演练，加强行业安全应急管理。提高寄递企业视频监控数据联网接入率。继续强化危险化学品和易燃易爆物品专项整治。

（资料来源：河北省邮政管理局）

第八章　2015 年河北省钢铁物流发展情况与 2016 年展望

2015 年，是河北省钢铁行业进入 21 世纪以来形势最为严峻的一年，也是全行业砥砺奋进、各项工作取得积极进展的一年。面对严峻形势，钢铁企业主动适应新常态，以改革创新为主线，深入对标挖潜，努力降低成本，大力开拓市场，持续提质增效，经受了市场前所未有的考验。

一、2015 年河北省钢铁物流发展回顾

（一）铁、钢材产销平稳平衡、价格大幅下降

2015 年河北省铁、钢、材产量与上年比较略有小幅增长，但增幅不大，虽然钢材价格比上年降低近千元降幅在 30%，但产销情况正常，企业产销率达到 99.42%，比上年略有提高，企业库存处于合理范围。一方面，当钢材价格跌破成本线时，钢铁企业理性决策，主体设备提前检修，控制钢铁产能释放；另一方面，三季度、四季度以来，部分高成本、高负债、低档次产品和资金链出现问题的企业进入停产或半停产状态，如表 1、图 1、图 2 所示。

表 1　　2011—2015 年河北省钢铁产量和销售量

	2011 年	2012 年	2013 年	2014 年	2015 年
河北省生铁产量（万吨）	15442.40	16350.20	17027.55	16932.57	17382.30
河北省粗钢产量（万吨）	16450.66	18048.40	18849.63	18530.34	18832.00
河北省钢材产量（万吨）	19226.77	20995.20	22861.56	23995.24	25244.30
河北省钢材进口量（万吨）	24.13	22.81	27.44	25.09	13.66
河北省钢材出口量（万吨）	866.70	1074.39	1435.35	2717.14	3347.88
河北省粗钢表观消费量（万吨）	15608.09	16996.82	17441.72	15838.29	15497.78
重点钢铁企业产销率（%）	98.55	98.34	98.20	99.20	99.42
河北省钢铁行业销售产值（亿元）	11263.1	11656.317	11901.1	11485.28	9201.86
华北地区钢材平均价格（元/吨）	4779	4000	3653	3221	2285
河北省粗钢增长幅度（%）	13.78	9.71	4.44	-1.69	1.63
钢材价格增长幅度（%）	9.61	-16.30	-8.68	-11.83	-29.06

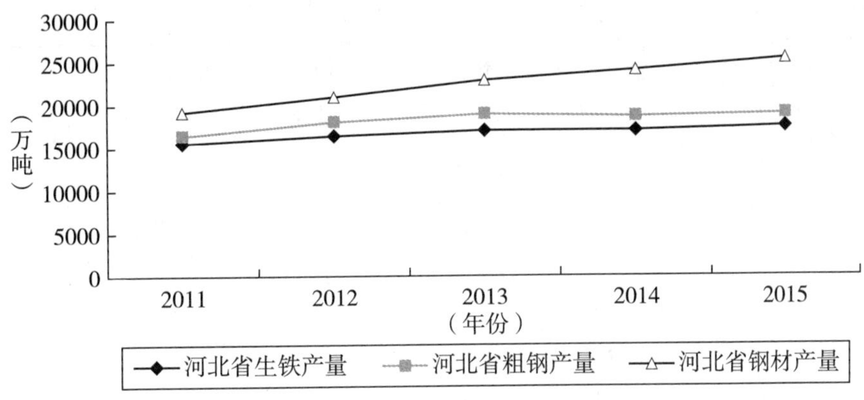

图1　2011—2015 年河北省铁钢材产量折线图

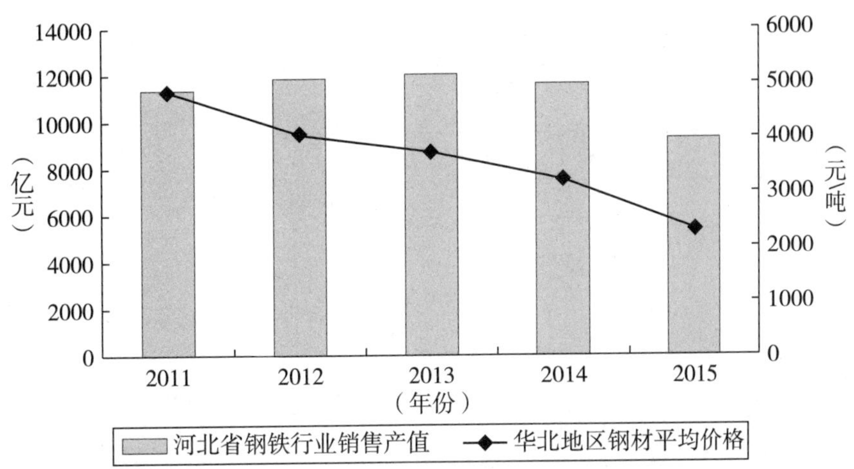

图2　2011—2015 年河北省钢铁行业销售与产品价格柱形图

（二）铁、钢、材生产地域分布与钢材产品品种情况

1. 铁、钢、材生产地域分布情况

从2015年铁、钢、材产量分布看，唐山、邯郸是钢铁生产的集中地区，唐山地区铁、钢、材产量分别完成8434万吨、8270万吨、11179万吨，分别占全省铁、钢、材总量的48.52%、43.91%、44.28%，邯郸地区铁、钢、材产量分别完成3952万吨、4358万吨、5469万吨，分别占全省铁、钢、材总量的22.73%、23.14%、21.66%。唐邯地区铁、钢、材量占全省总量的71.25%、67.05%、65.94%，如表2所示。

2. 钢材产品品种情况

2015年，河北省钢材产量2.5245亿吨，其中，板带材完成1.7510亿吨，占钢材总量的68%；长材完成8135万吨，占钢材总量的32%，如图3、表3所示。

表 2　　2015 年河北省铁、钢、材产量分布情况

分布市区	生铁（万吨）	粗钢（万吨）	钢材（万吨）	铁增幅（%）	钢增幅（%）	材增幅（%）
合计	17383	18833	25245	2.62	1.29	5.51
石家庄	1516	1498	1454	4.43	4.73	3.58
唐山	8434	8270	11179	2.81	1.68	8.08
秦皇岛	638	744	574	3.40	1.98	-11.64
邯郸	3952	4358	5469	3.26	-1.17	1.63
邢台	496	486	668	-3.49	-3.38	1.47
保定	105	112	105	-0.58	-0.45	160.33
张家口	694	672	597	1.72	2.15	-5.12
承德	1329	1280	1152	1.36	0.99	-1.60
沧州	9	805	1141	-15.99	-2.86	1.44
廊坊	206	608	2552	-2.60	16.53	15.56
衡水	6	0.37	352	-17.60	-1.14	11.44

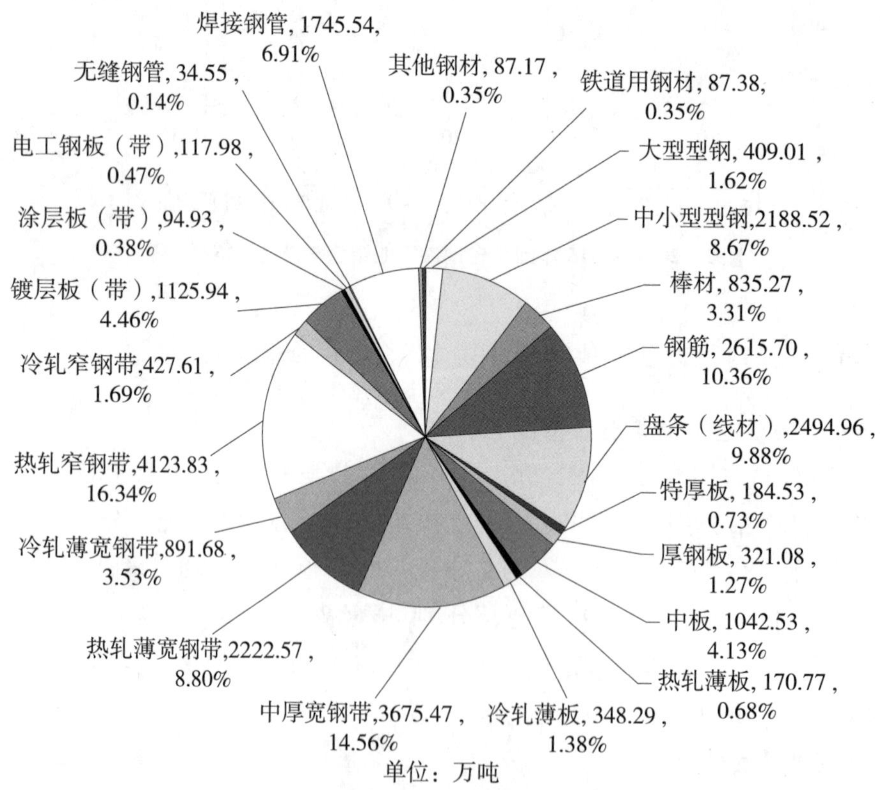

图 3　2015 年河北省钢材品种结构

表 3　**2015 年河北省钢材品种区域分布情况**

分布市区	产量（万吨）	石家庄	唐山	秦皇岛	邯郸	邢台	保定	张家口	承德	沧州	廊坊	衡水
钢材合计	25245. 31	1453. 68	11179. 31	574. 18	5468. 86	667. 96	105. 15	597. 47	1152. 11	1140. 57	2552. 88	352. 13
1. 铁道用钢钢材	87. 38	0	1. 53	0	85. 85	0	0	0	0	0	0	0
2. 大型型钢	409. 01	0	190. 05	0	180. 96	0	0	38. 00	0	0	0	0
3. 中小型型钢	2188. 52	0	1897. 92	27. 52	59. 48	61. 85	0. 93	0. 81	0	129. 71	0	10. 29
4. 棒材	835. 27	141. 84	126. 50	0	451. 79	0. 83	0. 74	41. 69	65. 74	0	5. 68	0. 47
5. 钢筋	2615. 70	711. 49	1008	0	279. 96	0. 01	0	291. 00	307. 52	17. 73	0	0
6. 盘条（线材）	2494. 96	156. 04	768. 24	164. 49	902. 03	242. 59	0	150. 80	107. 63	0	1. 41	0. 73
7. 特厚板	184. 53	0	147. 11	33. 47	3. 96	0	0	0	0	0	0	0
8. 厚钢板	321. 08	0	108. 90	74. 90	137. 29	0	0	0	0	0	0	0
9. 中板	1042. 53	205. 78	83. 50	96. 45	583. 50	0	73. 30	0	0	0	0	0
10. 热轧薄板	170. 77	0	0. 04	0	0	0. 16	11. 70	0	0	0	158. 87	0
11. 冷轧薄板	348. 29	0	140. 37	11. 68	135. 07	48. 98	5. 92	0	0	0	0. 81	5. 50
12. 中厚宽钢带	3675. 47	194. 30	1650. 94	0	1129. 50	254. 22	0	0	212. 51	9. 05	224. 95	0
13. 热轧薄宽钢带	2222. 57	0	1233. 41	0	94. 68	0	0	0	101. 33	793. 15	0	0
14. 冷轧薄宽钢带	891. 68	0	548. 98	0	219. 97	0	0	0	0	0. 10	104. 37	18. 25
15. 热轧窄带钢	4123. 83	37. 43	2545. 42	137. 61	222. 69	0	0	75. 19	347. 80	0	756. 36	1. 33
16. 冷轧窄带钢	427. 61	0. 013	47. 62	0. 19	5. 78	8. 18	0	0	0	2. 52	363. 30	0
17. 镀层板（带）	1125. 94	0	386. 91	12. 46	174. 31	0	0	0	0	0. 95	518. 89	32. 41
18. 冷层板（带）	94. 98	0	1. 83	0	5. 09	0	0	0	0	0. 49	45. 51	42. 00
19. 电工钢板（带）	117. 98	0	117. 98	0	0	0	0	0	0	0	0	0
20. 无缝钢管	34. 55	0	2. 43	0	11. 47	0	0	0	0	20. 64	0	0
21. 焊接钢管	1745. 54	1. 55	171. 08	11. 18	758. 72	51. 19	12. 57	0	9. 57	118. 47	370. 05	241. 15
22. 其他钢材	87. 17	5. 24	0. 56	4. 72	26. 74	0		0	0	47. 75	2. 66	0

（三）钢铁电子交易中心功能显现

河钢集团钢铁电子交易中心项目自启动以来，目前已完成邯钢、宣钢、承钢现货网上直销功能及系统接口开发；完成与唐钢、邯钢、宣钢、承钢 ERP 接口对接开发；完善集团循环物资、化工产品网上竞拍功能；深化金融与物流服务、完善客服体系，实现了与 9 家银行总行的支付结算业务系统直连，与 3 家银行在线融资业务上线。通过不断完善平台功能，加大市场开发力度，提升客户服务水平，深化金融与物流服务体系建设，各项工作取得较大进展，2014 年，交易中心会员总数大 7861 家，在线交易规模 1675 万吨，交易总额 306 亿元，其中线上支付资金 2. 39 亿元。2015 年，河钢云商平台在线交易总量达到 4043 万吨，实现总交易收入 626. 5 亿元，较上年分别增长了 141% 和 105%。

（四）钢铁物流快速发展

近年来，钢铁流通企业改变过去简单的“一买一卖”的方式，向贸易链和供应链两端延伸，扩展了采购物流、物流配送、流通加工、物流金融等功能，推动了钢铁物流的快速发展。

1. 钢铁物流发展规模分析

河北省是我国最大的钢铁生产大省，钢铁物流领域物流量巨大。据测算，钢产量与物流量之比约为 1∶5，即每生产 1 吨钢，需要 5 吨物流量。由以上内容可以估计，2015 年河北省钢铁物流市场规模约为 22 亿吨物流量。

2. 钢铁物流发展模式分析

近年来，河北省钢铁物流在创新经营模式方面有了很好的探索。形成了多元化的钢铁物流发展模式，如表 4、图 4 所示。

表 4　钢铁物流多元化发展模式

模式	具体说明
贸易 + 物流	即一些具有资金实力的大型流通企业开始探索供应链集成供应模式。即从原材料采购与供应为源头，为钢铁产业提供原材料采购、仓储转运、流通加工、信息服务、集成配送的全程物流服务模式
物流 + 金融	即一些具有仓储物流条件的物流企业开始发展仓单质押等物流金融业务，延伸了物流增值链
贸易 + 流通加工	即一些与最终客户联系密切的企业开始发展流通加工与配送服务，拓展了钢铁物流业务领域。但总体上看，中国钢铁物流模式还不够完善，还处在探索起步的阶段，而且推广应用的范围还有限

续 表

模式	具体说明
新兴的钢铁物流园	传统市场整合升级，集贸易、仓储、加工、配送、物流、金融、信息服务于一体，特点仍然是传统制造业与流通企业的粗放式结合
电子商务 + 物流	利用电子商务平台完成商流过程，利用物流完成加工配送

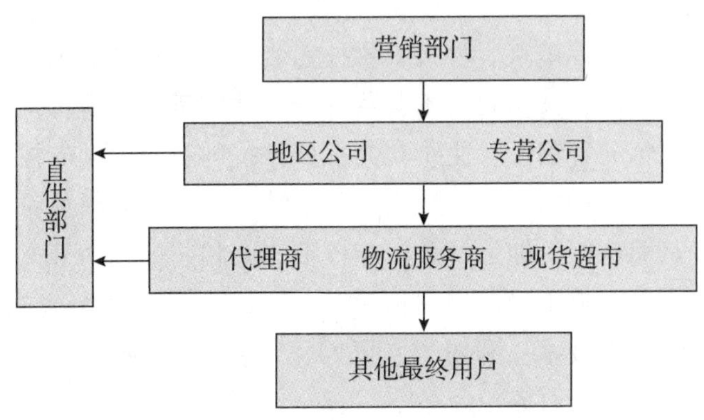

图 4 钢铁物流的运作模式

3. 钢铁物流的集中度较低

现阶段河北省从事钢铁流通和物流企业数量多，规模较小，许多企业利用“小而全”的运营模式，涉及加工、配送、仓储、包装等多个领域，整个行业还处于小而分散的阶段，产业集中度低。中国钢铁销售物流在产业集中度低的情况下还存在着明显的产业结构布局不合理的现象。地理区位上，各类钢材交易市场和加工配送中心大多存在着经营规模较小，低水平重复建设，地域运输条件不佳等问题，如在同一区域重复建设功能趋同的加工配送中心或市场定位趋同的钢材交易市场；在功能界定上，钢铁销售物流产业链上也存在着明显功能趋同，缺乏配套的金融、保险等中间服务的布局不合理现象，如据调查显示，河北省 98% 的中小型钢铁流通和物流企业得不到任何金融机构的支持，企业面临着融资难题。

二、2016 年河北省钢铁行业展望与工作重点

随着京津冀协同发展、一带一路国家战略的稳步推进，北京—张家口申办冬奥会的成功，将为河北省钢铁行业带来预期。特别是河北省人代会提出的坚持供给侧和需求侧两端发力，推动传统产业向中高端产业迈进，推进新型工业化、信息化、城镇化和农业现代化一系列稳增长、惠民生政策，必将为带动河北省钢铁产业转型发展起到积极作用。

（一）着力化解过剩产能

中央已经把积极稳妥化解产能过剩列在结构性改革之首，河北省人大十二届四次

会议确定了2016年压减炼铁产能1000万吨、压减炼钢产能800万吨，到“十三五”末钢铁产能压减到2亿吨的任务目标。钢铁企业要认真贯彻落实《河北省钢铁产业结构调整方案》，主动压减落后产能，同时，装备相对落后、停产或半停产的、长期亏损且扭亏无望的企业，抓住“去产能”政策机遇，依法依规、稳妥有序地退出市场。

（二）着力推进结构调整优化、技术进步和产品升级换代

这是河北省钢铁行业走出困境、转型升级的核心要求。当前，河北省钢铁工业已经拥有一批以河钢集团、首钢京唐为代表的技术装备、品种质量进入国内外先进水平行列的企业，但还有一部分技术装备工艺落后，产品质量水平低下，影响着整个行业的健康发展的企业。河北省钢铁行业要充分发挥科技创新的引领支撑作用，加快结构调整优化步伐，着力提升创新能力，加快完善钢铁工业技术创新体系，引导钢铁企业建立产业技术创新战略联盟，加强关键核心技术攻关和共性技术开发。大力推进信息技术应用，在钢铁行业重点推广应用高炉专家系统、智能炼钢系统、智能在线质量控制系统等两化深度融合新技术。利用“互联网+”，创新商业模式，主动开展跨界融合，发展大宗钢铁产品电子商务平台。

（三）着力促进降成本政策落实

一方面，中央和河北省经济工作会议明确提出，要开展降低实体经济企业成本行动，打出“组合拳”。明确了“要降低制度性交易成本、降低企业税费负担、降低社会保险费、降低企业财务成本、降低电力价格、降低物流成本”六大措施。这六大措施对河北省钢铁行业走出困境创造了条件，切实抓好政策研究，促进政策落地生效。另一方面，企业要苦练内功，继续深入对标挖潜，通过反浪费消减非生产成本，将内功练到极致，把潜力挖尽，这是企业保生存的基础。

（四）不断提升国际化水平

我国钢铁工业已与世界钢铁工业紧紧融合在一起，转型升级不能脱离全球化大背景。企业要树立全球思维，积极主动顺应服务国家自贸区建设和国际合作发展战略，创新商业模式，加强与各国企业间的合作，不断提升国际化经营水平。近两年，国家和河北省已经出台了一系列的“走出去”支持政策，河钢集团在国际产业合作及“走出去”发展战略方面取得重大突破，各企业要抓住机遇，研究政策、利用政策，在继续做好产品走出去的同时，加快优势产能走出去和国际产业合作的步伐，为河北省化解产能和提升企业核心竞争力做出贡献。

（五）加快从产品制造商向综合服务商的转变

贯彻落实《中国制造2025》，继续推进两化深度融合。随着服务业在国民经济发展

中重要性的凸显，全球产业结构逐渐进入由“工业经济”主导向“服务经济”主导的新阶段。服务业加速向制造业前期的研发和设计，中期的管理和融资，以及后期的物流、销售等环节渗透。钢铁制造业与服务业相互渗透融合成为行业趋势，下游用钢产业结构调整、转型升级对钢铁材料提出了更高要求，钢铁行业以用户为中心的理念成为企业的共识。为此，我们必须致力于挖掘下游用户个性化、专业化需求及隐性的潜在需求，在满足用户不断提升的新要求上下工夫，充分发挥已有工艺装备、技术、人才潜力，挖掘下游行业提高安全性能、降低维护成本对钢铁提出的新需求，通过与用户建立“产学研用检”战略合作、为用户创造新价值来开拓新市场，企业由被动的数量拉动转变为主动的供给创新驱动发展，通过聚集市场、关注产品，加快推进以用户为中心的营销模式转型，实现由钢铁生产向钢铁制造服务的转变。

（六）坚持适度多元化发展

围绕主业，发展非钢产业，实现适度多元化，已不是局部问题、战术问题，而是事关河北省钢铁行业可持续发展的全局问题、战略问题。多元化发展是钢铁企业面对前所未有的巨大压力之下，求稳定、保生存的重要措施，非钢产业是企业发展战略的重要组成部分，而非权宜之计。河钢集团提出 2016 年非钢产业消纳 50% 人工成本的目标，各企业要结合自身实际，加大多元化发展进程。

（七）坚持绿色安全发展理念，提升绿色安全发展水平

环保和安全一票否决制成为“新常态”，企业要对去年出台的“环保法”“安全法”给予足够重视，从思想上树立遵法、守法的意识，在具体执行过程中加大环保和安全的资金、设施、技术等方面的投入，不心存侥幸，不踩“红线”，不越“雷池”。要继续大力宣传企业建设绿色、安全钢铁，努力改善提升当前的水准，在社会公众中树立“绿色、安全、和谐、共享”的钢铁行业新形象。

积极推进钢铁产品下游行业绿色制造、绿色应用。以推动钢结构扩大应用促进消费结构调整，结合棚改和抗震安居工程等，开展钢结构建筑试点，促进钢结构的扩大应用。通过上下游产业的合作与协同，继续推进钢铁产品的研发与应用，着重于扩大高端产品的应用范围，提高钢材产品的应用效率，推进钢铁产品全生命周期的减量化与绿色化。

（资料来源：河北省冶金行业协会、现代物流报）

第九章　2015 年河北省煤炭物流发展情况与 2016 年展望

2015 年，河北省煤炭行业受整体宏观经济增速放缓、主要耗煤行业产能过剩、市场需求持续低迷以及控煤降耗、环保治理、进口煤冲击等影响下，全省煤炭产销持续下降，供需矛盾极为凸显，煤炭价格大幅下滑，全行业亏损严重，煤炭行业度过了最为艰难的一年。

一、2015 年煤炭物流发展回顾

（一）煤炭产运销量持续下降

1. 煤炭产量

2015 年，省内原煤产量 8215. 27 万吨，同比少产 472. 33 万吨，下降 5. 44%；洗精煤产量 3845. 97 万吨，同比少产 248. 95 万吨，下降 6. 08%，如表 1 所示。

表 1　　2015 年 1—12 月河北省内原、精煤产量完成情况　　单位：万吨

	原煤				洗精煤			
	本期	同期	同比 ±	± %	本期	同期	同比 ±	± %
省内合计	8215. 27	8687. 6	-472. 33	-5. 44	3845. 97	4094. 92	-248. 95	-6. 08
开滦集团	4363. 22	5116. 67	-753. 45	-14. 73	1959. 73	2091. 10	-131. 37	-6. 28
冀中能源	3726. 10	3459. 37	266. 73	7. 71	1886. 24	2003. 82	-117. 58	-5. 87
地方煤矿	125. 95	111. 56	14. 39	12. 90				

2. 煤炭销量

2015 年，省内国有重点煤矿商品煤销售量完成 7252. 36 万吨，同比少销 199. 72 万吨，降幅为 2. 68%，如表 2 所示。

表 2　　2015 年 1—12 月河北省内国有重点煤矿商品煤销售量完成情况　　单位：万吨

	商品煤销量合计	炼焦精煤销量	动力精煤销量	电煤销量	其他市场动力煤销量
本期	7252. 36	1997. 90	815. 28	1523. 31	2915. 87
同期	7452. 08	1974. 56	827. 83	1483. 98	3165. 71

续 表

	商品煤销量合计	炼焦精煤销量	动力精煤销量	电煤销量	其他市场动力煤销量
同比±	-199.72	23.34	-12.55	39.33	-249.84
±%	-2.68	1.18	-1.52	2.65	-7.89

3. **煤炭运量**

2015年，全省两大集团煤炭铁路运量完成2913.64万吨，同比减少315.99万吨，降幅为9.78%，其中：开滦集团下降14.46%，冀中能源下降6.22%。

（二）煤炭价格大幅下滑

2015年，全省国有重点煤矿商品煤综合售价316.51元/吨，同比下降85.26元/吨，降幅21.22%。其中：炼焦精煤557.84元/吨，同比下降155.98元/吨，降幅约21.85%；动力精煤460.53元/吨，同比下降123.30元/吨，降幅约21.12%；供电煤189.17元/吨，同比下降72.58元/吨，降幅约27.73%；供其他市场动力煤177.42元/吨，同比下降33.68元/吨，降幅为15.96%。

（三）煤炭库存高位盘整

截至2015年年底，全省煤矿存煤352.23万吨，同比增加56.47万吨；河北南部九大电厂存煤可用17.46天，省内主要钢焦厂存煤可用10.98天，基本正常。

（四）固定资产投资减少

2015年，河北省两大煤炭企业集团固定资产投资额完成83.10亿元，同比减少15.45亿元，下降15.68%。开滦、冀中两大集团分别下降2.91%和22.89%。

（五）行业效益明显下降

2015年，河北省煤炭行业受国内经济增速放缓、煤炭需求持续低迷、煤炭价格大幅下滑等多种因素影响，煤炭经济效益明显下降，全行业亏损严重，企业经营形势更加严峻。

2015年，实现工业总产值918.78亿元，同比下降9.85%；累计完成营业收入4100.61亿元，同比下降0.56%；实现工业增加值268.83亿元，同比下降24.15%；利润总额呈现负增长，亏损25.45亿元，同比增亏4.38亿元，增幅为14.68%。

（六）结构调整，优化升级积极推进

一是严控煤炭总量、淘汰落后产能效果明显。2015年，全省煤炭行业严控煤炭原煤总量、加大淘汰落后产能、严禁超能力生产，强化实施关闭安全无保障、后备资源枯竭、技改无望小煤矿。2015 年，国家核定河北省煤炭生产能力 9182 万吨，全年实产 8215 万吨，比核定能力减少 967 万吨，降幅 10.53%；比去年同期减少 472 万吨，降幅约 5.44%，较好地完成了 2015 年省内煤矿控制总量目标。

二是煤炭产业集中度得到进一步提高。2015 年全省煤炭行业积极转变煤炭发展方式，力推产业结构调整，进一步加大兼并重组、矿井技改工作力度，不断提升矿井规模。截至 2015 年年底省内现有煤矿 198 处，其中：生产矿井 84 处，停产、整合技改矿井 114 处，从根本上改变了河北省煤炭行业小、散、乱的局面，全省国有企业原煤产量、产值、营业收入比重均占到全行业的 95% 以上，产业集中度明显提升。

三是以煤为基、多元发展取得较大成效。2015 年以来，省开滦、冀中两大集团积极推进产业及产品结构调整，转型发展、优化升级效果显著，构建现代产业体系，成为企业发展的总体战略，一方面两大集团致力于调整产品结构，实施精煤战略，减少原煤销售，全省炼焦精煤入洗率达到 100%，年产基本稳定在 3100 万吨左右；动力精煤根据市场用户需求，年产 750 万吨。另一方面两大集团煤化工产业初具规模，发展势头强劲，已成为延伸产业链、提升煤炭附加值主要途径之一。另外，两大集团注重发展物流产业，优化物流产业结构，积极开发非煤业务，发展实体物流，已形成相当规模。同时两大集团财务公司、融资担保公司的建立与运营，助推了企业多元发展，金融产业正在成为煤炭企业又一新的经济增长点；围绕煤炭产业服务的煤机制造业，矸石发电业以及煤矸石为原料的建材业等都有较快的发展，全省煤炭行业营业收入中非煤产业比重已达 80% 以上，产业结构日趋优化。

（七）科技创新、自主创新工作力度加大

2015 年，河北省煤炭两大集团积极搭建科技创新平台，加大科技投入，形成了产学研相结合工作体系，并积极围绕煤炭产业的煤矿安全、清洁生产、高效开采、生态保护等方面技术，大力开展科技创新、自主创新，有力地促进了企业的科技进步和转型升级，取得了一批具有自主知识产权的创新成果。例如，大功率采掘设备和高效洗选设备普遍采用，进一步提高了机械化水平；巷道锚喷技术、综合机械化开采工艺革新成果等促使生产效率显著提高；充填采煤、保水开采、矿井低温热能利用技术等积极推广，为企业创造了较好的经济和社会效益。

2015 年两大集团共获得 14 项省部级科研成果鉴定项目，其中：3 项达到国际领先水平；11 项达到国内先进水平。

（八）推进煤炭交易体系建设，打造国家级煤炭交易中心

河北港口集团在海运煤炭交易市场的基础上，通过不断完善指数体系、信息平台、电商平台、现货交易平台，全面推进海运煤炭市场的全国性煤炭交易市场建设，提升煤炭交易服务水平，提高盈利能力。积极探索煤炭贸易电子商务化的新途径，借鉴互

联网发展的先进经验，创建了“煤炭公共采购平台”，于2015年6月1日正式上线运行，华电成为首家入驻该平台的企业。

二、2015年河北省煤炭物流存在的主要矛盾与问题

1. 煤炭供需矛盾持续加剧，市场无序竞争凸显，行业下行压力依然较大

今年以来，在宏观经济增速整体放缓，煤炭市场持续低迷、供大于求的环境下，煤炭供需矛盾持续加剧，市场竞争愈发激烈，国内各大煤企为占据市场用户，采取以量补价、变相降价、竞相压价的促销方式，抢占市场份额更加明显，受其影响下，河北省煤炭市场供需矛盾越发凸显，各主要用户采取以价定量、降价增量、不降减量、量价挂钩的竞相压价购煤方式，煤炭销售压力加大，煤炭价格屡创近11年来新低。

2. 煤炭价格大幅下滑，煤款回收困难，资金严重短缺，企业经营举步维艰

2015年，受煤炭需求不旺，市场竞争激烈影响下，一些主要用煤企业，为降低成本，通过招标采购方式进一步压低煤炭采购价格，导致煤炭价格大幅下滑；同时改变煤款结算方式，延缓付款周期，增加承兑比例，煤款回收更加困难，行业效益明显下降，亏损持续上升，运转资金严重紧缺，欠发工资、减人、降薪已成为非常普遍的现象，有的企业工资拖欠在4个月以上，职工生活、矿区稳定压力明显增大。

3. 煤炭企业税费负担过重

一是煤炭综合税负过多过重。目前，河北省煤炭企业承担15种税赋和12种基金费用。据测算，开滦、冀中能源集团综合税负水平大致是24.73%，个别矿区达到30%，综合税负是全国工业行业平均税负水平的2～3倍，企业税费负担明显过重。

二是煤炭增值税率过高。2009年，国家实施增值税转型改革，煤炭产品的增值税率由13%提高到17%，税率提高了4个百分点，但煤炭是资源性产品，各种原材料不构成煤炭产品实体，且购买的原材料少，可抵扣的进项税少，允许抵扣的购置设备增值税进项税比重较少，且抵扣范围过窄，煤炭企业增值税率过高。

4. 企业办社会负担沉重、增支因素较大

鉴于近年来严峻的经济形势，河北省煤炭企业肩负着沉重负担。一是企业办社会职能不能彻底分离，年需企业补贴数十亿元，并呈逐年加重趋势，严重削弱了企业竞争力，制约了企业的持续发展，给企业的生存、发展和稳定带来了极大的压力、成为制约企业加快转型发展的主要瓶颈，分离移交企业办社会已经成为亟待解决的现实问题。二是受亏损影响，企业融资困难加剧，同时，受煤价下降翘尾减收、财务费用、无形资产摊销等增支因素影响，煤炭企业负担更加沉重。

5. 治霾降污、控煤减耗影响较大，煤炭需求受到明显抑制

河北省作为重工业耗煤大省、重点污染和雾霾整治地区，2015年全省消减煤炭消费量500万吨，煤炭消费主要行业钢铁、电力、水泥、焦化受到很大影响，煤炭需求

严重受阻，特别是把减少煤炭消耗作为政府治理大气污染的主要手段，煤炭销量下降非常明显。据统计全省煤炭销量将减少200万吨，同时煤矿存煤增加，河北大部分钢焦厂、电厂存煤可用天数仍在11天和18天左右。

6. 老企业转型难，结构调整任重道远

黄金十年，煤炭企业纷纷开发省外煤炭资源，资金投入多、力度大、产量高、且优质资源少、市场环境、运输条件受限，效益差，又赶上了市场巨幅下滑，背上了沉重的包袱；省内矿井优质资源逐渐减少，非煤产业规模小、效益差，一煤独大的偏重结构没有明显改善。河北大多为资源枯竭煤矿，衰老报废矿井退出，老企业、老矿区要实现产业转型、结构调整、优化升级、任务繁重，困难重重，煤炭行业仍将面临巨大挑战。

三、2016年煤炭物流发展展望

（一）行业发展环境分析研判

2016年煤炭经济运行仍将维持低位运行发展态势，不会呈现较大改观。

从全国宏观经济发展趋势分析：一是国内经济仍将维持低位增长发展态势。煤炭需求侧钢铁、建材、化工等行业景气度也难以有较大的改观。二是京津冀地区环境压力逐年加大。随着城镇化建设标准提高，天然气、煤气、电力以及低硫型煤等清洁能源的开发和利用，煤炭需求量将大幅下降。三是国内重点产煤省整合重组后，产能持续大量释放。四是进口煤大量增加，冲击国内煤炭市场，多种因素的叠加，将形成煤炭市场需求持续疲软，煤炭价格仍有下行空间，煤炭企业经营困难局面难以有较大改观。尽管国家、省对煤炭行业采取限产保价、克难脱困等多项政策措施，但全面落实并取得明显成效还需要较长一段时间，特别是当前煤炭需求处于低位，煤炭企业及主要用户存煤持续处于高位，煤价低位震荡，煤炭市场仍面临着较大的下行压力，控总量、促改革、调结构、化解过剩产能任务仍然十分繁重。煤炭供大于求的局面2016年内难以有较大转变。仍将维持震荡调整态势，不容乐观，煤炭行业仍将做好长期过苦日子的思想准备。

从河北省煤炭行业现状分析：

有利因素。一是随着河北省工业化、城市化进程加快，对能源刚性需求呈增长趋势，河北省产业结构决定了能源消费以煤为主的局面难以有较大改变，将进一步拉动煤炭产业发展。二是由于企业重组步伐加快，关闭小煤矿，淘汰落后产能，有效遏制了乱采乱挖局面，资源得到有效的保护和利用，对大型企业发展提供发展空间。三是严格控制煤炭总量，严禁超能力生产，有效利用有限资源，将对煤炭产业后续发展起到有效支撑作用。

不利因素。一是由于资源缺乏，大规模开发受到制约。平原区深部资源地压大、地温高、瓦斯突出等条件，需要解决的技术难题多，增加了矿井生产和建设难度。二是受产能过剩影响，国家实施总量调控政策，将增加河北省新建项目难度。三是“走出去”发展难度大。煤炭企业在省外发展，在获得探（采）矿权、整合主体资格、享受优惠政策等方面不能与当地企业同等待遇。四是大气污染治理、控煤减耗对煤炭行业影响较大。

（二）总体思路

2016年是“十三五”开局之年，也是深化改革发展的关键之年，更是全面建成小康社会重要之年，全省煤炭行业要深入研究和把握经济发展新常态、主动适应新常态、引领新常态，全面贯彻落实十八届五中全会精神，进一步深化体制机制改革，加快煤炭发展方式转变，优化调整产业结构，大力发展煤炭洗选加工和工业配煤，延伸产业链条，提高煤炭附加值，实现煤炭清洁生产和综合利用，提高自主创新能力和安全生产水平，坚持以煤为基，转型发展，多元发展，优化升级，积极培育和开发新的经济增长点，着力提升经济运行质量和效益，进一步提高行业整体实力和竞争能力，力推河北省煤炭工业稳定、健康、持续发展。

（三）预期目标

（1）煤炭产量：2016年，省内煤炭产量稳定在8000万吨左右，洗精煤产量力保4000万吨。

（2）营业收入确保4000亿元以上、工业增加值力争300亿元，亏损额明显减少。

（3）结构调整、优化升级、转型发展工作力度进一步加大。

（4）科技创新取得新突破，节能减排取得新成效。

（5）煤炭安全形势进一步好转，重特大事故得到有效遏制，百万吨死亡率控制在0.13以内，明显低于全国平均水平。

（四）重点工作及主要举措

面对2015年河北省煤炭行业企业发展面临的严峻形势，为充分利用国家、省支持煤炭行业的相关政策和拯救企业脱困措施，2016年全省煤炭行业企业应采取有效措施，着力做好以下几方面工作。

1. 深挖提质降本增效潜力，提高行业经济运行质量

进一步加大挖潜增效工作力度，坚持多措并举，全面发力，努力提高企业经济效益。一是推进集约化生产、精细化管理，切实提升煤炭经济总量，提高产业发展质量和效益；二是加强安全高效矿井建设，实现保量增收；三是强化营销管理，提高销售利润水平；四是调整产品结构，努力提质增收；五是严格成本管控，推进扭亏增盈；六是强化资金管理，提高运营效益。

2. 加快结构调整和转型升级，提高转型发展的质量和水平

一是坚持以经济效益为中心，稳步推进煤炭产业结构调整，加大煤炭重点项目建设；二是采取坚决措施关闭资源枯竭煤矿、停限低效能矿井、缓采劣质煤地区、科学开采稀缺煤种、开发优质资源；三是加大配煤洗选、提升精煤产率，强化现有矿井技改升级和资源挖潜，完善安全高效矿井建设；四是坚持以化为主，提升优化煤化工产业，提升经济效益；五是大力拓展提升现代服务业，适应现代物流发展新趋势，巩固提升物流产业规模，拓宽思路，创新模式，防范风险，提高盈利水平；六是加快推进战略性新兴产业项目建设；七是全面加强项目管理，完善项目管理体制机制，做好项目前期论证、资金筹措和概预算审查等工作，严格项目验收管理，坚决杜绝超概预算现象发生，努力降低项目建设成本。

3. 坚定不移推进改革开放，破解扭亏增盈和转型发展难题

一是加快资产证券化进程。密切跟踪研判市场形势，优化资产重组方案，择机推进重组工作。二是加快体制机制改革。突出顶层设计，完善现代企业制度，完善法人治理结构，规范“三会”议事规则，提高企业治理和决策水平。三是深化专业领域改革，激发发展活力。坚持面向市场，正确处理集中与自主的关系，深化物供“四集中”、销售“五统一”、设备“六统一”体制改革。四是大力发展混合所有制，推进对外开放。把握有利时机，加大招商引资力度，积极引进资金、技术、管理、市场等优势要素，调整优化存量和增量股权结构，加大现有项目和在建项目资本金置换力度，推进能源化工、煤电热、现代服务等重点行业和项目的整合重组，发挥比较优势，减少财务费用，降低经营风险，提高盈利水平。

4. 深化创新驱动，激发企业发展活力

一是加快推进重点技术创新项目，挖掘技术创效潜力。紧密围绕经济工作中心，充分发挥各级创新创业团队作用，依托国家级技术中心、煤化工研发中心等技术平台，加快推进“三下”采煤、薄煤层开采、安全高效开采及新能源、新材料、新产品开发等重大技术创新项目。二是持续深化管理创新，提高企业管理水平。加强顶层设计，依法治企，健全符合集团利益的管理权责，系统推进集团公司管理创新工作。

5. 加强和谐企业建设，营造良好的内外部发展环境

一是依法依规抓好安全生产，提高持续健康发展的保障能力；二是加大节能减排工作力度，圆满完成“十三五”任务目标；三是深入实施民生工程，共享企业改革发展成果。

（资料来源：河北省煤炭工业行业协会、河北省煤炭运销协会、河北港口集团公司）

第十章 2015年河北省粮食物流发展情况与2016年展望

粮食是关系国计民生的重要战略商品，也是一种特殊商品。粮食企业是微利企业，粮食流通基础设施项目投资主要体现在社会效益，确保储备数量实、质量好、调得动、用得上。河北省国有粮食企业点多面广，达到一县一企，一企多点（收储库点），仓容量占全省总仓容量的70%。粮食物流作为现代物流业的重要组成部分，在提高物流效率、降低物流成本、减轻资源和环境压力方面发挥着基础性作用。

一、2015年粮食物流发展回顾

2015年，河北省农业生产克服了经济环境复杂多变、市场剧烈波动的不利影响，取得重要进展。粮食总产达到672.8亿斤，连跨600亿斤和650亿斤两个大台阶，连续三年保持在670亿斤以上。

（一）粮食产量增长平稳

粮食流通主要涉及小麦、玉米两大品种及小部分杂粮。2015年，粮食总产量3363.8万吨，增长0.1%。其中，夏粮产量1450.2万吨，增长0.4%；秋粮产量1913.6万吨，下降0.1%，如下图所示。

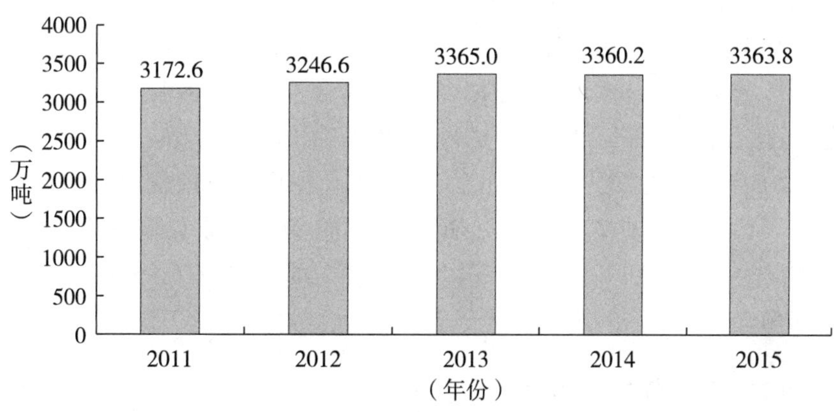

2011—2015年粮食总产量

（二）粮食物流受到政府高度重视

2015 年年初，国家发展和改革委、国家粮食局、财政部联合印发了《粮食收储供应安全保障工程建设规划（2015—2020 年）》，明确提出了“打通粮食物流通道，完善和优化物流节点布局，建设物流公共信息平台，提高物流组织化程度”的现代粮食物流发展方向。河北省结合全省粮食行业发展实际，参照《河北省物流业发展三年行动计划（2015—2017 年）》，制定印发了《河北省粮食收储供应安全保障工程建设规划（2015—2020 年）》。该规划明确了全省粮食仓储物流建设进度安排及建设规模，积极配合国家打通粮食物流通道建设规划，对河北省粮食物流节点建设分区域布局、细化任务分解，为全省粮食仓储物流发展环境改善、服务水平提升、物流企业壮大指明了发展方向，为促进全省粮食仓储物流产业结构优化提供了政策保障。

（三）粮食仓储物流改革显著

“粮食仓储物流设施工程”作为国家物流业发展的重要组成部分，已被列入国家重大工程。河北省加快推进粮食现代物流项目建设。

1. 财政支持粮食现代物流项目

2014 年，国家发展和改革委安排粮食现代物流中央预算内投资专项补助资金 2500 万元，用于河北省 6 个符合条件的粮食现代物流项目建设，分别是固安县参花面粉有限公司、河北献王工贸集团、冀北粮油仓储物流中心、曲周县丰实粮油储备贸易有限公司、邢台市大曹庄管理区金玉粮食物流有限公司、隆尧县粮食仓储物流中心等现代物流项目。针对这 6 个项目，河北省粮食局与河北省发展和改革委联合下达了投资计划，总投资 4.3 亿元，截至 2015 年 12 月底，已完成投资 3.58 亿元，占总投资的 83%，4 个项目已总体完工，其他 2 个项目也接近完工。

2. 扎实开展国家新建仓储设施

为进一步缓解粮食收储仓容不足的矛盾，完善各级政府储备，保障国家粮食安全。2015 年，国家发展和改革委、国家粮食局联合下达了 2014—2015 年第一批 400 亿斤建仓计划，其中安排河北省 18 亿斤（90 万吨）建设指标。河北省粮食局共安排建设企业 31 家，项目总投资 7.93 亿元，其中，中央预算内投资 1.62 亿元。截至 2015 年年底，已开工项目 27 个，占总项目个数的 87%，累计完成投资 3.43 亿元，占项目总投资的 43.4%，其中，中央预算内投资完成 0.9 亿元，占全部中央预算内投资的 55.6%。

（四）积极应用新型技术

在大中型粮食仓库推广应用机械通风系统、粮情测控系统、环流熏蒸系统。针对粮食收纳、储备等不同功能需求，优化仓型设计和储粮“四合一”新技术应用，积极推广物理和生物杀虫防霉、氮气气调储粮、智能粮情监测、智能通风、节能低碳烘干等绿色生态智能储粮技术；推广粮食品质分析、质量追溯、真菌毒素和重金属超标粮食消解技术等质量监测技术。推进仓储信息化建设，逐步实现粮库数字化、智能化，提高仓储管理水平。支持引导粮食企业开展粮库仓顶光伏发电工作，为粮食企业适应新能源形势，实现转型发展开拓新思路。

二、2016 年粮食物流发展展望

2016 年，按照《河北省物流业发展三年行动计划（2015—2017 年）》，改革创新粮食仓储设施建设投资方式，通过国家投资示范引导，带动社会资本增加对粮食仓储设施的投入，积极推进河北省现代粮食物流项目发展。

（一）构建粮食流通产业体系

积极配合国家打通粮食物流通道建设规划，争取政策扶持，合理规划全省粮食物流节点布局，重点推进物流园区、散粮中转库、接收发放设施等项目建设，培育壮大一批规模大、链条长、具有核心竞争优势的现代粮食物流企业，逐步构建以区域性粮食物流园区为龙头，以大型加工转化企业为重点，以骨干粮食储备库为支撑，以基层收储站点为基础的粮食流通产业体系。

1. 粮食物流通道规划

河北省的粮食流向遍及全国。流出品种主要有玉米、小麦、杂粮，主要流向为四个方向：一是通过公路运到北京、天津，占粮食外运总量的近半数；二是玉米等通过铁路运到东南的上海、福建、浙江、江苏，西南的云贵川，以及两广、江西、湖南等；三是小麦（含面粉）通过铁路运到东北及内蒙古；四是通过水路从天津港、秦皇岛港出口。流入河北的粮食品种包括稻谷、大豆、小麦和玉米。主要分为三个方向：一是通过公路或铁路运输方式从东北的辽宁省、吉林省、黑龙江省和内蒙古东部地区运入玉米和稻谷等；二是通过公路运输方式从山东、河南运入小麦；三是通过天津港、秦皇岛港进口大豆等。同时，河北还承担了东北粮食入关南下的陆路运输，也是华北地区粮食进出口的必经之路。

河北省粮食产区主要集中在南部地区，省内粮食物流形成了较为集中的从南至北的流向。根据粮食流量、流向情况，依托主要铁路、公路干线和港口，全省规划形成 6 条粮食物流通道：渤海湾水陆粮食现代物流通道、以京广铁路线和京珠高速公路为主要运输线的南北主通道、以京九铁路线及在建中的大广高速公路为主要运输线的南北通道、以京沪铁路及京沪高速公路为主要运输线的南北通道、冀北粮食现代物流东西主通道、冀中南粮食现代物流东西通道。

2. 粮食物流节点布局

依据粮食现代物流通道，合理布局和建设粮食现代物流节点，其基本发展布局为：

一个粮食现代物流储备基地+五个粮食现代物流中心+多个库点。依托区位、交通、物流资源综合优势和良好的商贸流通基础，整合相关粮食企业资源，在石家庄市建设河北省粮食现代物流储备基地，功能包括储备中心、转运中心、加工中心、批发中心、配送中心、检测认证中心和信息中心；在秦皇岛、冀西北、沧州、廊坊和邯郸等地设置五个粮食现代物流中心。

3. 物流设施建设

以实现散粮运输为目的，分期分批购置载重30吨以上的散粮专用汽车800辆，散粮集装箱5000个，散粮集装袋4万个。增扩建散粮中转仓，依托石家庄、秦皇岛、邯郸现有粮食中转经营量较高、设施较为齐全且具有铁路专用线的骨干粮库，进行粮食流通基础设施的改造和完善，扩建或新建粮食立筒仓、浅圆仓作为备载仓和缓冲仓，全省新增中转仓容20万吨。

建设港口粮食中转设施，在秦皇岛港建设一座粮食专用码头，并建设40万吨的立筒库群；在沧州黄骅港和唐山港京唐港区建设粮食专用泊位和2万吨的立筒库和3万吨的平房仓，用于粮食中转及暂存，形成渤海湾粮食水陆中转联运通道与节点网络。建设和完善散粮接收发放设施（包括散粮汽车装卸设施、集装箱装卸设施等）和铁路轨道衡、汽车衡检斤装置，对符合条件的平房仓配备粮食机械化进出仓设施。构建粮食批发市场体系，重点培育省政府确定的10大粮食批发市场，扶持一批产粮大县的粮食批发市场，建立和完善全省粮食批发市场公共信息网络平台、粮食批发市场信息管理系统和粮食检验检测系统，使其初步具备区域性交易中心、价格中心、信息中心和质量检验检测中心的功能。搭建粮食物流公共信息平台，以河北省粮油信息中心为依托，在现有信息平台基础上，采用电子数据交换、电子商务、地理信息系统等信息技术和网络技术，不断完善服务功能，扩大覆盖范围，建设成为华北地区乃至全国的粮食物流公共信息平台。推进公共信息平台与粮食购销、储存、加工企业及粮食物流相关部门的互联互通，实现资源共享，促进共同发展。在全省范围内选择100家以上符合条件的粮食流通、加工企业（包括粮食批发市场、购销企业、粮食加工转化企业、粮食储运公司和大型农场等），建设企业物流信息管理系统，满足粮食物流公共信息平台采集基础信息的需要。

（二）融入京津、协同发展

抓住京津冀协同发展的重要战略机遇，结合河北省“全国现代商贸物流重要基地”功能定位，积极谋划与北京、天津在粮食流通基础设施建设方面合作对接，争取在统筹三地粮食仓储物流设施建设方面获得新突破。

（三）争取预算和引入社会资本升级仓储设施

2016年，河北省粮食相关部门将加大项目申请力度，争取中央预算内投资，同时加强省内资金政策支持，为争取2016年粮食仓储和物流项目中央预算内投资做准备。

在危仓老库维修改造方面，加强政策引导，改革投资方式，带动社会资本对危仓老库维修改造的投资，确保全省粮食仓储物流设施条件持续好转，逐步提升粮食仓储物流基础设施智能化水平，逐步实现粮食的散储、散运、散装、散卸和整个流通环节的供应链管理，减少粮食储运环节损耗，降低物流成本，提高物流效率。

（资料来源：河北省农业厅、河北省粮食局、河北省发展和改革委员会、“河北省粮食现代物流发展规划纲要”）

第十一章　2015年河北省农产品物流发展情况及发展展望

一、2015年农产品物流发展回顾

2015年，河北农产品（不含粮食，下同）物流总额4896.69亿元，同比增长2.84%，呈逐年递增趋势。

（一）农产品流通体系基本形成

1. 农产品产量逐年增长

蔬菜总产量8243.7万吨，增长1.5%。其中，设施蔬菜产量2885.5万吨，增长2.3%。肉类总产量462.0万吨，比上年下降1.3%。禽蛋产量373.6万吨，增长3.0%；牛奶产量473.1万吨，下降3.0%。水产品产量129.3万吨，比上年增长2.3%。

2. 农业产业化和农村合作化特色明显

农产品交易市场的活跃和农业产业化的发展，催生了河北省农业产业化企业的逐步壮大和农村合作组织的出现。以蔬菜生产销售为例，2015年有223.4万农户通过各类专业合作组织从事基地蔬菜生产和经营，实现产值1068.6亿元。全省共有蔬菜产业化龙头经营组织275家。其中，年销售收入500万元以上的蔬菜生产加工龙头企业173家，年服务收入50万元以上的蔬菜中介服务组织39家。蔬菜生产加工龙头企业实现销售收入174.5亿元，比上年增长17.6%；蔬菜中介服务组织实现服务收入3.9亿元，增长11.4%。

3. 农产品交易市场发展迅猛

2015年，围绕河北省在京津冀协同发展中的功能定位，按照“在集散地建设大型农产品批发市场和现代物流中心、在产地建设农产品收集市场和仓储设施、在城市社区建设生鲜超市等零售终端”的思路，加快完善农产品市场体系建设。河北省省级财政补贴3300万元用于支持建设农产品批发市场、配送中心和农产品仓储冷链和直销网点项目50个；对符合条件的农产品批发市场、农贸市场，按其经营农产品面积占总交易场地面积的比例，免征城镇土地使用税和房产税。目前，全省年成交额亿元以上的农产品交易市场过百家，年成交额在10亿元以上的有30多家，少数特色农产品交易市场年成交额近百亿元。2015年，全省各设区市的供销社将改扩建农产品批发市场50个以上，年交易额力争突破 300 亿元。这在一定程度上引导了农产品标准化、规范化、产业化经营，增强了市场竞争力。

4. 农产品交易辐射程度提升

河北省区位优势提升了农产品交易的辐射程度，推动了农产品物流的发展。首先是服务京津，环京津地区的农产品外销主要是京津两地，全省近 60% 的蔬菜销往省外，在京津市场常年占有率在 50% 左右，一直居外埠进京津蔬菜市场份额之首。其次是辐射周边，山西、内蒙古、河南、山东以及东北等周边省区是河北省农产品的重要外销地。最后是连通南北，发挥集散枢纽作用，农产品销售远及闽、浙、琼、广、港澳地区，有些特色品种远销欧洲和东南亚。

5. 农产品电子商务交易平台异军突起

利用现代信息技术和互联网手段，改造提升农产品传统流通渠道，实现农产品经营服务向网络化的转变。借势“互联网 +”的科技力量和政策优势，河北省积极发展农产品电子商务交易平台。以河北省供销社为例，积极打造“农交汇”“八方联采”“云供销”为农服务综合电商平台，通过省社建平台、市县社组织推进、乡镇及较大的行政村建设规范化的电商服务站。围绕扩大农副产品销售，供销社系统下已建成电子商务企业 61 个，其中省级 1 个、市级 9 个、县级 51 个（153 个县级社）；自建电商平台的 21 个、利用第三方平台的 41 个。共建成各类网站、网页 162 个，“唐山农合网”“廊坊农合商务网”“张家口农副产品网”“孟村牛羊产业网”“黄骅冬枣网”等供销社网站，方便快捷地发布各类农副产品购销信息，促进农副产品销售。

（二）农产品物流发展制约因素

1. 基础设施建设需逐步完善

道路交通基础设施尚未在广大农村地区形成农产品物流的支撑网络，致使一些具有地方特色的鲜活农产品只能当地消化，难以打入消费较高的城市或国外市场。仓储设施滞后，造成农产品集中上市时滞销、淡季时脱销，价格背离价值。冷链物流运输设施在农产品物流业中尚未得到广泛应用。市场布局和结构不尽合理，特别是优势农产品生产区域产地市场建设严重滞后，产地市场数量少、建设标准低，缺少预冷库、保鲜库、冷藏车、电子结算等，有些产地市场只是季节性临时设点，几乎没有任何配套基础设施，分级、分选、包装和装卸多由人工完成。产地市场已成为农产品流通领域最薄弱的环节，制约了产业的发展。

2. 市场主体服务能力有待提升

农民合作社、家庭农场、种养大户、农村经纪人等流通主体，经营规模小、标准化程度和商品化处理水平低、信息获取渠道少、议价和应对市场风险的能力差。绝大多数流通主体缺乏专业系统的经营管理知识与职业技能，营销能力和契约意识不强，难以满足社会化物流的需要。

3. **技术手段急需改进**

交易方式总体落后，产地市场基本都采用现货交易，鲜活农产品网上交易和期货交易还处于起步阶段，现金结算仍然是主要方式。

信息服务设施建设滞后，生产、交易信息采集不全面、不准确，缺乏数据分析处理的方法和手段；信息发布渠道少，信息服务的针对性、及时性不强，不能满足广大生产者、经营者、消费者及各级政府的信息需求。

4. **人才短板需要补齐**

专业人才缺乏是河北物流业发展中普遍存在的问题，农产品物流尤为突出。在农产品物流供应链中，生产者和经营者以农民为主，原始的商品交易和传统的物流方式是农产品物流的主要业态。具有现代物流发展意识和管理技能的从业人员缺乏，是导致河北农产品物流创新之路艰难的重要因素。

总体来看，河北农产品物流尚未形成一个集市场信息、现代仓储、专业配送、多式联运和市场展示及交易为一体的物流功能平台，难以做到信息互通、资源共享、数据共用，影响了企业运作效率和行业整体竞争力的提高。

二、河北省农产品物流发展展望

（一）加强京津冀农产品物流协同发展的顶层设计

创新河北农产品物流体系，统筹规划京津冀地区农产品生产基地和农产品集散地，为方便农产品流通和人们生活消费创造条件；加大农产品物流基础设施建设投入，缩短农产品运输时间，提升仓储水平，提高物流效率；扩大河北农产品销售渠道，加快京津与河北农产品对接步伐；吸引鼓励京津农产品物流企业、技术、人才落户河北等。

（二）加强农产品物流基础设施建设

加强硬件建设，是河北农产品物流实现创新，走向现代化的基本保证。要完善乡镇农村的道路交通支撑网络，缩短农产品外运时间；完善中转集散配套设施，加强规范农村货运市场、交易厅棚、检验检测中心、停车场等交易服务设施建设，提升市场辐射带动力；积极发展现代仓储物流，加快完善集配、储藏、理货、再包装、运输等中转批发配套设施；大力提升冷藏储运的标准化、信息化和自动化水平，降低冷链运营成本，增强全程冷链物流配套能力。

（三）应用新技术，发展新业态

信息化和标准化是推动农产品物流实现现代化的两只翅膀，也是京津冀协同发展中农产品物流创新的着力点和重要抓手。

随着农产品贸易的国际化发展以及社会消费水平的提高，消费方式发生巨大变化，网购比例会逐步增加，要适应信息化、网络化趋势，加快发展电子商务，推进网上交易。要充分重视标准化建设在农产品物流供应链中的重要作用，把标准化纳入农产品产、供、销全过程，实现农产品的优质化、规范化、品牌化。要引导推广冷链物流在农产品物流中的广泛应用，提高农产品的保鲜度，减少流通损耗，力争农产品物流供应链的整体最佳化。

加强市场信息系统建设，完善交易信息采集、分析、处理和发布机制，促进市场间交易数据的互联互通和信息共享，引导农业生产，指导市场交易。着重加强县级农产品物流信息平台建设，整合相关政府部门和经销、物流企业及中介机构信息资源，提供农产品物流供需信息的收集、整理、发布，实现各方信息的互联互通、集约共享和有效联动，及时高效组织调配各类物流资源。

加强农业物联网标准技术研究，着力突破农业物联网共性技术研发，加快关键技术创新，以此推进农业物联网与云计算、大数据、大系统等技术的融合发展，从而实现京津冀农产品物流品质监控动态化、物流组织有序化。

（四）打造农村物流平台，解决好“两个一公里”

在农产品物流供应链中，农产品走向市场的“最先一公里”和到达消费端的“最后一公里”是两个关键环节。

实现农产品物流供应链中的组织化，即生产者的合作化和经营者的连锁化，是提高这两个关键环节物流效率的有效措施。提倡建立农民专业合作社组织，统一销售农产品到批发市场。合作社除了负责农产品的销售，还负责生产资料的采集、生产过程中的指导以及农业设备和销售过程中冷藏设备的提供。同时，合作社还可以通过“互联网＋”在网上配送运输车辆，利用“云鸟”一类互联网运输实现农产品外运。

农民专业合作社组织不仅解决了“小生产大市场”的问题，也解决了资金短缺的农户因生产设备和冷藏运输设备的简陋或缺失而无法进行最优质的生产的问题。

鼓励零售商建立农产品连锁超市。此种销售模式不仅可以统一定价保证消费者的利益，还可以凭借优质的冷藏冷冻设施保证农产品的品质。同时，遍布城乡的连锁超市填补了相对集中的区域性农产品批发市场和综合性超市，于消费者更加方便。各流通主体高度的组织化可以增强彼此之间的合作意识以及信息沟通，使农民及时了解生产需求，避免了农民生产的盲目性。

（五）实施农产品物流工程

一是建设京津鲜活农产品配送基地。发挥高碑店新发地农副产品物流贸易港龙头带动作用，主动承接北京新发地批发市场转移，着力推动农产品标准化，建立食品安全溯源系统，培育一批面向京津市场的鲜活农产品配送基地，强化河北省首都菜篮子供应、确保食品安全、稳定首都农产品物价等方面的作用。

二是加强冷链设施体系建设。推进石家庄江苏雨润农产品冷链物流、承德农产品冷链物流、乐亭冀东国际农产品等项目建设，提升鲜活农产品产地预冷、预选分级、加工配送、冷藏冷冻、冷链运输、包装仓储、电子结算、检验检测和安全监控等设施水平，构建从产地到消费终端的全程冷链物流服务网络。

三是构建产销对接服务网络。积极推动农超对接、农校对接、农批对接等多种形式的产销衔接，鼓励批发市场、大型连锁超市等流通企业，学校、酒店、大企业等最终用户与农业生产基地、农民专业合作社、农业产业化龙头企业建立长期稳定的产销关系，降低对接门槛和流通成本，扩大对接规模。多措并举，支持农业生产基地、农业产业化龙头企业、农民专业合作社在社区菜市场直供直销。

四是强化信息体系建设。加强部门协作，健全覆盖生产、流通、消费的农产品信息网络，及时发布蔬菜等鲜活农产品供求、质量、价格等信息，完善市场监测、预警和信息发布机制。连通主要城市大型农产品批发市场实时交易系统，加强城市鲜活农产品市场监测预警体系建设。支持农业龙头企业、农民专业合作社等涉农企业，积极搭建自建农业电商平台，开展多种形式的网络销售。

五是健全农产品安全监测体系。完善质量检测和食品安全追溯体系，形成专业化冷链物流基地。加强鲜活农产品标准体系、动植物检疫体系、安全追溯体系、质量保障与安全监管体系建设。

（资料来源：河北省发展和改革委员会、河北省供销合作总社、河北省现代物流协会）

第十二章　2015 年河北省医药物流发展情况与 2016 年展望

一、2015 河北省医药物流发展的基本情况

（一）发展现状

近年来，河北省医药物流行业高速发展，全省现有医药批发企业 302 家，2015 年医药物流行业实现销售收入 200 多亿元。国药控股、华润医药等全国性医药物流企业均已进入河北，本地企业也在加快发展。国药乐仁堂物流配送中心、石药集团医药物流中心先后建成，医药物流集聚发展态势明显。

（二）突出优势

（1）市场需求巨大。河北省人口 7424.92 万，随着城镇化加快、收入水平提高、老龄化率加大，医药需求快速释放，推动医药物流行业快速发展。我省城镇人均医疗保健支出由 2005 年的 281 元增长至 2015 年的 791 元，年均增速 13.8%，呈快速增长态势。2015 年，全省参加城镇基本医疗保险人数 1702 万人，增加 4.8 万人。其中参加城镇职工基本医疗保险人数 955.8 万人，参加城镇居民基本医疗保险人数 746.3 万人。165 个县（市、区）开展了新型农村合作医疗工作，新型农村合作医疗参合率 98%，随着农村医疗合作制度的推广，将形成对药品和医药物流的巨大需求。

（2）产业基础雄厚。河北省医药产业发达，已经形成国药乐仁堂、华北制药、石药集团、神威药业等一批全国知名品牌企业。2015 年，全省医药固定投资达到 396.2 亿元，同比增长 26.4%，原药产量 44.6 万吨，中成药产量 68467.3 吨。在抗生素原料药、血液制品、疫苗和诊断试剂等领域居全国前列；血浆的开发品种、综合利用率和生产规模均居全国前列；化学发光检测试剂、甲胎蛋白和癌胚抗原检测试剂市场占有率国内领先；片剂、水针剂、大输液、中药贴剂、中药丸剂等生产能力居全国首位。

二、河北省物流业发展存在的问题

（1）行业集中程度较低。2014 年，前三位医药公司销售收入占全省不足一半，而北京前三位企业占 60%、上海前三位企业占 82%、广东前两位企业占 63%。

（2）企业发展参差不齐。国药乐仁堂医药物流龙头企业已采用较为先进的物流模

式，并在拓展各种增值服务。国药乐仁堂目前已与石家庄多家省级医院实现了集中配送和信息互联，国药乐仁堂采用先进的自动分拣系统，出库准确率达 99.99%。与龙头医药流通企业相比我省 300 多家医药物流企业大多处于传统的仓储、运输、批发服务阶段，技术和设备落后，运营成本较高，整体经济效益低下。

（3）标准化、信息化水平较低。尽管部分医药企业设置了企业条码系统，但缺乏统一规范，药品进货、发药、配药、库存管理等环节标准化程度不高。医药企业间信息共享渠道不畅，医药电子商务发展水平较低。

三、河北省医药物流发展展望

适应国家医药卫生体制改革需要，按照“安全、可及、高效”的原则，积极推广先进发展模式，构建药品供应保障体系，加强基础设施建设、完善高效配送体系，减少流通环节、降低物流成本，为全省各级医药机构、连锁零售企业提供规范、集约、高效、便捷的药品配送服务。

（一）发展布局

根据河北省医药物流业发展现状和区位交通优势，并结合全省不同地区的人口、城乡医疗机构分布等特点，构建“一个中心、五个节点”的医药物流业发展布局。

“一个中心”：即石家庄医药物流分拨配送中心。充分发挥全国综合交通枢纽优势，大力发展面向京津冀一体化区域分拨和全省范围的物流配送。

“五个节点”：唐山、保定、邯郸、承德和张家口五大省内医药配送物流节点。按照医药物流最佳配送半径 200 千米的要求，在上述五市建设地区性医药物流仓储配送中心，构建 4 小时覆盖全省所有医疗机构和零售药店的药品物流配送网络，并辐射周边省份邻近地区。

（二）发展目标

到 2017 年，医药物流市场快速扩大，医药物流行业销售收入达到 400 亿元；行业集中度进一步提升，前三位企业市场占有率达到 50% 以上；医药物流企业的信息服务、增值服务能力和供应链管理能力得到较大提高；“一个中心、五个节点”的布局建设全部完成，初步形成以石家庄为中心覆盖全省的医药物流网络。

（三）主要任务

（1）提高医药物流行业集中度。适应医药物流行业不断集中的趋势，充分发挥市场机制作用，加大药品物流企业兼并重组力度，鼓励企业通过业务重组逐步过渡到资产重组，盘活存量物流资源，提高行业集中度，促进医药物流产业结构优化升级，力争培育出一两家服务水平高、竞争能力强的大型现代医药物流企业。积极支持医药物流企业大力发展高端医药物流，提升医药物流服务水平。

（2）促进省内企业发展先进业态。支持省医药、爱生等本省医药物流龙头企业转变发展思路，积极发展先进业态，强化医药物流企业与医药生产企业、连锁零售药店及其他医药批发企业战略合作，加大医药物流技术设备投入，积极引进、研发、推广货物跟踪、自动分拣、立体自动化仓库等现代医药物流技术和设施设备，积极发展医药仓储、分拨、配送、信息等综合物流服务。

（3）健全医药物流节点网络。加快医药物流基础设施建设，以石家庄为中心，以唐山、保定、邯郸、承德和张家口五市为节点，构建“一个中心、五个节点”的省内布局，引导物流资源和物流企业集聚。

加快建设唐山、保定、邯郸、承德和张家口五大医药物流节点。充分发挥龙头医药物流企业的核心作用，鼓励医药生产企业和批发零售企业共同建设医药物流配送中心。

（4）构建药品统一配送体系。总结推广国药乐仁堂集中配送经验，按照“公平、公开、公正、竞争”的原则，加快在全省推广药品集中配送模式。遴选确定若干家一级配送商，在同一个物流网络体系内并行运营，在提高集中度的同时形成有序竞争格局。支持医疗机构选择确定一级药品物流配送商，形成一对一的服务关系。引导一级、二级药品物流配送商双向选择形成委托代理关系，二级配送商只为一家一级配送商分担配送任务，确保药品物流配送体系运转的有效性。

（5）加快医药物流标准化进程。促进医药物流企业、医药生产企业、医疗机构和零售药店等协同配合，积极推广应用条码及电子标签技术，推进编码系统的统一化和标准化，优化物流管理，提高物流效率，实现药品质量可控、可追溯。鼓励新建的医药配送中心、医疗卫生机构和医药生产企业，积极应用国家标准的设施设备，推进托盘、货架和医药包装、中转箱等包装和运输容器标准化。

（6）推动医药物流信息平台和电子商务建设。加强医药物流企业管理信息建设。积极建设先进适用的物流信息管理系统，对医药物流信息进行实时采集、分析和共享传递。加强医药物流行业信息服务平台和电子商务平台建设，完善医药招投标中介服务，实现医药企业间、企业与医院间的 B2B 业务，以及直接面向消费者的 B2C 业务，进一步优化统一有序、公平竞争的医药物流发展环境。在医药物流行业信息服务平台和医药电子商务平台内部，嵌入政府监管模块，建设政府医药监管平台，实现对医药交易和物流配送的实时监控。

（7）加强医药物流监管。通过定期举行服务商公开招标遴选和监督考核，加强对药品物流配送服务商的动态管理，提升药品物流服务水平。加强对药品流通秩序的整顿和规范，对药品批发企业出租、出借证照、挂靠经营等违法违规行为进行专项治理，努力使零售连锁企业经营药品全部统一配送。以 GSP 认证为基础，将药品经营企业信用体系建设与建立药品经营许可分类、分级管理相结合，进一步规范药品流通秩序。

（8）鼓励医药物流业创新发展。鼓励药品供应保障体系的金融创新，通过银行承兑解决药品回款难题，通过 BOT 等方式解决物流中心建设问题。引导药品物流配送服务商树立全新服务理念，加强业务创新和服务创新，通过提供各种增值服务，为医疗机构实行“零库存”、降低药品采购成本创造条件。

（资料来源：国药乐仁堂医药有限公司、河北省发展和改革委员会）

第十三章　2015年河北省电子商务发展情况与“十三五”展望

2015年河北省电子商务取得了长足的发展，成为带动区域发展的新引擎，电子商务的繁荣推动了电子商务物流的快速发展。

一、2015年电子商务发展回顾

1. 产业规模不断壮大

2015年，河北省电子商务交易额达14545亿元，同比增长34.2%，网络零售额达1351亿元，同比增长31.3%。2015年，河北省深入开展电商进农村综合示范工作，以国家电商进农村示范县为标杆，评审确定51个县为河北省电商进农村重点县，以此带动农村电商全覆盖。

“十二五”期间，全省电子商务交易额年均增长44.9%，网络零售额年均增长41.2%。截至2015年12月底，全省共认定电子商务示范基地7个，电子商务示范企业28家，电子商务平台超2000个，网商40余万户，12个电子商务产业园投入运营。电子商务与传统产业加速融合，产业聚集效应显现，网络购物惠及全省，大中型企业电子商务应用率达到77%，电子商务产业体系基本形成。

2. 平台建设进展迅速

打造了一批多样化、有影响力的电子商务交易平台。河钢云商、秦皇岛煤炭网、河北省农产品电子交易中心等大宗商品交易平台，安平中国搜丝网、清河百绒汇等行业电商平台，石家庄北国如意购、邢台家乐园速购、邯郸阳光天天购等网络零售平台等社区电商平台，石家庄移联网信、秦皇岛幸福百合、邯郸好儿女易购等创新型电商平台建设步伐加快，多层次、多模式、宽领域格局基本形成。

3. 产业园区规模扩大

以产业园区建设为载体，电子商务集群呈现加快发展态势。河北慧聪电子商务产业园、清河羊绒电子商务产业园、白沟电子商务产业园、辛集皮革城电子商务创业基地、石家庄聚赢电商产业园、衡水大营皮草电子商务园等12家园区已建成并投入运营。石家庄电子商务产业园、绿岛电商基地、廊坊世界商谷、固安电商基地、沧州滨海电子商务基地5家园区已启动建设。

4. **跨境电子商务加快起步**

跨境电子商务呈现良好发展态势，清河羊绒、辛集皮革、安平丝网等一批外贸优势行业，利用国内外第三方跨境电子商务平台积极开展零售出口业务。部分企业自营跨境电子商务平台和公共海外仓启动建设，中东贸易平台总部结算中心落户承德。省电子口岸实体平台建设取得实质性进展，确定了建设方案，成立了电子口岸公司，基础平台开放完成95%，2015 年年底上线运行。

5. **业务培训多层次展开**

采取政府主导与市场运作相结合，依托河北北方电商研究院、河北惠聪、淘宝大学、京东商城等机构，启动了“大学生村官电子商务火种计划”“县域特色产业带电商化培训计划”“百万电子商务人才培养计划”，实现“政府 + 企业 + 高校”三方对接，充分落实河北省电商人才储备、对接、培训、认证。

二、河北省电子商务发展存在的问题

目前河北省电子商务发展还存在一些问题。主要表现在以下几方面。一是现有电子商务平台影响力弱。与先进省份相比，河北省的电子商务交易平台数量少、规模小、缺乏在全国有影响力的知名品牌，对全省产业升级的拉动力较弱。二是大多数电子商务园区仍处在起步阶段，配套服务设施不足，综合服务还不能满足企业和居民多样化的需求。三是高端人才缺乏。河北省高端人才匮乏，创业氛围不足，电子商务高端人才对京津的依赖程度较高，吸引人才的环境有待改善，省内院校培养高端人才的能力还有待进一步提高。

三、“十三五”电子商务发展展望

1. **做多做强电子商务市场主体**

建成一批电子商务行业龙头企业。围绕发展陶瓷、家具、耐材、玻璃、医药、光伏、旅游等行业，支持具备应用电子商务条件的企业，以自建、合作开发等形式，搭建产业电子商务平台，打造行业电商龙头，推动资源共享、优势互补、市场开放，提升全行业竞争力。

培育一批电子商务服务企业。建立和完善电子商务服务产业链条，发展第三方电子商务平台，推进商贸电商与制造业电商的有效链接。发挥服务外包对中小企业开展电子商务的促进作用，引导中小企业开展业务流程外包和信息技术外包服务。支持专业化网络销售企业承接传统企业电子商务业务，培育一批网络销售领域的总代理、总经销。

引进一批国内外电商龙头企业。抓住京津冀协同发展的战略机遇，制定出台综合性鼓励政策，吸引国内外电子商务龙头企业在河北省设立企业总部、区域总部、技术创新中心、服务中心、研发中心、运营中心和仓储基地。加快推进与阿里巴巴、京东、苏宁等知名公司的战略合作。

2. 打造具有全国影响力的电商平台

大宗商品电商。围绕钢铁、煤炭、铁矿石、农产品、中草药、裘皮等优势产业，加快发展大宗商品现货市场电子交易，研究制定电子合同及电子仓单标准、供应链协同标准，提升供应链管理能力和市场价格指导能力，增强对大宗商品的控制力和定价权。重点推动河钢云商、秦皇岛煤炭网和河北省农产品电子交易中心等三大平台建设，打造具有国际影响力的千亿元级大宗商品交易中心，将铁矿石、纺织品、中草药、裘皮等专业市场打造成具有全国影响力的百亿元级大宗商品电子交易中心。

县域电商。围绕发展县域特色产业和特色产品，以电子商务交易平台为载体，以实现网上销售为抓手，整合线上线下资源，壮大产业集群，促进产业转型升级。重点推动安平丝网、白沟箱包、清河羊绒等一批在国内外具有较大影响力的县域特色产业电商平台，进一步优化平台结构、完善功能，提升服务水平。以建立电子商务交易平台为突破口，构建网上销售渠道，塑造特色产品品牌，大力推进永年蔬菜、武强乐器、蔚县剪纸等一批传统县域特色产业的电子商务发展。

行业电商。围绕发展钢铁、建材、装备、食品、纺织、医药、新能源等优势行业，加快推进行业电商平台建设，利用电商平台优化采购与分销体系，推动企业营销模式创新，降低企业采购成本，扩大产品市场占有率，提高企业经营效率。重点发展完善大通网、新钢铁网、中国耐材网、中国选矿选煤网、中国陶瓷官网、中国减速机交易网、中国印刷包装机械网、以岭健康网、沙河玻璃网、晨砻采购网等一批行业电商平台，提高其在行业细分领域的影响力。

零售电商。围绕发展大型商业综合体、专业批发市场和社区便利店，推进建设一批模式创新、有较大影响力的网络购物平台和社区综合服务中心。通过对传统批发零售业电商进行改造，线上线下协同互动，实现优化供应链管理，提升客户消费体验满意度。鼓励零售企业利用互联网技术推进实体店数字化改造，增强店面场景化、立体化、智能化展示功能，开展全渠道营销。鼓励传统批发企业应用互联网技术建设供应链协同平台，向生产、零售环节延伸，实现由商品批发向供应链管理服务转变。

跨境电商。依托河北电子口岸，加快推进完善跨境电子商务公共服务平台建设，为进出口企业提供支付、仓储、通关、结汇、退税等数据交换服务；开通海关、检验检疫、税务、外管、商务等部门业务管理端口，提供信息共享服务，提高贸易便利化水平。鼓励企业利用第三方跨境平台开展进出口业务。积极培育一批跨境电子商务领军企业，通过自建或租用的方式，重点在“一带一路”沿线市场建立跨境电子商务公共海外仓。

金融电商。在保证技术成熟和业务安全的基础上，鼓励金融机构和云服务提供商合作，构建金融云服务平台。提供多样化、个性化、精准化的金融产品，探索利用云服务平台开展金融核心业务，提供基于金融云服务平台的信用、认证、接口等公共服务。不断丰富金融工具，推广应用金融 IC “一卡通”，为小额快速支付和创新支付等提供便捷服务。规范有序发展网络借贷和互联网消费信贷业务，探索金融服务创新模式。

3. 加快电子商务园区建设

在继续推进现有国家、省级电商示范园区的基础上，鼓励有产业基础和电商潜力的市、县，高起点、高标准规划建设集商品交易、物流快递、融资担保、研发设计、配套服务于一体的电子商务产业园区，提高电子商务聚集度和规模效益。

以电子商务园区为依托，完善优惠政策和扶持措施，为入园企业提供优质高效服务，建设以园区为中心，辐射周边区域的电子商务聚集区。加强园区快递配送体系建设，完善园区物流配套服务功能，重点推进各地特色产业电子商务集群发展，形成各具特色的电子商务产业集群，提高品牌知名度和定价影响力，带动周边地区产业转型升级。

4. 建设京津电子商务产业承接地

深化京津冀电子商务合作，吸引京津人才、信息、技术、资金等优质资源在河北集聚，支持廊坊、保定等京津冀电商合作和创新实验重点区域，加快电子商务产业园、电商孵化器和电子商务服务交易中心建设，办好京津冀电子商务博览会，打造环京津电子商务产业带，促进京津冀电子商务一体化发展。

5. 大力发展社区电子商务

以电子商务整合现有各类城市生活服务业，开展面向社区的 O2O 电子商务服务。依托社区电子商务综合服务平台，建立集社区菜市场、便利店、快餐店、配送站及健康养老、看护等服务于一体的综合服务网络，统筹资源优势，加快电商平台与快递等服务有效衔接，优化快递与电商协同发展环境，开展快件代收自取、电子缴费、社区养老等便民服务。鼓励社区周边实体零售、住宿、餐饮、家政、票务、生鲜配送企业加入 O2O 电子商务体系，开展网订店取、网络订票、预约上门服务、社区配送等业务，激发线上线下消费潜力。

6. 推进农村电子商务全覆盖

推动国家和省级电子商务进农村综合示范，打造一批农村电子商务示范县，力争 2016 年年底实现县级电子商务网点全覆盖，2017 年年底实现行政村电子商务服务网点全覆盖。

加快农村基层电商渠道建设。引导电子商务企业与农村邮政、快递、供销、“万村千乡工程”等既有网络和资源对接合作，健全县、乡、村三级农村物流网络。扶持本地企业开辟电商进农村本土化渠道，建立农村服务网点，助力农村电子商务快速发展。支持阿里巴巴、京东集团、慧聪网、苏宁集团在河北农村发展电商，建设县级电子商务运营中心、仓储物流中心及村级服务网点，打通农村电商“最后一公里”。

引导农民利用各类电子商务网站及时发布农产品信息，鼓励农民在淘宝、天猫、京东等开设网店，拓展网上销售渠道，促进产销对接，扩大农副产品销路。引导特色农产品主产区县市在第三方电子商务平台开设地方特色馆。宣传新的消费观念，做好各项配套服务，鼓励农民网上购物。通过农村电子商务，构建工业品下乡与农产品进城双向流通新格局。

以农村电子商务为契机，支持新型农业经营主体和农副产品批发市场对接电商平台，积极发展以销定产模式。着力解决农副产品标准化、全流程追溯、冷链仓储建设等问题，促进农业生产和农产品流通现代化。

7. 促进电子商务成为产业转型升级新引擎

围绕改造提升河北省传统优势行业，积极推进移动互联网、云计算、大数据、物联网、三维（3D）设计及打印等新一代信息技术与制造业深度融合，重点推进钢铁建材、石油化工、装备制造、纺织服装、食品医药等领域的电子商务发展，支持大中型企业建立开放型采购平台和营销平台，发展基于订单的柔性制造模式，推进电子商务和供应链管理协同发展，鼓励和支持大型企业电子商务平台向行业或区域平台转化。

加强与国内互联网巨头企业合作，引导电子商务平台从产品销售和广告营销向研发设计、生产制造等领域渗透。鼓励中小企业通过第三方平台开展电子商务，引导中小企业开展网上营销。鼓励创意服务，依托省级中小企业公共技术服务平台、工业设计创意产业园、工业设计中心等省级平台，整合相关优势资源，探索建立生产性创新服务平台，为产业集群或区域内小微企业、初创企业及创意群体提供研发设计、检验检测、技术开发、设备共享、成果转化、知识产权、投资融资等创新创业服务，鼓励支持各类创业辅导基地为电子商务创业人员提供场地支持和创业辅导服务。积极开展工业电子商务试点示范，建设一批工业电子商务示范项目、示范企业和示范区。

8. 进一步优化电子商务发展环境

加快社会征信体系建设。利用互联网、大数据等现代信息技术，对现有征信和评估系统进行补充和完善，推进各类信用信息平台无缝对接。依托河北商务信用平台，加强信用记录、风险预警、违法失信行为等信息资源在线披露和共享，为经营者提供企业网上身份认证、信用信息查询等服务。

强化安全认证服务。加强河北省电子认证有限公司等具有社会公信力的电子认证服务机构建设，进一步完善电子签名、电子合同和认证服务体系，积极推进电子发票、电子合同和电子签名在电子商务领域应用。加强技术应用和标准建设，确保认证信息的真实性、私密性和完整性，维护电子商务交易安全。完善安全认证基础设施，实现不同地方、行业等安全认证机构的交叉认证。

创新金融支付服务。促进互联网支付、移动支付、跨境支付等互联网金融业务健康发展。在更广泛地区提供便利的存贷款、支付结算、信用中介平台等金融服务。金融监管部门要按照职责分工，加强支付服务市场监管，拓宽普惠金融服务范围，为实体经济发展提供有效支撑。

推进电子商务与快递业协同发展。开展电子商务与快递业融合发展试点，落实相关政策措施，建立电子商务与快递业协同发展新模式。鼓励快递企业积极参与涉农电子商务平台建设，构建农产品线上线下互动的服务网络，有效对接农产品市场（基地），拓展农产品和农村消费品的流通、仓储配送等功能，积极发展产地直销、订单生产等农业流通新模式。加快跨地区、跨行业智慧物流信息平台建设，支持快递服务网络覆盖社区、学校并向农村地区延伸。鼓励电子商务企业和快递企业对网络购物商品包装物进行回收和循环利用。

加强电子商务交易监管。贯彻落实省政府《关于加强互联网领域侵权假冒行为治理的意见》，着力完善电子商务领域法律法规，用3年左右时间，初步形成规章制度更加健全、防控手段更加有力、行业企业更加自律、交易秩序更加规范的电子商务新生态，促进电子商务持续健康发展。

完善电商监测服务。加快省级电子商务项目库、人才智库和服务监管机制数据库建设，构建河北电子商务数据中心，加强数据分析评价，支持电子商务科学健康发展。

（资料来源：河北省商务厅、河北省发展和改革委员会）

第十四章　2015 年河北省国际货代业发展情况与 2016 年展望

国际货代是物流业重要组成部分，作为为对外经贸提供服务的物流行业，2015 年取得了长足的发展。

一、2015 年河北省国际货代业发展回顾

1. 国际货代业迎来改革关键期

对照国内从事国际货运代理行业的发展情况，河北省目前国际货运代理行业发展水平，沿海货运代理企业经营实力强于内陆省份，但与北京、天津、上海等沿海发达区域的国际货运代理业相比，在企业从业数量、经营规模等方面也有很大差距，绝大多数企业的市场生存环境、发展空间都面临着严峻的困难局面。

因此，转变固有经营方式、调整经营结构上规模、大力提升专业化技术素质来提高企业经营实力、向高精专的国际化经营方向转变发展已成为当下国际货代业转型改革的必然之路。

2. 货代服务向物流链上下游延伸

随着国际货运代理业务不断向三方、四方或更高的国际物流服务方向快速转化发展，国际货运代理服务业务已涉及国际贸易的各个业务环节及其他经济市场领域，部分一流的国际货运代理企业已向原材料采购供应、产成品销售、融资服务等生产制造业上下游的物流链业务市场拓展延伸。

3. 国际货代受市场影响大

国际物流代理服务业务在国际国内贸易市场发展中发挥策划者、组织者的角色，其作用越发突出，国际货运代理业的企业经营功能、业务服务范围已步入新的市场转型发展时期。货运代理行业是站在国际国内经济市场前沿的行业，受市场冲击与波动敏感性较强的产业，顺应新的经济发展形势，适应新的市场环境，不断提高企业的经营素质、专业力量、经营规模、必须紧贴市场的发展步伐搞活经营，适应市场的变化需求，是企业立足市场生存的根本。

4. 加快中小货代企业转型发展提上日程

结合河北省大多数国际货运代理企业的经营发展状况，相比国际和国内有竞争实力的先进货运代理企业，增强河北省国际货运代理行业市场信息交流服务工作，加快

中小货代企业经营转型升级步伐成为当下河北省国际货代业发展的一项工作。

调整中小货运代理企业的经营结构，以提高中小国际货运代理企业经营水平为目标，引导中小货运代理企业优化整合，经营资源上规模，促进中小企业强强联合、协同发展提升经营实力，不断推动河北省国际货运代理行业向国际化经营方向转化和发展。

二、货代企业规模小、实力弱成河北省国际货代发展的突出问题

在国际国内货运代理市场快速发展的时期，河北省的国际货运代理市场，与京津企业和国际大的船东代理在河北省设立的代理机构共同享用这块市场资源的条件下，企业在参与市场竞争中，既有机遇，也面临挑战，催生市场竞争越发激烈，市场经营环境多变不稳定，对大部分小型国际货代企业，尤其是近几年新成立的中小货运代理企业受市场冲击的生存压力十分明显，企业经营状况堪忧。

根据河北省中小货代企业的市场经营生存环境、企业经营平台建设、企业高端人才、专业化力量等企业竞争力方面实际情况的调查了解，主要存在以下问题。

1. 河北省的国际货运代理行业市场经营竞争环境

（1）京津企业得天独厚密集发达的航运业务市场和环境资源所形成的航运市场经营优势，导致河北省大部分国际货代企业只能侧重货运揽货市场的业务发展，其航运、临港等市场业务多数企业不能综合受益发展。

在长期的市场发展中，逐步发展成为依托京津部分货运代理企业生存的经营模式，市场经营主导性被动，航运、临港市场业务操控脱节，业务环节工作质量效率差，经营费用成本高，随着国际货运代理业务不断向经济贸易领域的延伸发展，市场发生结构性变化，中小企业市场空间越来越小，企业市场竞争力非常脆弱。

（2）在开拓国际业务市场领域，由于京津航运区位市场优势和河北省航运市场不发达的环境影响，河北省国际货代企业经营体制普遍存在的经营范围业务面窄，市场服务功能资源少，业务网络结构单一，高级专业人员没有，企业经营条件和业务实力总体低下，建立国际货运市场网点发展工作，开展国际货运代理业务，开发 FOB 国际贸易市场，是河北省货运代理企业的经营短板，也是制约企业发展后劲的主要因素。

（3）河北省范围内国际货运代理市场发展不平衡，全省 11 个设区市，只有不到一半的区域形成了以河北省国际货运代理企业参与的经营市场，其他区域没有形成。河北省主要的国际货运代理市场的大部分份额被规模比较大、网络比较建全、人员素质比较高的京津国际船东和国际货运代理公司所控制。

2. 制约中小货代企业经营发展的主要问题

（1）随着国际货运代理行业市场的快速发展，河北省国际货运代理企业的经营平台建设和发展工作，严重滞后于目前的市场发展。

按照目前货运代理业务区段划分，在货源市场（揽货）、航运市场（租船订舱）、

临港业务（陆运、报关、装运）、国际货运市场四个区段业务，河北省大部分货运代理企业只经营揽货市场业务，其余 3 个区段业务主要依托其他企业平台（京津货代企业）开展业务，企业自身经营平台建设没有培育和发展起来，无法形成企业自身的经营模式。在追求高附加值服务、低成本高效益的市场发展需求时期，企业经营服务功能低下，企业竞争力不能满足现代市场经营的需要，严重制约着中小国际货运代理企业健康发展。

（2）管理水平低。中小货运代理企业长期以承做部分货运代理业务为主，受业务环节和工作环境影响，习惯于低端传统业务操作模式，导致企业在发展规模、经营业务结构、企业管理体制、人员技术经营素质、开发市场资源、拓展业务渠道等方面管理水平都不高，企业综合经营条件不能适应现在市场的发展。尤其受企业经营规模较小、经营人员少、业务素质差等因素的限制，企业形不成参与市场竞争的信用体系和扩大市场的经营条件，只能在夹缝中求生存，使得开发市场的空间狭窄，业务市场资源匮乏，服务客商质量不高。企业在低效益高成本状态下运营，易受市场波动冲击，经营不稳定，造成经营非常困难。

（3）企业的物流代理业务服务链不完善，业务功能配置不健全，经营资源整合力薄弱。多数国际货运代理企业服务范围单一，不具备独立完整的服务经营体系，缺乏企业特色，形不成企业自身的核心竞争优势。

（4）河北省中小货运代理企业在网络化经营业务领域很少涉足，企业经营网络资源非常薄弱，严重地制约着企业市场开发工作和提高经营服务质量。

3. 中小货代企业面临高端人才短缺和专业化技术力量薄弱危机

（1）在激烈竞争的市场中，企业管理素质、高技术人才培养、专业技术力量等经营团队建设，是企业立足市场生存的有力保证。河北省大部分中小货运代理企业情况：一是经营业务人员从事的都是货代业务操作衔接工作，经营的是国际货运部分环节业务，不注重高端业务经营人才培养和专业化技术力量的发展；二是由于京津同行企业的地理位置、市场环境等区域优势条件，专业高端人才不愿意到河北省货运代理企业工作；三是河北省国际货运代理企业经营规模普遍小，经营实力弱，在市场策划、网络开发、信息化等平台方面的高级国际化人才匮乏，大部分企业存在高级专业人才少或没有现象，对企业经营开发和专业化经营受到严重影响。

（2）在开发市场活动中，企业国际经营性专业技术力量差，造成经营手段单一，只侧重传统人脉经营模式，经营思路方向不贴近市场，开发业务渠道窄而不畅，寻找开拓市场机遇的意识不强。以现有市场业务为例：目前中小货运代理企业主要以国内出口业务这块市场为主，进口业务这块市场份额占比很小，由于企业没有国际经营性人才从事开发国际市场业务，没有国际经营网络支撑，严重制约了这类业务的开展。

（3）在企业规模化、专业化经营方面，大部分货运代理企业不具备经营能力。主要体现在：一是注册资金规模小，发展模式以简单的中介代理业务为主，人才、资金、专业设施等根本不能满足企业走专业化经营之路。二是企业所在的市场资源环境，不具备孕育和发展专业化、网络化、规模化的开发动力，只限于做国际货运代理辅助业务，这种因素对河北省货运代理企业影响颇深。

4. 企业市场空间受到“挤压”与企业竞争力不足并存

（1）在目前市场上，很多企业不能适应市场经济发展，一是企业没有找准自己的市场定位和适合发展自身特色的业务；二是专业化经营和强化自身核心竞争力不够，盈利手段简单，随着船公司运价市场的透明和电商平台操作的快速发展，在船公司立足依靠自己的货运代理机构揽货的形势下，货运代理企业从承运人那里获取的效益收入不但越来越少，而且也越来越难。

（2）大部分企业缺乏核心竞争力，集中体现为企业一体化独立运作能力差，经营业务靠委托，国际货运代理主营业务不能形成物流链系统服务，只局限于传统的低附加值单项操作服务，不能为客户提供高附加值的增值服务。在信息化、网络化、专业化市场营销方面，资源整合能力差，不能满足现代物流和国际货运代理服务要求，市场竞争力同质化现象严重，亟待提高。

（3）企业信息化渠道建设落后，在赢得市场先机的时代，开展好国际货运代理业务，靠的是快速反应的市场信息。但大部分企业存在航运信息资源少而不畅，掌握的市场信息质量不高，依赖信息性比较强。总之，河北省国际货运代理企业在信息化建设方面还处于相对传统、低级的阶段，这种状况限制了国际货运代理业务向专业化、信息化方向发展。

三、2016 年河北省国际货代业发展展望

为适应国际市场竞争的发展需要，紧跟我国新常态下的经济发展步伐，结合河北省中小国际货运代理企业普遍存在的经营问题，参照发达国家同行企业的经营理念，借鉴我国沿海较发达地区货运代理企业的经验，引导企业向规模化、专业化、国际化经营方向不断转型升级，重点开展如下几方面的工作。

1. 以创新驱动行业和中小企业健康发展

（1）优化资源配置和经营结构，推动中小国际货运代理企业转型升级。协会牵线企业自愿优化合作，扩大企业经营规模，完善企业经营功能，增强企业专业经营力量，壮大企业市场竞争能力，摆脱企业规模小、综合经营实力差、发展后劲不足的局面。

（2）加强中小国际货运代理企业经营信息服务。着重解决企业低附加值高成本的经营模式，以提高和转变企业增长方式为重点，开展企业联盟协作经营，发挥中小企业优势，拓宽中小企业航运市场配载渠道，整合企业货源流向，协调陆运临港运输市场。以协会为平台，发展中小企业合作信息网络，为中小企业生产经营服务，不断解决企业经营瓶颈，增强企业经营活力、提高企业经济效益。

（3）引导企业向规模化、专业化、国际化经营方向不断转化，培育发展一批河北

省国际货运代理行业的领军企业，为整合中小企业发展，带动中小企业摆脱市场经营困境，搭建引领中小企业搞活规模化经营的平台。

（4）针对河北省中小货运代理企业普遍存在的规模小、市场服务功能单一、业务渠道狭窄、开发能力不足、竞争能力低下等特点，鼓励企业之间加强合并优化，扩充中等以上企业经营资源，通过优化组合形成拳头促进发展经营，走规模化强企之路。

（5）增强协会组织协调能力，推动协会服务平台发展，不断完善行业统计服务体系建设，了解行业市场情况，掌握企业基本运营状况，做好企业诉求和反馈工作，加强与政府沟通协作，有目标有计划地为企业生产经营服务。加强协会参与市场化、社会化工作的运转机制，提高协会服务市场、服务企业、服务社会、服务政府的能力。

（6）加强行业自律监督机制建设，不断完善行业规约制度，维护行业市场稳定发展，引导行业企业参与国家经济发展工作的积极性，培养行业企业社会责任感，有效发挥行业集体智慧，为经济建设发展更好的服务。

2. 加强专业人才培养，满足企业高端技术人才需求

（1）加强行业高端技术专业人才培养教育工作，以提高行业经营素质为重点，积极开展与河北省及京津区域大中专院校合作，扩大设有国际贸易、国际物流、企业管理等相关专业院校的“行业资质证书培训教育考点”发展工作，完善行业培养专业人才机制，为河北省国际货运代理行业输送高质量专业人才服务，扩大企业专业技术人才队伍建设，为增强企业经营市场能力打好基础。

（2）发挥行业协会桥梁纽带作用，开展校企实习基地建设工作，建立行业企业和大中专院校牵线搭桥的渠道，为毕业生提供实习就业锻炼场所。建立“行业企业在校生技术培训基地”，充分利用企业和专业院校各自优势，提高企业经营素质和人才培养教育工作。

（3）拓展与大中专院校合作的广度。选拔和组织河北省行业专家队伍到院校给学生讲述业务案例及业务实际操作等授课活动，为大专院校培养优秀学生，为企业培养高素质人才服务，为毕业学生增加就业机会服务。

（4）开展行业在岗职工专业技能培训工作，协会在行业密集集中区域，组织不定期“业务技能培训班”，组织大专院校老师、行业专家给企业职工授课，为企业提高职工业务素质，增强企业专业技术队伍的建设服务。

（5）在行业内开展学习专业技能、国际经营管理先进经验活动。培养企业职工学习业务技能的意识，推动行业素质教育工程不断发展。协会通过在年度行业例会中对优秀企业进行表彰，以资鼓励。并寻求政府对优秀企业予以政策支持，促进企业素质教育不断提升。

（资料来源：河北省国际货运代理协会）

区 域 篇

第一章　2015年石家庄市物流业发展情况与2016年展望

石家庄市地处华北平原中南部，是国务院批准定位的华北地区重要商埠，是我国北方重要的物流中心和区域性重要物流节点城市之一。石家庄市现有物流企业1815家，企业从业人员57108人。全市现有3A级以上物流企业8家，其中5A级企业2家（河北物流产业集团有限公司、冀铁集团公司）、4A级企业1家（河北快运集团有限公司），3A级企业5家（河北冀运集团有限公司、河北顺邦物流集团有限公司、远成集团有限公司石家庄分公司、河北润丰物流有限公司、石家庄盛福源商贸有限公司）。

一、物流业发展现状

1. 物流业平稳较快发展

“十二五”以来，石家庄市物流业市场需求持续增加，物流业增加值不断增长，固定资产投资占全市投资的比重稳中有升。2015年，物流业增加值完成457.9亿元，同比增长10.4%，占GDP的9.06%，占第三产业的19.2%，为经济发展发挥了重要的支撑保障作用。

2. 物流网络初具规模

石家庄市地处冀中南，北靠北京和天津，具有重要的地理位置优势，有较为发达的公路、铁路、航运基础条件和运输能力，是国务院批准定位的华北地区重要商埠，市场辐射面覆盖华北、东北、西北等广大地区，是中国北方重要的物流中心，现代物流业网络体系已初具规模。已经建成了石家庄润丰物流园等大型物流园区，集公、铁、航联运于一体，形成完善的商品集散、商品中转、商品配送、货运代理、保税加工、信息服务、物流咨询、商品展示、电子商务等服务功能。此外，在建和谋划了诚通联众物流园、石家庄内陆港国际保税物流园区、石家庄北方农产品物流中心等多个现代物流重大项目。这些项目建成后，石家庄市的物流资源将得到有效整合和提升，现代物流的专业化、规模化、社会化将初步形成。

3. 国内外知名物流企业争相入驻

多个国际国内知名物流企业已经或准备入驻石家庄市：广东深国际物流、四川卓新物流入驻正定商贸物流产业聚集区；美国合众国际速递公司在综合保税区建设国际快件中心项目已签订合作框架协议；美国普洛斯集团已在藁城区完成物流项目备案；北京铁路局与高邑远鹏物流合作，共同建设高邑冀中南国际智能物流港；投资16亿元的中储石家庄物流中心项目已落户南部综合物流产业聚集区；中国物流公司投资 25 亿元的诚通联众物流园项目落户鹿泉绿岛开发区，一期已经竣工并投用；广东龙浩集团在空港投资 300 亿元建设航空物流中心项目已达成合作意向。上述重大物流项目的建成投用，必将大大提高石家庄市物流业自动化、标准化、信息化水平。

4. 服务能力大幅提升

经过“十二五”期间的建设，物流服务能力和水平大幅提升，以公路和铁路为主的大宗商品物流更加优化高效，冷链物流、医药物流等专业物流业态快速兴起，多式联运、甩挂、快递等物流形式蓬勃发展。物流信息化水平进一步提高，企业普遍通过信息技术对物流实施管理，物联网、云计算开始推广应用。物流信息平台建设快速推进，装卸搬运、分拣包装、加工配送等专用物流装备和智能标签、跟踪追溯等技术迅速推广。

二、物流业发展前景和机遇

在京津冀协同发展的国家战略下，根据《河北省建设全国现代商贸物流重要基地规划》，石家庄市定位于商贸物流中心城市和国家级物流枢纽城市，省委、省政府也明确提出了支持省会建设发展的意见，同时，在经济进入新常态的背景下，随着互联网技术的广泛应用和上述相关政策的落地，为石家庄市物流行业转型升级、做大做强带来前所未有的机遇。

1. 省委、省政府支持政策

河北省明确提出：“支持石家庄市开展城市共同配送、物流标准化、智慧物流和区域综合物流信息平台建设。”

2. 市场需求快速增长为物流业发展提供广阔市场空间

社会化分工的加深和外包业的快速发展，激发了大量潜在的运输需求。石家庄市城镇化水平进一步提高和电子商务迅猛发展也将带动物流业的发展。

3. “互联网+物流”助推行业创新发展

随着智能化物流仓储设施和电子分拨中心的建设，以及物联网、无线射频识别、配送线路优化等技术的广泛采用，有助于物流企业降低物流成本，提高生产效率，提升社会物流服务能力，增强企业核心竞争力，信息技术的发展有助于有实力的物流企业搭建物流信息交易平台，实现物流信息的共享与发布，并扩展到金融服务等领域，加快第三方物流和供应链的发展。

三、2016 年发展展望

1. 以项目为依托，不断完善物流体系

以国家级物流枢纽城市为目标，以重大物流项目建设为依托，加快物流业创新发展，大力发展智慧物流、产业物流、物流金融、电商物流，建设商品集散基地和区域分拨中心，构建石家庄市“两港、两铁、十大综合物流园区、N 个专业物流中心”的现代物流体系。

两港：航空物流港、内陆港。

两铁：石家庄铁路货运中心、冀中南公铁联运智能港。

十大综合物流园区：河北快运物流中心、诚通联众物流园、中储物流中心、瑞川物流园、卓新商贸物流港、深国际综合物流港、普洛斯物流园、润丰城市配送中心、聚合港综合物流园、国际贸易城物流中心。

N 个专业物流中心：医药物流、食品冷链物流、皮草保税物流、快递及电商物流、农产品物流等。

2. 提升物流业信息化、标准化水平

支持移动信息服务、可视化服务和位置服务等先进适用技术在物流企业的开发应用。打通物流信息链，实现物流信息全程可追踪，提高城市物流智能化水平。以国家实施商贸物流标准化专项行动为契机，推广标准化物流技术装备，建立托盘共用体系，推进管理软件接口标准化，推动标准化互认。推进做好市商务局、市邮政局推进城市共同配送、托盘标准化、电子商务与物流快递协同发展等国家商务部试点工作，力争总结出可复制的经验和模式。

3. 加强和完善口岸功能

加快推进综合保税区、内陆港保税物流园区、润成物流保税仓的建设，落实“属地申报、属地放行”的关检一体化政策，降低通关物流成本，促进进出口贸易发展。增强、完善正定机场和综合保税区口岸功能；加强内陆港陆路口岸建设；协调跑办冀中南公铁联运智能港项目增设口岸功能；在厚朴冷链物流园区建立省级内陆肉类进口口岸；加快推进润成国际保税物流园保税仓运营。

4. 推进二环内物流企业外迁

结合市区治堵工作和大型商品市场改造提升工程，整合物流资源，调整优化产业空间布局，积极推动二环内传统物流企业外迁，推动物流资源向物流集聚区集中，推进城际间运输节点向三环周边的综合物流园区转移，形成三环物流产业带。

5. 加强行业协会建设

充分发挥行业协会在企业与政府间的桥梁纽带作用，加强其行业服务、行业自律以及保护行业正当权益的职能。通过理论研究、信息统计、诚信体系建设、推广商贸物流行业标准、职业教育培训、从业人员资格认证等方面的工作，为政府管理、企业运作和行业发展提供服务。

（资料来源：石家庄市发展和改革委员会）

第二章　2015 年唐山市物流业发展情况与 2016 年展望

近年来，唐山市委、市政府始终把发展现代物流业作为转方式、调结构的重要抓手，不断拓展物流领域、创新物流模式、加速产业集聚、狠抓项目建设，物流业已成为唐山市经济发展的新亮点。2014 年，唐山市物流业增加值完成 740.8 亿元，同比增长 7.1%，高于服务业增加值增速 1.3 个百分点，占 GDP 和服务业增加值比重分别达到 11.9% 和 35.8%。唐山市被列为全国物流园区一级布局城市，是全国 17 个区域物流节点城市、全国流通领域现代物流示范城市。

一、物流业发展现状

1. 物流基础设施条件逐步完善，现代物流体系初具规模

"十二五"规划实施以来，唐山市不断加大物流基础设施投入，公路、铁路、海运、空运等基础设施承载能力显著增强，物资集散疏运能力明显提高。2015 年，唐山市公路通车总里程达 1.78 万公里，路网面积密度达到 132 公里/百平方公里，是国家 45 个公路主枢纽城市之一。唐山港货物吞吐量 4.92 亿吨，位居全国沿海港口第 6 位，世界港口第 7 位。三女河机场实现旅客吞吐量 25.1206 万人次，货邮行吞吐量 1918.695 吨。多元、立体、快捷高效的现代综合交通运输体系初具规模，为发展多式联运奠定了坚实的基础。

2. 物流平台建设逐步完善，物流业实现聚集发展

近年来，唐山市在曹妃甸、迁安、遵化、丰润、丰南、海港、路南、路北、滦县 9 个县（市）区谋划建设了 10 个省级物流产业聚集区，占全省总数近 1/3，居全省首位。2015 年，唐山市 10 个省级物流产业聚集区入园企业达到 1200 家，主营业务收入突破 600 亿元。迁安北方钢铁物流产业聚集区、唐山市丰润区北方现代物流城被评为 2015 年度全国优秀物流园区。先后引进了浙江物产集团、天津物产集团、广东物资集团、传化物流集团、普洛斯物流等一批世界 500 强和国内物流百强企业入驻园区，初步呈现出物流要素聚集、资源配置优化、公共服务完善的良好态势。同时，围绕园区投资、主营业务收入、税收等制定了省级物流产业聚集区考核办法，加强园区考核。

3. 物流标准化建设深入推进，物流业整体水平显著提升

积极推广应用立体数字仓库、物品托盘、GPS（全球定位系统）定位等先进物流技术手段，推进传统物流业加快向现代物流业转型，优势物流企业加快向信息服务、

咨询服务、金融服务等领域拓展，先进物流业态不断涌现。开滦国际物流、海港远大物流、佳源集团等一批规模化集约化经营、一体化运作、全程化服务的现代物流骨干企业迅速成长。2015 年年底，唐山市共拥有 A 级物流企业 15 家，其中 5A 级 4 家；5 星级仓库 1 个，4 星级仓库 2 个。中国物流官网、中国陶瓷官网、中国冶金炉料网、唐山钢铁网、物流唐山等网站上线运行。高新区成为全省首批电子商务示范基地。迁安市、乐亭县荣获国家电子商务进农村综合示范县（市）。唐山智远科技有限公司为国家级电子商务示范企业，唐山成联电子商务有限公司承接建设全国首个省级物流信息互联互通平台和我省首个国家级电商主题众创空间，河北建业电子商务有限公司聚民惠综合服务平台项目解决了用唐山市城市智能配送“最后一百米”问题。

4. 物流投入不断增加，物流项目加速推进

近年来，唐山市不断加大物流项目投入，谋划实施了一批重大物流项目。中国北部机电五金博览集散中心（一期）、中国北方国际钢铁交易中心及配套物流中心（二期）、天物综合物流（一期）、长久汽车物流产业园（华北基地一期）、恒保国际货运仓储物流等项目完工投入使用；唐山公路港物流、曹妃甸临港国际物流园、中国唐山国际陶瓷博览中心、中铁润驰北方物流、冀东国际农产品物流中心等项目主体工程已基本竣工，部分投入运营。

二、2016 年展望

以建设国家一级物流园区布局城市为重点，着力构建“联通国内外、辐射环渤海”的现代物流体系，提高港口、机场、铁路和公路物流集疏运能力，提升综合服务水平，努力建成冀东物流通道、环渤海港口物流基地和国家重要物流枢纽。

1. 加强规划政策引导

立足高起点高站位，科学制定并组织实施《唐山市物流业发展规划》《唐山市物流业发展“十三五”行动计划》；全面落实《河北省建设全国现代商贸物流重要基地规划》《京津冀商贸物流发展规划》和《2016 年唐山市现代服务业发展提质提速推进方案》等一系列加快推进唐山市物流业发展的规划、政策。

2. 提升物流基础设施建设水平

拓展港口服务功能，重点做好曹妃甸港区通用散货泊位和液体化工码头泊位等 10 个新建泊位的口岸现场查验配套设施建设工作，确保泊位建成即可达到开放条件。提升口岸效率，探索实施“通关一体化”，把唐山电子口岸建成符合国际贸易“单一窗口”建设管理规则和通行标准的平台。积极推进内陆港建设，年内启动包头、二连浩特两家内陆港建设，同时谋划 3 ~ 5 家内陆港建设。加强集疏运体系建设，年内水曹铁路、曹妃甸至京唐港铁路连接线全面开工，唐曹铁路建成通车，遵曹公路加快建设，不断提升物流集疏运能力。

3. **加快园区和项目建设**

加速迁安、路北、路南、丰润、海港开发区等10个省级物流聚集区开发建设，加大招商引资力度，2016年力争入园企业达到1400家，主营业务收入突破700亿元。加快推进唐山丰润公路港物流、曹妃甸现代国际物流园、普洛斯物流和丰南盈升钢铁物流园等20个重点物流项目，力促汉沽和立东升商贸物流园、中集汽车物流园等项目落地开工。

4. **增强物流业发展内生动力**

落实国家“互联网+”行动。加速推进互联网、物联网、大数据等新兴技术在物流领域的应用，抓好中国耐材之窗网、大通网、聚民惠综合服务平台等重点平台项目建设，在扩大矿石、钢材交易规模基础上，打造华北最大LNG（液化天然气）交易平台。推进物流标准化建设。开发建设“托盘唐山”信息平台；以唐山联辉托盘租赁有限公司、光明塑业为依托，加强与招商路凯、集保等国内国际托盘租赁企业合作，共同建设集托盘起租、退租、维修、仓储于一体的标准化托盘服务中心；在快消品、农产品和医药商品等行业重点培育物流标准化试点项目企业。大力发展第三方、第四方物流，加快培育一批与唐山市现代产业体系相配套的物流企业。

（资料来源：唐山市发展和改革委员会）

第三章　2015年邯郸市物流业发展情况

近年来，邯郸市委、市政府对发展现代物流非常重视，把大力发展现代物流业作为邯郸市优化产业结构、转变发展方式的重要途径，以建设区域物流中心为目标，坚持规划引领、交通先行、项目支撑、园区聚集，物流业发展明显提速。截至2015年年底，邯郸市现有物流企业500余家，企业从业人员约25000人。2015年，邯郸市物流业增加值完成510亿元左右，增长12%以上，约占GDP的17%，占第三产业的40%以上；交通运输、仓储和邮政业投资总量达到234.2亿元，同比增长24.1%，高于邯郸市投资增速12.6个百分点。

（一）建设完善了一批产业聚集区

在《邯郸市现代物流发展规划（2008—2020）》引领下，邯郸市大力推进“2+2”发展战略，重点建设了综合交通运输、信息化服务两大体系，加速推进邯郸国际陆港、新兴商贸物流两大省级物流园区建设。在布局上，鼓励企业在园区以及外环、绕城高速等交通便利、物流聚集区发展物流，在主城区初步构建了以主城区商业聚集区为核心，外环物流带、绕城高速物流带两大物流带环绕的“一核两带”布局体系。积极推进国际陆港综合物流枢纽，以及户村钢铁物流、新兴商贸物流、武安钢铁物流、峰峰煤炭物流、永年绿色蔬菜物流、大名京府农副产品物流、鸡泽曹庄特种物资物流、魏县绿色回收八个物流中心建设，在中心城镇和产业集聚区培育建设一批物流节点。谋划建设邯郸现代物流公共信息服务平台。构建了邯郸“一枢纽、八中心、多节点”现代物流布局体系。另外，邯郸市列入全国70个二级物流园区布局城市，标志着邯郸物流产业已经进入快速发展阶段。

（二）谋划实施了一批物流重点项目

随着煤炭、钢铁、商贸、医药、粮食、快递等行业物流需求稳步上升，邯郸市谋划实施了一大批涉及钢铁、煤炭、建材、商贸、医药、机电、农业、冷链等多个行业的重点物流项目，成为邯郸市重点项目的有力支撑。鑫港国际商贸物流中心、丛台区烟草仓储物流中心、之江物流中心、熙平物流基地已竣工投运；新兴国际商贸物流中心、现代汽贸城、邯郸国际陆港一期工程、春生物流、鼎嘉新型建材物流中心一期工程开始运营；河北鹏达仓储物流项目、新武安钢铁物流保税区、南大堡蔬菜物流园、万合集团马头综合物流中心等一批项目开工建设；传化公路港、河北金煤物流园区等一批项目正在加快前期推进。

（三）培育壮大了一批重点企业

近几年，通过实施传统物流企业改造，物流知名品牌引进，提高了物流企业的信息化水平和技术装备水平，一批物流企业迅速发展壮大。全国物流百强企业名单中，冀中能源国际物流集团名列第 6 位。邯郸市注册物流企业已有 500 余家，注册资金在 500 万元以上物流企业 95 家，其中 3 家企业被评为 5A 级物流企业，分别为万合物流集团、冀中能源国际物流集团、鼎峰物流集团；4 家企业被评为 4A 级企业，分别为邯钢附企公司、河北熙平物流公司、新武安钢铁集团物流公司、河北之江物流公司。

（资料来源：邯郸市发展和改革委员会）

第四章　2015 年保定市物流业发展情况与 2016 年展望

一、保定市物流业发展现状

保定市物流业充分发挥交通、区位、资源和产业优势，积极推进京津冀协同发展战略，争创全国现代物流创新城市试点，落实现代物流业发展三年行动计划，以北京非首都核心功能转移为契机，加快现代商贸物流体系建设，打造京南地区重要现代商贸物流枢纽和节点，力争把保定建成服务京津、辐射全国的区域性物流中心城市，基础条件和发展环境大为改善。截至 2015 年年底，保定市现有物流企业约 838 家。2015 年，保定市物流业总额 8852 亿元，增长 7.9%；固定资产投资 265 亿元，同比增长 12.7%。保定市社会物流总费用 513 亿元，社会物流总费用占 GDP 的比率为 17.1%。

（一）保定市物流业发展的基础条件

（1）交通条件。铁路方面，京广铁路、京广高铁和津保城际铁路，实现了到北京 30 分钟和到天津 40 分钟的公交化联系。公路方面，京昆高速公路、107 国道、京港澳高速公路、保津高速公路、滨保高速公路、保沧高速公路、张石高速公路使保定具备四通八达的高速公路网络。航空运输方面，保定周边有三大国际机场，分别是北京首都国际机场、天津滨海国际机场、石家庄正定国际机场。良好的交通条件使保定市能够快速与周边城市进行联系，凭借与北京接壤的优势，利用便捷的高铁、高速公路，实现保定与北京的交通同城化。

（2）物流基础设施条件。经过多年来的发展建设，形成了较为完善的物流基础设施条件，构建起多级多点支撑的物流硬件设施网络体系。物流园区包括为“保定·中国电谷”建设服务的新能源及能源设备制造业物流园区，为汽车及零部件制造服务的汽车产业物流园区，以及高阳纺织品、白沟小商品、安国中药材、雄县革塑、定州蔬菜、容城服装、高阳农机配件和保定市农大农副产品物流园区。“十二五”期间，保定市 20 个物流重点项目列入省发展规划。这些物流基础设施的建设发展为保定市物流业壮大奠定了良好基础。

（3）物流企业发展条件。随着保定市经济的快速发展，传统运输、仓储、货代、贸易、商业流通企业向现代物流业不断转变，工业制造业等产业部门主辅业逐渐分离，物流企业数量和质量迅速增加。物流业总额年均增速达到 8.5%，物流产业投资持续扩大，尤其是京津冀协同发展提出后，呈现加速态势。据不完全统计，保定市拥有各类物流企业共有838家，其中运输企业有484家，综合物流企业159家，配送企业28家，所占比重分别为57.8%、19.9%和3.3%，运输企业依然在保定市物流企业中占主导地位。

（4）物流信息化发展现状。物流信息化发展势头良好，现有的物流企业广泛应用条码技术、全球卫星定位系统（GPS）、车辆管理系统和企业物流信息系统，对于提高企业管理效率具有十分重要的意义。在京津冀协同发展背景下，为更好地承接北京物流产业转移，本地物流企业已经开始谋划搭建面向京津冀的物流公共信息平台。

（二）保定市现代物流业发展主要特点

保定市现代物流业在承接北京非首都功能转移过程中发挥着无可替代的重要作用，其高速发展的商贸物流和电商物流为物流业转型升级奠定了良好基础。

（1）承接区域物流转移特点突出。深入贯彻落实京津冀协同发展国家战略，建设承接非首都核心功能疏解和高端产业转移的集中承载地，打造京南地区重要物流基地。在河北省政府确定的40个承接京津功能疏解和产业转移重点平台基地中，保定市项目数量达7个，即：京南现代产业基地、白洋淀科技城、白沟新城、中关村河北产业园、保定国家高新区、临空经济示范区、京津农副产品生产保障基地新发地高碑店农副产品物流园。

（2）商贸物流高速发展。依托丰富的农产品资源、县域经济传统特色优势以及支柱产业，形成了白沟箱包、高阳纺织、容城服装、安国中药材等区域特色经济区，建设了一批以商贸物流为主导，集运输物流、农产品物流、交易展示、快递物流和加工制造业物流等于一体的现代物流园区和大型商贸物流中心。

（3）电商物流快速增长。早在2013年，保定市就成立了市级电子商务协会，会员企业达800家；2014年，保定市又研究制定了《保定市电子商务发展三年推进计划(2014—2016)》，积极培育特色产业和企业建设电商平台，拓展互联网金融、移动电子商务等创新型电子商务，拓宽深化电子商务应用，为电商物流提供了良好的成长环境和不断增长的需求。推动农村电商发展，引导建设电子商务产业园，通过免费使用场地，为电商提供从生活到经营的全程服务，吸引分散在周边各村的淘宝店商聚集发展，形成了线上线下相互促进，相互支撑的运营态势。

（三）保定市物流业存在的问题

（1）物流企业规模较小。大部分物流企业是私营物流企业，企业规模较小。调研统计结果显示，约一半的物流企业年营业收入主要集中在300万元以下，企业竞争力明显不强，难以实现规模化发展，难以有效地采用先进的物流技术，在较好地满足客户需求方面存在一定困难，这无论对物流企业发展还是对物流产业竞争力提升都将形成一定制约。

(2) 物流园区用地紧张。随着保定市经济建设的迅猛发展，土地价格快速上涨。建设用地紧张，缺少开发运作平台，融资能力不强，基础设施建设滞后，配套设施不全，直接制约园区发展，影响投资环境，造成项目前期工作时间长，项目招商难。保定市物流园区管理方式粗放，园区没有一套完整规范、高效的管理机制，缺乏多样化的市场运作机制。

(3) 冷链物流发展滞后。保定农业产业发达，果蔬生产和食品业发展迅速，冷链物流需求巨大，但冷链物流发展相对滞后，相关的产品保鲜、储运技术没有使用到位，食品冷链的硬件设施远远滞后，大部分的水果、蔬菜等基本上在没有冷链保证的情况下运输。

(4) 物流信息化程度不高。多数企业仍采用传统运作方式，内部物流信息管理和技术手段落后，缺乏必要的公共物流信息交流平台，也没有建立起面向广大中小企业用户的物流信息服务系统，难以做到资源共享、数据共用、信息互通，极大地影响了企业运作效率和行业整体竞争力的提高。

二、2016 年展望

(一) 总体目标

按照《京津冀协同发展规划纲要》和《保定市“十三五”物流业发展规划》的总体要求，积极承接北京商贸物流产业转移，打造一批具有区域集聚辐射能力的物流节点设施，通过物流信息平台实现互联互通，重点构建面向京津冀、高效率的区域分拨和城市配送体系，使保定市成为承接北京商贸物流转移的核心城市。充分发挥白沟、安国、高碑店等地在商贸领域形成的良好基础，通过推动物流与商贸融合，为商贸等产业构建高效率、低成本的物流服务体系，实现保定市商贸流通业辐射能级的扩大。2016 年，保定市物流业增加值增长 10% 以上，社会物流总费用与生产总值的比率下降至 17%，物流业增加值占地区生产总值比重达到 8% 左右。

(二) 基本原则

(1) 战略提升、创新突破。围绕京津冀协同发展战略，在非首都功能疏解、北京商贸物流转移、天津自贸区功能延伸等方面实现率先突破。围绕保定市产业升级转型，在提升发展产业物流发展能级和水平方面实现重点突破。围绕“互联网 + 高效物流”发展，推进互联网、物联网、大数据、云计算等在物流行业的深度应用，打造电商物流倍增工程，实现在电商物流协同发展上创新突破。

(2) 区域协同、合作共赢。紧紧把握京津冀协同发展的战略机遇，注重引进具备跨区域物流运作能力的物流节点建设运营企业和培育具备产业组织能力的国际商贸物流企业，形成“点线面”结合的、适应京津冀协同发展的物流基础设施体系和服务体系。

（3）创新模式、多业联动。把握当前我国经济发展的新常态、新趋势和新特点，创新物流产业发展模式。推动物流业与现代服务业、高端制造业及外向型产业等多业融合、联动发展。实现物流创新与产业联动同步发展。

（4）项目带动、持续发展。针对北京商贸物流产业转移主体，谋划一批针对性较强、功能齐全、发展环境良好的商贸物流项目，使其成为承接北京商贸物流产业转移的重要载体。同时，利用“互联网+”等手段，积极推广应用新技术，谋划电商物流、国际物流发展，使保定在河北省建设全国现代商贸物流重要基地中发挥主导作用。

（三）主要任务

（1）营造承接北京商贸物流产业转移的物流环境。在物流基础设施建设方面，重点在保定市城区、高碑店、白沟等地打造一批规模较大、功能齐全的物流园区，满足大批量货物的存储和配送需求。在物流企业引进方面，重点引进具有跨区域运作能力的物流企业，包括零担物流、专线运输、快递和电商物流企业，在保定形成高效率、低成本的能够快速面向京津地区辐射的物流服务体系。在物流信息化建设方面，搭建面向京津地区的物流信息平台，实现物流信息和物流资源共享。

（2）为承接自贸区服务功能创造便利环境。完善内陆港等基础设施建设，积极争取在保定建立综合保税区，强化保定与天津自贸区陆路交通通道建设，提高保定综合交通运输能力。承接自贸区服务的软环境打造方面，探索无水港与天津口岸之间在途运输监管模式，利用京津冀通关一体化机遇构建津保对外贸易便捷通道。鼓励跨境贸易企业使用天津电子口岸，完善保定市海关特殊监管区域建设，为天津自贸区实施“一线放开”“二线安全高效管住”的通关监管服务模式创造有利条件。

（3）延伸物流产业链培育现代物流产业集群。按照物流产业链的整体打造模式培育和发展物流产业，在原有的仓储、运输等物流服务基础上，不断延伸物流产业链，重点向物流信息服务、供应链金融、区域配送等附加值较高的物流环节延伸。积极引导物流业与保定市商贸业、制造业融合联动发展，培育高效率、低成本的产业物流服务体系，支撑保定市相关产业扩张发展。在物流需求较为集中的地方，集中打造具有区域辐射能力的现代物流产业集群。

（4）优化物流产业空间布局。立足京津冀协同发展国家战略实施的实际需要，结合本地既有的商贸、加工制造等产业基础优势条件，对既有物流业相关设施进行系统梳理，基于整合优化提升与新建相结合的方式，来构建多层次物流节点互动融合的整体格局，促进物流业在保定市范围内进行合理布局，共同形成有机的协同整合，打造有力支撑京保产业转移与津保国际物流体系，服务京津冀，辐射全中国，影响全世界的完善的物流产业服务体系。

（5）健全依托京津的国际物流服务网络。以保定市内陆港和综合保税区申报建设为重点，探索与天津自贸区联动发展，争取将天津自贸区的部分功能复制到保定市的海关特殊监管区。积极引进跨境电商企业、国际物流企业、国际快递企业入驻保定市，与首都国际机场、天津港等具有国际物流组织能力的相关机构合作，大力发展保税物流、跨境电商物流，构建满足保定市商品面向全球集散的国际物流服务网络。

（6）培育具有国际竞争力的物流企业。积极引进国际著名物流企业的同时，鼓励国内骨干物流企业在保定市集聚，加快培育技术水平先进、主营业务突出、具有国际竞争力的大型现代物流企业集团。依托省级物流产业聚集区、国际物流园、公路港的建设，与天津港、黄骅港等环渤海地区港口联动发展，实现保定市国际港口功能内迁，为保定国际物流企业提供发展平台，支持大中型物流企业与港口企业通过跨区域联合重组扩大规模，提高国际竞争力。

（资料来源：保定市发展和改革委员会）

第五章　2015 年衡水市物流业发展情况与 2016 年展望

衡水市委、市政府一直全力推进物流业加快发展，2013 年，杨慧市长就在全国两会上提交了《关于恳请国家支持衡水建设首都经济圈南部商贸物流中心的建议》，2014 年编制了《衡水市物流产业发展规划》，进一步明确了物流业的发展目标，物流业呈现稳中有进的发展态势。

一、衡水市基本情况

衡水市位于河北省东南部，辖 8 县 2 市 3 区，总面积 8815 平方千米，人口 450 万。2014 年，全市 5 项主要经济指标增速位居全省第一，8 项指标增速位居全省第二。2015 年，继续保持了快速发展的良好态势，大部分指标增速位居全省前五。预计全市生产总值 1220 亿元，增长 7%；全部财政收入从 2010 年的 59.3 亿元增长到 163.3 亿元，基本实现了三年翻番。固定资产投资五年增长 2 倍多，规模以上企业个数五年翻了一番多。规模以上工业增加值、规模以上工业利润、固定资产投资、社会消费品零售总额、实际利用外资、外商直接投资、出口总额等 7 项指标绝对值实现晋位。

围绕落实国家、省顶层设计，市委、市政府确立了打造京津冀区域交通物流枢纽、绿色农产品供应基地、京津生态屏障保障基地、京津技术成果转化基地、京津教育医疗休闲养生功能疏散基地的“一枢纽、四基地”功能定位，目前，衡水市重点从以下五个方面发力。一是发挥“中心之中心”独特枢纽优势，打造京津冀重要节点城市。衡水距北京 248 千米，天津 230 千米，石家庄 120 千米，济南 150 千米，位于京、津、济、石 4 大都市中心位置，且都在 2 小时车程以内，未来轨道连通后，均将实现 1 小时直达，是 4 大城市经济圈交会的中心枢纽，京衡客专已正式列入国家京津冀协同发展交通一体化专项规划，石衡高速、衡港高速、衡水机场、衡水通用机场“十三五”可开工建设，石济客专已全线开工，2017 年 3 月将建成通车。二是发挥特色产业配套、园区基础平台优势，打造京津技术成果转化及产业承接地。国家《“十三五”时期京津冀经济和社会发展规划（征求意见稿）》中，京九产业带被列入 5 大协同发展产业带之一。目前，我们正依托现有十大特色产业，重点打造“6 + 3”产业：“6”即交通工程设施及装备制造业、物料输储设施及装备制造业、铁塔工程、节能环保及新能源产业、功能材料及制品制造业、食品及生物制品制造业等主导产业。“3”即现代物流、体育健康及休闲旅游、现代农业，实现从特色产业到主导产业、支柱产业梯次发展。三是发挥衡水湖生态优势，打造华北平原魅力独具的北方湖城和知名健步休闲旅游目的地。衡水湖紧邻市区，保护区总面积163.65平方千米，水域面积75平方千米，是华北平原唯一保持完整生态系统的内陆淡水湿地，每立方厘米负氧离子高达4600个，是开展长跑、健步等运动休闲的理想之地。从2012年开始，连续举办了四届衡水湖国际马拉松赛，已成为京津冀协同发展的一个重要展示平台。四是依托全域平原和大农业优势，打造现代农业强市和京津冀城乡统筹重要示范区。衡水是传统农业大市，农产品资源丰富，而且全域平原，地力同质，经济平衡，开发强度低，工业化、城镇化回旋余地大。五是发挥先行先试的政策优势，打造京津冀创新驱动发展高地。抓住被省委、省政府批准为全省综合配套改革试验市的机遇，先行先试、大胆探索，通过改革增动力、解难题。

二、2015年物流业发展情况

近年来，衡水市物流业增加值年均增长都在10%以上，2015年，全市物流业增加值81亿元，增长11.7%，占GDP的6.6%，占第三产业的16.2%；固定资产投资41.3亿元，同比增长9.3%，占全市投资比重的4.3%。全市社会物流总费用201.9亿元，社会物流总费用与GDP的比率为16.5%。现有各类物流企业、物流专线3000多家，交通运输、仓储和邮政从业人数达到14万人，全市拥有各类批发交易市场490个，其中专业市场55个，营运货车4.7万辆，近30万载重吨，以中小运输型企业为主，其中配货站、私营运输户占80%以上。现有冷链物流企业10家，冷库43座，库容4.6万吨，冷藏车104辆，年冷藏运输量82.8万吨。在统规模以上物流企业17家，初步形成了服务本地的网络体系，拥有辐射省外部分城市的物流服务网络。全市物流业的发展呈现以下两个方面特点。

1. 物流园区集聚发展，社会化、专业化趋势明显

重点推进了5个物流园区的建设：

（1）安平国际丝网物流聚集区，综合服务区、货物配送区、仓储区、司机之家四个功能分区已投入运营。建有物流配送站526套，建筑面积近6万平方米，入驻货运企业218家，拥有面向全国1200条运输线路，日发车达400车次，物流运输量达1.5万吨，形成了以丝网之都为中心，辐射全国各地和国际的物流运输网络，极大地促进了安平丝网产业的发展。

（2）故城衡德物流园，项目备案等前期工作全部完成，园区信息交易中心、零担仓储区已建成，办公配套区、园区绿化、停车场等已投入使用，快捷酒店正在建设，已购置60台电脑、中央空调、变压器等设备。

（3）深州安华国际物流园，完成投资6亿元，新增建筑面积4.3万平方米的物流配送区及道路、通信等相关配套设施和物流配送站376套。

（4）饶阳新发地农副产品物流园，已解决土地指标110亩，完成投资2.8亿元，2

万平方米农机交易市场1号楼，交易大厅正在进行钢结构建设。

（5）衡水东部物流基地和内陆港项目。衡水市政府和武邑县政府、桃城区政府分别成立了东部物流园区工作协调推进小组，园区总体规划建议书编制完成，目前区域内已有衡东物流、冀通快递物流等多家物流企业入驻。

2. 专业化水平不断提高

衡水市县域经济特色明显，制造企业开始实行物流业务全部外包或部分分离，提升物流专业化的水平。据统计，衡水市纳税50强企业中，已有近1/3对原材料供给或产品外销等环节实行业务分离或物流委托。另外，通过与国际知名物流企业传化集团的合作，加快推进武邑、故城两县物流聚集区前期工作，不断提高综合性物流企业专业化程度。安平聚成丝网物流聚集区、桃城区东明市场、冀州恒通棉花物流园、深州安华物流园等专业性物流园区和企业的发展建设，已成为集仓储、加工、包装、配送、信息及配套服务等功能齐全的集成体，可以提供一站式物流服务。

目前，物流业发展中还存在一些问题。一是物流企业规模小。运营方式单一，物流运输、仓储的现代化水平还不高，没有能提供物流策划、深入到企业生产领域进行供应链全过程管理的物流企业，没有在国内知名的物流品牌企业，全市现有在统规模以上物流企业17家，省物流集聚区只有2家。二是物流信息化程度低。物流信息平台的建设滞后，缺少与生产、销售等领域的企业建立互联互通的物流信息共享平台。在信息的应用和资源整合方面未能形成一个布局完善的物流网络体系，难以为企业提供有效的现代物流增值服务。

三、衡东物流基地和内陆港项目规划设想

规划区占地15平方千米，总投资80亿元，西起106国道和京九铁路，东至邯黄铁路，北起省道391，南至省道391以南1.5公里，在此区域内建设4大板块。

1. 建设大型农副产品物流园

规划投资20亿元，建设农副产品等物资集散、市域物流配送设施，建立与京津“农超对接、农企对接”的直接配送方式，年交易量60万吨，交易额最终达到65亿元。

2. 建设河钢物流园、期货仓库等大宗物资物流园

规划投资30亿元，建设具备列车编组功能的铁路货运枢纽，对接北京铁路局将主城区内的铁路货场统一规划到该区域建设，建成以煤炭、石油、钢材、建材、粮食等大宗物资为主的公铁联运的综合物流基地，达到年周转量2000万吨的规模，其中铁路周转量由目前的每年200万吨提高到500万吨。

3. 建设电子商务平台

规划投资10亿元，建设智能仓库、智能网络，建立智能分拣、配送中心。投资20亿元，建设衡东内陆港、海关监管场所及跨境贸易电子商务平台。

四、2016 年展望

一是抓园区建设。全力推进衡东物流基地和内陆港的项目前期工作，重点推进安平聚成、故城衡德两个省级物流聚集区的项目建设，加快冀通快递物流园、深州安华、饶阳新发地建设。

二是抓招商引资。坚持培育与引进相结合，以本地产业为依托，吸引央企、名企和品牌物流企业入园。坚持以商招商，加快九州国际博览城的建设，引进国内外大型物流企业建设采购中心、区域分拨中心和配送中心。

三是抓电子商务。结合地方产业特色，重点发展枣强裘营、武强金音乐器配送、安平丝网电子商务平台建设，全力推进衡东物流园区的建设。

（资料来源：衡水市发展和改革委员会）

第六章　2015 年邢台市物流业发展情况与 2016 年展望

2015 年是“十二五”收官之年。面对严峻复杂的经济形势和稳增长、调结构、促转型的艰巨任务，邢台市把大力发展物流业作为重要抓手，明晰目标任务，完善支持政策，加强督导协调，物流业继续保持快速增长的态势。

一、邢台市 2015 年物流业发展情况

截至 2015 年年底，邢台市共有经省市批准的物流园区 21 个，其中包括 3 个省级物流产业聚集区（邢台市综合物流产业聚集区、桥西龙岗物流产业聚集区、邢台县会宁物流产业聚集区）、1226 家物流企业，其中冷链物流企业 21 家；邢台市拥有总营运车辆 13819 辆，其中自有车辆 6046 辆，新能源汽车 180 辆。邢台市仓库总建筑面积 99 万平方米，其中，普通平房库 22 万平方米，普通仓库 36 万平方米，散装仓库（包括露天）仓库 24 万平方米，危险品库 1 万平方米，仓库利用率达到 90% 以上；邢台市拥有普通常温库、冷藏库 142 个，仓储面积 12.5 万平方米，冷藏车辆 276 辆。邢台市在建物流项目 40 个，其中冷链物流项目 14 个。

从县（市、区）情况看，开发区、南和县、内丘县、清河县、南宫市的物流业已初步形成了一定规模。开发区的好望角物流园区及旗下的邢台内陆港、邢业通冷链物流，南和县的邢州农产品批发市场，内丘县的旺族肉制品物流、金太阳家居建材市场，清河县的物流园区，南宫市的众丰、惠泽商贸、中棉等一批具有现代物流功能的物流企业，隆尧县的宝信物流；申通、圆通、韵达等物流分拣中心的发展，拓展了农副产品、工业材料、机电产品、日用消费品的物流领域；特别是建设了北新建材、中国农批、好家园、利盛园等几家特色物流企业，完善了物流产业体系。

二、邢台市物流业发展中存在的问题

物流企业体量规模小，多数物流项目拟建尚未落地。3 个省级物流产业聚集区内目前共有 19 个，除好望角物流园项目体量、规模、运营较好外，其他项目如邢业通冷链物流一期项目（占地面积 90 亩，仓储量 3 万吨，年吞吐量 90 万吨）、任县华北农产品物流园和采园农业（占地面积 1000 亩）体量规模很小，基础设施落后；并且南和县华北商谷·邢台产业贸易城、桥西龙岗物流产业聚集区内 2 个项目、沙河百达物流项目均在谋划之中，尚未落地。

三、2016年工作展望

1. 总体思路

充分发挥物流业对稳增长、调结构的重要作用，优先发展生产性物流业，大力发展生活性物流业，积极发展高端物流业。推动生产性物流业向专业化和价值链高端延伸，加快生产性物流业与制造业深度融合，充分发挥物流业促进产业结构优化升级的重要作用。突出发展重点，深化改革创新，加强开放合作，强化要素保障，巩固物流业快速发展的良好态势。

2. 在全国现代商贸物流重要基地建设中迈出坚实步伐

（1）以贯彻落实《京津冀现代商贸物流发展专项规划》和《河北省建设全国现代商贸物流重要基地规划》为统领，围绕确定的目标任务，推动重大工程、重大项目的谋划和实施，确保“十三五”开局之年迈出坚实步伐。

（2）抓好园区和重大项目建设。加快邢台综合物流、邢台会宁综合物流、邢台桥西龙岗综合物流等3个省级物流产业集聚区和河北清河综合物流产业聚集区、宁晋综合物流产业聚集区建设，加强邢台保税物流中心（B型）、平乡县内陆港、冀南物流中心、邢台县绿旗颐高综合物流等重大项目的谋划、建设工作。

（3）推动物流发展模式创新。扩大定制化、专业化、个性化物流市场，延伸产业链、提升价值链，构建供应链服务体系。实施“互联网+物流”行动计划，围绕商贸流通、医药、农产品、大宗商品、城乡配送、快递电商等领域，探索新一代互联网技术引领的现代物流运营模式。

3. 加强组织领导，保障物流业发展

（1）成立“冀中南物流枢纽城市”工作领导小组及其办公室。按照《河北省建设全国现代商贸物流基地规划》要求，将原成立的邢台市现代物流业发展领导小组调整为邢台市“冀中南物流枢纽城市”工作领导小组，市政府市长任组长，常务副市长任常务副组长，相关副市长任副组长，秘书长、相关副秘书长、市直相关单位主要负责同志任成员，办公室设在市发展和改革委，并且充实工作人员和工作经费，以推进解决邢台市物流业发展中的规划、用地、基础设施等现实问题。

（2）三个省级物流产业聚集区成立管委会。目前，3个省级物流产业聚集区没有管理机构、人员和经费，在管理、招商、建设等方面受到很多制约。桥西龙岗物流产业聚集区、邢台县会宁物流产业聚集区管委会分别由桥西区、邢台县政府组织成立，邢台市综合物流产业聚集区由于涉及开发区、任县、南和县，管委会由市政府组织成立，管委会设在市发展和改革委并负责日常管理，管委会主任由1名副处级干部担任；安排专项财政经费，主要用于市综合物流产业聚集区发展规划、项目建设、招商引资等工作。

（3）健全工作机制。尽快出台《关于进一步促进物流业加快发展的若干意见》和

《邢台市现代物流业中长期发展规划（2015—2030）》，同时清理现有影响物流业发展的规章制度、审批项目，特别是对妨碍公平竞争、限制市场准入等方面的政策进行清理。开放区域物流服务市场，加大招商引资力度。鼓励专业物流企业发展，剥离低效物流部门。加大物流发展要素保障，设立市级物流业专项建设资金，积极推广 PPP 模式，鼓励有条件的物流企业融资发展；优先保障物流用地。推广物流先进技术应用。重视物流人才引进培养。加强物流行业统计工作。

（4）绘制物流企业分布图，加强指导物流园区规划、项目建设要围绕铁路、高速公路出入口谋划建设，切实避免物流围城建设。

（资料来源：邢台市发展和改革委员会）

第七章　2015 年沧州市物流业发展情况与 2016 年展望

近年来，沧州市委、市政府把大力发展现代物流业作为沧州市优化产业结构、转变发展方式的重要途径，以打造河北省重要的经济增长极、新亚欧大陆桥的“桥头堡”、冀中南重要物流中心、环渤海地区重要港口商贸物流产业基地为目标，坚持规划引领、项目支撑、园区聚集，积极推进现代物流业发展，建成了一批引人注目、提振士气的大项目，巩固了稳中有进的良好态势，实现了又好又快发展的目标。2015 年，沧州市上榜“全国十大质量魅力城市”，连续三年入围福布斯中国商业百强城市。截至 2015 年年底，沧州市现有入统物流企业 146 家，比 2014 年增加 28 家。2015 年，沧州市交通运输、仓储和邮政业增加值 304.9 亿元，同比增长 5%。

一、2015 年发展现状

1. 经济规模不断扩大

2015 年，沧州市产业结构不断优化，经济结构逐步完善。三次产业结构由 2010 年的 11.5∶50.7∶37.8 调整为 2015 年的 9.9∶49.5∶40.6。2015 年，沧州市交通运输、仓储和邮政业完成增加值 304.9 亿元，同比增长 5%。批发和零售业实现增加值 229.8 亿元，同比增长 6.5%。社会消费品零售总额增长 9.6%，列全省第二。2015 年，黄骅港完成港口吞吐量 1.67 亿吨、集装箱突破 50 万标箱，同比增长 59.81%，黄骅港跻身中国 20 大港口之列，港口物流成为沿海经济发展的新亮点。全市有危险品运输车辆 15000 辆、普通货物运输车辆 18 万辆、运输能力 260 万吨，主要运输煤炭、管材等，运输业户 7 万户、客运站 15 个、集装箱货运站场 1 个，从业人员达 23 万人，维修业户 1700 家。经多年发展形成了如沧州运输集团、骋宇铁路、海通物流、惠岗物流、好日子物流等一批规模物流企业，物流企业效益良好。

2. 交通运输体系不断完善

近年来，沧州市围绕发挥沿海区域龙头带动作用，提速推进修路建港进程，交通基础设施建设取得重大进展，交通运输体系逐步完善。京沪铁路、京沪高铁、京九铁路纵贯南北，朔黄、邯黄铁路横穿东西，京九铁路、朔黄铁路在该市肃宁县交会，并建有编组站，京沪、石黄、大广、津汕高速公路穿境而过，构成了以铁路、高速公路为主干、以国省道为网络、以乡村公路为补充的交通运输网络，城市综合功能特别是要素集聚和经济辐射功能显著增强。2015 年，沿海高速建成通车，环城高速成功合围，京沪高速冀鲁界工程加快推进，开通京沪高铁沧州到北京首发班列和朔黄铁路沧州到黄骅港客运专线。黄骅港口岸正式开放，综合保税区加快建设，20万吨级航道、20万吨级矿石码头、邯黄铁路同步建成投用，如期实现“三同步”。四通八达的集团网络有效支撑了配送、分拨的物流服务圈和服务通道，使沧州成为冀中南较大的客货集散中心和物流中心。大交通带来人流、物流、信息流、资金流的大范围快速流动，为沧州现代物流业发展提供了十分广阔的前景。

3. 物流聚集区（园区）建设加快推进

渤海新区、肃宁、沧东3个省级物流产业聚集区加快打造现代物流业集群体系，做好区内重点项目建设和企业招商工作。2015年，渤海新区新区物流业增加值预计到达158亿元，增长10.7%；新注册物流贸易企业200家，全区物流贸易企业预计达到1675家；物流贸易总税收达到18.2亿元，同比增长25%；新增货运车辆4000辆，区内注册车辆达到4.5万辆；全区亿元以上在建及新开工物流项目36个，总投资420亿元。沧东物流产业聚集区2015年实现主营业务收入147亿元，同比增长17.6%，实现税收1.87亿元，同比增长16.8%。肃宁物流聚集区2015年实现主营业务收入168亿元，同比增长18%。泊头惠岗物流园区、开发区好日子物流中心、河间市手拉手物流中心、盐山冀春物流中心、献县海河物流中心、沧县稳达供物流中心等一批物流园区都在有序建设中，阿里巴巴沧州产业带上线运营，传化物流智能公路港项目顺利启动。各类聚集区和园区产业聚集、功能集成、经营集约和规模效益已显示特有的优势。

4. 物流信息化建设突飞猛进

沧州市信息化建设坚持高起点、超常规发展，以“智慧沧州”信息化建设为基础，以口岸物流和产业供应链建设为主线，以物流设施为依托，加快推进物流信息平台建设，实现物流设施与物流服务企业以及物流服务目标企业的信息化。目前已经实现乡村通宽带。沧州已经建成好日子货栈物流信息平台、华北大宗、河北大宗等综合性物流信息平台，各类中小型物流企业信息化技术开始普及。以“信息资源数字化、信息传输网络化、信息技术应用集约化”为主要标志的“数字沧州”，为信息化建设注入新活力，也为构建现代物流公用信息平台建设提供了强有力的技术支撑。

5. 物流基础设施不断完善

沧州市物流产业目前正处于由传统物流向现代物流转型的阶段，拥有相当数量的场、站、库，分别属于交通、供销、商业、物资等不同系统和企业。近几年，沧州市市场建设取得了长足发展，明珠商贸城、泰大国际、彩龙国际、小南门商业街、荣盛广场、华北商厦、富园市场等大型专业市场结构不断改善，商品配送能力逐步提升。沧州市规模工业对现代物流的需求不断加大，在原材料采购、生产外包和销售等方面，已逐步采用第三方物流。商贸企业的大力发展，为物流企业的规模化发展和产业集群发展搭建了良好平台。特别是沧州海关、沧州保税区的设立，为外贸出口物流的发展提供了良好的发展平台。

二、存在的主要问题

（1）物流企业多数规模较小。小型和分散是沧州市物流企业的现实问题，多数物流企业运营方式单一，停留在货物的代理、仓储、库存管理、搬运和干线运输上，效率低、速度慢、损耗大；多数企业靠几辆车、几个人、几间门面运作，且管理水平低，缺乏发展资金，规模化发展十分艰难，利润水平低，竞争力和抵御风险的能力较弱。

（2）物流服务创新不足。中小物流企业数量多，且大多从事低端服务，服务差异化程度弱。多数物流企业仍然沿袭运输型企业的管理模式，仅属运输能力的简单集合，其实质相当于过去的运输市场。企业科技含量低，市场分析能力弱，系统化服务条件不完善，劳动附加值少。

（3）物流需求培育滞后。第二产业、第三产业化问题突出，一些大型制造企业依然热衷于自建自营物流设施，产业服务水平较低，利用供应链理念完善产业组织和辐射能力的意识不强。

（4）物流企业发展壮大难度大。面对激烈的市场竞争，发展现代物流的市场辐射面临严峻的挑战。

三、2016 年工作展望

2016 年是全面建成小康社会决胜阶段的开局之年，也是推进结构性改革的攻坚之年，沧州市物流业发展要继续落实《关于加快推进现代服务业发展的实施意见》，实施物流业发展三年行动计划。

1. 发展目标

2016 年，全市物流业增加值增长 10% 以上，物流业整体运行效率明显改善，社会化、专业化和现代化水平显著提高，物流公共信息平台建设加快推进，培育形成一批具有较大优势的物流企业，现代物流产业体系更加完善，逐步建成环渤海地区重要港口物流产业基地和京津冀城市群重要的物流产业支撑基地。

2. 主要任务

（1）推进物流聚集区、物流园区建设。继续推进渤海新区、肃宁、沧东三个省级物流产业聚集区建设运营，做好区内重点项目建设和企业招商工作。加快推进好日子物流中心、河间手拉手物流中心、盐山冀春物流中心、泊头惠岗物流中心等 10 个物流产业园区建设，培育壮大一批物流园区，促进物流企业集聚发展，形成优势明显、布局合理的物流发展大格局。引导物流园区产品实施分类、包装、配送等，发展集装箱物流，发挥各类聚集区和园区产业聚集、功能集成、经营集约和规模效益的优势。

（2）加快提升港口运营能力和港腹联动能力。瞄准建成现代化国际一流综合大港目标，抓好系列码头群建设，力争化工、原油、滚装等12个码头顺利开工。进一步完善口岸查验设施，提升通关运营能力，力争全年吞吐量达到2亿吨，集装箱100万标箱，确保黄骅港综合保税区申报成功、封关运行。采取合作共建等方式加快“内陆港”、物流基地建设，进一步扩大以集装箱为重点的海铁联运、多式联运。加快开通“黄—新—欧”海铁联运班列，以及到韩国的滚装班轮和到东南亚国家的外贸航线，推动黄骅港由现代集疏大港向国际贸易大港转变。推进黄骅港海铁联运物流中心、华北进口木材产业园等一批物流项目建设，逐步提升公铁、海铁联运规模和黄骅港口竞争力。

（3）完善商贸产业物流。深入实施万村千乡市场工程、新农村现代流通网络建设工程，加快建设多层次城乡日用消费品和农资配送中心。改造提升商品市场，提升物流配送功能，重点发展五金管件、毛皮、汽车配件、煤炭、建材、汽车、家具等专业市场群。打造商业特色街区，抓好京沪高铁沧州站商业广场、京沪铁路沧州站站前商业街、荷花池区域综合购物中心等项目建设，构建“一轴、两带、多层次、多业态、多区域中心”的新型商贸服务体系。推进重点商贸物流项目建设，构建商贸物流大网络，实现商贸业与物流业共赢的格局。加快发展电子商务，推进阿里巴巴产业带、沧州国际电子商务产业园、腾讯“智慧运河”等项目建设，打造“沧州电商”品牌。

（4）大力发展工业产业物流。鼓励扶持生产制造业企业按照现代物流理念和技术改造业务流程，分离或外包物流业务。加快推进物流业与制造业联动发展，推进泰大国际家居博览中心、彩龙国际商贸城、华北管材管件市场、国际五金城、荣盛商贸城等物流中心建设，逐步建立起为石化、钢铁、装备、煤炭、医药、建材、食品等现代生产性相适应的现代物流服务体系。

（5）大力发展农产品物流。完善大型农产品市场功能，推进沧东农贸产品综合市场、沧州枣业市场、沧州果品批发市场及盐山、河间、沧县、肃宁蔬菜批发市场建设。积极发展粮棉现代物流，推进粮食仓储设施和棉花仓储设施建设，进一步加快粮食物流“四散化”进程。推进肉类、果蔬、水产品冷链物流建设，实施冷链设施建设、冷链技术推广、冷链企业壮大、全程温控示范等重点工程，打造面向国内外市场的冷链物流和加工基地。建设农资以及农海产品、大宗商品和特种商品等大型物流项目，发展城市配送，建设具有专业化服务功能的配送服务中心、蔬菜直供中心、酒店用品配送中心、网络销售公司等物流配送中心，形成建立大型农产品物流配送基地。鼓励和支持物流企业与农村合作经济组织联动发展，促进农村物流和城乡物流一体化发展。

（6）培育壮大一批物流龙头企业。引导市内大型物流企业与国内外一流物流企业开展“对标”活动，促进沧州市物流企业管理水平、服务能力全面提升。鼓励制造业企业分离外包物流业务。推动制造业与物流业联动发展，推动电子商务与商贸物流联动发展。培育发展沧运、路洋、惠岗、海通等一批大型物流龙头企业，不断提高物流企业的服务功能。引导运输、仓储、货代、快递企业整合功能、延伸服务，拓展增值服务和高端服务，增强第三方物流企业的实力和市场竞争力。推进传化智能公路港、好日子物流中心、河间手拉手物流中心等一批重大物流项目建设，着力打造沧州物流知名品牌。

（资料来源：沧州市发展和改革委员会）

第八章　2015 年秦皇岛市物流业发展情况与 2016 年展望

秦皇岛市地处华北地区通往东北地区的咽喉要道，是 21 世纪海上丝绸之路的重要节点城市，战略地位极为重要，交通区位优势明显。秦皇岛港作为环渤海地区重要的交通枢纽，是东北亚重要的对外贸易口岸，随着中韩、中澳自贸协定的深入实施，将极大促进东北亚在基础设施、外向型经济和国际物流领域的合作。京津冀协同发展步入实质推进阶段，河北沿海地区率先发展战略深入推进，为秦皇岛市推动产业跨越转型升级、增强创新能力、完善和优化城市功能，在更高起点融入区域开发开放大局，提供了历史性机遇。

一、物流业基本情况和存在问题

1. 基本情况

（1）物流产业成为国民经济的支柱产业。“十二五”期间秦皇岛市物流业保持了较快增长，运行质量和效益明显提升。物流业增加值占 GDP 和服务业增加值的比重稳步提升，物流业对国民经济运行的贡献越来越大。交通运输、仓储和邮政业实现增加值 125. 18 亿元，比上年增长 1. 3%。快递业务收入 1. 99 亿元，增长 38. 6%。

（2）物流设施条件逐步完善。初步形成以港口为龙头，海运、铁路、公路、航空、管道五大运输方式齐全的综合交通运输网络，以及以秦皇岛港东、西港区为主体，新开河港为辅，山海关秦山化工、腈纶厂和山船厂等业主码头为补充的港口作业群。全市公路货运量 5276 万吨，增长 10. 5%；水上货运量 1777 万吨，增长 24. 9%；铁路货运量完成 920 万吨；航空货运量 330. 4 吨。港口货物吞吐量 25309 万吨，下降 7. 6%；集装箱吞吐量 50. 09 万箱，增长 21. 0%。

（3）物流产业集聚区初步形成。秦皇岛市已初步形成了具备公铁水联运条件的临港物流园，以北部物流园、北港货运中心、百路通货运中心为代表的公路物流集聚区和以秦皇岛南站、秦皇岛东站、三期煤港站、柳村南站和龙家营站为主的铁路物流集聚区。目前，该市正在建设的省级物流产业集聚区有秦皇岛临港物流园区，青龙物流产业集聚区。

（4）物流服务能力显著提升。确立了以煤炭物流、航运物流为主的优势产业物流，依托煤炭运输主通道、北煤南运主枢纽港、秦港煤炭交易中心和环渤海动力煤交易指数，秦皇岛港已成为全国重要的煤炭下水港、形成全国最大的煤炭转运和价格形成中心。全市各类物流企业达1300多家，规模以上物流企业42家，其中，A级以上物流企业9家。拥有仓储面积600万平方米，吸纳从业人员1.89万人。涌现出海阳农副产品批发市场、渤通物流、运通物流、哈动力物流、冀盛物流等一批年营业额超过亿元龙头物流企业。

2. 存在问题

（1）港口功能单一，带动能力不强。秦皇岛港口功能单一，煤炭业务占比超过85%以上，资源依赖性强，业务结构发展不平衡。由于受港口管理体制、业务结构、功能、临港产业及腹地货源支撑不足等诸多因素影响，秦皇岛港对当地物流业、临港工业、城市经济的贡献度较低，港产城一体化发展滞后，对地方产业带动能力不强。

（2）物流通道不畅，腹地物流需求竞争压力大。秦皇岛市是华北地区通往东北地区的重要铁路关口和重要的出海口。但秦皇岛与冀东、蒙东的铁路通道仍存在瓶颈，冀北地区张家口、承德以及蒙东地区与秦皇岛没有直通，冀北和蒙东货源被锦州、葫芦岛节流。腹地通道将增加运输成本，降低区域辐射能力，分散客户。环渤海拥有众多的港口，锦州、唐山、沧州、天津等港口与秦皇岛港腹地相近，业务发展势头迅猛，且与秦皇岛港在业务上多有交叉，市场竞争压力明显。

（3）园区规划建设落后，承载能力不强。秦皇岛市物流园区起步较晚，路网、水、电、气等基础设施配套不足，区内村庄较多，可利用土地资源紧张，且收储征拆成本较高，影响物流项目引进和落地。

（4）物流业体系不完善，特色物流行业没有形成。秦皇岛物流业大多是从事货物运输业务的企业，专业第三方、第四方物流企业很少，物流企业标准化、信息化、智能化程度较低，整个物流产业体系不完善。

（5）物流产业层次低，缺少骨干龙头企业。本地及腹地产业处于低端水平，产业组织化程度不高、服务链条过短，对物流的需求较为简单，物流客体主要是大宗资源型产品，物流增值环节少。港口物流企业经营粗放，运用信息技术和供应链管理方法的现代物流服务供给能力不足，多数制造业和流通企业的物流需求未能有效释放，物流市场尚不活跃。缺少区域性龙头物流企业，规模普遍偏小、经营单一，承担风险能力较薄弱。

二、2016年重点工作

（1）推进西港搬迁工程，建设京津冀现代综合性物流大港。实施西港搬迁工程，加快东港区集装箱码头、公铁水联运等基础设施建设。完善港口功能，加快发展海运货物供应链、虚拟仓储、物流金融服务，实现港口由传统运输、装卸搬运、暂时仓储到全程物流产品和一体化物流服务的转变，寻求业务新增长点，推动港口业务创新和发展模式转变，更好地承接区域物流和国际能源物流服务。推进综合保税区建设，发展跨境电子商务。

（2）完善对外物流通道，提高区域物流服务能力。重点推进京秦高速、承秦铁路工程，完善京津冀和环渤海地区陆路交通网络，推动京津冀和环渤海地区交通互联互通，新增三北地区、辽西、蒙东地区通过秦皇岛的出口通道，积极承接区域物流服务。积极争取承秦铁路列入国家铁路中长期发展规划，加大项目前期工作力度，尽快完成规划设计及可研论证，打造秦皇岛—承德—锡林浩特—珠恩嘎达布其连接蒙古国、俄罗斯贯通欧亚大陆的铁路运输通道。加快秦山地区铁路网改造，尽快完成整列贯通式货场的建设，建设铁路物流园。利用中韩、中澳自贸协定生效有利时机，谋划开辟秦皇岛港到韩国、澳洲及香港港口定期货运班轮航线，扩大进出口贸易。

（3）加快物流园区设施建设，承接京津物流业转移。加大投资力度，积极引进战略投资者，推进临港物流园区基础设施建设。合理规划物流园区功能布局，支持快递等物流企业融入聚集区发展，研究完善扶持措施，丰富物流服务功能，引入开放、多元运行模式。落实京津冀协同发展规划纲要，推进与京津地区物流企业合作，建设面向京津及东北的区域物流分拨中心。积极开展与天津自贸区的业务合作，推动天津自贸区国际商贸物流中心建设。

（4）推进国际农产品冷链物流基地建设，打造区域性专业物流中心。谋划建设国际农产品冷链物流基地，定位于构筑以生鲜食品进口为特色、对外全球化食品进出口平台、面向京津冀腹地经济带后厨房，我国北方农产品冷链物流中心，逐渐向现代化全球食品采购中心转变，发展传统特色临港物流产业，形成现代化、设施高档的集专业冷链仓储配送、中央厨房、跨境电子商务、港口重工业专业物流等多功能于一体的大型综合冷链物流枢纽。开展龙家营国际农产品冷链物流基地规划编制及论证。启动土地收储和征拆工作，加大项目招商工作，合理摆布项目，统筹规划，协调推进，分步实施。

（5）壮大市场主体，提升物流企业专业化水平。围绕重点产业园区和大型企业集团，加快培育和引进与秦皇岛市现代产业体系相配套的第三方、第四方物流企业，鼓励企业以参股、控股、兼并、联合等方式进行资产重组。抓好重点龙头物流企业，提高物流企业的供应链一体化服务能力，发挥好物流业对制造业转型升级的支撑带动作用。

（6）完善多式联运体系，推进物流运营模式创新。通过实施西港搬迁，加快港口与临港物流、贸易金融的融合发展，完善港口集疏运体系，深入推进“区港联动”。建设疏港二通道，优化秦山地区铁路网改造，完善龙家营铁路物流中心与港区的铁路专用线等工程，大力发展铁水、公铁联运、集装箱多式联运，以京津冀、蒙东、辽西的粮食、钢铁、建材、水果等物资运输，建设现代化物流仓储、配送、货代服务、大宗货物铁路专用线等，依靠现代信息技术和物流组织方式的创新，打造中国环渤海地区重要的多式联运物流集散中心。

（7）推进大宗商品交易平台建设，建设国家级煤炭、能源交易中心。整合煤炭交易资源，建设以信息服务和金融服务为主体功能的国家级煤炭交易中心，创新商品交易模式，适时推出煤炭中长期电子交易等业务。推进秦皇岛能源交易中心、亚粮泰盛国际大宗商品交易中心、进口水果交易中心建设，打造面向全国的大宗商品交易平台和价格形成中心。

（资料来源：秦皇岛市发展和改革委员会）

第九章　2015年廊坊市物流业发展情况与2016年展望

近年来，依托良好的区位优势和便捷的交通条件，特别是随着京津冀协同发展的推进，北京非首都核心功能转移的加速，廊坊作为连接京津的重要城市，面对京津巨大的物流市场，迎来现代物流业难得的大好发展机遇，廊坊市物流业得到快速发展，产业规模不断壮大。

一、廊坊市物流业发展现状

（一）物流业总体保持平稳较快发展

近年来，廊坊市物流业实现了平稳较快发展，物流基础设施日益完善，物流产业规模逐步壮大。

（1）物流企业迅速增加，规模不断壮大。到2014年6月底廊坊市共注册物流企业296家，是“十一五”末的3.4倍，注册资本达23.6亿元。其中注册资本500万元以上57家，1000万元以上32家，5000万元以上10家。

（2）基础设施逐步完善。全市加快推进京津路网对接项目，努力拓展廊坊发展承载空间，重点打造“现代立体交通平台”。截至2015年年底，廊坊市公路通车里程10521公里，路网密度164公里/百平方公里。高速公路方面，境内已通车高速公路8条段（G1N京秦、G1京哈、G2京沪、G3京台、G18荣乌、G45大广、S3廊沧、S24廊涿），总里程341公里；普通干线公路方面，境内共有25条，总里程736公里，其中国道5条，总里程194公里；省道20条，542公里。另外农村公路9443公里。

（二）物流园区建设稳步推进

目前，廊坊市共有省级物流产业聚集区2个，省级现代物流园区2个。

1. 省级物流产业聚集区

为推动物流产业聚集区发展，2010年9月，经河北省人民政府批准，设立16个省级物流产业聚集区（冀政办字〔2010〕116号），其中廊坊市有两个，分别是：永清铁海物流产业聚集区和霸州市胜芳国际物流园区。

（1）永清铁海物流产业聚集区。永清铁海物流产业聚集区属交通枢纽型。2010年9月13日，省政府《关于认定首批省级物流产业聚集区的通知》（办字〔2010〕116

号）认定永清铁海物流产业聚集区为省级物流产业聚集区。总体规划已于2012年3月16日经省发展和改革委正式批复（冀发改服务〔2012〕215号）通过，总规划面积12平方千米（起步区面积5.66平方千米），划分为南部能源物资储运区、中部综合服务区和北部项目承载区三个功能区。目前，园区发展态势良好，各项开发建设工作正在扎实推进。一方面，承载功能明显提升。积极开展各项基础设施建设，基本实现了“七通一平”（电网、供水、路网、有线电视、宽带、公共交通、邮政和土地平整），招商引资条件逐步完善成熟。另一方面，产业发展初具规模。已有入区企业24家，总投资18.7亿元，占地面积2401亩，初步形成了以仓储物流为主、金属制品、化工、建材、家具五大产业，集群效应日益明显。

（2）霸州市胜芳国际物流园区。总体规划已于2012年7月经省发展和改革委正式批复（冀发改服务〔2012〕965号）通过，规划面积4.86平方千米，达到“七通一平”建设条件，功能定位为建设全球重要的钢木家具交易集散中心、国家级金属玻璃家具生产组织中心、河北省全产业链物流发展示范区。园区已有4个项目落地，分别是：河北胜芳国际现代物流港项目、胜芳国际物流中心项目、河北北方家具物流中心项目、胜芳国际家具博览城及家具物流中心项目。总投资86亿元，已完成投资29.88亿元。

2. 现代物流园区

为加快建设一批面向首都的现代物流园区，使其成为对接北京物流产业的平台，满足北京市场供应的基地，连接全省乃至全国物流网络的重要节点，2011年7月，省政府印发了《河北省环首都现代物流园区开发建设方案》（冀政函〔2011〕117号），明确在环首都地区建设7个现代物流园区。目前，廊坊市的香河、固安2个现代物流园区被列入其中。

（1）香河现代物流园区。规划面积16.33平方千米，其中起步区面积5.2平方千米，现正在进行规划编制工作。目前园区落户项目3个：中国（香河）国际农产品交易中心一期项目、合生家具材料交易物流中心二期项目、香江集团香河家居物流交易中心项目（香江全球家居CBD暨总部集群A区项目）。

（2）固安现代物流园区。固安现代物流园区定位为空港国际物流园区，园区依托即将启动建设的北京新机场，重点建设空港物流，目前固安现代物流园区总体规划已完成。批准总面积12.5平方千米，其中起步区面积1.845平方千米，固安县政府在此基础上谋划了占地60平方千米的固安空港产业园区。园区已签约项目2个，其中包括由世界最大的空港物流企业美国安博集团拟建的安博固安空港国际物流中心项目。

（三）谋划并建设了一批重要物流项目

1. 已建成主要物流项目27个

主要是：①百世金谷燕郊物流国际产业基地项目。总投资46亿元、占地1500亩。

②胜芳国际物流中心项目。项目总投资 13.4 亿元，占地面积 1113.58 亩。③京东物流中心。总投资 14 亿元，占地 825 亩。④首尔空港物流园现代物流总部中心项目。总投资 14.7 万元，占地 49.7 亩。⑤胜芳国际家具博览城及家具物流中心项目。项目总投资 12 亿元，占地 730 亩。⑥普洛斯廊坊仓储中心一期项目。项目总投资 3.3 亿元，占地 343 亩。⑦廊坊宝湾国际物流有限公司国际物流中心项目。总投资 2.6 亿元；占地面积 260.47 亩。⑧岛川现代物流配送中心建设项目。项目总投资 5 亿元，项目占地 260 亩。⑨巴迪仓储物流中心项目。总投资 3.67 亿元、占地 300 亩。⑩英国太古冷链物流（廊坊）有限公司。项目总投资 3.3 亿元，占地 60 亩。⑪廊坊唯度国际物流有限公司国际物流基地项目。总投资 7000 万美元，占地 158.344 亩。⑫华北现代农业科技物流园区一期工程项目。总投资 6.9 亿元，占地 300 亩。⑬威航物流标准化厂（库）房区项目。项目总投资 1.9 亿元，项目占地 158.14 亩。⑭永清农产品国际物流港工程项目。总投资 2.2 亿元，占地 100 亩。⑮成品油配送项目。总投资 2.3 亿元，占地 70 亩。⑯年产 20 万吨洁净废金属项目。总投资 6000 万元，占地 70 亩。⑰三河年周转 1200 万吨物流中心项目。总投资 2.2 亿元，占地 250 亩。⑱文安年储运 300 万吨矿产品物流中心。总投资 6 亿元，占地 370 亩。⑲廊坊明华润珠物流有限公司物流配送中心项目。总投资 0.78 亿元，占地 50 亩。⑳廊坊固安昌达物流园。总投资 4760 万元，占地 45 亩。㉑占祥农产品冷链物流中心建设项目。项目总投资 7521 万元，项目占地 30 亩。㉒廊坊鼎昇冷冻食品有限公司冷链物流项目总投资 0.5 亿元，占地 30 亩。㉓廊坊市顺帆物流有限公司物流配送中心项目。项目总投资 6270 万元，总占地 29.339 亩。㉔河北北方家具城有限公司投资建设的物流中心项目。项目总投资 9800 万元，占地 28 亩。㉕永清县菁鲜蔬菜配送有限公司蔬菜保鲜仓储配送项目。总投资 1478 万元，占地 20 亩。㉖永清县格瑞恩蔬菜制品有限公司蔬菜物流配送中心项目。总投资 945 万元，占地 20 亩。㉗固安县兴芦仓储物流保鲜库项目。总投资 1883 万元，占地 15 亩。

2. **在建主要物流项目** 29 个

主要是：①华润廊坊医药有限公司现代医药物流中心一期项目。总投资 0.66 亿元，总建筑面积 13194.33 平方米。②河北新铁惠昌物流有限责任公司新陆港物流产业基地核心区。总投资 60 亿元，占地 1731.7 亩。③河北德源 6000 吨蔬菜气调保鲜库及配送中心项目。总投资 1.2 亿元，占地 50 亩。④永清清源（北京）农产品贸易有限公司农产品批发冷链物流项目。总投资 10 亿元，占地 1500 亩。⑤中国铁路物资股份有限公司共同投资建设的河北胜芳国际现代物流港项目。项目总投资 51.1 亿元，占地面积 1400 亩。⑥廊坊浙商新城投资有限公司永青服装服饰物流中心一期工程建设项目。项目总投资为 31.2 亿元，占地 1000 亩。⑦永发物流项目。总投资 45 亿元，占地 600 亩。⑧香河中商房地产开发有限公司香河国际建材交易中心项目。总投资 10 亿元，占地 300 亩。⑨香河联星建材商贸（香河有限公司）国际建材交易物流中心一期（B 区、C 区）。总投资 21 亿元，占地 620 亩。⑩香河联星建材商贸（香河有限公司）国际建材交易物流中心二期。总投资35亿元，占地1000亩。⑪香河（义务）小商品交易物流中心（一期）项目。总投资14.6亿元，占地800亩。⑫香江集团香河家居物流中心二期项目。总投资10亿元，占地156亩。⑬维龙（香河）电子商务园（沃尔玛1号店）项目。总投资18.2亿元，占地510亩。⑭廊坊普永仓储有限公司普洛斯廊坊现代物流基地项目。总投资12.8亿元，占地508亩。⑮廊坊汇达投资有限公司成品油储运项目。总投资2亿元，占地500亩。⑯中国燕郊物流城一期项目。总投资19.32亿元、占地410亩。⑰廊坊市远景粮油贸易有限公司粮食加工基地建设项目。总投资3.36亿元，占地305亩。⑱华北现代农业科技物流园区一期工程项目。总投资6.85亿元、占地300亩。⑲超达冷链物流仓储中心项目。总投资20亿元，占地281.22亩。⑳河北古松农副产品有限公司农产品仓储加工配送基地项目。总投资5.8亿元，占地218亩。㉑廊坊市正源冷链物流基地项目。总投资20亿元，一期占地200亩。㉒廊坊盛泰电器有限公司电气物流中心项目。总投资2.3亿元，占地195亩。㉓王致和物流配送中心项目。总投资2.3亿元，占地100亩。㉔河北讯成物流有限公司讯成现代物流建设项目。总投资3亿元人民币，占地99亩。㉕永清县达盛昌物流仓储有限公司达盛昌物流仓储项目。总投资1.5亿元，占地70亩。㉖固安县农合果蔬种植专业合作社建设的生态农业产业基地项目。总投资6489万元。㉗北京正华物流有限公司正华物流项目。总投资1.1亿元，占地40亩。㉘固安县参花面粉有限公司建设的粮食现代物流项目。总投资8968.55万元，占地24亩。㉙廊坊旭源农产品有限公司农产品加工及物流配送项目。总投资0.5亿元，占地18亩。

这些项目的建设将进一步对廊坊市优化资源配置、改善投资环境、增强竞争力、提高经济运行质量与效益起到积极作用。

二、廊坊市物流业发展存在的主要问题

1. 传统物流服务多，国际化、高端化和多样化物流服务少

廊坊市交通运输、仓储和邮政等传统行业增加值占物流业增加值的比重超过60%，与之相比，国际采购、国际分拨与配送、信息技术、物流金融等高附加值服务能力亟待加强。

2. 综合类物流园区多，专业化物流园区少

多数物流园区的服务对象面向各种行业，服务特色不明显，一些领域、一些行业的专业化物流发展水平有待提高；与制造业联动的物流园区数量不足，未能实现规模化、专业化和高端化物流功能。

3. “小而散”企业较多，龙头带动企业较少

从总体上看，廊坊市物流组织化、规模化程度不高，物流企业“小而散”的格局没有得到根本改变，物流园区集约化程度低，物流质量和物流效益普遍较低。各种运输方式之间缺乏有效衔接。物流信息共享机制尚未形成，公共信息平台作用未能充分

发挥。物流标准推广力度还不够，物流技术、服务标准体系仍需进一步完善。

三、发展重点及对策措施

1. 发展目标

到 2017 年，全市基本建成与经济发展相适应的现代物流体系，现代物流业对经济增长的推动作用进一步增强，专业化、社会化、国际化水平大幅提高。2015—2017 年，全市现代物流业营业收入年均增长 15% 以上，形成 2 ~ 3 个具有较高知名度的物流品牌，基本建成六大物流产业聚集区，现代物流业成为该市有竞争力的新兴产业之一。

2. 重点任务

按照着力构建“物流枢纽节点—物流园区—专业物流（配送）项目”等多层次、广覆盖的现代物流布局体系，重点建设三大物流枢纽节点、六大物流产业聚集区和一批专业物流项目。三大物流枢纽节点：燕郊、廊坊、霸州。六大物流园区：三河现代物流园、香河现代物流园、广阳现代物流园、固安现代物流园、永清铁海物流产业聚集区、霸州市胜芳国际物流园区。

（1）着力发展临空物流。一是依托北京新机场，整合广阳、固安、永清的临空资源，积极谋划空港保税物流园区。形成保税仓储、物流中转、物流配送及其他保税延伸产业集群。二是以发展航空物流为契机，促进该市物流业的快速发展、优化升级。航空物流的发展必将带动周边物流产业的快速发展。我们必须抓住机遇，整合资源，积极参与北京新机场航空物流功能的开发，加速该市现代物流业的转型升级。

（2）推进公铁联运物流。以永清新陆港物流产业基地为重点，发展以铁路运输为主导，公路运输为依托，以网络信息系统为手段，公路、铁路联合运输与城市配送相结合的大宗商品联运物流。集中建设建材农资物流中心、木材物流中心、煤炭物流中心、矿石物流中心、钢材物流中心、粮食物流中心、大型仓储物流中心等。

（3）加快发展专业物流。依托永清、固安、大厂种养殖产业，加快冷链物流发展；依托香河、霸州、文安家具、板材产业优势，大力发展家具物流；依托动物园服装批代市场迁建永清契机，着手服装物流产业发展。

（4）积极发展电商物流。构建支撑电子商务发展的物流服务体系，支持电子商务企业加强物流配送网络建设，鼓励电子商务企业与第三方物流企业开展深度合作，实现电子商务与现代物流的集成发展。实施城市快递物流共同配送试点工程，搭建同城快递共同配送信息平台，以进小区、进校园为试点，实现信息标准化、配送区域化、服务集中化，优化“最后一公里”快递配送服务网络，提高居民生活便利度。

3. 推进措施

一是完善物流发展平台。加快与京津城市间、与高速公路、铁路、北京新机场等相连接的公路改造升级，进一步优化综合性交通运输网络，构筑现代化综合交通运输平台。

二是加快省级物流产业聚集区建设。进一步明确物流产业聚集区和物流园区发展定位，完善配套服务设施，积极推进项目建设和企业招商工作，引导第三方物流企业向物流园区集中，将园区打造成为京津之间重要的物流枢纽。

三是积极谋划空港保税物流园区。依托北京新机场建设，谋划设立空港保税物流园区，形成保税仓储、物流中转、物流配送及其他保税延伸产业集群，培育壮大航空物流。

四是加快培育一批大型现代化的物流配送企业。推动大型制造业、商贸流通企业剥离物流服务，组建专业化物流企业，培育壮大一批第三方物流企业，继续引进一批国内外物流龙头企业。

五是推广和应用先进物流技术。推行托盘化单元装卸运输方式，发展大吨位箱式货车和甩挂运输组织形式。推广物品编码体系，广泛应用条码、智能标签、无线射频识别（RFID）等自动识别、标识技术以及电子数据交换（EDI）、货物跟踪技术和货物快速分拣技术，积极开发和利用地理信息系统（GIS）新技术。

六是推进物流的标准化建设。积极贯彻国家和省现有物流标准，推进京津廊物流一体化进程，实现信息平台一体化，加快物流管理、技术和服务标准的推广，鼓励企业采用标准化的物流计量、货物分类、物品标识、物流装备设施、信息系统和作业流程等，提高物流管理和作业的标准化程度。

七是加强物流人才培养和引进。随着信息技术和管理水平的提高，现代物流业的竞争已从低端的价格竞争转向对高端物流和信息流掌控能力的竞争。要做大、做强现代物流业，必须培养出一批精通物流理论、懂得组织策划的物流专业人才。

（资料来源：廊坊市发展和改革委员会）

第十章　2015 年张家口市物流业发展情况与 2016 年展望

张家口市东邻京津、西扼塞外，连接“煤都”山西大同，是连通东部“京津经济区”与中西部资源产区的重要枢纽，发展物流业有得天独厚优势。近年来，市委、市政府利用环首都经济圈的加速崛起的机遇，大力发展物流业，物流业保持了持续快速发展的态势，产业规模进一步壮大。截至 2015 年年底，张家口市现有物流企业 20 家，企业从业人员 4585 人；2015 年，张家口市物流业增加值 101.5 亿元，增长 5.2%，占 GDP 的 7.4%，占第三产业的 17.7%；社会物流总费用 199.1 亿元，社会物流总费用与 GDP 的比率为 14.6%。

一、物流业发展现状

（一）物流骨干企业

（1）张家口通泰物流中心有限公司坐落在张家口市高新区，距市中心 8 千米，到京张、宣大和丹拉高速公路入口时间为 5 分钟。公司现已与 30 余家企业建立了战略合作伙伴关系，其中有斯必克冷却技术（美国）国际大型公司，海尔集团、TCL 王牌、创维、海信、康佳、长虹、立白等国内知名企业、百盛张家口连锁店、苏宁电器、国美电器、京东及张家口市各大电器城、超市、摩托经销商、轮胎经销商及市内、外企业提供了专业的第三方物流服务。张家口通泰物流中心经过几年的努力拼搏，现已成为张家口市规模最大、设施最完备、功能最齐全的现代化第三方物流企业。

（2）张家口龙辰博鳌物流有限公司位于张家口市万全县产业集聚区，主要经营货物仓储（危险品除外）、物流信息咨询服务。该公司与海尔、百丽、长虹、美菱、美的等龙头企业及京东、天猫、小米等网商巨头建立的长期稳定的战略合作关系，主要负责以上企业在张家口、北京、天津等京津冀地区及周边区域的仓储、管理、配送业务。同时龙辰博鳌作为京企外迁较为成功的示范企业，成为了北京物资学院校外实习基地、北京通州物流基地西山开发区分基地、北京市工商联物流商会副会长单位、北京市通州区物流协会理事单位。

（3）张家口中铁国电联合物流有限公司是由中铁资源集团有限公司、中国国电集团公司、北京铁路局、呼和浩特铁路局共同出资建设的大型煤炭存储转运中心园区。项目总体规划建设年发运能力 3000 万吨，占地 1500 亩，总投资 25 亿元，分期建设，其中一期占地800亩、年发运能力800万吨园区已投入使用。园区主要建设有铁路专用线、翻车机房、汽车来煤卸煤系统、运输皮带、落煤塔、储煤仓、公铁两用装车站及相关配套设施，项目全部采用国内最先进设备，自动化程度高，可实现煤炭装车自动化，具备火车“整列装卸、整列到发、直进直出”、汽车“来煤接卸、装车发运”功能。煤炭到发流程为全封闭作业，具有高效、节能、环保优势，在国家环境治理力度不断加大的形势下，园区优势凸显，具备核心竞争优势。同时为方便来煤车辆及人员的需要，将配套汽车修理站、招待所、食堂（已投入运营）、加气站等服务设施。

（4）河北张家口帝达集团有限公司，是张家口市最大的商贸流通企业集团。是以商品零售为主营业务，兼有生产、加工、批发为一体的商贸流通企业。有帝达世博广场、帝达购物广场、帝达购物中心、帝达林园路店4家大型零售企业，和帝达食品酿造公司、帝达饼业厂2家食品加工企业，形成农、工、商、贸产业化一条龙的现代化大型商贸集团。

（二）物流项目

（1）发挥张家口市错季蔬菜品无公害的优势，以冬奥会为契机，围绕战海机场，谋划崇礼县农产品物流中心。辐射范围主要为张北、尚义、沽源、康保、崇礼五县，处理货物主要为农副产品如绿色蔬菜、果品、畜肉类、奶制品及坝上特色产品，提供集货、存储、批发、包装、配送、多式联运、交易功能。推出一个品牌“当日口菜”，全面拉动北京及至全国各地居民吃口菜，使“当日口菜”真正走进千家万户，进一步扩大餐饮消费。

（2）通泰物流产业集聚区是张家口市唯一的省级物流产业集聚区，占地16600亩，包括西山物流园区、内陆港物流园区、空港物流园区。西山物流园区占地1000亩，位于张家口市产业聚集区内，以装备制造业物流、商贸物流、农产品物流为发展重点，现已有张家口通泰国际建材物流有限公司等多家企业入驻。内陆港物流园区占地600亩，其中300亩与海关配套，另300亩计划提供仓储以及物流配送、出入关服务。空港物流园区占地15000亩，利用机场通航的契机，积极谋划发挥公空联运优势。

（3）位于主城区外的物流中心项目有：冀北粮油批发物流转运中心、河北乾信牧业股份有限公司冷链物流配送中心、阳原县裘皮产供销一体化项目等，这些物流项目已经初步开展的业务有仓储保管、包装分拣、装卸搬运、流通加工、物流配送、物流信息、货运代理、方案策划等物流专业服务。

（三）物流行业发展环境与政策

随着国际产业结构深入调整，跨国物流企业加快拓展我国市场，国内各省市竞相加快发展现代物流业，抢占物流发展制高点。张家口市借助其交通区位等优势，物流业发展进入了规模扩张与质量提升的关键时期，面临着难得的战略机遇。

（1）市场需求更加旺盛。从产业物流需求看，传统产业转型升级和战略性新兴产业快速崛起，促使生产企业更加注重发展质量和效益，物流外包趋势更加显著，将推动物流企业更快、更广、更深介入生产环节，创造规模庞大的产业物流需求。从生活物流需求看，扩大内需政策的实施、居民消费结构的快速升级以及绿色消费理念的加快普及，将带动电子商务、网络购物、邮政快递、城乡配送等新兴物流市场需求，生活性物流规模将进一步扩大。

（2）升级动力更加强劲。随着自动化、标准化技术装备和以物联网为代表的智能化新兴信息技术的广泛应用，物流运作的集成化、便捷化水平大幅提升。推动张家口市经济发展方式转变，优化提升产业结构，必须发挥现代物流业的龙头带动作用和组织牵引功能，提高原材料和产成品运输配送效率，推动物流企业参与整个供应链的组织管理，实现生产与消费、生产各环节之间的高效衔接，带动产业结构调整优化与转型升级。

（3）比较优势更加突出。随着国家物流区域布局的逐步完善，张家口市连接华北、西北经济区，地处物流密集区的区位优势突出，有助于张家口市集聚区域物流资源、对接全国物流网络、融入国际物流市场。尤其是随着腹地经济的快速发展和产业结构优化升级，全球物流网络将由沿海地区向内陆城市延伸，张家口市依托立体化交通运输网络，将进一步承接国际物流产业转移，构筑各具特色的区域性物流发展格局。与此同时，重点物流园区和大型企业集团的培育与发展，为钢铁、石化、装备制造等行业物流发展提供了广阔的市场空间。

（4）政策环境更加优化。随着国家《物流业调整和振兴规划》和促进物流业健康发展政策措施的逐步实施，物流政策体系日趋完善，物流业政策扶持力度不断加大。中央和地方政府相继建立了推进现代物流业发展的跨部门综合协调机制，河北省成立了物流业协调推进机构，即河北省现代物流业发展领导小组，其中包括张家口市，初步形成了协调高效的体制环境。

二、物流业发展存在的主要问题

（1）服务方式和手段比较原始和单一。目前从事物流服务的企业只能简单地提供运输（送货）和仓储服务，而在流通加工、物流信息服务、库存管理、物流成本控制等物流增值服务方面，在物流方案设计以及全程物流等更高层次的物流服务还没有全面展开，物流企业组织（包括传统的运输和仓储等流通企业和新兴的专业化物流企业）规模和实力都比较小，网络化的经营组织尚未形成，缺乏必要的竞争力。

（2）物流作业效率不高。在货物运输设施和装备方面，铁路货运的重载、高速、自动化管理，目前仍处在起步阶段，且区域布局不尽均衡；各种运输方式之间无合理分工关系，企业在同类货源上进行盲目竞争；各种运输方式之间装备标准不统一，物流器具标准不配套，物流包装标准与物流设施标准之间缺乏有效衔接等，这些因素均在一定程度上延缓了物流运输、储存、搬运过程中机械化和自动化的提高，对运输工具的装载率、装卸设备的荷载率、仓储设施的利用率方面影响较大。

（3）物流信息系统建设滞后。企业内部物流信息管理和技术手段都比较落后，多数企业没有建立完善的物流信息管理系统（MIS）、电子数据交换系统（EDI）和货物跟踪系统，甚至连最基本的条码技术、物资采购管理和企业资源管理等物流软件的应用水平也比较低。

三、2016 年工作展望

1. 工作目标

基本建成层次分明、设施完备、功能完善的现代物流体系。

2. 工作思路

充分发挥张家口市紧邻北京、辐射“三北”“东出西联”、沟通南北的区位优势，加快物流基础设施建设，着力发展生产资料物流和生活资料物流，以城市配送和农村物流为基础，以区域物流和国际物流为重点，大力培育在国内外具有竞争力的物流龙头企业，形成大节点、大枢纽和大物流格局。

（1）运用供应链管理理念、方法和技术，积极推广实施采购、生产、销售和物品回收的物流一体化运作方式。整合存量物流资源，鼓励制造、商贸企业物流外包，促进物流业与制造业、商贸业联动发展，发展城市配送物流。

（2）继承“陆路商埠”传统，大力发展商贸物流，结合“万村千乡工程”“新网工程”和邮政网络，发展农村物流。

（3）充分利用京津冀区域经济一体化和冀晋蒙经济圈建设的机遇，大力发展区域物流。

（4）鼓励现有运输、仓储、货代、联运、快递等企业延伸服务，加快向现代物流企业转型，进一步提高物流服务水平，提高核心竞争力。通过收购兼并、股份合作等方式，加快物流资源整合。培育通泰物流集团等本地物流企业，引进国内外知名物流企业，尽快形成综合性物流龙头企业。

（资料来源：张家口市发展和改革委员会）

第十一章　2015年承德市物流业发展情况与2016年展望

近年来，承德市物流业发展步伐明显加快，依托“两环十射”高速公路网、“一环九射”铁路网、民用航空立体交通体系，承德市多种所有制、多种服务模式、多层次的物流业发展格局正在逐步形成。

一、2015年承德市物流园区建设情况

全市省级物流园区现已达到3个，区域性物流园区4个，物流骨干企业38家；重点物流产业项目23个，总投资135亿元。2015年，全市新增超亿元物流企业2个，为兴隆县汇丰物流配送有限公司、兴隆县兴隆省级粮食储备有限公司，年销售收入超20亿元物流园区达到2个，为承德国际商贸物流园区、平泉华北物流园区，截至目前累计实现销售收入83.8亿元。另外，该市争取到的2015年现代物流业发展专项资金投资计划项目共有3个，获得专项扶持资金660万元。

1. 省级物流园区建设情况

（1）承德国际商贸物流园区。园区规划面积6.4平方千米，落户园区项目60个，总投资100亿元，总建筑面积150万平方米。目前，已建成项目建筑面积达到80万平方米，已经投入运营项目达到12个，2015年园区销售总收入达到50亿元。

（2）平泉华北物流园区。园区入驻项目总投资25亿元，建筑面积120万平方米。园区建成区面积达到2.3平方千米；新增驻区企业2家、商户300家，园区入驻企业达到18家、商户600家；主营业务收入达到20亿元。

（3）丰宁现代物流园区。现代物流园按照“一区多园”布局进行建设，包括黄旗煤炭物流园、天桥煤炭物流园、土城农副产品物流园三部分，累计完成开发建设面积46万平方米，2015年以来及完成投资3亿元，主营业务收入达到1亿元。

2. 区域性物流园区建设情况

（1）承德空港物流园区，园区规划1460亩，计划总投资20亿元。目前，海关综合商检楼、进口商品保税仓库、出口商品监管仓库已经建设完成，正在完善相关配套设施。

（2）围场物流园区，总投资10亿元，在围场镇和龙头山乡占地12000亩，新建仓储物流配送区、各类商品交易区、综合服务管理区等。2015年已完成投资1亿元，完成了场地平整。

（3）宽城天宝现代物流园区，在宽城镇大马沟村占地288亩，总投资3亿元，建

筑面积13.1万平方米，包括4S店及汽车配件区、矿山工程机械及配件区、建筑材料区、快递配送区、仓储运输区、配套生活区等。到2015年年底已完成三通一平。

（4）滦平天宝现代物流园区，在滦平县滦平镇王家沟村占地500亩，总投资5亿元，总建筑面积18万平方米，包括4S店及汽车配件区、矿山五金及配件区、快递配送物流仓储区、加油站、综合管理服务区、集贸市场及北方农产品集散中心等。

3. 重点物流产业项目建设情况

（1）承德农产品冷链物流产业园项目，在高新区漫子沟村占地1000亩，项目建设单位由承德市供销合作社成立，由河北省供销合作社控股，负责建设、运营和管理。承德农产品冷链物流产业园总投资20亿元，总建筑面积5万平方米，是省2015年现代物流重大工程项目。一期项目占地95亩，投资1亿元，已经开工建设。

（2）平泉华北物流园区公共服务中心项目，占地352亩，建筑面积11万平方米，主要建设货代用房、大型仓储库房、信息发布中心、分拣中心、露天堆场、汽车维修等工程，总投资7.06亿元，是省2015年现代物流重大工程项目。到2015年年底项目已完成可研批复，正在加紧开展其他前期工作。

（3）河北怡达5万吨农产品冷链物流项目，总投资1.3亿元。目前，建设完成冷库、速冻车间、后勤办公用房2.8万平方米，建成部分气调冷库和速冻设备车间，到2015年年底已经投入使用。

（4）隆化县金松鸿利物流中心项目，在隆化县中关镇占地200亩，总投资11.2亿元，主要建设车队、仓库、冷藏、配送中心等。到2015年年底一期5500平方米的综合楼和仓库已经投入使用，二期工程中的物流交易中心和交易广场已经投入使用，其他配套设施工程建设进展顺利。

（5）兴隆县汇丰物流配送公司二期工程扩建项目，总投资2.6亿元，主要建设年储运能力达480余万吨的物流链，包括汽车城、仓储库、储货场、停车场、检测线等。到2015年年底汽车检测线主体工程已经完工，完成投资2亿元。

（6）营子区开滦（集团）兴隆矿业公司综合物流配送及大型仓储中心项目，总投资1.2亿元，包括仓储设施、大宗货物堆场、综合物流公共信息平台、改造铁路专用线10.27千米以及相关配套基础设施。目前，已完成6000平方米原有仓库改造，8000平方米储配基地建设，完成投资6000万元。

（7）浙江传化集团“公路港”项目，占地500亩，建设大型停车场、物流信息交易大厅、仓储配送等物流基础设施，为货主和回程的社会空载车辆提供配货交易和零担货运专线服务。

二、承德市物流业2016年展望

2016年是全面建成小康社会决胜阶段的开局之年，也是贯彻落实《物流业发展中长期规划》的关键之年。该市将紧密结合其在京津冀协同发展中的功能定位，积极推进“京北通港枢纽”“能源通道”建设，打造京津冀与东北、内蒙古连接的重要物流枢纽型城市。坚持以优势产业为依托，以市场需求为导向，大力调整优化区域布局，着力提升物流园区承载能力，整合现有资源，加快体制创新，强力推动工业物流、商贸物流、农产品物流迅猛发展，逐步形成结构合理，适应经济发展需求的现代化物流服务体系，使现代物流业成为承德市未来经济发展的重要产业和新的经济增长点。

1. 抓住重点，协调发展

重点发展生产性物流，搞好生活性物流，切实发挥现代物流业对全市经济社会发展的带动和支持作用。

（1）依托交通枢纽和能源通道建设，将承德市建设成为环京津冀都市圈区域物流枢纽城市；

（2）依托绿色农产品生产加工基地建设和农产品加工龙头企业，发展大型市场物流配送中心，搞好农产品物流配送服务；

（3）依托工业主导产业，大力发展生产性物流，搞好具有仓储、运输、包装、配货、装卸、加工、搬运、管理等一体化服务的专业物流中心建设；

（4）依托旅游产业和商业服务业，搞好旅游产品、消费品的物流配送服务；

（5）依托现代信息技术发展，培育新业态，积极推动电子数据交换、电子商务、互联网等新业态与物流业的深度融合，使承德市尽快形成面向京津、辐射辽蒙、通达全国的现代化物流网络体系，彻底改变全市现代物流业规模小、专业化水平不高、有效需求不足的局面。

2. 具体工作举措

（1）加快重点领域物流发展。工业物流：围绕承德市钒钛钢铁（铁精粉）、清洁能源、装备制造、新型材料、食品医药等工业主导产业，大力发展为生产服务的物流。农产品物流：依托具有较强竞争力的绿色农副产品生产加工基地，发展农产品贸易、加工、配送等。推广现代流通方式和新型流通业态，培育多元化、多层次的市场流通主体，着力发展适应现代农业要求的物流产业。商贸物流：围绕扩大内需、拉动消费，满足城乡居民消费需求，面向超市和各大商场等商业设施、商业企业提供专业性或综合性的物流服务，逐步提高连锁企业配送中心的技术含量。

（2）推进重点园区争列国家规划。大力推进物流产业聚集区（园区）建设，加快推进承德国际商贸物流、平泉华北物流两个省级物流聚集区建设，重点培育丰宁现代物流园区建设，积极争取这3个省级物流园区列入国家物流规划。

（3）推进重点项目纳入国家项目库。加快承德市重点物流项目建设，争取省承德农产品冷链物流产业园项目和平泉华北物流园区公共服务中心项目这两个省重点建设项目列入国家物流项目建设规划。

（资料来源：承德市发展和改革委员会）

企业篇

冀中能源国际物流集团有限公司

一、企业简介

冀中能源国际物流集团有限公司是冀中能源集团顺应国家物流产业政策，认真贯彻省委、省政府和省政府国资委“打造销售收入上千亿元物流企业和多家上百亿元物流企业”这一指示精神，于2011年1月注册成立的全资子公司，注册资本金18亿元。现已发展成拥有员工1500余人，辖有境内外20余家分子公司的现代物流集团，业务范围辐射26个国家和地区。先后荣获了国内5A级物流企业、3A级信用企业、中国先进物流企业、中国能源物流最佳企业、最佳物流园区、最佳物流基地、中国物流社会责任贡献奖等称号，综合实力位列中国物流百强前列，河北物流50强企业第一位。

国际物流集团成立后，始终秉承“依托冀中，壮大冀中，靠山不吃山”的战略定位。认真履行职责，积极推动冀中能源集团物流产业的发展壮大，以物流产业为主营，以物流金融为依托，为客户提供供应链一体化综合服务，有效开辟了冀中能源集团多元发展的重要业务板块和新的利润增长点。通过创新运营和规范运作，企业经营规模不断扩大，赢利能力不断攀升。2011年实现营业收入296.89亿元、实现利润8101万元；2012年实现营业收入314.29亿元，利润2.02亿元；2013年实现营业收入707.5亿元、利润6.06亿元；2014年实现营业收入1243亿元、利润10.05亿元；2015年实现收入1540亿元，利润14亿元。

二、突出优势

国际物流集团是冀中能源集团专业化的物流子公司，拥有重要的煤炭和大宗商品物流资源，具有超前的战略思维和发展方向，并且与多家供应商及物流服务客户建立了稳定的合作关系，具有较强的筹融资能力，资金雄厚。其物流发展理念、物流经营管理模式及物流业发展条件和规模，在冀中能源集团所属各企业中均处于领先地位。

在“十二五”期间充分利用国家振兴和发展现代物流产业政策，精心谋划物流产业布局，大力推进物流节点和基础设施建设，根据业务发展积极组建子（分）公司，培育了互为支撑、协同发展的“贸易、服务、制造、金融”四大产业集群，创新发展了第三方物流、物流金融、融资租赁、电子交易、国际贸易、商业保理和物流园区七种商业模式，实现了从无到有、从弱到强的迅猛发展，利润更是保持几何级数的增长速度，走出了一条适应市场、自我驱动、自我激励、自我壮大的发展之路。

三、主要成绩

（一）积极寻求商业模式创新，培育企业核心竞争优势

面对煤炭、钢铁行业的滑坡，国际物流集团率先转变思路，实现突破和转型，积极实施“走出去”和“绿色崛起”战略，创新多种商业模式融合发展。在稳固有色金属、煤炭、钢铁、化工等传统贸易品种基础上，先后考察了境内外多个国家和地区的木材、电子产品、原油、燃料油、服装等业务品种，开展进出口贸易，2015 年共完成贸易额 60.6 亿美元，提高了市场占有率。同时，大力拓展金融物流，与当地金融机构拓展合作，积极打造境外低成本融资平台，2015 年新增境外授信 15 亿元以上，累计境外融资规模达 40 亿元以上，减少融资成本近 7500 万元。此外，积极开拓融资租赁市场，2015 年完成租赁投放项目 6 个，储备项目 11 个，并利用自贸区的优惠政策采用 FT 账户项下融资，大大降低融资成本，全年实现利润 1 亿元；通过建立的一套借助互联网平台募集资金的业务新模式，全年实现利润 4500 万元。

（二）建立完善的风险防控体系

国际物流集团将 2015 年确定为“无风险年”，进一步强化风险防控意识和理念，建立健全风险防控措施。针对合同、资金等重点领域风险防控，深入分析风险产生的原因，采取切实有力的措施化解风险；对确实因市场原因不能正常经营的业务客户，签订还款协议；对到期不执行的业务单位，启动法律程序。针对新客户，在充分调研的基础上，重新设计和规定了业务操作流程，使业务风险得到了有效的控制；企业内部，重新修订考核办法，进一步加大风险考核力度，执行风险评分卡及全方位考核制度，提高了风险管理在绩效考核中的比重；编制完成了《内控管理体系系列文件》，运用到各项业务中并进行有效跟踪，建立起科学、完善的内控体系。

（三）不断创新管理手段，打造高效执行系统

从 2013 年 11 月开始，集团公司成立机构开展“管理提升”项目，对企业进行全面“体检”和“诊断”，查找不足和短板，形成了以“顶层设计、流程体系、胜任素质模型”为核心的管理系统。2015 年，继续开展“管理提升”二期项目，从执行力和人力资源两条线打造执行系统，加大对战略目标的分解、跟踪和落实，提高了全员的执行力。同时，进一步加大了绩效考核管理，在全员范围内开展了 360 度考核评价，即将上级考评、同级互评、下属评议、自我评价有效结合，进行月度考核，切实构建了科学、客观、公正的全方位绩效考核体系。

（四）切实推进项目进展，为企业积蓄发展后劲

2015 年，国际物流集团在建项目两个，为冀中陆港物流园区和河北金宝钢丝绳有限公司的 6 万吨/年钢丝绳及钢丝项目。冀中陆港物流园区项目主要完成了 14 座仓储库和一期道路管网的施工，预计到 2016 年 6 月项目一期工程全部完工并具备使用条件。河北金宝钢丝绳有限公司 6 万吨/年钢丝绳及钢丝项目一期工程建设已全部完成。

四、典型案例

国际物流集团成立后，面对人才短缺，市场狭窄的现状，率先理清思路，制定了战略定位、战略布局和战略目标。以“能者抢抓机遇，智者创造机遇”，趟出了一条谋生存、求发展、不断壮大的路子。物流业务经历了从无到有，从小到大，从弱到强，商业模式持续创新。先后在香港、上海、深圳、天津自贸区设立子公司，业务范围遍布国内多个省、市及海外多个国家和地区，业务规模不断壮大，发展质量和效益同步提升。五年来，累计实现销售收入 4107 亿元，利润 33 亿元，上缴税费 20. 2 亿元，开辟了冀中能源集团调结构、转型升级重要业务板块的经济增长极和新的利润增长点。

中央提出了供给侧结构性改革，国际物流集团用“三个新”来积极谋求物流产业的调结构、转型升级之路。一是实施“绿色崛起”战略，积极开拓海内外物流新业务。面对煤炭、钢铁行业的产能过剩，国际物流集团果断压缩钢铁、煤炭、水泥等过剩产能业务比重，逐步拓展有色金属、原油、燃料油、木材、农产品、电子产品等“绿色物流”业务的市场份额。二是实施“走出去”战略，拓展新市场。响应“一带一路”国家政策，统筹规划好国内、国际两个市场，加大开展国际贸易力度。2015 年，国际贸易的利润额占到了利润总额的 1/3 以上，形成了合理的内外贸易融合，新兴市场不断拓展和稳固。三是努力拓展新的业务模式。目前，国际物流集团加大了自营商贸物流的业务量，针对市场需求，直接与市场对话、接轨，形成了自己专有的业务链并不断扩大市场份额。大力尝试和实践发展混合所有制经济，发挥其合作共赢优势。同时，以融资租赁和商业保理业务作为调结构、转型的突破口，发挥融资租赁业务能够跨实体产业、资本市场和货币市场的功能，扩大租赁业务投放规模，不断优化资本结构；继续提升商业保理业务量，重点研究资产证券化和国际保理业务模式，提高收益。确保营业收入 1400 亿元以上，利润 10 亿元以上，为河北省的经济发展再做贡献。

五、未来规划

2016 年，国际物流集团将要紧抓节点设施建设，大力发展综合物流、物流金融产业，全面夯实贸易产业，积极壮大高端制造产业，着力构建大宗商品交易平台，加快推进物流网络建设步伐。

（一）大力推动国民基地项目建设，奠定企业转型基础

一是京津冀国家级再制造示范基地项目。该项目将落户注册河间市，规划占地1200亩，投资50亿元。同时，拟收购英国一家再制造公司，借助其已有的市场、技术、研发能力、管理、人才、培训等优势，促进京津冀再制造国家示范基地项目的落地。同时，在河北省11个地市形成逆向物流网络。二是冀南物流中心园区项目。拟在邢台市投资建设具有集约功能、信息交易功能、集中仓储功能、配送加工功能、多式联运功能、辅助服务功能、停车功能等于一体的综合物流园区。三是在埃及建设保税园区项目。国际物流集团将与中非泰达投资股份有限公司在中埃苏伊士经贸合作区合作建设苏伊士湾保税物流园区。该项目将紧紧把握“一带一路”国家战略和“走出去”市场机遇，大力开拓机电、金属材料、纺织、轻工、木材及化工类产品进出口市场，将该项目打造成为我国在“一带一路”上的标志性项目。

（二）充实丰富金融集群，推动企业转型升级

一是在北京成立基金管理公司。充分发挥国际物流集团的客户资源、资本运作和信誉优势，积极挖掘国内股权投资市场潜力，面向符合国家产业扶持政策并有较好成长前景的优秀中小企业开展股权投资业务，力争在3～5年内将其打造成国际物流集团“十三五”期间金融板块的重要盈利来源，推动企业转型发展。二是在天津设立资产管理平台。充分利用天津自贸区的财税优惠政策和国际物流集团金融产业板块集群优势，出资在天津自贸区成立资产管理平台，开展股权投资业务。三是参股商业银行。加强银企联合，实现联合创新，增加融资平台。

（三）大力实施信息网络技术，为企业发展提供助力支撑

构建“物流供应链管理电子商务平台”，以风险防控为核心，以提高协同效率为立足点，以电子商务为纽带，对物流各项职能进行集成。

迁安市北方钢铁物流产业聚集区

一、企业简介

迁安市北方钢铁物流产业聚集区（以下简称聚集区）位于迁安市西南部，是迁安市构建“3+5+6”现代产业体系规划建设的四大省级园区之一，2010年9月被河北省政府认定的首批省级物流产业聚集区，定位于产业基地型。2012年7月，聚集区当选为全国物流园区专业委员会副主任单位，先后荣获中国物流示范基地、全国优秀物流园区（河北省唯一一家连续三年获此殊荣的省级物流园区）、河北省新型工业化产业示范基地、河北省首批清洁生产试点园区等称号，是中国物流学会授予的产学研基地。聚集区西起卑水铁路，东到野兴公路，北至京秦铁路，南到102国道以及沙河驿镇火车站铁路延伸范围，规划面积28.31平方千米，已开发3平方千米。目前，入驻企业70家，世界500强企业，浙江物产集团、天津物资集团，国内百强企业，中铁联合物流，央企中钢集团，上市公司新奥集团等一大批知名企业相继落户，与世界500强企业神华集团、冀中能源集团、上市公司唐山港集团等达成的意向项目正在加快推进。经过几年建设，聚集区已经成为中国北方地区煤炭、焦炭、铁精粉、铁矿石等生产原材料和线材、型材、板材各种钢铁产成品等大宗货物的重要集散地。2015年，聚集区实现主营业务收入50亿元，税收4700万元。

二、具备的三大优势

聚集区在发展现代物流业上，具备了以下三大独特优势。

（一）独特的区位优势

聚集区地处京津冀协同发展的核心区域，位于京津唐秦承城市群和环渤海经济圈中心位置，也处于国家重点打造的华北物流区和东北物流区的交会处，是河北省“东出西联”物流发展的枢纽节点，物流走廊区位优势明显。

（二）独具的交通优势

聚集区拥有国家二级、四级铁路货物编组站各一个；大秦铁路、津秦铁路、津秦高速客运专线与卑水铁路、迁槽铁路形成两个“丰”字形铁路网；京秦第二通道、京沈高速、102 国道与杨柏公路、迁曹高速、平青大公路形成三个“丰”字形公路网；距离秦皇岛港 90 千米、京唐港 80 千米、曹妃甸港 90 千米、天津港 120 千米，公铁海联运优势无与伦比。

（三）独有的产业集聚优势

聚集区紧邻迁安市另一家首批省级产业聚集区、千亿级工业园区——迁安经济开发区，钢铁产能高度集聚。聚集区所在的迁安市承载了全国 1/6 的钢铁产能，年物流量在 3 亿吨以上，加上唐山、秦皇岛、承德等周边地区，物流量达 8 亿吨，为物流业的发展带来了不可比拟的产业基础。

三、取得的主要业绩

2015 年，聚集区主动适应新常态，努力克服经济下行压力，突出稳中求进主基调，不断加快科学发展步伐，开发建设保持了强劲的良好发展态势。

（一）功能配套不断完善，承载能力显著提升

按照“大配套适度超前，小配套随项目及时跟进”的原则，重点推进 3 项基础设施建设工程，其中 110 千伏变电站土建工程主体完工，设备完成订购；新奥路完成施工图设计和招投标工作，具备开工条件；污水处理厂完成综合楼主体、单体池建设及设备订购，铺设污水管网 2 千米，正在进行设备安装。

（二）强力推进项目建设，集群效应日益明显

天津物产综合物流服务中心项目一期工程全部竣工，具备运营条件；平刚物流高炉除尘灰处理及仓储项目两条生产线、安正金属制品公司年产 5 万吨镀锌铁丝项目 3 条生产线全部建成投产；新奥集团 LNG 项目土建工程正式开工建设。谋划项目进展顺利，迁安公路港项目被列入河北省交通运输厅京津冀交通一体化率先突破项目，完成项目可研编制和项目建议书的批复；地方铁路物流园项目预可研编制完成，已上报北京铁路局。

（三）强力推进招商引资，发展后劲持续增强

2015 年，集中精力先后拜访了冀中能源集团、神华集团、中国五矿集团等 30 余家重点企业，就冀中能源集团钢铁物流园等项目达成合作意向；赴京津、石家庄、邯郸、武汉等地开展上门“敲”商，与安平拔丝产业园、晋州工业园区客商就建设拔丝产业园达成合作意向；先后接待协鑫新能源投资有限公司、神华乌海能源公司等 40 余批次考察团来迁安考察，就光伏发电等项目达成合作意向。同时，先后邀请厦门建发集团、中广核集团等 20 余家知名企业来迁安洽谈，天津物资集团与中储发展股份有限公司

“现代物流园合作运营管理项目”等3个项目成功签约。

（四）大力提升环境品牌，发展环境不断优化

一是不断提高服务水平。深入实施领办、代办机制，全年累计为企业办理项目各类前期手续30余件，受到企业一致好评。二是积极争取各类荣誉。2015年，聚集区再次被评为“全国优秀物流园区”称号，成为河北省唯一一家连续三年获此荣誉的省级物流园区。三是扎实推进产学研基地。先后三次赴北京交通大学开展业务交流，先后两次邀请北交大师生来聚集区开展教学实践活动。同时，以北交大为桥梁，成功邀请到由亚太采购联盟主席、香港理工大学吴慧群教授带队的香港理工大学百余名师生考察团来迁安考察交流，有效宣传推介了迁安，提升了国际影响力。双方合作开展的《基于综合交通的物流园区发展模式研究》课题被中国物流学会评为“二等奖”。

四、典型案例

2015年，聚集区以助推产业转型升级为目标，围绕完善供应链、提升价值链、延伸产业链，充分发挥现代物流业作为促进二、三产业融合发展关键环节的作用，本着向延伸、服务、增值要效益，走出了一条“产业融合、联动发展”的科学发展道路。“融合联动发展”开发运营模式作为典型案例收录在中国物流与采购联合会《2015年物流园区发展报告》并在全国广泛推广。

（一）优化布局，用科学规划引领产业融合发展

依托当地发达的钢铁及煤化工等关联产业，按照“物流业是一条线，串起整个产业链”的思路，突出产业融合发展理念，注重与当地产业协调联动发展，从规划上科学引领产业融合发展。在原来九大功能区划分基础上，新调整增加了循环经济加工区，使规划更加科学合理，可有效满足各产业融合发展的需要。

（二）围绕提高市域经济核心竞争力，推进物流业与钢铁产业的融合

依托当地钢铁产业，为提升产业竞争力，按照“融合发展钢铁产业率先突破”的思路，充分发挥物流企业的资金、物流优势以及钢铁企业的技术、产品资源优势，积极引导和鼓励浙江物产集团、天津物资集团与当地钢铁企业合作，共同投资实施物流项目，实现了利益共生、互动发展，特别是推进了钢铁企业主辅分离，大大降低了成本，提高了生产效率和经营效益，有效增强了钢铁企业的市场竞争力。

（三）围绕打造绿色生态园区，推进物流业与煤化工产业的融合

聚集区紧邻2家焦化企业，生产中产生的焦炉煤气没有得到完全回收利用，粗苯、焦油等副产品缺乏深度加工，不仅给聚集区环境带来一定影响，而且产品附加值低，

导致企业经济效益不高。针对这种情况，聚集区积极推进物流业与煤化工产业的融合发展，在功能区中规划了循环经济加工区，重点发展煤化工产品延伸及废渣循环再利用等项目，成功引进了新奥集团焦炉煤气制 LNG 项目，年可产液化天然气 1 亿立方米。目前，项目已开工建设。

（四）围绕延伸产业链条，推进物流业与耗钢产业的融合

针对迁安钢铁产品资源丰富，但产业链条短、产品附加值低的情况，聚集区积极引导具有资金、物流、市场优势的物流行业龙头企业浙江物产与钢材加工企业合作，打造闭环式供应链体系。按照“小规模大群体”的思路，对镀锌拔丝、硅钢剪切加工两大耗钢产业集群重点培育。浙江物产与安正金属丝制品公司合作投资 1 亿元的镀锌铁丝项目，已生产各种型号拔丝产品 1200 吨；与上海佳兢公司合作的硅钢剪切加工项目，当年实现加工量 1.2 万吨，实现增加值 130 万元。

通过实施融合联动发展开发运营模式，聚集区开发建设步伐明显加快，经济效益显著增强，二、三产业实现了合作共赢、联合发展，当地钢铁、煤化工、加工制造等企业发展活力不断增强，市场竞争能力不断提升。同时，企业稳定的生产发展态势促进了当地居民就业，大幅提高了居民生活水平。通过与煤化工企业融合发展，引进循环经济环保项目，聚集区及周边生态环境得到明显改善。

五、未来发展设想

2016 年，聚集区将抢抓京津冀协同发展历史机遇，科学管理，大胆实践，探索推进“1+1 创新之路”（走自我管理、自我经营，增强自我发展能力之路；走深化改革、强化服务，促进健康快速发展之路），全面实施“五抓五新工程”，不断开创转型发展新局面。一是抓项目，打造园区发展新速度。重点抓好新奥集团 LNG 项目一期主体工程建设和天津物资项目一期运营提升工作。积极推进地方铁路物流园、公路港等谋划项目前期工作，力促年内至少一个项目签约。围绕完善供应链、延伸产业链、提高价值链，抓好镀锌拔丝、硅钢剪切加工和钢钉加工三大产业集群培育。二是抓创新，开创招商引资新局面。积极承接京津产业转移和非首都功能疏解，在大宗商品仓储运输、耗钢产业集群培育、太阳能新能源利用、物流信息化建设、综合服务设施配套等方面加强推介。做好项目包装，出台鼓励扶持政策，增强客商落户吸引力。加强与京津冀三地物流协会对接，力争年内对接京津重点企业 15 家以上，达成一批意向项目。三是抓配套，提高产业承载新水平。重点抓好新奥路、110 千伏变电站、污水处理厂等基础设施建设，力促年内全部建成投入使用。努力在自我经营、自我管理上狠下工夫，探索盘活资产、土地资本运作、市场化对外宣传、建设公共信息平台等体制机制，提高自身发展能力。四是抓优化，实现投资环境新提升。一方面，积极开展“全国优秀物流园区”等荣誉争创，提升行业品牌。另一方面，强化服务，实施领办代办、领导分

包、一企一策等制度，积极为企业排忧解难。同时，深入开展“生态园区”“平安园区”创建活动，创造和谐稳定发展环境。五是抓主体，树立干事创业新作风。扎实开展“三严三实”学习教育、“解放思想”大讨论等系列活动，认真落实“两个主体责任”，全面加强机关干部队伍建设，为加快转型发展提供坚强保障。

河北好望角物流发展有限公司

一、企业简介

河北好望角物流发展有限公司，坐落于省级经济开发区的邢台市经济开发区，交通便利，区位优越。这里紧邻邢台市主城区，而且交通便捷、畅达八方，是冀南“西联东出”和“贯通南北”的“大十字”交通枢纽。处于国家规划交通网的密集区，南北走向的京广铁路、邢黄铁路，京广高铁，京港澳高速、107 国道；东西走向的邢和铁路，邢汾高速、邢临高速和邢衡高速。

河北好望角物流发展有限公司创立于2005 年5 月，注册资金6000 万元，资产总额 11 亿元，现有员工 600 人。10 余年来，以国际化视野、区域性资源整合能力、成熟规范的现代物流运营模式和较强的自我创新、自我发展能力，致力于京津冀、中原经济圈现代物流的振兴与发展，在取得较好企业效益的同时，取得了良好的社会效益。荣获“全国先进物流企业”“全国交通运输行业重点联系物流园区”“河北省百家创新型领军企业”（唯一入选的物流企业）、“河北省物流行业‘十二五’期间创新企业和优秀物流园区”等荣誉称号，是国家交通运输部重点支持项目。

经中国物流与采购联合会物流企业综合评估委员会认证，河北好望角物流发展有限公司被评定为5A 级物流企业。

二、突出优势

河北好望角物流发展有限公司之所以迅猛发展，源于企业创新驱动。创新业已成为这个企业科学发展的强大驱动力。观念创新，催生了有影响力的好望角国际物流园；理念创新，打造邢台市及周边地区物流业的“中关村”；模式创新，持续拓宽物流业效益渠道的探索；管理创新，不断积累企业科学发展的智慧和正能量。目前拥有的好望角国际物流园、邢台内陆港、邢台进出口贸易服务平台，和建设中的邢台保税物流中心（B 型）项目、河北交通运输物流公共信息平台、“冀新欧”班列等，使河北好望角物流发展有限公司正在成为一个集物流园区运营、货运仓储、物流信息平台、进出口贸易平台和口岸服务于一体的专业化集团公司。

三、主要成绩

2015 年，河北好望角物流发展有限公司主动适应新常态，努力克服经济下行压力，实现有质量、有效益、可持续发展，突出“协同发展、转型升级、创新突破、跨越赶超”的主基调，企业各方面工作保持了强劲的良好态势。

（一）好望角国际物流园

凭借位置、规模、业态、信息、管理、团队、服务和品牌八大核心价值优势，实现了区域性产业集聚、资源集合、经营集约、功能集成。目前，入驻园区的物流和工商企业已达 460 余家，物流业务辐射京津、中原及全国各地，园区现已成为区域性物流集散中心、物流信息服务中心、物流产业聚集中心和现代物流技术研试中心。

（二）邢台内陆港

邢台内陆港是晋冀鲁豫结合区域最早的无水港之一。2013 年 5 月正式运营，以公路集装箱运输为载体，以海关和检验检疫部门合作为依托，通过无水港电子信息平台与口岸平台对接和信息共享，实现出口商品的“一次申报、一次查验、一次放行”，完成了港口功能向内陆地区的延伸，为区域内进出口企业提供便捷通关、进口转关、内贸全程服务。现已成为天津港吞吐量增幅最快的无水港之一。

（三）邢台进出口贸易服务平台

邢台进出口贸易服务平台是依据《国务院办公厅关于支持外贸稳定增长的若干意见》及冀政办〔2014〕10 号文件精神，邢台内陆港于 2014 年 11 月投资创建。旨在整合邢台及周边城市群进出口贸易资源，为进出口贸易企业提供一站式服务平台，目前运营良好。

（四）邢台保税物流中心（B 型）项目

邢台保税物流中心（B 型）坐落于邢台开发区京广高速铁路东侧，规划有保税仓储区、流通加工区、冷链物流区、零担快运区、甩挂物流区、信息大厦和进口商品体验展示中心。项目正在建设中，将实施“区域管理封闭化、海关管理智能化、园区管理信息化、海关通关快捷化”，为企业提供保税仓储、入园退税、国际配送、流通加工等延伸性、增值性保税服务。

（五）河北交通运输物流公共信息平台

根据国家交通运输部统一部署，经河北省交通运输厅、河北省道路运输管理局招标和专家评选，确定河北好望角物流发展有限公司作为河北交通运输物流公共信息平台的政企合建单位。该平台是河北省唯一的交通运输物流公共信息基础平台，是国家交通运输部物流公共信息平台（1 + 32 + nX）节点之一。“1”代表公共平台国家级管理服务系统，“32”泛指省级交通运输主管部门主导建设的区域交换节点，“nX”是指公共平台拓展和衔接的信息服务体系。2015 年 12 月，平台项目可行性研究报告顺利通过专家评审。2016 年 3 月，省交通运输厅下发初步设计批复，要求抓紧开展下阶段工作，按照国家和河北省信息化建设项目有关规定，加强项目管理，确保工程建设质量进度。

（六）“冀新欧”班列

“冀新欧”班列是河北至欧洲的国际铁路联运大通道，可通过铁路专用线向西由霍尔果斯口岸连通中亚、欧洲。邢台内陆港在充分调查研究的基础上，适时向邢台市政府提出开通“冀新欧”班列的发展思路。目前，邢台市政府与中铁集装箱运输有限责任公司签署战略合作协议，标志着河北省第一条国际班列的开通取得突破性进展。开通“冀新欧”班列，将对河北省外贸经济稳定增长、物流产业集聚发展、扩大邢台及周边地区主导产品对中亚及欧洲地区的外贸出口产生积极影响。

四、典型案例

河北好望角物流发展有限公司创新现代物流业发展，把握了两个重点，概括为“双向发展兴物流”。即一方面围绕内需物流市场建设好望角物流产业聚集区；一方面抢抓机遇，建设适应外向开放型经济发展的邢台内陆港、邢台进出口贸易服务平台、邢台保税物流中心（B 型）、“冀新欧”班列等。

邢台内陆港与好望角国际物流园毗邻，位于邢台市经济开发区港口大街。主要建有报关、报验大楼，拆装箱仓库、集装箱堆码场、保税仓库等设施。项目为区域内进出口企业提供便捷通关、进口转关、内贸全程服务，现已成为天津港中吞吐量增幅最快的无水港之一。这是中原经济协作区 13 个城市中唯一的内陆无水港、河北省第二家正式运营的内陆港，既是晋冀鲁豫结合部物资流通的重要枢纽和中转站，又是“环京津”和“环渤海”经济圈现代物流业的重要节点。它的开通，使邢台市及晋冀鲁豫交会区域实现了“向前一步是大海”的发展梦想，传统的内陆腹地从此拥有了“通江达海的港口”，给邢台及周边城市、进出口企业外向型经济带来了积极而深远的影响，为促进区域进出口贸易发展，降低企业物流成本，增强企业国际竞争力起到很大作用。随着《全国主体功能区规划》提升到国家战略高度，邢台市被叠加纳入冀中南主体功能区和中原经济区。为此，人们赞誉邢台内陆港是践行国家战略的“邢台行动”。

邢台快速发展的现代物流业与持续增长的对外贸易，迫切需要与国际接轨、综合性强的保税物流服务。河北好望角物流发展有限公司在邢台内陆港的基础上，申请建设邢台保税物流中心（B 型）项目。去年开工建设后进展顺利。邢台市经济开发区为此专门成立领导小组，全力支持保税物流中心建设，提供一切便利条件，争取早日建成。同时被列入邢台市“十三五”规划和重点项目，写入邢台市《政府工作报告》。

为适应京津冀交通一体化发展要求，根据国家交通运输部、省人民政府及省交通运输厅关于建设交通运输物流公共信息平台的工作部署，建设河北省交通运输物流公共信息平台提上议事日程。河北好望角物流发展有限公司此时勇于担当，再展创新驱动和技术实力优势，成为河北省交通运输物流公共信息平台“政企共建”的建设单位。该项目是国家交通运输物流公共信息平台建设的重要组成部分，拟以河北好望角物流发展有限公司为主体，打造河北省唯一的交通运输物流公共信息基础平台，使之成为全国 32 个物流公共信息平台节点之一。同时，引导其他物流企业通过互联互通形式，构建河北省大型货运信息化网络。作为国家公共信息平台的重要区域节点，京津冀一体化发展的重要组成部分，建设好河北交通运输物流公共信息平台也是推动现代物流发展的必要要求和迫切任务。

五、未来规划

京津冀协同发展，国家定位河北建设“全国现代商贸物流重要基地”。商贸物流业是京津冀协同发展的引领性、支撑性和战略性产业，加快其发展对促进产业转型升级、有效支撑京津冀产业协同创新发展，具有重要战略意义。河北省人民政府出台《河北省建设全国现代商贸物流重要基地规划（2016—2020 年）》，河北好望角物流发展有限公司作为重点物流企业被写入该规划，将依托好望角物流集团加快建设全省交通运输物流公共信息系统，提供多式联运公共信息服务，推进不同运输方式、不同企业间多式联运信息开放共享和互联互通。邢台的城市定位是“冀中南物流枢纽城市”，2016 年 2 月，邢台市第十四届人民代表大会第四次会议在《政府工作报告》中指出：“推进冀南物流中心等项目建设，加快申报邢台保税物流中心（B 型），开通邢台内陆港冀新欧班列。”所有这些，让这个以创新驱动为鲜明特点的 5A 级物流企业，看到新的机遇孕育出新的希望。

经济新常态下，好望角明确战略目标：以“一带一路”、互联互通国家战略为依据，契合京津冀协同发展，立足河北省“全国现代商贸物流重要基地”战略定位，通过打造创新物流、智能物流、清洁物流，实现由资产运营向资本运营转变；由外延性发展向外延与内涵相结合式发展；由小区域覆盖向大市场拓展转变。建设两个平台：进出口贸易服务平台及河北交通运输物流公共信息平台；培育四个基地：保税物流基地、跨境电商基地、甩挂运输基地、临港产业基地。

河北润丰物流有限公司

一、企业简介

河北润丰物流有限公司（以下简称润丰物流）系国家3A级物流企业，现拥有石家庄南二环和南三环两大物流园区，在职员工127名，资产总额5.6亿元。园区自2005年5月建设运营以来，已成为河北省颇具规模和影响力的物流园区，实力规模雄居石家庄物流行业榜首，是石市南部综合物流产业聚集区内的龙头企业。

两大园区占地750亩，共有物流货位23万平方米，大型停车场2个5.8万平方米，可停放车辆3500辆，仓储面积12.5万平方米，物流运营面积超80%。主要为物流企业提供仓储、配送、信息等相关物流服务，停车、住宿、餐饮、信息中心、超市等配套设施齐全；目前共入驻商户620余户，主要为石家庄市生产企业和各大商超、专业市场提供物流配送服务，同时担负着冀中南通道的货运聚散、中转任务。

公司先后荣获河北省“物流信息化先进企业”“河北省诚信企业”“河北省物流50强”“现代货运物流示范企业”等荣誉称号，被河北省、石家庄市列为现代物流重点项目单位，润丰物流品牌价值和社会公信力良好。

二、突出优势及主要成绩

（一）园区物流集散功能强大

（1）货运公路枢纽：润丰两大物流园区坐拥省会南部经济新区，环园区的107国道、308国道，京港澳、青银高速路等交通四通八达，毗邻铁路南货场及京广铁路线，是南货北上、北货南进的公路枢纽。

（2）精品专线直达：二环园区主要以商贸物流为主，三环园区以落货、中转和仓配一体为主，园区物流功能定位明确，两大园区共有全国精品货运专线460条，点对点运营网点300多个，形成了与国内100%地级市、90%县级市相对接的物流运营网络，物流通达南北东西。

（二）园区综合服务贴心超值

园区主要承接“华北商埠”市场产业支撑，为石家庄及周边各类生产企业、商业企业提供仓储、配送、加工、信息、办公、电子商务、贸易融资等综合物流服务，包括：①物流管理服务，提供企业整体物流发展规划、运营方案咨询、策划及实施，管理信息系统设计及完善等服务；②仓储配送服务，提供货物存放、仓储保管、可代管分拨货物等服务；③站场经营服务，提供专线货物收集、远程货物中途配载、中转、保管、异地信息配送等服务；④货物运输服务，为企业和个体运输车辆提供起费、报停、年检、保险等代理服务；⑤电子信息服务，通过润丰物流信息平台和滚动电子显示屏，为会员提供仓储、运输、分拣、配送、加工等信息服务；⑥综合服务，为商户提供停车、住宿、洗浴、餐饮等配套服务。

（三）园区信息化管理水平高

园区拥有高级物流师 2 人，物流职业经理人 2 人，员工 90% 为大专以上学历，高效的物流团队，品牌化管理、专业化操作，全方位监控，全天候安保，一站式综合服务，园区客户满意度达 99% 以上，通过了 ISO 9001：2008 质量管理体系认证。

润丰物流开发了功能齐全的“润丰物流信息平台”，以润丰物流信息网 + 智能管理软件为主，主要提供网络运输管理、供需交流平台、电子商务等现代化物流信息服务。润丰物流通过网络优势，及时发布交流各种货运信息，让各个方向和各条线路的货物及时装运发送，使各种运输资源充分得到有效利用。

（四）园区示范带动作用良好

一是促进流通，带动产业链的发展。润丰物流园将 600 多家物流企业吸引在一起，充分发挥整体优势和规模优势，实现物流企业的专业化和互补性。入驻企业共享园区内的基础设施、配套服务设施、优惠政策和综合服务，实现资源的优化配置，通过物流、商流、信息流和资金流的有效管理，提高了商品的周转速度，降低了企业运营成本在 15% 以上，有效带动了产业链上的相关企业提高经营效率，扩大了就业渠道，从而提高了经济和社会效益。

二是改善环境，品牌示范作用良好。润丰物流园区的建设，利于信息共享、合理配载、共同配送、节约能源、缓解城市交通压力，改善环境，满足城市功能发展的需要。得天独厚的区位优势，配套齐全的基础设施，专业高效的物流团队，快捷的信息货运服务，使润丰物流呈现良好的发展前景，促进了物流配送业的发展和进步，为入驻企业带来了显著收益，园区年货运量达 1000 万吨，物流交易额超 50 亿元，2015 年润丰物流业务收入 6508 万元，利润 4401 万元，发挥着对区域经济发展的支撑、带动、示范作用。

三、典型案例

2015 年，由润丰南三环物流园区负责建设、运营及管理的“石家庄城市商品配送中心”项目，一期项目建设完成，实际完成投资8829万元，建设了6层信息服务楼1栋、仓储配送区9栋及分拣加工区6栋，并根据项目的需要投入200多万元完善了信息平台建设，实现了商品配送信息对接，最大体现了服务于社会、惠顾于民的社会价值，一期被列为石家庄市城市共同配送试点项目，承担着石家庄市共同配送的任务。

同城配送业务积极开展，自有及整合车辆300余辆，开通城市货运专线班车，日配送量达2000吨，建立配送网点45个。对园区现有城市配送资源进行合理、有效地组织，以车为载体，推行绿色、环保、节能车辆，统一标识，实行班线运行，全天16小时往返市内人、物集中区，提高了资源利率，优化城市配送路线，有效提高了货物统一配送的时效性。

共同配送信息平台，依托润丰物流信息平台，协同手机APP＋线下实体配送来完成线上、线下配送任务。目前，主要提供同城配送、业务运营流程管控、财务结算管理、手机APP终端等全方位城市物流配送服务，车源、货源、配送信息免费共享，现已上线运行。

平台通过整合城市配送各节点资源，优化交易方式，创新运营模式，解决物流行业当前信息不对称和诚信缺失两大瓶颈和难题，专注于为厂家、商家、物流企业、司机和各类会员降低物流成本，提高服务效率，致力于提供“诚信、安全、及时、快捷”的一站式物流服务，已实现与石市共同配送商务平台的有效对接。

项目以城市共同配送以及润丰物流品牌及资源优势吸引300多家商户入驻，为快速消费品的中转、短期仓储提供了配送平台，重点优化了车辆及配送设施共同利用、场地、信息资源共享，通过集约化配载，快速完成了消费品的中转配送，最大程度方便了广大民众。

润丰物流在承担城市共同配送分拨中心、完善公共信息平台的同时，积极探索创新运行模式，例如：共同配送加盟模式，以润丰物流为龙头，吸引更多的商家加盟共同配送，现在市商务局和协会的牵头下，成立“城市共同配送联盟”，以信息平台将产业链上的资源进行细分与聚焦，为城市共同配送打造一个全新的运营模式。项目直接增加就业岗位3000多个，间接拉动地方产值近亿元。

四、未来规划

2016年是国家“十三五”开局之年，在“互联网＋物流”的融合发展大背景下，润丰物流将抢抓机遇，承接京津冀协同发展物流功能，发挥润丰物流园区聚集和品牌服务优势，推进供给侧改革，提高物流效率，降低物流成本，加强物流资源的整合与共享，打造和提升现代物流的社会化、专业化、信息化、网络化、共同化发展。

一是打造智能信息化物流园区。加快网络化、信息化开发，完善互联网物流平台，利用平台集聚与整合物流资源，通过“信息平台＋干线＋增值服务”运营模式，以信息平台为依托，实现会员服务，延伸增加园区车辆购置、加油、汽修、保险等物流产业链上的增值服务功能，寻求新的业务增长点，推行“一卡通”支付系统，有效实现线上线下物流企业和社会车辆这两大物流主体在平台内“集约化经营、信息化管理”的目标。

二是发展电商物流。为电商企业提供仓配一体运营服务，建设电商物流仓储、分拣、配送设施，成为电商物流企业的转运、分拨中心。

三是推进城市共同配送。建设系统优化、车辆及配送设施共同利用、场地共享型的城市共同配送体系，构建共同配送物流信息管理系统，扩大城市货运班车，通过集约化配载，为全市各大专业市场、大型商超和社区进行配送服务，解决物流最后一公里问题。

“建设大物流，践行中国梦”，是润丰物流和所有物流人的共同梦想，润丰物流将继续秉承“培育大市场，发展大物流，繁荣大流通”的经营理念，不断推行现代化物流管理，抢抓机遇，实现现代物流的互联互通，资源共享。实干兴邦，润丰物流致力做中国最好的物流市场！

国药乐仁堂医药有限公司

一、公司基本情况

国药乐仁堂医药有限公司（以下简称国药乐仁堂）是国药控股股份有限公司与乐仁堂集团共同投资组建的大型医药商业企业，是国内知名企业品牌产品和进口合资企业在河北省的首选合作伙伴。国药乐仁堂作为国药控股的省级公司负责管理河北省的医药分销业务，在河北省各级政府和部门的支持下，国药乐仁堂完成了在11个地市设立分子公司的销售网络建设。2014年，实现销售收入117.24亿元，同比增长16.56%，实现净利润1.71亿元，同比增长19.08%。2015年，主营业务收入（不含税）150亿元，净利润3亿元。

国药乐仁堂医药经营范围包括中西药制剂、中成药、中药饮片、生物制品、麻醉精神药品、医疗用毒性药品、原料药、保健食品、医疗器械、化学制剂、玻璃容器等各大类商品2万多个规格品种。销售网络覆盖河北省内三甲以上医院以及县乡级医院、卫生院等2000余家客户，与1000多家国内优秀医药生产厂家建立长期、稳定的业务关系。公司自有配送车辆100余台，在岗员工2000余人，80%拥有专业技术职称。河北省内整体市场占有率达60%以上，是国药控股的骨干企业。企业的整体实力、可持续发展力、市场控制力和影响力逐年提高，为河北省老百姓用药安全有效、身体健康竭尽全力。

二、物流中心简介

2009年9月至2011年10月，国药乐仁堂投资2亿元建成世界先进、国内一流的现代化医药物流中心。物流中心规划占地150亩，一期占地70亩，建筑面积3万平方米。主体采取单层大跨度轻钢结构，3000平方米的无障碍大厅，信息系统采用美国曼哈特公司物流仓储管理软件及德马泰克仓储控制系统，信息系统标准化、仓库管理规范化程度高。拥有3000立方米的冷库，整个库区采取温湿度实时监控系统、双电路保障系统。药品分拣速度每小时高达5000箱，日最高出入库3.5万箱。可满足2万6千多个品批，存储量30多万箱货品的存放，日最高出入库4万箱。年配送能力达200亿元。

三、主要成绩及优势

（一）物流体系建设

国药乐仁堂充分认识医改带来的机遇和挑战，正确评价自身的资源和能力，发扬优势、弥补劣势、抓住机遇、规避风险、快速发展。在国内医药行业率先使用了电子称重效验技术和语音拣选技术，实现了企业内部全面信息化管理，确保了出入库商品的快捷、准确。为了更好地确保药品质量，一是空调系统采用意大利进口空调机组以及节能、环保的地源热泵技术；二是立体库采用更加科学的侧送风方式，使库区温度分布均匀；三是采用瑞典阔福滑升门和快速卷帘门，升降速度仅为 2 秒钟，保证了仓库与外界温度污染的快速隔离；四是大仓容冷库，能够充分满足冷链药品的储存。另外，还包括覆盖整个库区的温湿度实时监控系统、双电路保障系统、防虫害控制系统等一系列措施，为药品提供了“五星级”的储存条件。

国药乐仁堂物流中心依托先进的物流设施、设备、信息技术和管理系统，有效整合医药营销渠道的上下游资源，实现药品配送的自动化、信息化、规模化和效益化。通过优化药品供应配运环节中的验收、存储、分拣、配送等作业过程，提高订单处理能力，降低货物分拣差错，缩短库存及配送时间，减少流通成本，提高服务水平和资金使用效益。同时国药乐仁堂为上下游客户提供近 2000 个尺寸为 100 厘米 ×120 厘米的标准化托盘，用于带托运输，提高装卸效率。例如，上游客户利用公司提供的托盘装车，并在商品送达国药乐仁堂物流中心后直接用地牛/叉车将装有商品的托盘从车厢内叉出，减少了码盘的过程，也就减少了因反复搬导对货品的影响，同时极大地提高卸车及上架效率。

（二）信息标准化建设

国药乐仁堂通过承担城市共同配送项目建立药品供应链管理系统，实现药品生产过程、仓储过程、运输过程、使用过程和监管过程的全程管理，提供药品物流配送延伸服务，配送终端直达医疗机构药房，实现医疗机构共享医药物流配送中心药品仓库。实现与药品招标采购中心、药品监督管理部门信息互联，实现药品招标、采购、配送信息数据真实、及时传输，实现药品质量在生产过程、仓储过程、配送过程、医疗机构内流转过程的全程无缝隙监管。实现药品生产企业、药品经营企业、药品配送企业、医疗机构、招标采购中心、药品监管部门信息共享，避免药品盲目生产，形成生产、管理、市场一体化，降低药品生产和流通成本，规范药品生产流通秩序，保证药品安全，并以此初步形成药品大数据服务中心。

国药乐仁堂以医药物流信息技术和医药电子商务为主要手段、以医药分销配送为主要经营模式，建立了一套覆盖河北省的大型医药流通分销网络体系，于 2013 年开始自主研发建立“国药乐仁堂协同配送供应链系统”。系统可以使医药供应商、批发商、零售商都能通过网络实现信息共享，使得数据能快速、准确地传递，大大提高了库存管理、装卸运输、采购、订货、配送、订单处理等的自动化水平。该项目主要建立一套集网上采购、网下配送于一体的完整的供应链，也是一套能实现覆盖药品全生命周期监控体系和药品供应保障体系。其中SPD系统使医院物资流转流程再造，不仅实现医院药品的一元化管理，同时也为医院的医疗设备、卫生材料管理打造一体化信息平台。其中与石家庄市中心医院合作医院药库托管模式，与河北省胸科医院合作医院药库代管“零库存”模式，即缓解了交通压力，又减少了大气污染，也提高了配送效率。以石家庄市中心医院为例，每天送货车辆由原来的20多车次减少至2车次，收货时间由原来的4小时缩减至现在的半小时。同时可以使药品整体流通时间缩减5天。

四、未来发展思路

（1）2015年至2017年，成立独立核算的物流公司，完成由企业物流向物流企业的转变。2018年至2020年，通过统一标准化管理制度，建立物流平台一体化管控体系，各地市公司物流仓储成为省级物流的异地分仓，统一管理，节约费用，实现全省物流一体化管理。依托国药控股在河北省的医药连锁门店或其他连锁门店，整合社区末端配送，实现最后一公里（最后一百米）的配送服务。

（2）建立集通信、计算机处理、信息管理、安保于一体的高效物流服务系统。国药乐仁堂将发挥行业龙头企业的作用，加强对全球定位系统（GPS）、电子数据交换系统（EDI）、自动连续补货系统（CRP）、电子订货系统（EOS）、销售实时控制系统（POS）、高速道路交通系统（ITS）、寻车寻货系统（KIT）、资金快速支付系统（EFI）、条码技术和电子商务技术等应用，全面提高企业的信息化、标准化管理水平。依靠其强大的信息系统跟医院、零售网点、供应商实现信息共享，为供应商、医院、零售商提供安全、高效、便捷的物流服务。

邯郸国际陆港有限公司

一、企业简介

邯郸国际陆港有限公司（以下简称陆港公司）是邯郸国际陆港物流园区的唯一开发主体，公司成立于2011年5月，经邯郸市工商行政管理局批准注册，现注册资金为8亿元，出资主体为河北港口集团有限公司、沧州渤海港务有限公司、邯郸市交通建设公司、邯山投资有限公司、国开发展基金有限公司。公司现有员工143人，主营业务有货物装卸、钢材的仓储、分拨、配送，集装箱的堆放、搬运、拆装，物流信息服务；场地租赁、物业服务，会务会展服务；物流金融服务；建筑装卸作业设备租赁，信息技术咨询等。2015年10月28日，邯郸海关整体入驻陆港大厦，邯郸陆港正式开港运营。截至2015年年底，公司已开展钢材、粮食贸易及仓储等业务，累计实现营业额14亿元。目前，陆港公司已被交通部指定为国家陆港标准制定单位，并荣获中国企业文化研究会“十二五”企业文化建设优秀单位。

二、突出优势

邯郸国际陆港项目是河北港口集团继唐山曹妃甸港区、黄骅港综合港区后，跨越升级、转型发展的创新之举，该项目以“面向海洋的物流枢纽和区域物流中心”为开发主题，依托黄骅港和邯黄铁路，邯长、邯济、京广铁路，邯郸机场等便利条件，引入邯郸海关，修建铁路专用线、现代化办公场所、立体化仓库、大面积堆场等基础设施，开展保税物流、多式联运、现代仓储、流通加工与配送、物流金融等服务，致力于建设物流设施齐全、服务功能一流的现代化内陆港园区，就地办单，将港口功能内移至邯郸，进而打造港为城用、城以港兴的良好局面。

三、2015年主要成绩

（一）工程建设方面

自2013年4月开工建设以来，在省、市各级领导的大力支持下，陆港项目取得较大进展，近10万平方米的办公场所、近10万平方米的集装箱堆场、约1.2万平方米的库房及5600万平方米的会展中心全部建成投用；铁路专用线可行性研究报告通过北京铁路局审批，即将出具可研终稿；第一批流动机械及9台轮胎式门式起重机全部到位，投入使用。截至2015年年底，陆港项目累计完成投资近10亿元，集办公、金融、会展、商贸、仓储、堆存、装卸为一体的综合性物流园区已初具雏形。下一步，陆港公司将开发铁路、保税、口岸及临港产业，陆续完善陆港功能。

（二）企业运营方面

2015年，是陆港公司由以建设为主转变为建设与运营并重的关键一年。公司克服经济下行不利影响，迎难而上，取得了较好的运营业绩。一是开发钢材现货市场，与邯钢、天铁等钢铁企业建立战略合作关系，与中物华商开展东华钢铁螺纹钢业务，效益良好；二是与中物华商等企业开展粮食业务，与广州港签订水渣框架协议，开展水渣业务；三是不遗余力开展仓储业务，格兰仕、苏宁、苏泊尔、景朋、北京百汇众品等5家企业已经入驻园区，正在与可口可乐、津朵日化等企业洽谈。截至2015年年底，陆港公司年营业额突破10亿元，毛利润2000余万元。

（三）社会影响方面

邯郸国际陆港项目自开工建设以来即受到了省、市领导的高度重视，多次被列为省、市重点项目。2015年，陆港先后获得交通运输部部补资金4000万元，国开行专项建设基金5600万元等支持，并成功申列2016年邯郸市重点项目。邯郸陆港作为冀南地区最便捷的出海口，其海关、检验、检疫、保税、仓储、加工、装卸等港口功能正在逐渐完善，力争打造成为我国内陆港的行业标杆。

四、典型案例

在国家“一带一路”战略指引下，黄骅综合大港的开发，成为“丝绸之路经济带”向东延伸的重要出海口，也为冀南地区开辟了最便捷的出海通道，邯黄铁路的建设，将冀南新区和环渤海两大战略区域连接在一起。而作为河北港口集团与邯郸市合作建设的重大项目，邯郸陆港地处邯郸市邯山区省级经济开发区和省级物流产业聚集区，紧邻邯郸机场、京广铁路、邯长铁路、邯济铁路、邯黄铁路、京港高铁和南环路、机场路、107国道、青兰高速，计划修建铁路专用线，依托邯黄铁路，打通冀南地区最近的出海口，进而发挥水路、铁路、公路、航空等多种交通方式的运输优势，打造一座集公铁联运、水铁联运、空港集疏运为一体的现代化综合物流园区。

铁路专用线工程作为邯郸陆港连海通陆的重要基础设施，陆港公司高度重视，认真谋划，与铁路专家共同研究设计方案，赴北京铁路局寻求支持性意见，精益求精，多次优化设计方案，最终确定铁路专用线的走行方案，即由邯郸南站Ⅳ场北端咽喉区引出，并行既有邯长上行正线，与既有邯长下行正线平面交叉后折向西北上跨南环路后进入园区，在渚河与南环路之间设置交接场，计划设置六条整列到发线。货物装卸场自交接场南端咽喉区引出，上跨南环路后在京广上行正线西侧设置装卸场，先期计划建设5条半列装卸线，其中2条装卸线直通铁路沿线库房，可直接进行库内作业。

铁路专用线工程可行性研究报告初稿已经顺利通过北京铁路局组织召开的专家评审会，目前正在根据专家所提意见，对可行性研究报告初稿进行修稿完善，计划2016年年底前即可完成工程施工前期准备工作，启动工程建设。

五、2016年工作计划

2016年是陆港公司加快推进工程建设、全面展开业务运营的关键一年。在目前经济形势较为严峻的情况之下，引入“一关三检”、发挥陆港公司海铁联运、公铁联运的节点优势，提高陆港的市场竞争力是陆港公司年度工作任务的重中之重。2016年，陆港公司将继续奋勇拼搏、攻坚克难，计划投资7.9亿元，从以下两个方面开展实际工作，推进项目建设。

（一）加快项目基础设施建设

取得北京铁路局支持，完成项目前期手续，启动铁路专用线工程建设，尽快打通铁路运输通道，实现与黄骅港的无缝对接；完成保税库区建设，发挥海关入驻园区的先天优势，引入“一关三检”功能，实现就地办单，为企业提供一站式供应链服务；完成仓储库、钢材加工库等工程建设，提升陆港园区的仓储、加工、堆存和装卸能力，增强项目的市场竞争力；在国家“互联网+”的战略指引下，搭建信息化平台，提升作业效率。

（二）全面启动陆港业务

在稳步开展现有钢材、粮食贸易及仓储等业务的同时，依靠邯郸钢铁优势，在巴基斯坦、菲律宾等地开展钢材贸易，做大做强钢材大市场；开展汽车、食品等进出口贸易，拓展国外市场；与邯郸铁路部门建立合作关系，培育集装箱、散杂货及油品类的业务市场，为后续冀南地区物流集装箱化创造条件。

河北万合物流股份有限公司

一、公司简介

河北万合物流股份有限公司是万合集团股份有限公司下属控股子公司。公司注册资本1亿元，现下辖9个分、子公司及冀南公铁港综合物流中心。目前，公司拥有员工800余人，各类货运车辆6000余部，天车、吊车、铲车和叉车等专用物流设备200余台，标准仓储库、海关保税监管库和堆场面积达到12多万平方米，物流业务辐射全国20多个省市。2015年主营业务收入15亿元，年实现利税5000余万元，年度实现运量350万吨，港口运输20万吨，销售煤炭、钢材等30余万吨。公司先后被评为5A级综合物流企业、全国物流百强企业、河北省物流50强、交通运输部重点联系道路运输企业、中国物流实验基地、交通部和国家发展和改革委确定的甩挂运输试点企业，被中国交通企业管理协会评为全国交通运输行业重点联系物流园区、2015年度全国交通运输优质服务示范物流企业，公司通过了ISO 9001质量管理体系审核认证。

二、主要成绩及优势

（一）拓展公路运输业务

公司本着“快捷、高效、安全、经济”的原则，利用雄厚的车辆资源、完备的物流网络、高效的管理体系和专业的服务团队，为钢铁、电力、水泥、煤化工等生产制造企业提供原材料及产成品的大宗散货公路运输服务。近年来，公司立足冀晋鲁豫并不断向周边省市拓展市场，扩大业务规模。主要客户有：河北钢铁、中国华能、冀中能源、大唐电力、金隅水泥、中储棉等大型企业。

（二）运贸一体化协同发展

公司结合大宗散货公路运输业务，延伸服务链条，拓展物流服务内容，开展煤炭贸易及洗选加工业务，建有4个储煤基地和2个煤炭洗选厂。根据区域经济特点，以当地大型钢铁、电力企业为主要服务对象，为客户提供全程物流解决方案，形成了原材料的采购、质检、运输、在途控制、储存、洗选加工、厂区配送等全程物流运贸一体化服务模式。同时增加了钢材、建材、矿石、水泥熟料等大宗商品的国内与国际贸易，贸易量和运输量得到同步增长。

（三）大力发展“一站式”综合物流园区服务

综合物流园区具有功能集成、设施共享、用地节约的优势。公司投资建设的冀南公铁港综合物流中心项目，位于邯郸市冀南新区马头经济开发区内，紧邻邯郸市环城高速、京珠高速和107国道，距离邯郸机场仅4.5千米，港内铁路专用线连接京广铁路和邯长、邯黄铁路，可直通黄骅、天津、青岛港。冀南公铁港属河北省重点支持项目，规划总占地500亩，计划投资5.5亿元，项目完全建成后，预计实现营业收入25亿元，利税3亿元。

冀南公铁港项目自2012年开工建设以来，已投资3亿多元，目前园区整体规划、场地道路、综合办公楼、信息中心楼、仓储库及海关保税和监管库都已完工运营。公铁港内拥有一条铁路专用线，正在进行改造，改造完成后将达到整列到发标准。项目建成后，将成为公铁多式联运、仓储配送及增值业务、陆路口岸、物流金融、物流信息中心“一站式”多功能服务型物流中心。

（四）创新物流金融业务

依托良好的企业信誉，与银行等金融部门开展合作，为客户提供便捷、安全的质押监管物流金融服务，并逐步渗入客户原材料和产品的采购、运输、销售环节，以整合社会资源，实现向供应链管理转型。2015年，公司与宝慧集团开展合作，大力推进物流金融服务业务，在质押监管物流金融业务合作基础上，扩大业务合作范围，逐步开展订单融资业务。公司根据客户产品订单，代购原材料，并对产品的加工、库存、销售、运输、回款等全过程监控。通过与客户建立战略合作伙伴关系，推动物流业与制造业联动发展的经营新模式，不断增强公司市场核心竞争力。

（五）区域领先的危险货物运输服务

公司下属的华恒公司是一家专业化危险品物流公司，拥有各类危险品车辆600余部，全部车辆通过GPS定位系统和视频监控系统，实现合理调度和全程可视化安全监管，业务涵盖危险品第一、第二、第三、第四、第五、第六、第八类，以及危货车辆上牌、保险、二级维护、修理等延伸业务，公司通过交通运输部道路危险货物运输安全生产标准化二级达标。华恒公司以专业的团队、敬业的态度、坚韧的意志，致力于为客户提供“比满意更满意的服务”，并逐步发展成为冀南区域危险品物流领域的龙头企业。

（六）专业化的大件物流运输服务

公司下属的畅运公司是一家专业化特种大件设备运输公司，主要从事大型、特种机械设备的运输与起重吊装，致力于为大型特种设备企业提供物流策划、制订运输方案及承担运输服务，是冀南区域最早以公路运输超长、超宽、超重物件的专业化公司。

三、未来规划

2016 年，国家着力推进供给侧结构性改革，煤炭、钢铁等大宗散货运输市场形势依然严峻，公司立足市场需求，不断创新发展，力争实现营业收入 18 亿元，运量达到 370 万吨。

（一）做足做好大宗散货运输业务

一是在原有大客户的基础上，不断拓展市场范围，向周边省市钢铁、煤炭、电力等企业拓展业务范围；二是以国家开展多式联运示范工程为契机，加快推进多式联运业务发展，降低物流成本，提升物流效率，增强企业核心竞争力。

（二）以货源为龙头，整合社会车辆资源，延伸业务链

广揽货源，大力吸引社会车辆挂靠，围绕挂靠车辆拓展服务内容，延伸价值链，增加盈利点。包括整合开发优质货源，以及搭配整合配货站等社会货源，匹配双程货源，做大业务量，提高运营效率和车辆效益。同时，拓展车辆服务范围，针对挂靠车辆做好车辆更新、销贷、保险、维修等服务，并在计划期内切入燃油、轮胎的集中采购，提升企业综合服务效益。

（三）加快公铁港建设，促进园区发展

一是着力推进铁路专用线改造，加大业务开发力度，引入战略合作伙伴，争取与邯郸货运中心、冀中能源等大企业进行业务合作，加快推进多式联运工程建设。二是扩大仓储量，适时介入产品的运输、销售、配送等增值业务。三是利用海关保税仓库和监管仓库，进一步谋划开展通关服务和国际货代业务。

（四）以物流金融为突破口，向供应链管理转型

针对客户需求，积极探索物流业与制造业联动发展的经营模式，逐步渗入上下游客户原材料采购、运输等环节，推动与中小企业建立战略合作关系，达到向供应链管理转型目的。

安平县聚成国际物流有限公司

一、企业简介

安平县聚成国际物流有限公司成立于2011年1月21日，注册资本1亿元，公司员工60余人，企业经营范围为物流服务，信息配载，仓储服务及停车场经营。

公司投资建设的安平县聚成国际物流园区位于安平县经济开发区，规划占地2平方千米，分两期完成，其中一期占地1200亩，综合服务区、丝网物流区、仓储区、司机之家四个功能分区已投入运营。目前，日发车达260车次，物流运输量达1万吨，形成了以丝网之都安平为中心，辐射国内外的物流运输网络，极大地促进了安平丝网产业的发展。

已投入运营的540亩的货物配送区，建有物流配送房526套，建筑面积近6万平方米，入驻货运企业218家，房源占用一空；仓储区建有标准仓库4.8万平方米，道路硬化面积近3万平方米，满足和方便了货运企业的仓储需要；占地107亩的司机之家，包含餐饮、洗浴、住宿、停车场及车辆维修等功能，可为他们提供安全、周到、卫生、方便的服务。

二、企业荣誉

2010年被省政府批准成为16个省级物流园区之一。

2012年被评为中国物流业品牌百强企业。

2013年被评为河北省物流行业50强企业。

2014年1月被中国物流与采购联合会评为4A级物流企业。

2014年9月通过ISO 9000质量体系认证。

2015年被评为中国物流园区50强。

2014年、2015年连续两年被中国物流与采购联合会评为优秀物流园区。

三、管理模式

公司是安平县新兴的龙头企业，以丝网的商品流带动物流的快速发展，同时根据市场发展的需求定位于第三方物流，为其客户提供第三方物流服务，更好地满足企业对物流的需求。园区投资400万元，委托武汉理工大学研发了电子交易平台和物流管理系统。实行行业领先的“七统一”管理运营服务模式：统一理货、统一限价、统一计量、统一票据、统一缴费、统一数据、统一发布。“七统一”的管理运营服务全部实施后，管理秩序将得到进一步的规范，竞争秩序将更加公平。

仓储区分为产成品仓储与原材料仓储区，园区加强与银行等金融机构合作，将仓储区作为其标准监管仓库，采用仓储金融“七模式”运作，即垫资代收货款模式、替代采购模式、信用证担保模式、仓单质押模式、买方信贷模式、授信融资模式、垫付货款模式。解决了中小企业融资难、流动资金不足的难题。同时，做到了规范运作，降低银行等金融机构放贷的风险，实现银企共赢。根据规划，该项目将建成以集仓库管理、干线运输、货物配送、流通加工、装卸搬运、货运交易、信息服务等多功能综合性物流园区。

四、2015 年开展的主要工作及业绩

（一）“聚民惠”项目

“聚民惠”电子商务平台（以下简称“聚民惠”）是园区 2015 年重点建设的综合性平台，通过整合全球电子商务资源，采用国际先进的电子商务理念，以现代企业制度治理手段来实施平台建设和市场运营。

“聚民惠”包括农村电子商务、跨境电子商务、惠民服务、智慧物流、供应链金融、连锁商超 6 大业务板块，联合金融机构、生产厂家、服务机构、经销商、门店、物流企业，建设综合化、信息化、智能化的服务平台，是当前中国正在崛起的“合伙人 + O2O”新型商业模式领军者。打造包括消费者、厂家、第三方服务供应商和其他人士在内的所有参与者，都享有成长和获益的商业生态系统。

“聚民惠”以物流为基础，以惠民为核心，以开放性为原则，以“合伙人 + O2O”商业模式为灵魂；以辐射全球的物流节点、覆盖全国的厂商、服务商、实体门店、物流专线、微仓等为资源；通过“聚民惠”平台实现对资源的合理统筹，通过物流网络，实现对资源的合理调配。最终构建合伙人联盟，构建线上线下生态链，实现厂商、服务商、门店、物流、消费者多方共赢。

目前，“聚民惠”业务领域已覆盖全国，拥有 10 万余家实体服务门店，开创的以“惠民”为核心，结合当地商业、生活服务，“实体 + 虚拟”“线上 + 线下”的模式，得到了多地政府、行业的大力支持和热切关注，荣获“河北省电子商务协会副会长单位”“河北省七大电商龙头企业”等殊荣。

项目于 2015 年 3 月立项。平台建设方面，手机 APP、PC 端综合服务平台均已上线投入使用，会员逾 11 万，服务商家签约 400 余家；线下实体店建设方面，“聚民惠”旗舰店已建成，城区合作商超布点 288 家，导入商品 6 大类 413 种；物流网络建设方

面，4 万方微仓已建成，可为安平及周边市县的电商、微商企业及个人提供仓储配送、品牌认证、产品代销等服务。一期建设实现了“聚民惠”模式的落地，项目二期计划在 2017 年年底完成根植安平面向全国的布局。

项目特点。一是符合政策导向。“聚民惠”的宗旨是“聚优品、惠全民”，响应中央供给侧改革的号召，联合全球名优新特产品厂家、供应商，为大众供应物美价实产品，切实践行互联网 + 的电子商务、益民服务、高效物流、创业创新、普惠金融等实践。二是开放性和共享性。“聚民惠”联合全球名优新特产品的厂商、供应商、实体门店、服务机构、服务商家、物流企业，构建“合伙人联盟网络”，运营的线上线下生态系统，让所有合伙人均享有成长和获益的机会。三是有利于当地经济的发展。通过“聚民惠”的线上线下渠道，拓展当地企业产品的外销渠道，有利于形成区域特色经济圈。

（二）物流标准化项目

在园区内，推动托盘标准化及其循环共用、标准周转箱容器应用，以及对非标准托盘进行标准化更新；鼓励园区内货站带标准化托盘运输，支持使用和更新标准化周转箱、笼车等标准化物流设备；推广应用与标准化托盘、周转箱、笼车相适应的货架、叉车等设施设备，带动物流设施设备标准化升级改造和普及应用。

该项目实施后，经济效益方面，每年为企业节约物流配送费用逾 100 万元，能为园区每年创造逾 60 万元经济效益；社会效益方面，为社会节约物流成本，促进产业结构升级，营造良好产业环境，提升物流产业的服务水平，有效降低空载率，提高沟通效率，提升物资的复用水平。

五、2016 年规划

2016 年公司规划建设项目有两个：信息化大楼项目和物流加工区。

（一）建设信息化大楼

该项目位于物流园综合服务区，拟投资 2.2 亿元，楼高 11 层，建筑面积 3.3 万平方米。大楼以服务丝网产业为中心，以信息化手段为抓手，全面覆盖丝网产业链内的信息流、物流、资金流、商流和人才流，形成包括丝网生产商、搜索服务商、平台服务商、物流服务商、会展服务商以及咨询服务商等的“电子商务产业集群”，构建具有国际竞争力的丝网产业电子商务服务体系。该大楼主要搭建九大服务平台：①丝网产品 O2O 服务平台；②丝网产业信息服务平台；③丝网产业物流信息平台；④政府网站丝网信息服务平台；⑤丝网产业网商孵化服务平台；⑥丝网产业金融服务平台；⑦政府服务平台；⑧商务服务中心平台；⑨云计算平台。

（二）建设物流加工区

该项目位于物流园流通加工区，占地 152 亩。流通加工是物流园的重要服务功能，是物流中的重要利润源，是一种低投入高产出的盈利方式，往往以简单加工解决大问题。流通加工在国民经济中也处在非常重要的地位，对推动国民经济的发展和完善国民经济的产业结构和生产分工有着重要的意义。

河北邢业通物流有限公司

一、企业简介

河北邢业通物流有限公司（以下简称邢业通）成立于2010年12月，是以农产品冷链物流为主的综合物流企业，注册资本3000万元。公司位于河北省邢台市高开区王家屯村东，是一家拥有高新技术的现代物流企业，拥有固定资产15000万元，年营业收入800万，是集货物仓储、运输、采购于一体，跨区域、网络化、信息化、智能化的综合性物流公司，主要经营范围为冷链仓储、电子商务、农批市场、同城配送等。现有职工43人，拥有大批中高级经营管理等专业技术人才。公司十分注重对中青年技术人员、经营管理人才的培养和引进，为公司发展和客户服务提供了强有力的技术支持。

公司2012年被中华人民共和国科学技术部、国家农产品保鲜工程技术研究中心评选为国家支撑计划“河北示范基地”；2013年被邢台市人民政府评选为2013年度邢台市服务业“龙头企业”，被河北省质量技术监督局评选为“服务业标准化示范单位”；2012年、2013年、2014年、2015年都被中国冷链物流联盟评选为“中国冷链物流50强企业”；2014年被邢台市人民政府评选为邢台市农业产业化“重点龙头企业”和“市级重点龙头企业”，被中国品牌质量管理评价中心、中国中小企业名牌培训工作委员会授予“全国消费者公认品牌企业”。

邢业通冷链物流项目是河北省重点建设项目，是河北省政府批复的“河北省十大综合物流产业聚集区”之一。该项目总投资11亿元，规划占地600亩，总建筑面积44万平方米。建设内容为：27层物流大厦（双子楼）一座，27层综合物流配送中心一座，12层物流立体仓储超市4座，大型停车场3座及辅助设施等，购置安装制冷、装卸、运输等设备3372台（套）。项目分3期建设，全部投资完成后将形成仓储量为20万吨（其中冷库仓储12万吨，其他仓储8万吨），年吞吐量为500万吨的冷链物流基地。

二、突出优势

邢业通走的是集团化发展路线，坚定地站在以农产品产业园为中心，冷链物流、农批市场、电子商务协同发展的道路，凭借农批市场的广泛资源，冷链物流的保险功能，以电子商务为载体，运用“线下实体+网上订单”的整合网络营销模式，打造基地、厂家、市场和冷库直供，安全可追溯的现代化农副产品综合服务平台。

三、主要成绩

（一）合理规划，专业化管理

在物资充足的情况下，做到专库专用；对于季节性和短期存储的货物做规划处理，对仓储闲置期、仓储密度不饱和此类问题制定应对方案；坚持标准化管理，注重食品卫生标准、存放标准，托盘使用标准和物资装卸标准；实现了肉食、速冻食品、板栗、苹果等多个专业专用库，全年食品存放零事故。

（二）与时俱进，信息化营销

通过互联网、移动互联网的社区、社交、网站、媒体等多个平台，传播公司信息和文化，招商业务信息定时发送，注册企业官方的通信工具，逐步将冷链物流的电子商务纳入发展规划。树立大数据时代管理理念，一切以数据为业务发展的判断依据，定期总结分析收录数据，制订业务调整和发展计划。2015 年 3 月 21 日，物流派发布上线，并把第一个线下实体服务站设立在公司，物流派作为一个智慧物流公共服务平台，可以实现车源货源，无缝对接，基于大数据，物流派平台为用户推送一手货源、车源信息，实现精准匹配与实时对接。

（三）增加功能，多元化发展

成立物流部，开展配货业务。为储存客户提供中短途配货服务，既方便了客户同时增加了公司收入。邢台地区是苹果和板栗的主产区，公司通过为地方特产提供优质的仓储条件，满足了整个邢台地区百分之六十的特产商品的存储需求，并附带加工、包装、运输等功能服务，起到了地方名优特产品的仓储、中转示范作用。

四、未来规划

邢业通冷链物流项目将打造成华北地区最大的冷链物流基地，项目建成后将实现年营业收入 10.56 亿元，年利润总额为 1.38 亿元，年税金 5280 万元，投资利润率为 15%，利税率为 17%，投资回收期为 6.43 年。项目运营将辐射周边省市乃至全国各地，打造华北区域的“大冰箱”，为国家调控农产品市场物价起到积极的作用。

加强服务意识，树立品牌形象，深刻认识邢业通作为中国冷链 50 强，国家农产品保鲜基地，服务业龙头企业等荣誉在冷链行业和地区企业的重要地位，加强企业文化建设，提升服务站位，建立“一切工作以服务客户为出发点，以公司营利为目的”的经营管理理念，进一步提升邢业通在冷链物流行业的影响力。

唐山成联电子商务有限公司

一、企业简介

唐山成联电子商务有限公司（以下简称成联电商），作为河北省建设运营城市共同配送公共信息服务平台的先行单位，通过不断探索与创新，成功搭建了河北省物流信息服务平台——“物流河北”，对推进物流行业信息化的转型升级起到了引领、示范作用，为实现河北省内物流信息的互联互通，促进京津冀协调发展具有战略意义。

公司成立于2003年，总部位于唐山国家级高新技术产业开发区，是唐山市注册成立的第一家电子商务公司，也是唐山市目前规模最大、实力最强的电子商务企业，河北省首家电子商务类高新技术企业。现有员工300余人，主营行业电子商务、现代物流业务，具备丰富的行业公共服务平台运行经验，形成了一套独具特色的“产业电商官网模式”，旗下运营“中国耐材之窗网”“中国陶瓷官网”“中国物流官网”分别是中国耐火材料行业协会、中国陶瓷工业协会和中国仓储协会唯一指定官方网站。

企业多年致力于物流标准化、信息化的创新研究，在全国率先提出：“以城市为节点，建设跨企业、行业，实现互联互通、共建共赢的物流信息服务平台。”成功探索出物流行业电子商务化发展之路，开创了“互联网+物流”的全新商业模式，先后荣获“中国城市物流配送标杆企业”“CFLP2014年中国物流与采购信息化优秀案例”“河北省电子商务示范单位”“河北省科技型中小企业”“河北省优秀互联网站”“河北省十佳互联网站”“唐山市中小企业公共服务平台”等荣誉。

二、“物流河北”基本情况

“物流河北”是全国首个以城市为节点建设的省级城市共同配送公共信息服务平台。是商务部开展城市共同配送试点工作的背景之下，由河北省商务厅面向全省各市发起的智慧物流信息化工程。它以省内城市节点平台为支撑，以“物流唐山”为蓝本，下设物流石家庄、物流保定等11个节点平台，在科学配置城市内部物流资源的基础上，实现了全省物流信息互联互通，是全国首家具备公益化、市场化双重服务职能，城市物流数据共享的省级物流公共信息服务平台。

三、创新亮点

（一）创新服务功能，成为国内首家上线的省级“互联网 + 物流”云平台

平台创新服务功能，将车源、货源、仓储等多类别信息进行整合，搭建起一个集物流、商流、信息流、资金流于一体的信息服务平台。可运用手机 APP、微信和电脑官网进入系统，通过产品终端直达用户，物流信息高度透明、对称，可利用物流大宗物资团购、直销等新型的产业电商官网模式，解决物流成本居高不下、物流企业发展缓慢的顽疾。平台是国内首家省级“互联网 + 物流”的云平台，可为全省物流行业、企业及从业人员提供全面的信息服务。

（二）信息化方式整合资源，市场化方式科学配置资源，实现城市共同配送

以信息化手段整合物流行业资源，保证子平台互联互通的基础上，进行外延和拓展。以市场化手段配置资源，可有效引导物流相关企业将富余资源和增量需求通过平台实现共享和对接，将政府、协会、企业等用户纳入统一的产业供应链中，极大满足物流资源源点多、分布广、信息量大、动态性强、及时性要求高等特性，深入行业企业运营的各个环节，加强行业企业信息化应用水平，从而降低物流成本、提升配送效能，带动物流行业向标准化、高端化方向快速转型升级，最终实现城市间的共同配送。

（三）节点城市平台技术、管理标准化，数据互联互通，破除信息孤岛

“物流河北”作为省级物流信息服务平台，借助开放的互联网环境，将平台技术、运营技术、管理技术等进行标准化输出。各节点城市平台按照统一的标准进行建设和管理，确保各信息平台的一致性，为现代物流业发展提供重要的技术环境保障。依托物流行业先进技术，进一步加强物流信息标准化体系和利益共享保障机制的建设，能彻底消除物流信息流通的障碍，有效破除信息孤岛的问题，从而真正实现物流信息资源的互联互通。

（四）营造平台生态，实现“公益化 + 市场化”多层次服务职能

“物流河北”基于开放的生态模式，能够实现物流资源的在线对接和交易，根据企业需求和资源，提供物流信息查询、信用档案、供应链金融、信息化解决方案、咨询等各类增值服务。以市场化运营为基础，保障平台自身生存发展和造血功能，为用户提供贯穿运营各个环节的全链条式服务。同时，兼顾公益化服务效能，为政府、协会等组织提供行业数据与信息服务，真正实现“公益化 + 市场化”的多层次服务职能。

（五）依托在线交易数据，构建物流行业诚信体系，净化交易环境、提升行业自律

平台通过物流信息的网络化，使车货双方直接对接，规避冗余环节。依托在线交易数据，为每个用户构建一套独立的“诚信评价”体系，摒除劣质资源，保留优质资源，在打造城市公共服务的诚信体系方面能够发挥不可或缺的重要作用，对于推动物流行业整体服务升级意义深远。同时，其信息流、数据流还能成为助力物流行业中小企业融资需求的有力支撑。

（六）大数据统计功能，满足政府及行业科学决策依据需要

平台开通的仓储统计、车源统计等统计功能，通过建立统一的服务标准，稳定的统计数据口径，实时了解物流资源的分布与应用情况，可以实现物流行业大数据的统计、汇总，通过深层解读，有效地实施大数据应用，极大地促进物流企业改进商业模式，形成新的价值理念。同时，给政府部门和行业提供数据分析，增强政府在城市配送过程中的参与、决策、监管和服务功能。

四、创新成效

（一）政府高度认可，起草行业国标

“物流河北”致力于城市共同配送的深入探索，旗下建设运营的“物流唐山”是在全国22个城市共同配送试点中脱颖而出并率先上线，打造了全国第一个标准化的城市共同配送公共服务信息平台。成联电商作为唯一一个连续两年在“全国商贸物流工作现场经验交流会”上受邀发言的企业，充分发挥了标杆与示范作用。得到了商务部的高度认可和大力支持。是商务部、国标委发布《商贸物流标准化专项行动计划》的第一批重点推进平台，并受商务部委托起草《城市共同配送平台运营管理规范》国家标准，引领行业标准化发展前沿。

（二）河北省全面打通，“物流京津冀”启动

河北省作为全国现代商贸物流重要基地，在“开放合作、资源共享”的理念指导下，“物流河北”将逐步启动与北京、天津两市物流信息平台的对接。顶端的云平台——“物流京津冀”的建设，将进一步促进三地物流资源的快速整合、高效配置，提升物流效率，为促进河北省物流产业的转型升级提供重要的物流信息网络保障。

（三）全国标准化同步输出，百余个城市对接互联

2015年5月18日，“中国物流官网”启动至今，标准化输出模式得到关注。通过

积极的市场推进，面向全国的标准化同步输出取得快速发展，且成效显著。已与百余个城市建立了对接联系，共同探讨互联互通、标准化输出合作，共同打造用户活跃、资源集聚的跨城市智慧物流平台系统。

五、发展规划

（一）注重产品创新，积极推进在线供应链金融系统建设

平台注重服务产品的创新，通过服务升级满足用户的多层次需求，在电子交易、大数据分析挖掘等前沿技术领域不断推陈出新的前提下，重点推进在线供应链金融系统的建设。通过订单交易、身份识别验证等信息技术，实现前台线上交易模块与在线供应链金融产品实现标准对接；对原有交易平台数据库进行结构优化与升级，跑通从产品的交易、融资支付、信用点评等完整的业务流程。

（二）深度挖掘和分析产业沉淀数据，为行业发展政府决策提供重要的数据支撑

平台的实施和推广，将沉淀大量的产业数据，通过对规模数据进行深度挖掘，为行业协会、政府部门、企业等单位的经营、发展、决策提供客观、有效的数据支撑体系，掌握行业发展规律和趋势，并能增加政府在城市物流过程中的参与、决策、监管和服务功能，为政府决策提供重要的数据支撑。

（三）叠加多重服务功能，打造成为“一站式”服务平台

平台在实现物流信息互联互通、在线交易的基础上，搭载更多服务功能，例如：标准化托盘循环共用系统、行业征信系统等，实现标准化物流平台“以一带多”，用户资源共享。在“物流河北”的全面布局下，在各个城市平台上进一步叠加、优化服务职能，使每一个城市平台变成全方位、多层次的服务机构，力争打造成为“一站式”服务平台，为信息汇总和标准化体系建设创造更为有利的条件。

（四）加快技术迭代，积极推广移动终端的应用

根据行业、企业的特点和差异化需求，公司不断细化、创新服务产品，加快技术迭代，将移动终端的推广、应用作为新的着力点。

目前“物流河北”的 PC 版已相对成熟，下一步将抓紧开发基于苹果 IOS 环境的 APP、安卓环境的 APK、物流河北手机版，实现智能手机及 PAD 等移动终端应用，通过终端地理定位等功能，实现车、货、库等就近搜索，更加方便快捷的实现共同配送。从而使平台真正成为物流从业者的随身商业信息源。同时，移动终端的定位功能也能够使平台对信息终端进行追踪，从而为用户提供更加周到的服务。

河北好日子商业股份有限公司

一、企业简介

河北好日子商业股份有限公司（以下简称好日子）成立于1998年，注册资本6419万元，总资产2.28亿元，是河北省供销合作总社新合作集团公司的参股子公司。公司创立至今18年来，一直致力于日用消费品的供应链服务系统研究，总结和实现了一套以城市为单位的区域化供应链渠道服务系统，已拥有仓储物流、电子商务、商贸流通、产业地产、产业金融5大支柱产业。现有员工156人，其中：技术人员28人、管理人员60人、销售人员12人。公司下设河北沧运好日子物流股份有限公司、沧州好日子房地产开发有限公司、沧州市好日子商业有限公司、北京物联速通信息技术有限公司、沧州市好日子投资管理有限公司。

公司先后获得商务部“万村千乡市场工程”优秀试点企业、中国商业联合会企业信用单位、河北省流通重点龙头企业、河北省企业信息化应用示范单位、河北省电子商务示范企业、河北最具市场竞争力企业等荣誉，是河北省商品交易市场联合会主席团主席兼副会长单位。

二、企业发展特色

思维领先：公司不单经营商品物流业务，而是基于日用快消品产业的商贸特征，延伸发展供应链流程服务。

团队领先：公司拥有18年来一直致力于日用快消品的分销以及分销过程服务系统研究的业务团队、设计团队、服务团队和售后团队。

资源领先：公司在北京、石家庄、沧州各市县市场历经7年模型演练及实践运营，已拥有沧州地区2万余家商超便利店、百余家快消品商贸流通代理企业合作伙伴及集约配送线路和优化物流资源。

产品领先：公司现已将电子商务平台、物流信息平台应用于线下实体业务，做到线上线下互联互通、信息对称、食品可溯，简化了传统繁杂环节。

三、工作开展情况

（一）搭建互联互通平台

随着物联网、移动互联网、云计算以及大数据等新兴技术引导产业渠道的成型。好日子作为根植本土的知名商贸物流企业，在深化强化产业承接、业态集约、互联网+功能基础上，顺势而为，顺势发展，以电商带动物流，物流促进电商为发展目标，围绕“产地基地+物联网”“商贸+物流”相结合的供应链O2O服务体系。依托好日子自主研发的“仓储服务智能系统，货品服务托管系统，物流配送直达系统，交易、货运、结算互通互联平台系统，商务社区管理系统”5大电子系统为支撑，创建新型商业服务模式组织引领商贸流通企业，促进企业由传统分散的经营模式向产业化、信息化、集约化、流程标准化、品牌集群化的战略转型。

经过资源整合和股权改制，经营管理团队通过学习嫁接国际先进管理理念和经营技术并结合国内行业发展规律和实际需求，公司历经多年自主研发，建成基于B2B电子商务交易与物流信息技术的“货栈网”平台系统。“货栈网”平台系统集成了仓储管理系统、配送管理系统、运输管理系统、订单管理系统、场站调度信息系统、客户信息归集系统、货品进销存管理系统、客户关系管理系统、数据交换系统、B2B交易系统、结算管理系统、终端POS系统。“货栈网”目前已申报六项自主著作知识版权，在线交易商品种类达7832种，在线交易商户达两万余家，年交易额突破亿元，为当地物流企业和批发代理商提供包括第三方物流配送服务、仓储管理等平台化服务，为本地区专业市场的批发商与大型商超、大卖场、便利店等供应链交易各环节主体提供仓储管理、装卸、配载、区域分拨配送等物流信息服务。开创了日用快消品商贸流通产业“网上批零”的先河，进一步优化，增加整个供应链的透明度和快速反应能力，降低成本、减少库存，增加整个供应链的竞争力。

（二）仓储物流再升级

2015年，全年完成商品出库额2.1亿元，目前已实现沧州地区市、县、乡村21000余家零售终端的信息系统覆盖链接，配送线路实现沧州辖区全覆盖。伴随电商物流产业的大发展，公司由传统服务上游批发代理商，下游零售终端模式向服务上游厂商，下游零售终端+消费者的垂直供需模式的逐步转型，初步实现了向现代物流服务供应商的战略转型。

（三）供应链系统整合优化

经过不断地用户体验反馈及资源优化，将原有系统平台从本质上有针对性地进行了功能拆分，形成现有订单交易、移动终端、互联网金融、仓储物流等独立运营平台，便于公司的商业运营、用户的专属定制使用及数据的提取。

通过业务流程改造和好日子供应链系统 3.0 的改造升级，充分实现了上下游商户供需双方高效对接，并进行移动物联交易系统的开发，有效解决了“商贸流通企业物流配送与供应链管理和成本管理的信息不对称及资金占用短缺、快消品不快”等难题，提高了区域商贸物流产业组织化程度、物流信息化水平、物流货运配载效率。

四、发展规划

公司计划 3 年时间完成好日子产业园开发建设，并逐期开园运营。产业园将汇聚日用消费品上游生产制造商、供应商、终端大型超市、实体卖场、电子商务及相关业态，并打通交易、配送、仓储、信息归集、流动资金等商贸流通环节，打造一个立足沧州、服务于京津，物流辐射半径 150 千米，集城乡配送、线上线下批发交易、现代办公、生活配套相结合的城市配套货运枢纽综合体。运营后可带动 2000 多家商贸流通企业实现产业转型升级创新，拉动商贸年交易额 200 多亿元，物流年配送额 70 亿元，可为政府实现年纳税额超过 2 亿元，力争带动新兴大学生创业 1000 多家，新型劳动岗位就业 50000 余人。产业园将实现四个目标，一是搭建完善的日用快消品电子商务流通孵化基地，建设完善的电商聚集平台。二是搭建基于电商平台的现代物流信息交易系统，有效整合区域及全国的物流信息，真正实现资源整合，信息共享。三是搭建干线接转、分拨配送、货物配载、仓储服务为一体的物流运营平台。四是搭建以商务办公、休闲娱乐为一体的综合服务平台，建设品牌实体展销和商品交易中心、商业配套等综合服务中心。

好日子未来将打通 020 + B2B2C 到 020 + C2B2B 的双向服务链，实现批发到零售一键式快捷服务及社区店最后一公里配送和门店体验消费下单直配的便民服务，并通过云数据归集分析及线下的深耕细作，深层次挖掘上游制造商、商贸流通企业经营、市场营销情况及社区店周边的购买力、消费水平和消费信息等潜在可开发增值资源。依托自建的批发交易服务体系、物流服务体系、仓储服务体系、金融服务体系、营销服务体系，最终形成多元化、一体化、平台化的企业经营业态。

河北省 A 级物流企业名录

5A 级 10 家

冀中能源国际物流集团有限公司
河北省物流产业集团有限公司
开滦集团国际物流有限责任公司
万合集团股份有限公司
唐山海港远大物流有限公司
冀中能源峰峰集团邯郸鼎峰物流有限公司
河北冀铁集团公司
唐山市佳源贸易发展有限责任公司
唐山港集团股份有限公司
河北好望角物流发展有限公司

4A 级 25 家

沧州运输集团股份公司
唐山北方物流有限公司
河北熙平物流股份有限公司
秦皇岛运力设备物流有限责任公司
河北邯钢附企巨恒物流有限公司
河北快运集团有限公司
秦皇岛中运物流有限公司
秦皇岛中首物流有限公司
唐山丰润区天明商贸有限公司
万和国际物流有限公司
承德风驰物流有限公司
河北新武安钢铁集团物流有限公司
河北省邮政速递物流有限公司
河北尚锋物流有限公司

安平县聚成国际物流有限公司
承德天运物流有限公司
河北之江物流有限公司
邯郸市明道物流股份有限公司
河北中恒泰达粮油贸易有限公司
唐山海港华贸物资经销有限公司
秦皇岛冀盛物流有限公司
河北顺邦物流有限公司
中国外运河北公司
保定保运物流有限公司
石家庄聚和港物流园区有限公司

3A 级 25 家

冀运集团股份有限公司
中国唐山外轮代理有限公司
唐山外代国际货运有限公司
石家庄远成物流有限公司
秦皇岛龙腾运输集团有限公司
中国外运秦皇岛公司
河北润丰物流有限公司
河北大华国际物流集团有限公司
河北省邮政速递物流有限公司唐山市分公司
秦皇岛日月星物流有限公司
中国外运河北唐山公司
唐山百货大楼集团银河物流有限责任公司
廊坊市东方华星化工有限公司
河北省邮政速递物流有限公司廊坊市分公司
石家庄福盛源商贸有限公司
石家庄安捷联运有限公司
河北润成仓储有限公司
兴隆县汇丰物流配送有限公司
河北昌裕物流有限公司
河北保成物流有限公司
唐山联丰仓储服务有限公司
石家庄德邦物流有限公司

沧州稳达供物流有限公司
廊坊市跃兴物流有限公司
秦皇岛港通物流有限公司

2A 级 4 家

黄骅运输总公司
张家口通泰物流中心有限公司
秦皇岛首钢渤通物流有限公司
文安县隆兴物流有限公司

（资料来源：河北省现代物流协会）

政策篇

国家政策

国务院关于加快发展服务贸易的若干意见

国发〔2015〕8号

各省、自治区、直辖市人民政府，国务院各部委、各直属机构：

近年来，我国服务贸易发展较快，但总体上国际竞争力相对不足，仍是对外贸易“短板”。大力发展服务贸易，是扩大开放、拓展发展空间的重要着力点，有利于稳定和增加就业、调整经济结构、提高发展质量效率、培育新的增长点。为适应经济新常态，加快发展服务贸易，现提出以下意见：

一、总体要求

（一）指导思想。深入贯彻党的十八大和十八届二中、三中、四中全会精神，以深化改革、扩大开放、鼓励创新为动力，着力构建公平竞争的市场环境，促进服务领域相互投资，完善服务贸易政策支持体系，加快服务贸易自由化和便利化，推动扩大服务贸易规模，优化服务贸易结构，增强服务出口能力，培育“中国服务”的国际竞争力。

（二）基本原则。深化改革，扩大开放。深化服务业改革，放宽服务领域投资准入，减少行政审批事项，打破地区封锁和行业垄断，破除制约服务业发展的体制机制障碍；坚持有序推进服务业开放，以开放促改革、促发展、促创新。

市场竞争，政府引导。发挥市场在服务贸易领域资源配置中的决定性作用，着力激发各类市场主体发展新活力；强化政府在制度建设、宏观指导、营造环境、政策支持等方面的职责，更好发挥政府引导作用。

产业支撑，创新发展。注重产业与贸易、货物贸易与服务贸易协调发展。依托制造业优势发展服务贸易，带动中国服务“走出去”；发挥服务贸易的支撑作用，提升货物贸易附加值。夯实服务贸易发展基础，增强服务业的国际竞争力。

（三）发展目标。服务业开放水平进一步提高，服务业利用外资和对外投资范围逐步扩大、质量和水平逐步提升。服务贸易规模日益扩大，到2020年，服务进出口额超过1万亿美元，服务贸易占对外贸易的比重进一步提升，服务贸易的全球占比逐年提高。服务贸易结构日趋优化，新兴服务领域占比逐年提高，国际市场布局逐步均衡，“一带一路”沿线国家在我国服务出口中的占比稳步提升。

二、主要任务

（四）扩大服务贸易规模。巩固旅游、建筑等劳动密集型服务出口领域的规模优势；重点培育运输、通信、金融、保险、计算机和信息服务、咨询、研发设计、节能环保、环境服务等资本技术密集型服务领域发展，既通过扩大进口满足国内需求，又通过鼓励出口培育产业竞争力和外贸竞争新优势；积极推动文化艺术、广播影视、新闻出版、教育等承载中华文化核心价值的文化服务出口，大力促进文化创意、数字出版、动漫游戏等新型文化服务出口，加强中医药、体育、餐饮等特色服务领域的国际交流合作，提升中华文化软实力和影响力。

（五）优化服务贸易结构。优化服务贸易行业结构，积极开拓服务贸易新领域，稳步提升资本技术密集型服务和特色服务等高附加值服务在服务进出口中的占比。优化国际市场布局，继续巩固传统市场，在挖掘服务出口潜力的同时，加大资本技术密集型服务进口力度；大力开拓“一带一路”沿线国家市场，提高新兴国家市场占比，积极发展运输、建筑等服务贸易，培育具有丝绸之路特色的国际精品旅游线路和产品，推进承载中华文化的特色服务贸易发展，提高资本技术密集型服务贸易占比。优化国内区域布局，巩固东部沿海地区的规模和创新优势，加快发展资本技术密集型服务贸易，发挥中西部地区的资源优势，培育特色产业，鼓励错位竞争、协同发展。

（六）规划建设服务贸易功能区。充分发挥现代服务业和服务贸易集聚作用，在有条件的地区开展服务贸易创新发展试点。依托现有各类开发区和自由贸易试验区规划建设一批特色服务出口基地。拓展海关特殊监管区域和保税监管场所的服务出口功能，扩充国际转口贸易、国际物流、中转服务、研发、国际结算、分销、仓储等功能。

（七）创新服务贸易发展模式。积极探索信息化背景下新的服务贸易发展模式，依托大数据、物联网、移动互联网、云计算等新技术推动服务贸易模式创新，打造服务贸易新型网络平台，促进制造业与服务业、各服务行业之间的融合发展。将承接服务外包作为提升我国服务水平和国际影响力的重要手段，扩大服务外包产业规模，增加高技术含量、高附加值外包业务比重，拓展服务外包业务领域，提升服务跨境交付能力。推动离岸、在岸服务外包协调发展，在积极承接国际服务外包的同时，逐步扩大在岸市场规模。

（八）培育服务贸易市场主体。打造一批主业突出、竞争力强的大型跨国服务业企业，培育若干具有较强国际影响力的服务品牌；支持有特色、善创新的中小企业发展，引导中小企业融入全球供应链。鼓励规模以上服务业企业走国际化发展道路，积极开拓海外市场，力争规模以上服务业企业都有进出口实绩。支持服务贸易企业加强自主创新能力建设，鼓励服务领域技术引进和消化吸收再创新。

（九）进一步扩大服务业开放。探索对外商投资实行准入前国民待遇加负面清单的管理模式，提高利用外资的质量和水平。推动服务业扩大开放，推进金融、教育、文化、医疗等服务业领域有序开放，逐步实现高水平对内对外开放；放开育幼养老、建筑设计、会计审计、商贸物流、电子商务等服务业领域外资准入限制。积极参与多边、区域服务贸易谈判和全球服务贸易规则制定。建立面向全球的高标准自由贸易区网络，依托自由贸易区战略实施，积极推动服务业双向互惠开放。基本实现内地与港澳服务贸易自由化。推动大陆与台湾服务业互利开放。

（十）大力推动服务业对外投资。支持各类服务业企业通过新设、并购、合作等方式，在境外开展投资合作，加快建设境外营销网络，增加在境外的商业存在。支持服务业企业参与投资、建设和管理境外经贸合作区。鼓励企业建设境外保税仓，积极构建跨境产业链，带动国内劳务输出和货物、服务、技术出口。支持知识产权境外登记注册，加强知识产权海外布局，加大海外维权力度，维护企业权益。

三、政策措施

（十一）加强规划引导。发挥规划的引领作用，定期编制服务贸易发展规划。指导地方做好规划工作，确立主导行业和发展重点，扶持特色优势行业发展。加强对重点领域的支持引导，制订重点服务出口领域指导目录。建立不同层级的重点企业联系制度。

（十二）完善财税政策。充分利用外经贸发展专项资金等政策，加大对服务贸易发展的支持力度，进一步优化资金安排结构，突出政策支持重点，完善和创新支持方式，引导更多社会资金加大对服务贸易发展的支持力度，拓宽融资渠道，改善公共服务。结合全面实施“营改增”改革，对服务出口实行零税率或免税，鼓励扩大服务出口。

（十三）创新金融服务。加强金融服务体系建设，鼓励金融机构在风险可控的前提下创新金融产品和服务，开展供应链融资、海外并购融资、应收账款质押贷款、仓单质押贷款、融资租赁等业务。鼓励政策性金融机构在现有业务范围内加大对服务贸易企业开拓国际市场、开展国际并购等业务的支持力度，支持服务贸易重点项目建设。鼓励保险机构创新保险品种和保险业务，探索研究推出更多、更便捷的外贸汇率避险险种，在风险可控的前提下采取灵活承保政策，简化投保手续。引导服务贸易企业积极运用金融、保险等多种政策工具开拓国际市场，拓展融资渠道。推动小微企业融资担保体系建设，积极推进小微企业综合信息共享。加大多层次资本市场对服务贸易企业的支持力度，支持符合条件的服务贸易企业在交易所市场上市、在全国中小企业股份转让系统挂牌、发行公司债和中小企业私募债等。

（十四）提高便利化水平。建立和完善与服务贸易特点相适应的口岸通关管理模式。探索对会展、拍卖、快递等服务企业所需通关的国际展品、艺术品、电子商务快件等特殊物品的监管模式创新，完善跨境电子商务通关服务。加强金融基础设施建设，便利跨境人民币结算，鼓励境内银行机构和支付机构扩大跨境支付服务范围，支持服务贸易企业采用出口收入存放境外等方式提高外汇资金使用效率。加强人员流动、资格互认、标准化等方面的国际磋商与合作，为专业人才和专业服务“引进来”和“走出去”提供便利。为外籍高端人才办理在华永久居留提供便利。

（十五）打造促进平台。支持商协会和促进机构开展多种形式的服务贸易促进活动，通过政府购买服务的形式整体宣传“中国服务”，提升服务贸易品牌和企业形象。支持企业赴境外参加服务贸易重点展会。积极培育服务贸易交流合作平台，形成以中国（北京）国际服务贸易交易会为龙头、以各类专业性展会论坛为支撑的服务贸易会展格局，鼓励其他投资贸易类展会增设服务贸易展区。积极与主要服务贸易合作伙伴和“一带一路”沿线国家签订服务贸易合作协议，在双边框架下开展务实合作。

四、保障体系

（十六）健全法规体系。加快推进相关服务行业基础性法律制修订工作，逐步建立和完善服务贸易各领域法律法规体系，规范服务贸易市场准入和经营秩序。研究制定或完善有关服务进出口的相关法规。鼓励有条件的地方出台服务贸易地方性法规。建立与国际接轨的服务业标准化体系。

（十七）建立协调机制。建立国务院服务贸易发展协调机制，加强对服务贸易工作的宏观指导，统筹服务业对外开放、协调各部门服务出口政策、推进服务贸易便利化和自由化。各地要将大力发展服务贸易作为稳定外贸增长和培育外贸竞争新优势的重要工作内容，纳入政府考核评价指标体系，完善考核机制。

（十八）完善统计工作。建立和完善国际服务贸易统计监测、运行和分析体系，健全服务贸易统计指标体系，加强与国际组织、行业协会的数据信息交流，定期发布服务贸易统计数据。创新服务贸易统计方法，加强对地方服务贸易统计工作的指导，开展重点企业数据直报工作。

（十九）强化人才培养。大力培养服务贸易人才，加快形成政府部门、科研院所、高校、企业联合培养人才的机制。加大对核心人才、重点领域专门人才、高技能人才和国际化人才的培养、扶持和引进力度。鼓励高等学校国际经济与贸易专业增设服务贸易相关课程。鼓励各类市场主体加大人才培训力度，开展服务贸易经营管理和营销服务人员培训，建设一支高素质的专业人才队伍。

（二十）优化发展环境。积极营造全社会重视服务业和服务贸易发展的良好氛围。清理和规范服务贸易相关法律法规和部门规章，统一内外资法律法规，培育各类市场主体依法平等进入、公平竞争的营商环境。推动行业协会、商会建立健全行业经营自律规范、自律公约和职业道德准则，规范会员行为，推进行业诚信建设，自觉维护市场秩序。

五、组织领导

（二十一）各地区、各有关部门要从全局和战略的高度，充分认识大力发展服务贸易的重要意义，根据本地区、本部门、本行业实际情况，制订出台行动计划和配套支持政策。各地区要建立工作机制，结合本地实际，积极培育服务贸易特色优势产业。各有关部门要密切协作，形成合力，促进产业政策、贸易政策、投资政策的良性互动，积极营造大力发展服务贸易的政策环境。

国务院

2015 年 1 月 28 日

国务院关于同意建立国务院自由贸易试验区工作部际联席会议制度的批复

国函〔2015〕18号

商务部：

你部关于建立国务院自由贸易试验区工作部际联席会议制度的请示收悉。现批复如下：

同意建立由国务院领导同志牵头负责的国务院自由贸易试验区工作部际联席会议制度。联席会议不刻制印章，不正式行文，请按照国务院有关文件精神认真组织开展工作。

附件：国务院自由贸易试验区工作部际联席会议制度

国务院

2015年2月7日

附件：

国务院自由贸易试验区工作部际联席会议制度

为加强部门间协调配合，推进自由贸易试验区建设工作，经国务院同意，建立国务院自由贸易试验区工作部际联席会议（以下简称联席会议）制度。

一、主要职能

在国务院领导下，统筹协调全国自由贸易试验区试点工作。对全国自由贸易试验区深化改革试点工作进行宏观指导；协调解决自由贸易试验区改革试验中遇到的重大问题；及时评估、总结自由贸易试验区改革试点经验，提出复制推广意见和建议；完成国务院交办的其他事项。

二、成员单位

联席会议由商务部、中央宣传部、中央财办、发展改革委、教育部、工业和信息化部、公安部、司法部、财政部、人力资源社会保障部、国土资源部、住房城乡建设部、交通运输部、文化部、卫生计生委、人民银行、海关总署、税务总局、工商总局、质检总局、新闻出版广电总局、知识产权局、旅游局、港澳办、法制办、台办、银监会、证监会、保监会、外汇局等30个部门和单位组成，商务部为牵头单位。

国务院分管自由贸易试验区工作的领导同志担任联席会议召集人，商务部主要负责同志、协助分管自由贸易试验区工作的国务院副秘书长和中央宣传部、发展改革委有关负责同志担任副召集人，其他成员单位有关负责同志为联席会议成员（名单附后）。根据工作需要，联席会议可邀请其他相关部门参加。联席会议成员因工作变动需要调整的，由所在单位提出，联席会议确定。

联席会议办公室设在商务部，承担联席会议日常工作，商务部分管负责同志兼任办公室主任。联席会议设联络员，由各成员单位有关司局负责同志担任。

三、工作规则

联席会议根据工作需要定期或不定期召开会议，由召集人或召集人委托的副召集人主持。成员单位根据工作需要可以提出召开会议的建议。在全体会议之前，召开联络员会议，研究讨论联席会议议题和需提交联席会议议定的事项及其他有关事项。联席会议以会议纪要形式明确会议议定事项，印发有关方面并抄报国务院，重大事项按程序报批。

四、工作要求

各成员单位要按照职责分工，深入研究自由贸易试验区工作有关问题，制定相关配套政策措施或提出政策措施建议。认真落实联席会议确定的工作任务和议定事项。加强沟通，密切配合，相互支持，形成合力，充分发挥联席会议作用，形成高效运行的工作机制。联席会议办公室要及时向各成员单位通报情况。

国务院自由贸易试验区工作部际联席会议成员名单

召 集 人： 汪　洋　国务院副总理

副召集人： 高虎城　商务部部长

毕井泉　国务院副秘书长

孙志军　中央宣传部副部长

王晓涛　发展改革委副主任

成　　员： 杨伟民　中央财办副主任

郝　平　教育部副部长

毛伟明　工业和信息化部副部长

孟宏伟　公安部副部长
赵大程　司法部副部长
史耀斌　财政部副部长
汤　涛　人力资源社会保障部副部长
胡存智　国土资源部副部长
齐　骥　住房城乡建设部副部长
何建中　交通运输部副部长
王受文　商务部部长助理
项兆伦　文化部副部长
马晓伟　卫生计生委副主任
潘功胜　人民银行副行长
孙毅彪　海关总署副署长
解学智　税务总局副局长
刘玉亭　工商总局副局长
孙大伟　质检总局副局长
聂辰席　新闻出版广电总局副局长
贺　化　知识产权局副局长
杜一力　旅游局副局长
周　波　港澳办副主任
甘藏春　法制办副主任
龚清概　台办副主任
曹　宇　银监会副主席
张育军　证监会主席助理
王祖继　保监会副主席
李　超　外汇局副局长

国务院关于改进口岸工作支持外贸发展的若干意见

国发〔2015〕16号

各省、自治区、直辖市人民政府，国务院各部委、各直属机构：

口岸是国家对外开放的门户，是对外交往和经贸合作的桥梁，是国家安全的重要屏障。改革开放30多年来，口岸快速发展，对我国改革开放和现代化建设产生了广泛而深刻的影响。当前，我国改革进入攻坚期和深水区，经济发展进入新常态，对外开放步入新阶段，这些都对口岸工作提出了新的更高要求。为适应新形势新要求，推动外贸稳定增长和转型升级，促进经济平稳健康发展，按照党中央、国务院的决策部署，现就改进口岸工作、支持外贸发展提出如下意见：

一、优化口岸服务，促进外贸稳定增长

（一）加大简政放权力度。在现有基础上再取消下放一批涉及口岸通关及进出口环节的行政审批事项，全部取消非行政许可审批。建立规范口岸相关部门行政审批的管理制度。严格控制新设行政审批事项，不得违法设定或变相设定审批。明确审查标准，承诺办理时限，不得违法提高审批门槛、延长审批时限。健全完善行政审批制度改革配套管理制度，优化内部核批程序，减少审核环节，在改进服务、高效便民的同时做到放管结合，加强事中事后监管。研究探索实行联合审批、并联审批。尽快制定公布权力清单和责任清单。规范并发挥口岸相关行业协会作用，促进口岸通关中介服务市场健康发展。

（二）改进口岸通关服务。加强口岸执法政务公开的系统性、及时性，进一步规范和公布通关作业时限。推进口岸监管方式创新，通过属地管理、前置服务、后续核查等方式将口岸通关现场非必要的执法作业前推后移，把口岸通关现场执法减到最低限度。对企业实施分类管理，拓宽企业集中申报、提前申报范围，支持企业扩大出口、增加进口。完善查验办法，增强查验针对性和有效性。提高非侵入、非干扰式检查检验比例。对查验没有问题的免除企业吊装、移位、仓储等费用，此类费用由中央财政负担。同时，加大对有问题企业的处罚力度。对“走出去”企业在国外生产加工的符合我国要求的产品进口，予以通关便利。

（三）清理规范收费。坚决取缔进出口环节违规设立的行政事业性收费，进一步规范进出口环节经营服务性收费，切实减轻外贸企业负担。对依法合规设立的进出口环

节行政事业性收费、政府性基金以及实施政府定价或指导价的经营服务性收费实行目录清单管理，未列入清单的一律按乱收费查处。对征收对象相同、计征方式相似、使用范围相近的收费项目予以归并，适当降低收费标准。厘清各类电子商务平台边界，属于政府投入的免费向社会开放，属于市场化增值服务的放开资质要求，鼓励多元化投入。清理整顿报关、报检、货代、船代、港口服务等环节收费，坚决取缔依托行政机关、依靠行政权力提供强制服务、不具备资质、只收费不服务的“红顶中介”。协调毗邻国家公布进出境环节各类收费的项目、标准和依据。

（四）推进通关作业无纸化。优化报关单随附单证传输方式，提高企业申报效率，节约报关成本。加快推进税费电子数据联网进程，取消纸质税单，实现税单无纸化。进一步完善和优化联网核查管理，逐步取消人工验核纸质单证，加快推进监管证件无纸化进程。研究取消纸质出口货物报关单（出口退税专用），税务部门可凭海关电子数据为企业办理出口退税手续，提高企业出口退税速度。

二、加强口岸建设，推动外贸转型升级

（五）加强口岸基础设施建设。以共享共用为目标，整合口岸监管设施资源和查验场地。尽快制订口岸查验设施建设标准。研究规范口岸查验设施建设、改造、运行维护等资金管理，进一步明确资金来源渠道，加大资金投入力度。规范国家对外开放口岸查验设施建设改造中央基建投资补助申请渠道。利用多种资金渠道，加强边境口岸改造及查验设施建设，改善边境口岸通行条件。统筹使用援外资金，对国际运输大通道所涉及毗邻国家口岸基础和查验设施建设的援助优先予以安排，确保我与毗邻国家边境口岸通行能力相当以及跨境基础设施互联互通。

（六）积极推进国际贸易“单一窗口”建设。依托电子口岸公共平台，推进国际贸易“单一窗口”建设，加快推进形成电子口岸跨部门共建、共管、共享机制。推动“单一窗口”共享数据标准化，完善和拓展“单一窗口”的应用功能，进一步优化口岸监管执法流程和通关流程。按照2015年年底在沿海口岸、2017年在全国所有口岸建成“单一窗口”的目标，加快推广上海自贸试验区“单一窗口”建设试点经验，条件成熟的地区可探索建立与区域发展战略相适应的“单一窗口”。同时，加强风险分析和综合研判，推动监控指挥、全程可视化物流监控体系建设。推进出入境证件电子化，推广旅客自助式通关系统和车辆“一站式”电子验放系统。

（七）支持新型贸易业态和平台发展。支持跨境电子商务综合试验区建设，建立和完善跨境电子商务通关管理系统和质量安全监管系统，为大众创业、万众创新提供更为宽松、便捷的发展环境，取得经验后，逐步扩大综合试点范围。加快出台促进跨境电子商务健康快速发展的指导意见，支持企业运用跨境电子商务开拓国际市场，按照公平竞争原则开展并扩大跨境电子商务进口业务。进一步完善相关政策，创新监管方式，扩大市场采购贸易试点范围，推动外贸综合服务企业加快发展，支持扩大外贸

出口。

（八）推进海关特殊监管区域制度创新。加强口岸与海关特殊监管区域联动发展，加快复制推广自贸试验区及海关特殊监管区域试点成熟的创新制度措施。规范、完善海关特殊监管区域税收政策，为区内企业参与国内市场创造公平竞争的政策环境。总结苏州、重庆贸易多元化试点经验，适时研究扩大试点。在上海自贸试验区的海关特殊监管区域内，积极推进内销选择性征收关税政策先行先试，统筹研究推进货物状态分类监管试点。充分发挥海关特殊监管区域辐射带动作用，推动区域产业升级，继续引导加工贸易向中西部地区转移，鼓励加工贸易企业向海关特殊监管区域集中。促进与加工贸易相关联的销售、结算、物流、检测、维修和研发等生产性服务业有序发展。

（九）支持地方依托口岸发展经济。依托口岸优势，建设海关特殊监管区域、边境经济合作区、跨境经济合作区及现代物流园区等平台和载体，打造集综合加工、商贸流通、现代物流、文化旅游等于一体的口岸经济增长极。推进内陆与沿海沿边口岸之间的物流合作和联动发展，发展国际物流，构建集仓储、运输、加工为一体的现代物流体系。配合国家产业政策，增设整车、药品等进口口岸。在有条件的口岸支持建设检验检疫指定口岸。完善免税店政策，优化口岸免税店空间布局，促进免税业务健康发展。规范边民互市贸易，支持边境地区发展特色优势产业，促进边贸与产业互促互动。继续发挥边境贸易资源能源通道作用，支持边境贸易企业参与大宗资源能源产品经营。

三、深化口岸协作，改善外贸发展环境

（十）创新大通关协作机制和模式。统筹推进全国一体化通关改革，实现全国海关报关、征税、查验、放行通关全流程的一体化作业，推动检验检疫一体化，实现通报、通检、通放。在京津冀、长江经济带和广东地区区域通关一体化先行先试基础上，加快跨行政区域、跨部门口岸大通关建设步伐。建立健全中欧班列等便捷通关协作机制，创新多式联运监管体系。促进粤港澳口岸通关事务合作，加强口岸跨境重大基础设施建设项目的沟通协调，完善粤港、粤澳口岸联络协作机制，密切粤港澳人员和经贸往来。创新珠澳口岸查验机制和通关模式。

（十一）加强口岸执法协作。加快实现信息互换、监管互认、执法互助，扩大联合执法、联合查验范围。进一步优化监管执法流程，逐步由“串联执法”转为“并联执法”。在全面实施关检合作“三个一”（一次申报、一次查验、一次放行）的基础上，逐步向“单一窗口”转变，实现口岸相关部门信息共享共用。探索对进出境运输工具、货物实施“联合查验、一次放行”等通关新模式，减少重复查验。

（十二）促进与周边国家口岸互联互通。积极推动双边和多边口岸国际合作交流，加快加入国际便利运输公约等谈判进程，构建国际运输大通道多国跨区域口岸通关和便利运输协作机制。将边境口岸合作事务纳入与邻国签署的共建“一带一路”合作备

忘录等协议，与毗邻国家围绕重点口岸开展合作。建立健全我与毗邻国家口岸合作机制，加强双边在口岸对等设立、工作制度、安全防范、便利通关和基础设施建设等方面的沟通与协作。支持边境口岸地方政府、口岸查验机构与毗邻国家对应政府和机构开展交流协作，协调解决通关中存在的问题。选择部分条件较好的边境口岸开展查验监管模式创新的国际合作，研究实施“一地两检”“绿色通道”“联合监管”等措施，推动陆路边境口岸提升通行能力和通关效率。

（十三）保障口岸安全畅通。建立健全口岸突发事件应急联动机制和处置预案，明确任务分工，落实安全防控措施。加大对口岸查验及安防设备等硬件的投入力度，提高查验监管科技水平和疫病疫情防控能力。口岸查验各部门要加强联防联控，及时交换相关情报信息，推动在防控暴恐、应对突发事件、打击走私、打击骗退税、查处逃避检验检疫、反偷渡和制止不安全产品及假冒伪劣商品进出境等方面的合作，提高口岸整体安防管控水平，确保口岸运行安全、高效、畅通。

四、扩大口岸开放，提升对外开放水平

（十四）扩大内陆地区口岸对外开放。完善“一带一路”内陆地区口岸支点布局，支持在国际铁路货物运输沿线主要站点和重要内河港口合理设立直接办理货物进出境手续的查验场所。支持内陆航空口岸增开国际客货运航线、航班。在符合条件的地方扩大旅客联程中转、口岸签证和过境免签政策试点口岸范围。发展江海、铁水、陆航等多式联运，允许运输工具、货物换装和集拼，实现多式联运一次申报、指运地（出境地）一次查验，对换装地不改变施封状态的予以直接放行，加快形成横贯东中西、联结南北方的对外经济贸易走廊。

（十五）加快沿边地区口岸开放步伐。将沿边重点开发开放试验区、边境经济合作区、跨境经济合作区建成我与周边合作的重要平台，允许沿边重点口岸、边境城市、经济合作区在人员往来、加工物流、旅游等方面实施特殊方式和政策。有序推动边境口岸的对等设立和扩大开放，加快建设丝绸之路经济带重要开放门户和跨境通道。支持边境地区完善口岸功能，推进边境口岸城镇化建设，促进城镇、产业与口岸经济协同可持续发展。研究制定边民通道管理办法，规范云南、广西等省区边民通道管理，支持“一口岸多通道”监管模式创新。

（十六）提升沿海地区口岸开放水平。推进21世纪海上丝绸之路建设所涉港口对外开放，支持上海、广东、天津、福建等自贸试验区范围内港口、机场的开放和建设。统筹规划、有序开发利用沿海对外开放的港口码头和岸线资源，实现同一经济区域内口岸合理布局、错位发展、优势互补。按照长三角、珠三角、环渤海、北部湾等区域经济协同发展需求，在沿海地区形成若干具有较强国际竞争力的枢纽型水运、航空口岸和区域口岸集群。

五、夯实口岸基础，提高服务经济社会发展能力

（十七）创新口岸开放管理机制。加强口岸运量统计、通关效率和发展状况监测分析，科学预测中远期客货运量，为口岸的开放布局、优化整合、投资建设等提供数据支撑。实施口岸动态管理，制定口岸准入退出管理办法，整合或关闭开放后长期无通关业务和业务量小、国家批准后长期不开放的口岸。推行口岸分级管理，根据口岸的功能定位、客货运量，探索实施国际枢纽口岸、国家重要口岸和地区普通口岸三级管理方式，在扩大开放、建设投入、功能扩展、通关模式和人力资源配置等方面实行差别化措施。优化整合、规范管理内陆无水港、监管点和车辆检查场等查验场所。

（十八）优化口岸开放工作流程。深入研究新形势下口岸的功能定位，科学论证经济社会发展对口岸工作的需求，准确评估全国口岸布局状况，研究制定国家“十三五”口岸发展规划。由省、自治区、直辖市人民政府按照国家口岸发展规划和口岸开放有关要求，按程序提出口岸开放申请，涉及口岸查验机构设置和人员编制、国家基建投资补助及军事设施保护措施等，统一由国家口岸管理部门会商中央编办、国务院相关部门和总参谋部研究确定。健全口岸开放审批会商机制，明确各环节办理时限，加强有关信息沟通，提高口岸开放审批效率。完善口岸开放验收的标准、条件和工作规程。完善临时开放口岸管理办法，根据需求适当延长临时开放期限。

（十九）优化口岸查验人力资源配置。按照“总量控制、动态调整”原则，健全查验机构设置、人员编制的调配机制，促进系统内编制的挖潜调剂与优化配置。进一步优化查验流程、整合内设机构，合理设置工作岗位，推行口岸查验机构扁平化管理模式，加大人员向执法一线倾斜力度。通过深化改革、简政放权、改进管理、创新监管，进一步提高查验机构工作效能。深入开展窗口建设、行风治理。以外树形象、内强素质为重点，加强队伍建设，努力打造文明、公正、廉洁的高素质口岸查验队伍。

（二十）完善通关法治体系建设。抓紧出台口岸工作条例。推动适时修订完善与口岸执法相关的法律法规。建立健全口岸开放、建设、运行等方面的规章制度。加快建设企业诚信体系，建立健全企业信用评价档案。制定完善查验机构执法服务规范和标准，营造稳定、透明、可预期的执法服务和营商环境。

六、加强对口岸工作的组织领导

（二十一）加强组织领导和工作协调。充分发挥国务院口岸工作部际联席会议制度的作用，协调解决全国口岸改革发展中的重大问题，研究确定并推进实施口岸重大改革方案和政策措施，推进口岸通关中各部门的协作配合。国务院口岸工作部际联席会议统一承担全国及各地方电子口岸建设业务指导和综合协调职责。国家口岸管理部门要加强政策研究和协调，会同有关部门制定联席会议工作规则，完善工作机制，加强督促落实。

（二十二）强化地方政府责任。各省、自治区、直辖市人民政府要制定落实国家口岸发展规划的配套措施，结合本地实际进一步完善口岸工作制度，统筹规划口岸发展。县级以上地方人民政府要进一步加强对本地区口岸工作的领导，建立健全口岸工作综合协调机制，完善口岸基础设施，强化口岸综合治理，推进跨区域口岸合作和大通关建设，做好口岸服务保障工作，确保口岸安全高效运行。

国务院

2015 年 4 月 1 日

国务院关于大力发展电子商务加快培育经济新动力的意见

国发〔2015〕24号

各省、自治区、直辖市人民政府，国务院各部委、各直属机构：

近年来我国电子商务发展迅猛，不仅创造了新的消费需求，引发了新的投资热潮，开辟了就业增收新渠道，为大众创业、万众创新提供了新空间，而且电子商务正加速与制造业融合，推动服务业转型升级，催生新兴业态，成为提供公共产品、公共服务的新力量，成为经济发展新的原动力。与此同时，电子商务发展面临管理方式不适应、诚信体系不健全、市场秩序不规范等问题，亟须采取措施予以解决。当前，我国已进入全面建成小康社会的决定性阶段，为减小束缚电子商务发展的机制体制障碍，进一步发挥电子商务在培育经济新动力，打造“双引擎”、实现“双目标”等方面的重要作用，现提出以下意见：

一、指导思想、基本原则和主要目标

（一）指导思想。全面贯彻党的十八大和十八届二中、三中、四中全会精神，按照党中央、国务院决策部署，坚持依靠改革推动科学发展，主动适应和引领经济发展新常态，着力解决电子商务发展中的深层次矛盾和重大问题，大力推进政策创新、管理创新和服务创新，加快建立开放、规范、诚信、安全的电子商务发展环境，进一步激发电子商务创新动力、创造潜力、创业活力，加速推动经济结构战略性调整，实现经济提质增效升级。

（二）基本原则。一是积极推动。主动作为、支持发展。积极协调解决电子商务发展中的各种矛盾与问题。在政府资源开放、网络安全保障、投融资支持、基础设施和诚信体系建设等方面加大服务力度。推进电子商务企业税费合理化，减轻企业负担。进一步释放电子商务发展潜力，提升电子商务创新发展水平。二是逐步规范。简政放权、放管结合。法无禁止的市场主体即可为，法未授权的政府部门不能为，最大限度减少对电子商务市场的行政干预。在放宽市场准入的同时，要在发展中逐步规范市场秩序，营造公平竞争的创业发展环境，进一步激发社会创业活力，拓宽电子商务创新发展领域。三是加强引导。把握趋势、因势利导。加强对电子商务发展中前瞻性、苗头性、倾向性问题的研究，及时在商业模式创新、关键技术研发、国际市场开拓等方面加大对企业的支持引导力度，引领电子商务向打造“双引擎”、实现“双目标”发展，进一步增强企业的创新动力，加速电子商务创新发展步伐。

（三）主要目标。到2020年，统一开放、竞争有序、诚信守法、安全可靠的电子商务大市场基本建成。电子商务与其他产业深度融合，成为促进创业、稳定就业、改善民生服务的重要平台，对工业化、信息化、城镇化、农业现代化同步发展起到关键性作用。

二、营造宽松发展环境

（四）降低准入门槛。全面清理电子商务领域现有前置审批事项，无法律法规依据的一律取消，严禁违法设定行政许可、增加行政许可条件和程序。（国务院审改办，有关部门按职责分工分别负责）进一步简化注册资本登记，深入推进电子商务领域由“先证后照”改为“先照后证”改革。（工商总局、中央编办）落实《注册资本登记制度改革方案》，放宽电子商务市场主体住所（经营场所）登记条件，完善相关管理措施。（省级人民政府）推进对快递企业设立非法人快递末端网点实施备案制管理。（邮政局）简化境内电子商务企业海外上市审批流程，鼓励电子商务领域的跨境人民币直接投资。（发展改革委、商务部、外汇局、证监会、人民银行）放开外商投资电子商务业务的外方持股比例限制。（工业和信息化部、发展改革委、商务部）探索建立能源、铁路、公共事业等行业电子商务服务的市场化机制。（有关部门按职责分工分别负责）

（五）合理降税减负。从事电子商务活动的企业，经认定为高新技术企业的，依法享受高新技术企业相关优惠政策，小微企业依法享受税收优惠政策。（科技部、财政部、税务总局）加快推进“营改增”，逐步将旅游电子商务、生活服务类电子商务等相关行业纳入“营改增”范围。（财政部、税务总局）

（六）加大金融服务支持。建立健全适应电子商务发展的多元化、多渠道投融资机制。（有关部门按职责分工分别负责）研究鼓励符合条件的互联网企业在境内上市等相关政策。（证监会）支持商业银行、担保存货管理机构及电子商务企业开展无形资产、动产质押等多种形式的融资服务。鼓励商业银行、商业保理机构、电子商务企业开展供应链金融、商业保理服务，进一步拓展电子商务企业融资渠道。（人民银行、商务部）引导和推动创业投资基金，加大对电子商务初创企业的支持。（发展改革委）

（七）维护公平竞争。规范电子商务市场竞争行为，促进建立开放、公平、健康的电子商务市场竞争秩序。研究制定电子商务产品质量监督管理办法，探索建立风险监测、网上抽查、源头追溯、属地查处的电子商务产品质量监督机制，完善部门间、区域间监管信息共享和职能衔接机制。依法打击网络虚假宣传、生产销售假冒伪劣产品、违反国家出口管制法规政策跨境销售两用品和技术、不正当竞争等违法行为，组织开展电子商务产品质量提升行动，促进合法、诚信经营。（工商总局、质检总局、公安部、商务部按职责分工分别负责）重点查处达成垄断协议和滥用市场支配地位的问题，通过经营者集中反垄断审查，防止排除、限制市场竞争的行为。（发展改革委、工商总局、商务部）加强电子商务领域知识产权保护，研究进一步加大网络商业方法领域发明专利保护力度。（工业和信息化部、商务部、海关总署、工商总局、新闻出版广电总局、知识产权局等部门按职责分工分别负责）进一步加大政府利用电子商务平台进行采购的力度。（财政部）各级政府部门不得通过行政命令指定为电子商务提供公共服务的供应商，不得滥用行政权力排除、限制电子商务的竞争。（有关部门按职责分工分别负责）

三、促进就业创业

（八）鼓励电子商务领域就业创业。把发展电子商务促进就业纳入各地就业发展规划和电子商务发展整体规划。建立电子商务就业和社会保障指标统计制度。经工商登记注册的网络商户从业人员，同等享受各项就业创业扶持政策。未进行工商登记注册的网络商户从业人员，可认定为灵活就业人员，享受灵活就业人员扶持政策，其中在网络平台实名注册、稳定经营且信誉良好的网络商户创业者，可按规定享受小额担保贷款及贴息政策。支持中小微企业应用电子商务、拓展业务领域，鼓励有条件的地区建设电子商务创业园区，指导各类创业孵化基地为电子商务创业人员提供场地支持和创业孵化服务。加强电子商务企业用工服务，完善电子商务人才供求信息对接机制。（人力资源社会保障部、工业和信息化部、商务部、统计局、地方各级人民政府）

（九）加强人才培养培训。支持学校、企业及社会组织合作办学，探索实训式电子商务人才培养与培训机制。推进国家电子商务专业技术人才知识更新工程，指导各类培训机构增加电子商务技能培训项目，支持电子商务企业开展岗前培训、技能提升培训和高技能人才培训，加快培养电子商务领域的高素质专门人才和技术技能人才。参加职业培训和职业技能鉴定的人员，以及组织职工培训的电子商务企业，可按规定享受职业培训补贴和职业技能鉴定补贴政策。鼓励有条件的职业院校、社会培训机构和电子商务企业开展网络创业培训。（人力资源社会保障部、商务部、教育部、财政部）

（十）保障从业人员劳动权益。规范电子商务企业特别是网络商户劳动用工，经工商登记注册取得营业执照的，应与招用的劳动者依法签订劳动合同；未进行工商登记注册的，也可参照劳动合同法相关规定与劳动者签订民事协议，明确双方的权利、责任和义务。按规定将网络从业人员纳入各项社会保险，对未进行工商登记注册的网络商户，其从业人员可按灵活就业人员参保缴费办法参加社会保险。符合条件的就业困难人员和高校毕业生，可享受灵活就业人员社会保险补贴政策。长期雇用5人及以上的网络商户，可在工商注册地进行社会保险登记，参加企业职工的各项社会保险。满足统筹地区社会保险优惠政策条件的网络商户，可享受社会保险优惠政策。（人力资源社会保障部）

四、推动转型升级

（十一）创新服务民生方式。积极拓展信息消费新渠道，创新移动电子商务应用，支持面向城乡居民社区提供日常消费、家政服务、远程缴费、健康医疗等商业和综合服务的电子商务平台发展。加快推动传统媒体与新兴媒体深度融合，提升文化企业网络服务能力，支持文化产品电子商务平台发展，规范网络文化市场。支持教育、会展、咨询、广告、餐饮、娱乐等服务企业深化电子商务应用。（有关部门按职责分工分别负责）鼓励支持旅游景点、酒店等开展线上营销，规范发展在线旅游预订市场，推动旅游在线服务模式创新。（旅游局、工商总局）加快建立全国12315互联网平台，完善网上交易在线投诉及售后维权机制，研究制定7天无理由退货实施细则，促进网络购物消费健康快速发展。（工商总局）

（十二）推动传统商贸流通企业发展电子商务。鼓励有条件的大型零售企业开办网上商城，积极利用移动互联网、地理位置服务、大数据等信息技术提升流通效率和服务质量。支持中小零售企业与电子商务平台优势互补，加强服务资源整合，促进线上交易与线下交易融合互动。（商务部）推动各类专业市场建设网上市场，通过线上线下融合，加速向网络化市场转型，研究完善能源、化工、钢铁、林业等行业电子商务平台规范发展的相关措施。（有关部门按职责分工分别负责）制定完善互联网食品药品经营监督管理办法，规范食品、保健食品、药品、化妆品、医疗器械网络经营行为，加强互联网食品药品市场监测监管体系建设，推动医药电子商务发展。（食品药品监管总局、卫生计生委、商务部）

（十三）积极发展农村电子商务。加强互联网与农业农村融合发展，引入产业链、价值链、供应链等现代管理理念和方式，研究制定促进农村电子商务发展的意见，出台支持政策措施。（商务部、农业部）加强鲜活农产品标准体系、动植物检疫体系、安全追溯体系、质量保障与安全监管体系建设，大力发展农产品冷链基础设施。（质检总局、发展改革委、商务部、农业部、食品药品监管总局）开展电子商务进农村综合示范，推动信息进村入户，利用“万村千乡”市场网络改善农村地区电子商务服务环境。（商务部、农业部）建设地理标志产品技术标准体系和产品质量保证体系，支持利用电子商务平台宣传和销售地理标志产品，鼓励电子商务平台服务“一村一品”，促进品牌农产品走出去。鼓励农业生产资料企业发展电子商务。（农业部、质检总局、工商总局）支持林业电子商务发展，逐步建立林产品交易诚信体系、林产品和林权交易服务体系。（林业局）

（十四）创新工业生产组织方式。支持生产制造企业深化物联网、云计算、大数据、三维（3D）设计及打印等信息技术在生产制造各环节的应用，建立与客户电子商务系统对接的网络制造管理系统，提高加工订单的响应速度及柔性制造能力；面向网络消费者个性化需求，建立网络化经营管理模式，发展“以销定产”及“个性化定制”生产方式。（工业和信息化部、科技部、商务部）鼓励电子商务企业大力开展品牌经营，优化配置研发、设计、生产、物流等优势资源，满足网络消费者需求。（商务部、工商总局、质检总局）鼓励创意服务，探索建立生产性创新服务平台，面向初创

企业及创意群体提供设计、测试、生产、融资、运营等创新创业服务。（工业和信息化部、科技部）

（十五）推广金融服务新工具。建设完善移动金融安全可信公共服务平台，制定相关应用服务的政策措施，推动金融机构、电信运营商、银行卡清算机构、支付机构、电子商务企业等加强合作，实现移动金融在电子商务领域的规模化应用；推广应用具有硬件数字证书、采用国家密码行政主管部门规定算法的移动智能终端，保障移动电子商务交易的安全性和真实性；制定在线支付标准规范和制度，提升电子商务在线支付的安全性，满足电子商务交易及公共服务领域金融服务需求；鼓励商业银行与电子商务企业开展多元化金融服务合作，提升电子商务服务质量和效率。（人民银行、密码局、国家标准委）

（十六）规范网络化金融服务新产品。鼓励证券、保险、公募基金等企业和机构依法进行网络化创新，完善互联网保险产品审核和信息披露制度，探索建立适应互联网证券、保险、公募基金产品销售等互联网金融活动的新型监管方式。（人民银行、证监会、保监会）规范保险业电子商务平台建设，研究制定电子商务涉及的信用保证保险的相关扶持政策，鼓励发展小微企业信贷信用保险、个人消费履约保证保险等新业务，扩大信用保险保单融资范围。完善在线旅游服务企业投保办法。（保监会、银监会、旅游局按职责分工分别负责）

五、完善物流基础设施

（十七）支持物流配送终端及智慧物流平台建设。推动跨地区跨行业的智慧物流信息平台建设，鼓励在法律规定范围内发展共同配送等物流配送组织新模式。（交通运输部、商务部、邮政局、发展改革委）支持物流（快递）配送站、智能快件箱等物流设施建设，鼓励社区物业、村级信息服务站（点）、便利店等提供快件派送服务。支持快递服务网络向农村地区延伸。（地方各级人民政府，商务部、邮政局、农业部按职责分工分别负责）推进电子商务与物流快递协同发展。（财政部、商务部、邮政局）鼓励学校、快递企业、第三方主体因地制宜加强合作，通过设置智能快件箱或快件收发室、委托校园邮政局所代为投递、建立共同配送站点等方式，促进快递进校园。（地方各级人民政府，邮政局、商务部、教育部）根据执法需求，研究推动被监管人员生活物资电子商务和智能配送。（司法部）有条件的城市应将配套建设物流（快递）配送站、智能终端设施纳入城市社区发展规划，鼓励电子商务企业和物流（快递）企业对网络购物商品包装物进行回收和循环利用。（有关部门按职责分工分别负责）

（十八）规范物流配送车辆管理。各地区要按照有关规定，推动城市配送车辆的标准化、专业化发展；制定并实施城市配送用汽车、电动三轮车等车辆管理办法，强化城市配送运力需求管理，保障配送车辆的便利通行；鼓励采用清洁能源车辆开展物流（快递）配送业务，支持充电、加气等设施建设；合理规划物流（快递）配送车辆通行路线和货物装卸搬运地点。对物流（快递）配送车辆采取通行证管理的城市，应明确管理部门、公开准入条件、引入社会监督。（地方各级人民政府）

（十九）合理布局物流仓储设施。完善仓储建设标准体系，鼓励现代化仓储设施建设，加强偏远地区仓储设施建设。（住房城乡建设部、公安部、发展改革委、商务部、林业局）各地区要在城乡规划中合理规划布局物流仓储用地，在土地利用总体规划和年度供地计划中合理安排仓储建设用地，引导社会资本进行仓储设施投资建设或再利用，严禁擅自改变物流仓储用地性质。（地方各级人民政府）鼓励物流（快递）企业发展“仓配一体化”服务。（商务部、邮政局）

六、提升对外开放水平

（二十）加强电子商务国际合作。积极发起或参与多双边或区域关于电子商务规则的谈判和交流合作，研究建立我国与国际认可组织的互认机制，依托我国认证认可制度和体系，完善电子商务企业和商品的合格评定机制，提升国际组织和机构对我国电子商务企业和商品认证结果的认可程度，力争国际电子商务规制制定的主动权和跨境电子商务发展的话语权。（商务部、质检总局）

（二十一）提升跨境电子商务通关效率。积极推进跨境电子商务通关、检验检疫、结汇、缴进口税等关键环节“单一窗口”综合服务体系建设，简化与完善跨境电子商务货物返修与退运通关流程，提高通关效率。（海关总署、财政部、税务总局、质检总局、外汇局）探索建立跨境电子商务货物负面清单、风险监测制度，完善跨境电子商务货物通关与检验检疫监管模式，建立跨境电子商务及相关物流企业诚信分类管理制度，防止疫病疫情传入、外来有害生物入侵和物种资源流失。（海关总署、质检总局按职责分工分别负责）大力支持中国（杭州）跨境电子商务综合试验区先行先试，尽快形成可复制、可推广的经验，加快在全国范围推广。（商务部、发展改革委）

（二十二）推动电子商务走出去。抓紧研究制定促进跨境电子商务发展的指导意见。（商务部、发展改革委、海关总署、工业和信息化部、财政部、人民银行、税务总局、工商总局、质检总局、外汇局）鼓励国家政策性银行在业务范围内加大对电子商务企业境外投资并购的贷款支持，研究制定针对电子商务企业境外上市的规范管理政策。（人民银行、证监会、商务部、发展改革委、工业和信息化部）简化电子商务企业境外直接投资外汇登记手续，拓宽其境外直接投资外汇登记及变更登记业务办理渠道。（外汇局）支持电子商务企业建立海外营销渠道，创立自有品牌。各驻外机构应加大对电子商务企业走出去的服务力度。进一步开放面向港澳台地区的电子商务市场，推动设立海峡两岸电子商务经济合作实验区。鼓励发展面向“一带一路”沿线国家的电子商务合作，扩大跨境电子商务综合试点，建立政府、企业、专家等各个层面的对话机制，发起和主导电子商务多边合作。（有关部门按职责分工分别负责）

七、构筑安全保障防线

（二十三）保障电子商务网络安全。电子商务企业要按照国家信息安全等级保护管理规范和技术标准相关要求，采用安全可控的信息设备和网络安全产品，建设完善网络安全防护体系、数据资源安全管理体系和网络安全应急处置体系，鼓励电子商务企业获得信息安全管理体系认证，提高自身信息安全管理水平。鼓励电子商务企业加强与网络安全专业服务机构、相关管理部门的合作，共享网络安全威胁预警信息，消除网络安全隐患，共同防范网络攻击破坏、窃取公民个人信息等违法犯罪活动。（公安部、国家认监委、工业和信息化部、密码局）

（二十四）确保电子商务交易安全。研究制定电子商务交易安全管理制度，明确电子商务交易各方的安全责任和义务。（工商总局、工业和信息化部、公安部）建立电子认证信任体系，促进电子认证机构数字证书交叉互认和数字证书应用的互联互通，推广数字证书在电子商务交易领域的应用。建立电子合同等电子交易凭证的规范管理机制，确保网络交易各方的合法权益。加强电子商务交易各方信息保护，保障电子商务消费者个人信息安全。（工业和信息化部、工商总局、密码局等有关部门按职责分工分别负责）

（二十五）预防和打击电子商务领域违法犯罪。电子商务企业要切实履行违禁品信息巡查清理、交易记录及日志留存、违法犯罪线索报告等责任和义务，加强对销售管制商品网络商户的资格审查和对异常交易、非法交易的监控，防范电子商务在线支付给违法犯罪活动提供洗钱等便利，并为打击网络违法犯罪提供技术支持。加强电子商务企业与相关管理部门的协作配合，建立跨机构合作机制，加大对制售假冒伪劣商品、网络盗窃、网络诈骗、网上非法交易等违法犯罪活动的打击力度。（公安部、工商总局、人民银行、银监会、工业和信息化部、商务部等有关部门按职责分工分别负责）

八、健全支撑体系

（二十六）健全法规标准体系。加快推进电子商务法立法进程，研究制定或适时修订相关法规，明确电子票据、电子合同、电子检验检疫报告和证书、各类电子交易凭证等的法律效力，作为处理相关业务的合法凭证。（有关部门按职责分工分别负责）制定适合电子商务特点的投诉管理制度，制定基于统一产品编码的电子商务交易产品质量信息发布规范，建立电子商务纠纷解决和产品质量担保责任机制。（工商总局、质检总局等部门按职责分工分别负责）逐步推行电子发票和电子会计档案，完善相关技术标准和规章制度。（税务总局、财政部、档案局、国家标准委）建立完善电子商务统计制度，扩大电子商务统计的覆盖面，增强统计的及时性、真实性。（统计局、商务部）统一线上线下的商品编码标识，完善电子商务标准规范体系，研究电子商务基础性关键标准，积极主导和参与制定电子商务国际标准。（国家标准委、商务部）

（二十七）加强信用体系建设。建立健全电子商务信用信息管理制度，推动电子商务企业信用信息公开。推进人口、法人、商标和产品质量等信息资源向电子商务企业和信用服务机构开放，逐步降低查询及利用成本。（工商总局、商务部、公安部、质检总局等部门按职责分工分别负责）促进电子商务信用信息与社会其他领域相关信息的交换共享，推动电子商务信用评价，建立健全电子商务领域失信行为联合惩戒机制。（发展改革委、人民银行、工商总局、质检总局、商务部）推动电子商务领域应用网络身份证，完善网店实名制，鼓励发展社会化的电子商务网站可信认证服务。（公安部、工商总局、质检总局）发展电子商务可信交易保障公共服务，完善电子商务信用服务保障制度，推动信用调查、信用评估、信用担保等第三方信用服务和产品在电子商务中的推广应用。（工商总局、质检总局）

（二十八）强化科技与教育支撑。开展电子商务基础理论、发展规律研究。加强电子商务领域云计算、大数据、物联网、智能交易等核心关键技术研究开发。实施网络定制服务、网络平台服务、网络交易服务、网络贸易服务、网络交易保障服务技术研发与应用示范工程。强化产学研结合的企业技术中心、工程技术中心、重点实验室建设。鼓励企业组建产学研协同创新联盟。探索建立电子商务学科体系，引导高等院校加强电子商务学科建设和人才培养，为电子商务发展提供更多的高层次复合型专门人才。（科技部、教育部、发展改革委、商务部）建立预防网络诈骗、保障交易安全、保护个人信息等相关知识的宣传与服务机制。（公安部、工商总局、质检总局）

（二十九）协调推动区域电子商务发展。各地区要把电子商务列入经济与社会发展规划，按照国家有关区域发展规划和对外经贸合作战略，立足城市产业发展特点和优势，引导各类电子商务业态和功能聚集，推动电子商务产业统筹协调、错位发展。推动国家电子商务示范城市、示范基地建设。（有关地方人民政府）依托国家电子商务示范城市，加快开展电子商务法规政策创新和试点示范工作，为国家制定电子商务相关法规和政策提供实践依据。加强对中西部和东北地区电子商务示范城市的支持与指导。（发展改革委、财政部、商务部、人民银行、海关总署、税务总局、工商总局、质检总局等部门按照职责分工分别负责）

各地区、各部门要认真落实本意见提出的各项任务，于2015年年底前研究出台具体政策。发展改革委、中央网信办、商务部、工业和信息化部、财政部、人力资源社会保障部、人民银行、海关总署、税务总局、工商总局、质检总局等部门要完善电子商务跨部门协调工作机制，研究重大问题，加强指导和服务。有关社会机构要充分发挥自身监督作用，推动行业自律和服务创新。相关部门、社团组织及企业要解放思想，转变观念，密切协作，开拓创新，共同推动建立规范有序、社会共治、辐射全球的电子商务大市场，促进经济平稳健康发展。

国务院

2015年5月4日

国务院办公厅关于促进跨境电子商务健康快速发展的指导意见

国办发〔2015〕46号

各省、自治区、直辖市人民政府，国务院各部委、各直属机构：

近年来，我国跨境电子商务快速发展，已经形成了一定的产业集群和交易规模。支持跨境电子商务发展，有利于用“互联网+外贸”实现优进优出，发挥我国制造业大国优势，扩大海外营销渠道，合理增加进口，扩大国内消费，促进企业和外贸转型升级；有利于增加就业，推进大众创业、万众创新，打造新的经济增长点；有利于加快实施共建“一带一路”等国家战略，推动开放型经济发展升级。为促进我国跨境电子商务健康快速发展，经国务院批准，现提出以下意见：

一、支持国内企业更好地利用电子商务开展对外贸易。加快建立适应跨境电子商务特点的政策体系和监管体系，提高贸易各环节便利化水平。鼓励企业间贸易尽快实现全程在线交易，不断扩大可交易商品范围。支持跨境电子商务零售出口企业加强与境外企业合作，通过规范的“海外仓”、体验店和配送网店等模式，融入境外零售体系，逐步实现经营规范化、管理专业化、物流生产集约化和监管科学化。通过跨境电子商务，合理增加消费品进口。

二、鼓励有实力的企业做大做强。培育一批影响力较大的公共平台，为更多国内外企业沟通、洽谈提供优质服务；培育一批竞争力较强的外贸综合服务企业，为跨境电子商务企业提供全面配套支持；培育一批知名度较高的自建平台，鼓励企业利用自建平台加快品牌培育，拓展营销渠道。鼓励国内企业与境外电子商务企业强强联合。

三、优化配套的海关监管措施。在总结前期试点工作基础上，进一步完善跨境电子商务进出境货物、物品管理模式，优化跨境电子商务海关进出口通关作业流程。研究跨境电子商务出口商品简化归类的可行性，完善跨境电子商务统计制度。

四、完善检验检疫监管政策措施。对跨境电子商务进出口商品实施集中申报、集中查验、集中放行等便利措施。加强跨境电子商务质量安全监管，对跨境电子商务经营主体及商品实施备案管理制度，突出经营企业质量安全主体责任，开展商品质量安全风险监管。进境商品应当符合我国法律法规和标准要求，对违反生物安全和其他相关规定的行为要依法查处。

五、明确规范进出口税收政策。继续落实现行跨境电子商务零售出口货物增值税、消费税退税或免税政策。关于跨境电子商务零售进口税收政策，由财政部按照有利于拉动国内消费、公平竞争、促进发展和加强进口税收管理的原则，会同海关总署、税务总局另行制定。

六、完善电子商务支付结算管理。稳妥推进支付机构跨境外汇支付业务试点。鼓励境内银行、支付机构依法合规开展跨境电子支付业务，满足境内外企业及个人跨境电子支付需要。推动跨境电子商务活动中使用人民币计价结算。支持境内银行卡清算机构拓展境外业务。加强对电子商务大额在线交易的监测，防范金融风险。加强跨境支付国内与国际监管合作，推动建立合作监管机制和信息共享机制。

七、提供积极财政金融支持。鼓励传统制造和商贸流通企业利用跨境电子商务平台开拓国际市场。利用现有财政政策，对符合条件的跨境电子商务企业走出去重点项目给予必要的资金支持。为跨境电子商务提供适合的信用保险服务。向跨境电子商务外贸综合服务企业提供有效的融资、保险支持。

八、建设综合服务体系。支持各地创新发展跨境电子商务，引导本地跨境电子商务产业向规模化、标准化、集群化、规范化方向发展。鼓励外贸综合服务企业为跨境电子商务企业提供通关、物流、仓储、融资等全方位服务。支持企业建立全球物流供应链和境外物流服务体系。充分发挥各驻外经商机构作用，为企业开展跨境电子商务提供信息服务和必要的协助。

九、规范跨境电子商务经营行为。加强诚信体系建设，完善信用评估机制，实现各监管部门信息互换、监管互认、执法互助，构建跨境电子商务交易保障体系。推动建立针对跨境电子商务交易的风险防范和预警机制，健全消费者权益保护和售后服务制度。引导跨境电子商务主体规范经营行为，承担质量安全主体责任，营造公平竞争的市场环境。加强执法监管，加大知识产权保护力度，坚决打击跨境电子商务中出现的各种违法侵权行为。通过有效措施，努力实现跨境电子商务在发展中逐步规范、在规范中健康发展。

十、充分发挥行业组织作用。推动建立全国性跨境电子商务行业组织，指导各地行业组织有效开展相关工作。发挥行业组织在政府与企业间的桥梁作用，引导企业公平竞争、守法经营。加强与国内外相关行业组织交流合作，支持跨境电子商务企业与相关产业集群、专业商会在境外举办实体展会，建立营销网络。联合高校和职业教育机构开展跨境电子商务人才培养培训。

十一、加强多双边国际合作。加强与“一带一路”沿线国家和地区的电子商务合作，提升合作水平，共同打造若干畅通安全高效的电子商务大通道。通过多双边对话，与各经济体建立互利共赢的合作机制，及时化解跨境电子商务进出口引发的贸易摩擦和纠纷。

十二、加强组织实施。国务院有关部门要制订和完善配套措施，做好跨境电子商务的中长期总体发展规划，定期开展总结评估，支持和推动各地监管部门出台相关措施。同时，对有条件、有发展意愿的地区，就本意见的组织实施做好协调和服务等相关工作。依托现有工作机制，加强部门间沟通协作和相关政策衔接，全力推动中国（杭州）跨境电子商务综合试验区和海峡两岸电子商务经济合作实验区建设，及时总结经验，适时扩大试点。在此基础上，逐步建立适应跨境电子商务发展特点的政策体系和监管体系。

地方各级人民政府要按照本意见要求，结合实际情况，制订完善发展跨境电子商务的工作方案，切实履行指导、督查和监管责任。组建高效、便利、统一的公共服务平台，构建可追溯、可比对的数据链条，既符合监管要求，又简化企业申报办理流程。加大对重点企业的支持力度，主动与相关部门沟通，及时协调解决组织实施工作中遇到的困难和问题。

国务院办公厅

2015 年 6 月 16 日

国务院关于积极推进“互联网+”行动的指导意见

国发〔2015〕40号

各省、自治区、直辖市人民政府，国务院各部委、各直属机构：

“互联网+”是把互联网的创新成果与经济社会各领域深度融合，推动技术进步、效率提升和组织变革，提升实体经济创新力和生产力，形成更广泛的以互联网为基础设施和创新要素的经济社会发展新形态。在全球新一轮科技革命和产业变革中，互联网与各领域的融合发展具有广阔前景和无限潜力，已成为不可阻挡的时代潮流，正对各国经济社会发展产生着战略性和全局性的影响。积极发挥我国互联网已经形成的比较优势，把握机遇，增强信心，加快推进“互联网+”发展，有利于重塑创新体系、激发创新活力、培育新兴业态和创新公共服务模式，对打造大众创业、万众创新和增加公共产品、公共服务“双引擎”，主动适应和引领经济发展新常态，形成经济发展新动能，实现中国经济提质增效升级具有重要意义。

近年来，我国在互联网技术、产业、应用以及跨界融合等方面取得了积极进展，已具备加快推进“互联网+”发展的坚实基础，但也存在传统企业运用互联网的意识和能力不足、互联网企业对传统产业理解不够深入、新业态发展面临体制机制障碍、跨界融合型人才严重匮乏等问题，亟待加以解决。为加快推动互联网与各领域深入融合和创新发展，充分发挥“互联网+”对稳增长、促改革、调结构、惠民生、防风险的重要作用，现就积极推进“互联网+”行动提出以下意见。

一、行动要求

（一）总体思路

顺应世界“互联网+”发展趋势，充分发挥我国互联网的规模优势和应用优势，推动互联网由消费领域向生产领域拓展，加速提升产业发展水平，增强各行业创新能力，构筑经济社会发展新优势和新动能。坚持改革创新和市场需求导向，突出企业的主体作用，大力拓展互联网与经济社会各领域融合的广度和深度。着力深化体制机制改革，释放发展潜力和活力；着力做优存量，推动经济提质增效和转型升级；着力做大增量，培育新兴业态，打造新的增长点；着力创新政府服务模式，夯实网络发展基础，营造安全网络环境，提升公共服务水平。

（二）基本原则

坚持开放共享。营造开放包容的发展环境，将互联网作为生产生活要素共享的重要平台，最大限度优化资源配置，加快形成以开放、共享为特征的经济社会运行新模式。

坚持融合创新。鼓励传统产业树立互联网思维，积极与“互联网＋”相结合。推动互联网向经济社会各领域加速渗透，以融合促创新，最大程度汇聚各类市场要素的创新力量，推动融合性新兴产业成为经济发展新动力和新支柱。

坚持变革转型。充分发挥互联网在促进产业升级以及信息化和工业化深度融合中的平台作用，引导要素资源向实体经济集聚，推动生产方式和发展模式变革。创新网络化公共服务模式，大幅提升公共服务能力。

坚持引领跨越。巩固提升我国互联网发展优势，加强重点领域前瞻性布局，以互联网融合创新为突破口，培育壮大新兴产业，引领新一轮科技革命和产业变革，实现跨越式发展。

坚持安全有序。完善互联网融合标准规范和法律法规，增强安全意识，强化安全管理和防护，保障网络安全。建立科学有效的市场监管方式，促进市场有序发展，保护公平竞争，防止形成行业垄断和市场壁垒。

（三）发展目标

到 2018 年，互联网与经济社会各领域的融合发展进一步深化，基于互联网的新业态成为新的经济增长动力，互联网支撑大众创业、万众创新的作用进一步增强，互联网成为提供公共服务的重要手段，网络经济与实体经济协同互动的发展格局基本形成。

——经济发展进一步提质增效。互联网在促进制造业、农业、能源、环保等产业转型升级方面取得积极成效，劳动生产率进一步提高。基于互联网的新兴业态不断涌现，电子商务、互联网金融快速发展，对经济提质增效的促进作用更加凸显。

——社会服务进一步便捷普惠。健康医疗、教育、交通等民生领域互联网应用更加丰富，公共服务更加多元，线上线下结合更加紧密。社会服务资源配置不断优化，公众享受到更加公平、高效、优质、便捷的服务。

——基础支撑进一步夯实提升。网络设施和产业基础得到有效巩固加强，应用支撑和安全保障能力明显增强。固定宽带网络、新一代移动通信网和下一代互联网加快发展，物联网、云计算等新型基础设施更加完备。人工智能等技术及其产业化能力显著增强。

——发展环境进一步开放包容。全社会对互联网融合创新的认识不断深入，互联网融合发展面临的体制机制障碍有效破除，公共数据资源开放取得实质性进展，相关标准规范、信用体系和法律法规逐步完善。

到 2025 年，网络化、智能化、服务化、协同化的“互联网＋”产业生态体系基本完善，“互联网 +”新经济形态初步形成，“互联网 +”成为经济社会创新发展的重要驱动力量。

二、重点行动

（一）“互联网 +”创业创新

充分发挥互联网的创新驱动作用，以促进创业创新为重点，推动各类要素资源聚集、开放和共享，大力发展众创空间、开放式创新等，引导和推动全社会形成大众创业、万众创新的浓厚氛围，打造经济发展新引擎。（发展改革委、科技部、工业和信息化部、人力资源社会保障部、商务部等负责，列第一位者为牵头部门，下同）

1. 强化创业创新支撑。鼓励大型互联网企业和基础电信企业利用技术优势和产业整合能力，向小微企业和创业团队开放平台入口、数据信息、计算能力等资源，提供研发工具、经营管理和市场营销等方面的支持和服务，提高小微企业信息化应用水平，培育和孵化具有良好商业模式的创业企业。充分利用互联网基础条件，完善小微企业公共服务平台网络，集聚创业创新资源，为小微企业提供找得着、用得起、有保障的服务。

2. 积极发展众创空间。充分发挥互联网开放创新优势，调动全社会力量，支持创新工场、创客空间、社会实验室、智慧小企业创业基地等新型众创空间发展。充分利用国家自主创新示范区、科技企业孵化器、大学科技园、商贸企业集聚区、小微企业创业示范基地等现有条件，通过市场化方式构建一批创新与创业相结合、线上与线下相结合、孵化与投资相结合的众创空间，为创业者提供低成本、便利化、全要素的工作空间、网络空间、社交空间和资源共享空间。实施新兴产业“双创”行动，建立一批新兴产业“双创”示范基地，加快发展“互联网 +”创业网络体系。

3. 发展开放式创新。鼓励各类创新主体充分利用互联网，把握市场需求导向，加强创新资源共享与合作，促进前沿技术和创新成果及时转化，构建开放式创新体系。推动各类创业创新扶持政策与互联网开放平台联动协作，为创业团队和个人开发者提供绿色通道服务。加快发展创业服务业，积极推广众包、用户参与设计、云设计等新型研发组织模式，引导建立社会各界交流合作的平台，推动跨区域、跨领域的技术成果转移和协同创新。

（二）“互联网 +”协同制造

推动互联网与制造业融合，提升制造业数字化、网络化、智能化水平，加强产业链协作，发展基于互联网的协同制造新模式。在重点领域推进智能制造、大规模个性化定制、网络化协同制造和服务型制造，打造一批网络化协同制造公共服务平台，加快形成制造业网络化产业生态体系。（工业和信息化部、发展改革委、科技部共同牵头）

1. 大力发展智能制造。以智能工厂为发展方向，开展智能制造试点示范，加快推动云计算、物联网、智能工业机器人、增材制造等技术在生产过程中的应用，推进生产装备智能化升级、工艺流程改造和基础数据共享。着力在工控系统、智能感知元器件、工业云平台、操作系统和工业软件等核心环节取得突破，加强工业大数据的开发与利用，有效支撑制造业智能化转型，构建开放、共享、协作的智能制造产业生态。

2. 发展大规模个性化定制。支持企业利用互联网采集并对接用户个性化需求，推进设计研发、生产制造和供应链管理等关键环节的柔性化改造，开展基于个性化产品的服务模式和商业模式创新。鼓励互联网企业整合市场信息，挖掘细分市场需求与发展趋势，为制造企业开展个性化定制提供决策支撑。

3. 提升网络化协同制造水平。鼓励制造业骨干企业通过互联网与产业链各环节紧密协同，促进生产、质量控制和运营管理系统全面互联，推行众包设计研发和网络化制造等新模式。鼓励有实力的互联网企业构建网络化协同制造公共服务平台，面向细分行业提供云制造服务，促进创新资源、生产能力、市场需求的集聚与对接，提升服务中小微企业能力，加快全社会多元化制造资源的有效协同，提高产业链资源整合能力。

4. 加速制造业服务化转型。鼓励制造企业利用物联网、云计算、大数据等技术，整合产品全生命周期数据，形成面向生产组织全过程的决策服务信息，为产品优化升级提供数据支撑。鼓励企业基于互联网开展故障预警、远程维护、质量诊断、远程过程优化等在线增值服务，拓展产品价值空间，实现从制造向“制造 + 服务”的转型升级。

（三）“互联网 +”现代农业

利用互联网提升农业生产、经营、管理和服务水平，培育一批网络化、智能化、精细化的现代“种养加”生态农业新模式，形成示范带动效应，加快完善新型农业生产经营体系，培育多样化农业互联网管理服务模式，逐步建立农副产品、农资质量安全追溯体系，促进农业现代化水平明显提升。（农业部、发展改革委、科技部、商务部、质检总局、食品药品监管总局、林业局等负责）

1. 构建新型农业生产经营体系。鼓励互联网企业建立农业服务平台，支撑专业大户、家庭农场、农民合作社、农业产业化龙头企业等新型农业生产经营主体，加强产销衔接，实现农业生产由生产导向向消费导向转变。提高农业生产经营的科技化、组织化和精细化水平，推进农业生产流通销售方式变革和农业发展方式转变，提升农业生产效率和增值空间。规范用好农村土地流转公共服务平台，提升土地流转透明度，保障农民权益。

2. 发展精准化生产方式。推广成熟可复制的农业物联网应用模式。在基础较好的领域和地区，普及基于环境感知、实时监测、自动控制的网络化农业环境监测系统。在大宗农产品规模生产区域，构建天地一体的农业物联网测控体系，实施智能节水灌溉、测土配方施肥、农机定位耕种等精准化作业。在畜禽标准化规模养殖基地和水产健康养殖示范基地，推动饲料精准投放、疾病自动诊断、废弃物自动回收等智能设备的应用普及和互联互通。

3. 提升网络化服务水平。深入推进信息进村入户试点，鼓励通过移动互联网为农民提供政策、市场、科技、保险等生产生活信息服务。支持互联网企业与农业生产经营主体合作，综合利用大数据、云计算等技术，建立农业信息监测体系，为灾害预警、耕地质量监测、重大动植物疫情防控、市场波动预测、经营科学决策等提供服务。

4. 完善农副产品质量安全追溯体系。充分利用现有互联网资源，构建农副产品质量安全追溯公共服务平台，推进制度标准建设，建立产地准出与市场准入衔接机制。支持新型农业生产经营主体利用互联网技术，对生产经营过程进行精细化信息化管理，加快推动移动互联网、物联网、二维码、无线射频识别等信息技术在生产加工和流通销售各环节的推广应用，强化上下游追溯体系对接和信息互通共享，不断扩大追溯体系覆盖面，实现农副产品“从农田到餐桌”全过程可追溯，保障“舌尖上的安全”。

（四）“互联网＋”智慧能源

通过互联网促进能源系统扁平化，推进能源生产与消费模式革命，提高能源利用效率，推动节能减排。加强分布式能源网络建设，提高可再生能源占比，促进能源利用结构优化。加快发电设施、用电设施和电网智能化改造，提高电力系统的安全性、稳定性和可靠性。（能源局、发展改革委、工业和信息化部等负责）

1. 推进能源生产智能化。建立能源生产运行的监测、管理和调度信息公共服务网络，加强能源产业链上下游企业的信息对接和生产消费智能化，支撑电厂和电网协调运行，促进非化石能源与化石能源协同发电。鼓励能源企业运用大数据技术对设备状态、电能负载等数据进行分析挖掘与预测，开展精准调度、故障判断和预测性维护，提高能源利用效率和安全稳定运行水平。

2. 建设分布式能源网络。建设以太阳能、风能等可再生能源为主体的多能源协调互补的能源互联网。突破分布式发电、储能、智能微网、主动配电网等关键技术，构建智能化电力运行监测、管理技术平台，使电力设备和用电终端基于互联网进行双向通信和智能调控，实现分布式电源的及时有效接入，逐步建成开放共享的能源网络。

3. 探索能源消费新模式。开展绿色电力交易服务区域试点，推进以智能电网为配送平台，以电子商务为交易平台，融合储能设施、物联网、智能用电设施等硬件以及碳交易、互联网金融等衍生服务于一体的绿色能源网络发展，实现绿色电力的点到点交易及实时配送和补贴结算。进一步加强能源生产和消费协调匹配，推进电动汽车、港口岸电等电能替代技术的应用，推广电力需求侧管理，提高能源利用效率。基于分布式能源网络，发展用户端智能化用能、能源共享经济和能源自由交易，促进能源消费生态体系建设。

4. 发展基于电网的通信设施和新型业务。推进电力光纤到户工程，完善能源互联网信息通信系统。统筹部署电网和通信网深度融合的网络基础设施，实现同缆传输、共建共享，避免重复建设。鼓励依托智能电网发展家庭能效管理等新型业务。

（五）“互联网+”普惠金融

促进互联网金融健康发展，全面提升互联网金融服务能力和普惠水平，鼓励互联网与银行、证券、保险、基金的融合创新，为大众提供丰富、安全、便捷的金融产品和服务，更好满足不同层次实体经济的投融资需求，培育一批具有行业影响力的互联网金融创新型企业。（人民银行、银监会、证监会、保监会、发展改革委、工业和信息化部、网信办等负责）

1. 探索推进互联网金融云服务平台建设。探索互联网企业构建互联网金融云服务平台。在保证技术成熟和业务安全的基础上，支持金融企业与云计算技术提供商合作开展金融公共云服务，提供多样化、个性化、精准化的金融产品。支持银行、证券、保险企业稳妥实施系统架构转型，鼓励探索利用云服务平台开展金融核心业务，提供基于金融云服务平台的信用、认证、接口等公共服务。

2. 鼓励金融机构利用互联网拓宽服务覆盖面。鼓励各金融机构利用云计算、移动互联网、大数据等技术手段，加快金融产品和服务创新，在更广泛地区提供便利的存贷款、支付结算、信用中介平台等金融服务，拓宽普惠金融服务范围，为实体经济发展提供有效支撑。支持金融机构和互联网企业依法合规开展网络借贷、网络证券、网络保险、互联网基金销售等业务。扩大专业互联网保险公司试点，充分发挥保险业在防范互联网金融风险中的作用。推动金融集成电路卡（IC卡）全面应用，提升电子现金的使用率和便捷性。发挥移动金融安全可信公共服务平台（MTPS）的作用，积极推动商业银行开展移动金融创新应用，促进移动金融在电子商务、公共服务等领域的规模应用。支持银行业金融机构借助互联网技术发展消费信贷业务，支持金融租赁公司利用互联网技术开展金融租赁业务。

3. 积极拓展互联网金融服务创新的深度和广度。鼓励互联网企业依法合规提供创新金融产品和服务，更好满足中小微企业、创新型企业和个人的投融资需求。规范发展网络借贷和互联网消费信贷业务，探索互联网金融服务创新。积极引导风险投资基金、私募股权投资基金和产业投资基金投资于互联网金融企业。利用大数据发展市场化个人征信业务，加快网络征信和信用评价体系建设。加强互联网金融消费权益保护和投资者保护，建立多元化金融消费纠纷解决机制。改进和完善互联网金融监管，提高金融服务安全性，有效防范互联网金融风险及其外溢效应。

（六）“互联网+”益民服务

充分发挥互联网的高效、便捷优势，提高资源利用效率，降低服务消费成本。大力发展以互联网为载体、线上线下互动的新兴消费，加快发展基于互联网的医疗、健康、养老、教育、旅游、社会保障等新兴服务，创新政府服务模式，提升政府科学决策能力和管理水平。（发展改革委、教育部、工业和信息化部、民政部、人力资源社会保障部、商务部、卫生计生委、质检总局、食品药品监管总局、林业局、旅游局、网信办、信访局等负责）

1. 创新政府网络化管理和服务。加快互联网与政府公共服务体系的深度融合，推动公共数据资源开放，促进公共服务创新供给和服务资源整合，构建面向公众的一体化在线公共服务体系。积极探索公众参与的网络化社会管理服务新模式，充分利用互联网、移动互联网应用平台等，加快推进政务新媒体发展建设，加强政府与公众的沟通交流，提高政府公共管理、公共服务和公共政策制定的响应速度，提升政府科学决策能力和社会治理水平，促进政府职能转变和简政放权。深入推进网上信访，提高信访工作质量、效率和公信力。鼓励政府和互联网企业合作建立信用信息共享平台，探索开展一批社会治理互联网应用试点，打通政府部门、企事业单位之间的数据壁垒，利用大数据分析手段，提升各级政府的社会治理能力。加强对“互联网＋”行动的宣传，提高公众参与度。

2. 发展便民服务新业态。发展体验经济，支持实体零售商综合利用网上商店、移动支付、智能试衣等新技术，打造体验式购物模式。发展社区经济，在餐饮、娱乐、家政等领域培育线上线下结合的社区服务新模式。发展共享经济，规范发展网络约租车，积极推广在线租房等新业态，着力破除准入门槛高、服务规范难、个人征信缺失等瓶颈制约。发展基于互联网的文化、媒体和旅游等服务，培育形式多样的新型业态。积极推广基于移动互联网入口的城市服务，开展网上社保办理、个人社保权益查询、跨地区医保结算等互联网应用，让老百姓足不出户享受便捷高效的服务。

3. 推广在线医疗卫生新模式。发展基于互联网的医疗卫生服务，支持第三方机构构建医学影像、健康档案、检验报告、电子病历等医疗信息共享服务平台，逐步建立跨医院的医疗数据共享交换标准体系。积极利用移动互联网提供在线预约诊疗、候诊提醒、划价缴费、诊疗报告查询、药品配送等便捷服务。引导医疗机构面向中小城市和农村地区开展基层检查、上级诊断等远程医疗服务。鼓励互联网企业与医疗机构合作建立医疗网络信息平台，加强区域医疗卫生服务资源整合，充分利用互联网、大数据等手段，提高重大疾病和突发公共卫生事件防控能力。积极探索互联网延伸医嘱、电子处方等网络医疗健康服务应用。鼓励有资质的医学检验机构、医疗服务机构联合互联网企业，发展基因检测、疾病预防等健康服务模式。

4. 促进智慧健康养老产业发展。支持智能健康产品创新和应用，推广全面量化健康生活新方式。鼓励健康服务机构利用云计算、大数据等技术搭建公共信息平台，提供长期跟踪、预测预警的个性化健康管理服务。发展第三方在线健康市场调查、咨询评价、预防管理等应用服务，提升规范化和专业化运营水平。依托现有互联网资源和社会力量，以社区为基础，搭建养老信息服务网络平台，提供护理看护、健康管理、康复照料等居家养老服务。鼓励养老服务机构应用基于移动互联网的便携式体检、紧急呼叫监控等设备，提高养老服务水平。

5. 探索新型教育服务供给方式。鼓励互联网企业与社会教育机构根据市场需求开发数字教育资源，提供网络化教育服务。鼓励学校利用数字教育资源及教育服务平台，逐步探索网络化教育新模式，扩大优质教育资源覆盖面，促进教育公平。鼓励学校通过与互联网企业合作等方式，对接线上线下教育资源，探索基础教育、职业教育等教育公共服务提供新方式。推动开展学历教育在线课程资源共享，推广大规模在线开放课程等网络学习模式，探索建立网络学习学分认定与学分转换等制度，加快推动高等教育服务模式变革。

（七）"互联网+"高效物流

加快建设跨行业、跨区域的物流信息服务平台，提高物流供需信息对接和使用效率。鼓励大数据、云计算在物流领域的应用，建设智能仓储体系，优化物流运作流程，提升物流仓储的自动化、智能化水平和运转效率，降低物流成本。（发展改革委、商务部、交通运输部、网信办等负责）

1. 构建物流信息共享互通体系。发挥互联网信息集聚优势，聚合各类物流信息资源，鼓励骨干物流企业和第三方机构搭建面向社会的物流信息服务平台，整合仓储、运输和配送信息，开展物流全程监测、预警，提高物流安全、环保和诚信水平，统筹优化社会物流资源配置。构建互通省际、下达市县、兼顾乡村的物流信息互联网络，建立各类可开放数据的对接机制，加快完善物流信息交换开放标准体系，在更广范围促进物流信息充分共享与互联互通。

2. 建设深度感知智能仓储系统。在各级仓储单元积极推广应用二维码、无线射频识别等物联网感知技术和大数据技术，实现仓储设施与货物的实时跟踪、网络化管理以及库存信息的高度共享，提高货物调度效率。鼓励应用智能化物流装备提升仓储、运输、分拣、包装等作业效率，提高各类复杂订单的出货处理能力，缓解货物囤积停滞瓶颈制约，提升仓储运管水平和效率。

3. 完善智能物流配送调配体系。加快推进货运车联网与物流园区、仓储设施、配送网点等信息互联，促进人员、货源、车源等信息高效匹配，有效降低货车空驶率，提高配送效率。鼓励发展社区自提柜、冷链储藏柜、代收服务点等新型社区化配送模式，结合构建物流信息互联网络，加快推进县到村的物流配送网络和村级配送网点建设，解决物流配送"最后一公里"问题。

（八）"互联网+"电子商务

巩固和增强我国电子商务发展领先优势，大力发展农村电商、行业电商和跨境电商，进一步扩大电子商务发展空间。电子商务与其他产业的融合不断深化，网络化生产、流通、消费更加普及，标准规范、公共服务等支撑环境基本完善。（发展改革委、商务部、工业和信息化部、交通运输部、农业部、海关总署、税务总局、质检总局、

网信办等负责）

1. 积极发展农村电子商务。开展电子商务进农村综合示范，支持新型农业经营主体和农产品、农资批发市场对接电商平台，积极发展以销定产模式。完善农村电子商务配送及综合服务网络，着力解决农副产品标准化、物流标准化、冷链仓储建设等关键问题，发展农产品个性化定制服务。开展生鲜农产品和农业生产资料电子商务试点，促进农业大宗商品电子商务发展。

2. 大力发展行业电子商务。鼓励能源、化工、钢铁、电子、轻纺、医药等行业企业，积极利用电子商务平台优化采购、分销体系，提升企业经营效率。推动各类专业市场线上转型，引导传统商贸流通企业与电子商务企业整合资源，积极向供应链协同平台转型。鼓励生产制造企业面向个性化、定制化消费需求深化电子商务应用，支持设备制造企业利用电子商务平台开展融资租赁服务，鼓励中小微企业扩大电子商务应用。按照市场化、专业化方向，大力推广电子招标投标。

3. 推动电子商务应用创新。鼓励企业利用电子商务平台的大数据资源，提升企业精准营销能力，激发市场消费需求。建立电子商务产品质量追溯机制，建设电子商务售后服务质量检测云平台，完善互联网质量信息公共服务体系，解决消费者维权难、退货难、产品责任追溯难等问题。加强互联网食品药品市场监测监管体系建设，积极探索处方药电子商务销售和监管模式创新。鼓励企业利用移动社交、新媒体等新渠道，发展社交电商、“粉丝”经济等网络营销新模式。

4. 加强电子商务国际合作。鼓励各类跨境电子商务服务商发展，完善跨境物流体系，拓展全球经贸合作。推进跨境电子商务通关、检验检疫、结汇等关键环节单一窗口综合服务体系建设。创新跨境权益保障机制，利用合格评定手段，推进国际互认。创新跨境电子商务管理，促进信息网络畅通、跨境物流便捷、支付及结汇无障碍、税收规范便利、市场及贸易规则互认互通。

（九）“互联网＋”便捷交通

加快互联网与交通运输领域的深度融合，通过基础设施、运输工具、运行信息等互联网化，推进基于互联网平台的便捷化交通运输服务发展，显著提高交通运输资源利用效率和管理精细化水平，全面提升交通运输行业服务品质和科学治理能力。（发展改革委、交通运输部共同牵头）

1. 提升交通运输服务品质。推动交通运输主管部门和企业将服务性数据资源向社会开放，鼓励互联网平台为社会公众提供实时交通运行状态查询、出行路线规划、网上购票、智能停车等服务，推进基于互联网平台的多种出行方式信息服务对接和一站式服务。加快完善汽车健康档案、维修诊断和服务质量信息服务平台建设。

2. 推进交通运输资源在线集成。利用物联网、移动互联网等技术，进一步加强对公路、铁路、民航、港口等交通运输网络关键设施运行状态与通行信息的采集。推动跨地域、跨类型交通运输信息互联互通，推广船联网、车联网等智能化技术应用，形成更加完善的交通运输感知体系，提高基础设施、运输工具、运行信息等要素资源的在线化水平，全面支撑故障预警、运行维护以及调度智能化。

3. 增强交通运输科学治理能力。强化交通运输信息共享，利用大数据平台挖掘分析人口迁徙规律、公众出行需求、枢纽客流规模、车辆船舶行驶特征等，为优化交通运输设施规划与建设、安全运行控制、交通运输管理决策提供支撑。利用互联网加强对交通运输违章违规行为的智能化监管，不断提高交通运输治理能力。

（十）“互联网+”绿色生态

推动互联网与生态文明建设深度融合，完善污染物监测及信息发布系统，形成覆盖主要生态要素的资源环境承载能力动态监测网络，实现生态环境数据互联互通和开放共享。充分发挥互联网在逆向物流回收体系中的平台作用，促进再生资源交易利用便捷化、互动化、透明化，促进生产生活方式绿色化（发展改革委、环境保护部、商务部、林业局等负责）

1. 加强资源环境动态监测。针对能源、矿产资源、水、大气、森林、草原、湿地、海洋等各类生态要素，充分利用多维地理信息系统、智慧地图等技术，结合互联网大数据分析，优化监测站点布局，扩大动态监控范围，构建资源环境承载能力立体监控系统。依托现有互联网、云计算平台，逐步实现各级政府资源环境动态监测信息互联共享。加强重点用能单位能耗在线监测和大数据分析。

2. 大力发展智慧环保。利用智能监测设备和移动互联网，完善污染物排放在线监测系统，增加监测污染物种类，扩大监测范围，形成全天候、多层次的智能多源感知体系。建立环境信息数据共享机制，统一数据交换标准，推进区域污染物排放、空气环境质量、水环境质量等信息公开，通过互联网实现面向公众的在线查询和定制推送。加强对企业环保信用数据的采集整理，将企业环保信用记录纳入全国统一的信用信息共享交换平台。完善环境预警和风险监测信息网络，提升重金属、危险废物、危险化学品等重点风险防范水平和应急处理能力。

3. 完善废旧资源回收利用体系。利用物联网、大数据开展信息采集、数据分析、流向监测，优化逆向物流网点布局。支持利用电子标签、二维码等物联网技术跟踪电子废物流向，鼓励互联网企业参与搭建城市废弃物回收平台，创新再生资源回收模式。加快推进汽车保险信息系统、“以旧换再”管理系统和报废车管理系统的标准化、规范化和互联互通，加强废旧汽车及零部件的回收利用信息管理，为互联网企业开展业务创新和便民服务提供数据支撑。

4. 建立废弃物在线交易系统。鼓励互联网企业积极参与各类产业园区废弃物信息平台建设，推动现有骨干再生资源交易市场向线上线下结合转型升级，逐步形成行业性、区域性、全国性的产业废弃物和再生资源在线交易系统，完善线上信用评价和供应链融资体系，开展在线竞价，发布价格交易指数，提高稳定供给能力，增强主要再生资源品种的定价权。

（十一）“互联网＋”人工智能

依托互联网平台提供人工智能公共创新服务，加快人工智能核心技术突破，促进人工智能在智能家居、智能终端、智能汽车、机器人等领域的推广应用，培育若干引领全球人工智能发展的骨干企业和创新团队，形成创新活跃、开放合作、协同发展的产业生态。（发展改革委、科技部、工业和信息化部、网信办等负责）

1. 培育发展人工智能新兴产业。建设支撑超大规模深度学习的新型计算集群，构建包括语音、图像、视频、地图等数据的海量训练资源库，加强人工智能基础资源和公共服务等创新平台建设。进一步推进计算机视觉、智能语音处理、生物特征识别、自然语言理解、智能决策控制以及新型人机交互等关键技术的研发和产业化，推动人工智能在智能产品、工业制造等领域规模商用，为产业智能化升级夯实基础。

2. 推进重点领域智能产品创新。鼓励传统家居企业与互联网企业开展集成创新，不断提升家居产品的智能化水平和服务能力，创造新的消费市场空间。推动汽车企业与互联网企业设立跨界交叉的创新平台，加快智能辅助驾驶、复杂环境感知、车载智能设备等技术产品的研发与应用。支持安防企业与互联网企业开展合作，发展和推广图像精准识别等大数据分析技术，提升安防产品的智能化服务水平。

3. 提升终端产品智能化水平。着力做大高端移动智能终端产品和服务的市场规模，提高移动智能终端核心技术研发及产业化能力。鼓励企业积极开展差异化细分市场需求分析，大力丰富可穿戴设备的应用服务，提升用户体验。推动互联网技术以及智能感知、模式识别、智能分析、智能控制等智能技术在机器人领域的深入应用，大力提升机器人产品在传感、交互、控制等方面的性能和智能化水平，提高核心竞争力。

三、保障支撑

（一）夯实发展基础

1. 巩固网络基础。加快实施“宽带中国”战略，组织实施国家新一代信息基础设施建设工程，推进宽带网络光纤化改造，加快提升移动通信网络服务能力，促进网间互联互通，大幅提高网络访问速率，有效降低网络资费，完善电信普遍服务补偿机制，支持农村及偏远地区宽带建设和运行维护，使互联网下沉为各行业、各领域、各区域都能使用，人、机、物泛在互联的基础设施。增强北斗卫星全球服务能力，构建天地一体化互联网络。加快下一代互联网商用部署，加强互联网协议第 6 版（IPv6）地址管理、标识管理与解析，构建未来网络创新试验平台。研究工业互联网网络架构体系，构建开放式国家创新试验验证平台。（发展改革委、工业和信息化部、财政部、国资委、网信办等负责）

2. 强化应用基础。适应重点行业融合创新发展需求，完善无线传感网、行业云及大数据平台等新型应用基础设施。实施云计算工程，大力提升公共云服务能力，引导行业信息化应用向云计算平台迁移，加快内容分发网络建设，优化数据中心布局。加强物联网网络架构研究，组织开展国家物联网重大应用示范，鼓励具备条件的企业建设跨行业物联网运营和支撑平台。（发展改革委、工业和信息化部等负责）

3. 做实产业基础。着力突破核心芯片、高端服务器、高端存储设备、数据库和中间件等产业薄弱环节的技术瓶颈，加快推进云操作系统、工业控制实时操作系统、智能终端操作系统的研发和应用。大力发展云计算、大数据等解决方案以及高端传感器、工控系统、人机交互等软硬件基础产品。运用互联网理念，构建以骨干企业为核心、产学研用高效整合的技术产业集群，打造国际先进、自主可控的产业体系。（工业和信息化部、发展改革委、科技部、网信办等负责）

4. 保障安全基础。制定国家信息领域核心技术设备发展时间表和路线图，提升互联网安全管理、态势感知和风险防范能力，加强信息网络基础设施安全防护和用户个人信息保护。实施国家信息安全专项，开展网络安全应用示范，提高“互联网 +”安全核心技术和产品水平。按照信息安全等级保护等制度和网络安全国家标准的要求，加强“互联网 +”关键领域重要信息系统的安全保障。建设完善网络安全监测评估、监督管理、标准认证和创新能力体系。重视融合带来的安全风险，完善网络数据共享、利用等的安全管理和技术措施，探索建立以行政评议和第三方评估为基础的数据安全流动认证体系，完善数据跨境流动管理制度，确保数据安全。（网信办、发展改革委、科技部、工业和信息化部、公安部、安全部、质检总局等负责）

（二）强化创新驱动

1. 加强创新能力建设。鼓励构建以企业为主导，产学研用合作的“互联网 +”产业创新网络或产业技术创新联盟。支持以龙头企业为主体，建设跨界交叉领域的创新平台，并逐步形成创新网络。鼓励国家创新平台向企业特别是中小企业在线开放，加大国家重大科研基础设施和大型科研仪器等网络化开放力度。（发展改革委、科技部、工业和信息化部、网信办等负责）

2. 加快制定融合标准。按照共性先立、急用先行的原则，引导工业互联网、智能电网、智慧城市等领域基础共性标准、关键技术标准的研制及推广。加快与互联网融合应用的工控系统、智能专用装备、智能仪表、智能家居、车联网等细分领域的标准化工作。不断完善“互联网 +”融合标准体系，同步推进国际国内标准化工作，增强在国际标准化组织（ISO）、国际电工委员会（IEC）和国际电信联盟（ITU）等国际组织中的话语权。（质检总局、工业和信息化部、网信办、能源局等负责）

3. 强化知识产权战略。加强融合领域关键环节专利导航，引导企业加强知识产权战略储备与布局。加快推进专利基础信息资源开放共享，支持在线知识产权服务平台建设，鼓励服务模式创新，提升知识产权服务附加值，支持中小微企业知识产权创造和运用。加强网络知识产权和专利执法维权工作，严厉打击各种网络侵权假冒行为。增强全社会对网络知识产权的保护意识，推动建立“互联网+”知识产权保护联盟，加大对新业态、新模式等创新成果的保护力度。（知识产权局牵头）

4. 大力发展开源社区。鼓励企业自主研发和国家科技计划（专项、基金等）支持形成的软件成果通过互联网向社会开源。引导教育机构、社会团体、企业或个人发起开源项目，积极参加国际开源项目，支持组建开源社区和开源基金会。鼓励企业依托互联网开源模式构建新型生态，促进互联网开源社区与标准规范、知识产权等机构的对接与合作。（科技部、工业和信息化部、质检总局、知识产权局等负责）

（三）营造宽松环境

1. 构建开放包容环境。贯彻落实《中共中央国务院关于深化体制机制改革加快实施创新驱动发展战略的若干意见》，放宽融合性产品和服务的市场准入限制，制定实施各行业互联网准入负面清单，允许各类主体依法平等进入未纳入负面清单管理的领域。破除行业壁垒，推动各行业、各领域在技术、标准、监管等方面充分对接，最大限度减少事前准入限制，加强事中事后监管。继续深化电信体制改革，有序开放电信市场，加快民营资本进入基础电信业务。加快深化商事制度改革，推进投资贸易便利化。（发展改革委、网信办、教育部、科技部、工业和信息化部、民政部、商务部、卫生计生委、工商总局、质检总局等负责）

2. 完善信用支撑体系。加快社会征信体系建设，推进各类信用信息平台无缝对接，打破信息孤岛。加强信用记录、风险预警、违法失信行为等信息资源在线披露和共享，为经营者提供信用信息查询、企业网上身份认证等服务。充分利用互联网积累的信用数据，对现有征信体系和评测体系进行补充和完善，为经济调节、市场监管、社会管理和公共服务提供有力支撑。（发展改革委、人民银行、工商总局、质检总局、网信办等负责）

3. 推动数据资源开放。研究出台国家大数据战略，显著提升国家大数据掌控能力。建立国家政府信息开放统一平台和基础数据资源库，开展公共数据开放利用改革试点，出台政府机构数据开放管理规定。按照重要性和敏感程度分级分类，推进政府和公共信息资源开放共享，支持公众和小微企业充分挖掘信息资源的商业价值，促进互联网应用创新。（发展改革委、工业和信息化部、国务院办公厅、网信办等负责）

4. 加强法律法规建设。针对互联网与各行业融合发展的新特点，加快“互联网+”相关立法工作，研究调整完善不适应“互联网+”发展和管理的现行法规及政策规定。落实加强网络信息保护和信息公开有关规定，加快推动制定网络安全、电子商务、个人信息保护、互联网信息服务管理等法律法规。完善反垄断法配套规则，进一步加大反垄断法执行力度，严格查处信息领域企业垄断行为，营造互联网公平竞争环境。（法制办、网信办、发展改革委、工业和信息化部、公安部、安全部、商务部、

工商总局等负责）

（四）拓展海外合作

1. 鼓励企业抱团出海。结合“一带一路”等国家重大战略，支持和鼓励具有竞争优势的互联网企业联合制造、金融、信息通信等领域企业率先走出去，通过海外并购、联合经营、设立分支机构等方式，相互借力，共同开拓国际市场，推进国际产能合作，构建跨境产业链体系，增强全球竞争力。（发展改革委、外交部、工业和信息化部、商务部、网信办等负责）

2. 发展全球市场应用。鼓励“互联网＋”企业整合国内外资源，面向全球提供工业云、供应链管理、大数据分析等网络服务，培育具有全球影响力的“互联网＋”应用平台。鼓励互联网企业积极拓展海外用户，推出适合不同市场文化的产品和服务。（商务部、发展改革委、工业和信息化部、网信办等负责）

3. 增强走出去服务能力。充分发挥政府、产业联盟、行业协会及相关中介机构作用，形成支持“互联网＋”企业走出去的合力。鼓励中介机构为企业拓展海外市场提供信息咨询、法律援助、税务中介等服务。支持行业协会、产业联盟与企业共同推广中国技术和中国标准，以技术标准走出去带动产品和服务在海外推广应用。（商务部、外交部、发展改革委、工业和信息化部、税务总局、质检总局、网信办等负责）

（五）加强智力建设

1. 加强应用能力培训。鼓励地方各级政府采用购买服务的方式，向社会提供互联网知识技能培训，支持相关研究机构和专家开展“互联网＋”基础知识和应用培训。鼓励传统企业与互联网企业建立信息咨询、人才交流等合作机制，促进双方深入交流合作。加强制造业、农业等领域人才特别是企业高层管理人员的互联网技能培训，鼓励互联网人才与传统行业人才双向流动。（科技部、工业和信息化部、人力资源社会保障部、网信办等负责）

2. 加快复合型人才培养。面向“互联网＋”融合发展需求，鼓励高校根据发展需要和学校办学能力设置相关专业，注重将国内外前沿研究成果尽快引入相关专业教学中。鼓励各类学校聘请互联网领域高级人才作为兼职教师，加强“互联网＋”领域实验教学。（教育部、发展改革委、科技部、工业和信息化部、人力资源社会保障部、网信办等负责）

3. 鼓励联合培养培训。实施产学合作专业综合改革项目，鼓励校企、院企合作办学，推进“互联网＋”专业技术人才培训。深化互联网领域产教融合，依托高校、科研机构、企业的智力资源和研究平台，建立一批联合实训基地。建立企业技术中心和院校对接机制，鼓励企业在院校建立“互联网＋”研发机构和实验中心。（教育部、发展改革委、科技部、工业和信息化部、人力资源社会保障部、网信办等负责）

4. 利用全球智力资源。充分利用现有人才引进计划和鼓励企业设立海外研发中心等多种方式，引进和培养一批“互联网＋”领域高端人才。完善移民、签证等制度，形成有利于吸引人才的分配、激励和保障机制，为引进海外人才提供有利条件。支持通过任务外包、产业合作、学术交流等方式，充分利用全球互联网人才资源。吸引互联网领域领军人才、特殊人才、紧缺人才在我国创业创新和从事教学科研等活动。（人力资源社会保障部、发展改革委、教育部、科技部、网信办等负责）

（六）加强引导支持

1. 实施重大工程包。选择重点领域，加大中央预算内资金投入力度，引导更多社会资本进入，分步骤组织实施“互联网＋”重大工程，重点促进以移动互联网、云计算、大数据、物联网为代表的新一代信息技术与制造、能源、服务、农业等领域的融合创新，发展壮大新兴业态，打造新的产业增长点。（发展改革委牵头）

2. 加大财税支持。充分发挥国家科技计划作用，积极投向符合条件的“互联网＋”融合创新关键技术研发及应用示范。统筹利用现有财政专项资金，支持“互联网＋”相关平台建设和应用示范等。加大政府部门采购云计算服务的力度，探索基于云计算的政务信息化建设运营新机制。鼓励地方政府创新风险补偿机制，探索“互联网＋”发展的新模式。（财政部、税务总局、发展改革委、科技部、网信办等负责）

3. 完善融资服务。积极发挥天使投资、风险投资基金等对“互联网＋”的投资引领作用。开展股权众筹等互联网金融创新试点，支持小微企业发展。支持国家出资设立的有关基金投向“互联网＋”，鼓励社会资本加大对相关创新型企业的投资。积极发展知识产权质押融资、信用保险保单融资增信等服务，鼓励通过债券融资方式支持“互联网＋”发展，支持符合条件的“互联网＋”企业发行公司债券。开展产融结合创新试点，探索股权和债权相结合的融资服务。降低创新型、成长型互联网企业的上市准入门槛，结合证券法修订和股票发行注册制改革，支持处于特定成长阶段、发展前景好但尚未盈利的互联网企业在创业板上市。推动银行业金融机构创新信贷产品与金融服务，加大贷款投放力度。鼓励开发性金融机构为“互联网＋”重点项目建设提供有效融资支持。（人民银行、发展改革委、银监会、证监会、保监会、网信办、开发银行等负责）

（七）做好组织实施

1. 加强组织领导。建立“互联网＋”行动实施部际联席会议制度，统筹协调解决重大问题，切实推动行动的贯彻落实。联席会议设办公室，负责具体工作的组织推进。建立跨领域、跨行业的“互联网＋”行动专家咨询委员会，为政府决策提供重要支撑。（发展改革委牵头）

2. 开展试点示范。鼓励开展“互联网＋”试点示范，推进“互联网＋”区域化、链条化发展。支持全面创新改革试验区、中关村等国家自主创新示范区、国家现代农业示范区先行先试，积极开展“互联网＋”创新政策试点，破除新兴产业行业准入、数据开放、市场监管等方面政策障碍，研究适应新兴业态特点的税收、保险政策，打造“互联网＋”生态体系。（各部门、各地方政府负责）

3. 有序推进实施。各地区、各部门要主动作为，完善服务，加强引导，以动态发展的眼光看待“互联网＋”，在实践中大胆探索拓展，相互借鉴“互联网＋”融合应用成功经验，促进“互联网＋”新业态、新经济发展。有关部门要加强统筹规划，提高服务和管理能力。各地区要结合实际，研究制定适合本地的“互联网＋”行动落实方案，因地制宜，合理定位，科学组织实施，杜绝盲目建设和重复投资，务实有序推进“互联网＋”行动。（各部门、各地方政府负责）

国务院

2015 年 7 月 1 日

国务院办公厅关于同意在上海等 9 个城市开展国内贸易流通体制改革发展综合试点的复函

国办函〔2015〕88 号

上海市、江苏省、浙江省、福建省、山东省、河南省、湖北省、广东省、四川省人民政府，商务部：

你们关于请求批准在上海等 9 个城市开展国内贸易流通体制改革发展综合试点的请示收悉。经国务院批准，现函复如下：

一、国务院同意在上海市、南京市、郑州市、广州市、成都市、厦门市、青岛市、黄石市和义乌市 9 个城市开展国内贸易流通体制改革发展综合试点。

二、试点工作要坚持市场化改革方向，以建设法治化营商环境为主线，以新的流通创新为引领，通过深化改革，推动政府转变职能、简政放权，打破地区封锁和行业垄断，充分发挥市场配置资源的决定性作用，优化内贸流通发展的体制机制，完善流通法规、规则和诚信体系，逐步形成政府依法行政、企业守法经营、中介组织规范自律、社会公众有效监督的法治化营商环境和分工明确、协调高效的内贸流通管理体制，增强内贸流通服务经济社会发展全局的能力。

三、试点城市人民政府要根据《国内贸易流通体制改革发展综合试点方案》，围绕探索建立创新驱动的流通发展机制、建设法治化营商环境、建立流通基础设施发展模式、健全统一高效的流通管理体制等主要任务，结合实际，突出特色，制订本市试点工作方案，报商务部备案。

四、试点城市人民政府要加强对试点工作的组织领导，搞好综合协调，强化政策保障，认真落实各项试点任务，及时总结报送试点工作进展及取得的经验。试点城市所在省级人民政府要高度重视，加强对试点工作的指导和政策支持。

五、商务部要会同发展改革委、工业和信息化部、财政部、交通运输部、工商总局、质检总局、邮政局和供销合作总社做好宏观指导和督查落实，适时开展考核评估，并将考核结果报国务院。

附件：国内贸易流通体制改革发展综合试点方案

国务院办公厅

2015 年 7 月 29 日

附件：

国内贸易流通体制改革发展综合试点方案

为全面贯彻落实党中央、国务院的决策部署，推进国内贸易流通体制改革，建设法治化营商环境，促进流通产业创新发展，提高对经济发展的拉动力，特制订本方案。

一、总体要求

（一）指导思想。深入贯彻党的十八大和十八届二中、三中、四中全会精神，认真落实党中央、国务院的决策部署，以市场化改革为方向，以建设法治化营商环境为主线，以创新转型为引领，以转变政府职能为重点，厘清政府与市场、中央与地方、政府部门之间、政府与中介组织的关系，探索建立规则健全、统一开放、竞争有序、畅通高效的内贸流通体系和分工明确、权责统一、协调高效的内贸流通管理体制，努力增强内贸流通服务经济社会发展能力。

（二）总体目标。力争通过一年左右的探索，在流通创新发展促进机制、市场规制体系、基础设施发展模式、管理体制等方面形成一批可复制推广的经验和模式，为全国统一市场建设打好基础，为出台国内贸易流通体制改革总体意见和全面深化改革提供有益借鉴。需要出台法规规章的试点地区，试点时间可适当延长。

二、试点任务

（一）探索建立创新驱动的流通发展机制。支持电子商务企业拓展业务领域和范围，创新电子商务发展模式，完善政府监管方式，营造有利于电子商务发展的良好环境。支持电子商务、连锁经营、物流配送等现代流通方式相互融合，促进线上线下互动发展，创新批发、零售供应链管理，推动传统流通企业加快转型升级。加强商贸物流网络建设，提升物流专业化、信息化、社会化、标准化水平，提高流通效率。统筹规划城乡商业网点建设，构建农产品、工业品双向畅通的流通网络，促进城乡一体化发展。推动建立内外贸统一的管理方式、结算方式和标准体系，构建内外贸一体化的商品流通体系。

（二）探索建设法治化营商环境。推进地方流通法规建设，依法确立流通设施、流通秩序、市场监管以及促进流通产业发展等方面的基本制度。深化流通领域市场监管体制改革，利用现代信息技术提升监管执法效能，加强行政执法和刑事司法衔接，建立监管互认、执法互助、信息共享的综合监管与联合执法机制。建立以行政管理信息共享、社会化综合信用评价、第三方专业信用服务为核心的内贸流通信用体系。

（三）探索建立流通基础设施发展模式。对于公益性农产品批发市场建设，通过多种形式建立投资保障、运营管理和监督管理机制，增强应对突发事件和市场异常波动的功能；对于微利经营的社区居民生活服务网点等设施，通过完善扶持政策，支持其加快发展；对于完全市场化的大型商场等设施，通过加强规划、建立预警机制和听证制度等，引导其合理布局、有序发展。

（四）探索健全统一高效的流通管理体制。进一步转变政府职能，加快简政放权，优化职责分工，加强部门协作，建立适应大流通、大市场发展需要的新型流通管理体制。建立健全内贸流通行政管理权力清单、部门责任清单和市场准入负面清单，提高行政审批便利化水平，支持大众创业、万众创新。完善规范性文件合法性审查程序，加强行政垄断案件查处，建立打破地区封锁和行业垄断的长效机制，促进商品、要素自由流动和企业公平竞争。推动流通行业协会改革，制订政府职能转移目录、服务采购目录、行业组织资质目录，将部分工作事项交由行业协会承担，加大政府购买服务力度，推动行业协会与行政机关脱钩，充分发挥行业协会作用。适时推进药品流通领域改革。

试点城市要根据上述要求细化试点方案，在全面推进落实四项试点任务的同时，结合自身实际突出1～2个方面重点工作，形成可在全国复制推广的改革经验。

三、组织实施

各有关方面要加强组织领导，落实工作责任。试点城市人民政府作为试点工作的责任主体，负责试点工作的组织领导、实施推动、综合协调及措施保障。试点城市所在省级人民政府要加强对试点城市的指导和政策支持。商务部会同发展改革委、工业和信息化部、财政部、交通运输部、工商总局、质检总局、邮政局和供销合作总社负责宏观指导、督促推动、考核评估和跨部门政策协调，适时总结试点工作经验，组织复制推广，并将考核结果报国务院。

国务院关于推进国内贸易流通现代化建设法治化营商环境的意见

国发〔2015〕49号

各省、自治区、直辖市人民政府，国务院各部委、各直属机构：

国内贸易流通（以下简称内贸流通）是我国改革开放最早、市场化程度最高的领域之一，目前已初步形成主体多元、方式多样、开放竞争的格局，对国民经济的基础性支撑作用和先导性引领作用日益增强。做强现代流通业这个国民经济大产业，可以对接生产和消费，促进结构优化和发展方式转变。党中央、国务院高度重视内贸流通工作，对深化改革、开展内贸流通体制改革发展综合试点工作作了部署。为深入贯彻落实党中央、国务院的决策部署，现就推进内贸流通现代化、建设法治化营商环境提出以下意见。

一、总体要求

（一）指导思想

全面贯彻党的十八大和十八届二中、三中、四中全会精神，按照国务院部署要求，主动适应和引领经济发展新常态，坚持问题导向与超前谋划相结合、顶层设计与基层探索相结合、整体推进与重点突破相结合，加快法治建设，推动体制机制创新，优化发展环境，完善治理体系，促进内贸流通发展方式转变，推动我国从流通大国向流通强国转变，更好地服务经济社会发展。

（二）基本原则

坚持以市场化改革为方向。充分发挥市场配置资源的决定性作用，打破地区封锁和行业垄断，促进流通主体公平竞争，促进商流、物流、资金流、信息流自由高效流动，提高流通效率，降低流通成本。

坚持以转变政府职能为核心。进一步简政放权，加强事中事后监管，推进放管结合、优化服务，做好规划引导，完善促进政策，增强调控能力，增加公共产品和公共服务供给，推进信息公开和共享。

坚持以创新转型为引领。顺应“互联网+”的发展趋势，加快现代信息技术应用，完善促进创新的体制机制，推动内贸流通内涵式发展、可持续发展。

坚持以建设法治化营商环境为主线。健全内贸流通法律法规、标准、信用等制度体系，提升监管执法效能，依法规范市场主体行为，加快建设法治市场。

（三）主要目标

到2020年，基本形成规则健全、统一开放、竞争有序、监管有力、畅通高效的内贸流通体系和比较完善的法治化营商环境，内贸流通统一开放、创新驱动、稳定运行、规范有序、协调高效的体制机制更加完善，使内贸流通成为经济转型发展的新引擎、优化资源配置的新动力，为推进内贸流通现代化夯实基础。

二、健全内贸流通统一开放的发展体系

（四）加强全国统一市场建设，降低社会流通总成本

消除市场分割。清理和废除妨碍全国统一市场、公平竞争的各种规定及做法。禁止在市场经济活动中实行地区封锁，禁止行政机关滥用行政权力限制、排除竞争的行为。推动建立区域合作协调机制，鼓励各地就跨区域合作事项加强沟通协商，探索建立区域合作利益分享机制。

打破行业垄断。完善反垄断执法机制，依法查处垄断协议、滥用市场支配地位行为，加强经营者集中反垄断审查。禁止利用市场优势地位收取不合理费用或强制设置不合理的交易条件，规范零售商供应商交易关系。

（五）统筹规划全国流通网络建设，推动区域、城乡协调发展

推进大流通网络建设。提升环渤海、长三角、珠三角三大流通产业集聚区和沈阳—长春—哈尔滨、郑州—武汉—长沙、成都—重庆、西安—兰州—乌鲁木齐四大流通产业集聚带的消费集聚、产业服务、民生保障功能，打造一批连接国内国际市场、发展潜力较大的重要支点城市，形成畅通高效的全国骨干流通网络。

推进区域市场一体化。推进京津冀流通产业协同发展，统筹规划建设三地流通设施，促进共建共享。依托长江经济带综合立体交通走廊，建设沿江物流主干道，推动形成若干区域性商贸物流中心，打造长江商贸走廊。将流通发展所需的相关设施和用地纳入城乡规划，实施全国流通节点城市布局规划，加强区域衔接。

推进城乡流通网络一体化。统筹规划城乡商业网点的功能和布局，提高流通设施利用效率和商业服务便利化水平。整合商务、供销、邮政等各方面资源，加强农村地区商业网点建设。加强对贫困地区、民族地区、边疆地区和革命老区市场建设的支持，保障居民基本商业服务需要。

创新流通规划编制实施机制。县级以上地方人民政府要将内贸流通纳入同级国民经济和社会发展规划编制内容，做好流通规划与当地土地利用总体规划和城乡规划的衔接，确保依法依规推进流通设施项目建设，各地制修订相关规划时应充分征求本行政区域流通主管部门的意见。探索建立跨区域流通设施规划编制协调机制和相关部门之间规划衔接机制，推动规划对接、政策联动和资源共享。

（六）构建开放融合的流通体系，提高利用国际国内两个市场、两种资源的能力

实施流通“走出去”战略。加大对流通企业境外投资的支持，统筹规划商贸物流型境外经济贸易合作区建设，支持企业建设境外营销、支付结算和仓储物流网络，推动国内流通渠道向境外延伸，打造全球供应链体系。鼓励流通企业与制造企业集群式“走出去”，促进国际产能和装备制造合作。鼓励电子商务企业“走出去”，提升互联网信息服务国际化水平。

创建内外贸融合发展平台。服务“一带一路”战略，促进国内外市场互联互通，打造内外贸融合发展的流通网络。培育一批经营模式、交易模式与国际接轨的商品交易市场。打造一批内外贸结合、具有较强国际影响力的大型会展平台。发展一批连接国际国内市场、运行规范有序的跨境贸易电子商务综合服务平台。

进一步提高内贸流通领域对外开放水平。放开商贸物流等领域外资准入限制，鼓励外资投向共同配送、连锁配送以及鲜活农产品配送等现代物流服务领域。更加注重引进国外先进技术、管理经验、商业模式和知名品牌，鼓励跨国公司在华设立采购、营销等功能性区域中心。

（七）完善流通设施建设管理体系，加强流通领域重大基础设施建设

创新基础性流通设施建设模式。对于公益性农产品批发市场建设，通过多种形式建立投资保障、运营和监督管理新模式，增强应对突发事件和市场异常波动的功能。

完善微利经营的流通设施建设保障制度。落实新建社区商业和综合服务设施面积占社区总建筑面积的比例不得低于10%的政策，优先保障农贸市场、社区菜市场和家政、养老、再生资源回收等设施用地需求。加强大型物流节点和公共物流配送设施系统性布局、协同性建设，提升物流配送的集约化水平。

改进市场化商业设施建设引导方式。支持有条件的城市开展城市商业面积监测预警，定期发布大型商业设施供给信息，合理引导市场预期。统筹大型实体和网络商品交易市场建设，避免盲目重复建设。

三、提升内贸流通创新驱动水平

（八）强化内贸流通创新的市场导向

推动新兴流通方式创新。积极推进“互联网+”流通行动，加快流通网络化、数字化、智能化建设。引导电子商务企业拓展服务领域和功能，鼓励发展生活消费品、生产资料、生活服务等各类专业电子商务平台，带动共享、协同、融合、集约等新兴模式发展。促进农产品电子商务发展，引导更多农业从业者和涉农企业参与农产品电子商务，支持各地打造各具特色的农产品电子商务产业链，开辟农产品流通新渠道。推广拍卖、电子交易等农产品交易方式。大力推进电子商务进农村，推广农村商务信息服务，培育多元化的农村电子商务市场主体，完善农村电子商务配送服务网络。促

进电子商务进社区，鼓励电子商务企业整合社区现有便民服务设施，开展电子商务相关配套服务。

推动传统流通企业转型模式创新。鼓励零售企业改变引厂进店、出租柜台等经营模式，实行深度联营，通过集中采购、买断经营、开发自有品牌等方式，提高自营比例。鼓励流通企业通过兼并、特许经营等方式，扩大连锁经营规模，提高经营管理水平。鼓励流通企业发挥线下实体店的物流、服务、体验等优势，与线上商流、资金流、信息流融合，形成优势互补。支持流通企业利用电子商务平台创新服务模式，提供网订店取、网订店送、上门服务、社区配送等各类便民服务。引导各类批发市场自建网络交易平台或利用第三方电子商务平台开展网上经营，推动实体市场与网络市场协同发展。推动流通企业利用信息技术加强供应链管理，鼓励向设计、研发、生产环节延伸，促进产业链上下游加强协同，满足个性化、多样化的消费需求。大力发展第三方物流和智慧物流，鼓励物联网等技术在仓储系统中的应用，支持建设物流信息服务平台，促进车源、货源和物流服务等信息高效匹配，支持农产品冷链物流体系建设，提高物流社会化、标准化、信息化、专业化水平。

推动绿色循环低碳发展模式创新。鼓励绿色商品消费，引导流通企业扩大绿色商品采购和销售，推行绿色包装和绿色物流，推行绿色供应链环境管理，推动完善绿色商品认证制度和标准体系。鼓励旧货市场规范发展，促进二手商品流通。研究建立废弃商品回收的生产者、销售者、消费者责任机制，加快推进再生资源回收与垃圾清运处理网络体系融合，促进商贸流通网络与逆向物流体系（即商品废弃后，经消费端回到供应端的活动及过程，包括废物回收、再制造再加工、报废处理等）共享。制订内贸流通领域节能节水和环保技术、产品、设备推广目录，引导流通企业加快设施设备的节能环保改造。

推动文化培育传播形式创新。弘扬诚信文化，加强以诚信兴商为主的商业文化建设。加强对内贸流通领域传统技艺的保护，支持中华老字号创新发展，促进民族特色商品流通。鼓励商品创意设计创新，支持消费类产品提升新产品设计和研发能力，以创意设计增加消费品附加值。提升商业设施的文化内涵，引导流通企业在商品陈列、商场装饰、环境营造等方面突出创意特色，增加商业设施和商业街区的文化底蕴，推动现代商业与传统文化融合创新。建立健全品牌发展公共服务体系。促进传统节庆、民俗文化消费，培育健康文明的消费文化。

（九）增强内贸流通创新的支撑能力

完善财政金融支持政策。加快设立国家中小企业发展基金，加大对包括流通领域在内的各领域初创期成长型中小企业创新创业的支持。支持发展创业投资基金、天使投资群体，引导社会资金和金融资本加大对流通创新领域的投资。完善流通企业融资模式，推广知识产权质押融资，依法合规开展股权众筹融资试点，支持创业担保贷款积极扶持符合条件的中小流通企业。

健全支撑服务体系。推动现代物流、在线支付等电子商务服务体系建设，鼓励各类创业孵化基地为电子商务创业人员提供场地支持和孵化服务，支持发展校企合作、商学结合等人才培养模式。支持专业化创新服务机构发展，创新产学研合作模式。完善创新成果交易机制，积极发展各类商贸服务交易平台。研究建立流通创新示范基地，鼓励创业创新基地提高对中小流通企业的公共服务能力和水平。

推动流通企业改革创新。加快发展内贸流通领域混合所有制经济，鼓励非公有资本和国有资本交叉持股、相互融合。鼓励流通企业通过兼并重组整合创新资源，提高创新能力。各地可根据实际情况，依法完善相关政策，按照主体自愿的原则，引导有条件的个体工商户转为企业。

（十）加大内贸流通创新的保护力度

加强知识产权保护。严厉打击制售侵权假冒商品行为，加大对反复侵权、恶意侵权等行为的处罚力度。研究商业模式等新形态创新成果的知识产权保护办法。完善知识产权保护制度，健全知识产权维权援助体系，合理划分权利人举证责任，缩短确权审查、侵权处理周期。

引导电子商务平台健康发展。推动电子商务平台企业健全交易规则、管理制度、信用体系和服务标准，构建良好的电子商务生态圈。加强区域间统筹协调，引导各地有序建设电子商务交易平台。

四、增强内贸流通稳定运行的保障能力

（十一）完善信息服务体系

强化大数据在政府内贸流通信息服务中的应用。利用大数据加强对市场运行的监测分析和预测预警，提高市场调控和公共信息服务的预见性、针对性、有效性。推进部门间信息共享和信息资源开放，建立政府与社会紧密互动的大数据采集机制，形成高效率的内贸流通综合数据平台。夯实内贸流通统计基层基础，完善行业统计监测制度，建立完善电子商务、服务消费等统计调查制度，完善综合统计与部门统计协作机制，强化统计监测制度执行刚性。

推动内贸流通行业中介组织开展大数据的推广应用。利用政府采购、服务外包等方式，鼓励行业中介组织深入挖掘和研发大数据公共服务产品，加强对大数据技术应用的宣传和推广，服务流通企业创新转型和大数据产业发展需要。

鼓励流通企业开展大数据的创新应用。引导流通企业利用大数据技术推进市场拓展、精准营销和优化服务，带动商业模式创新。建立社会化、市场化的数据应用机制，推动第三方电子商务平台等企业开放数据资源，引导建立数据交换交易的规范与标准，规范数据交易行为。

（十二）创新市场应急调控机制

完善市场应急调控管理体系。按照统一协调、分级负责、快速响应的原则，健全

市场应急供应管理制度和协调机制。应对全国范围和跨区域市场异常波动由国务院有关部门负责，应对区域性市场异常波动主要由当地人民政府负责。

健全突发事件市场应急保供预案。细化自然灾害、事故灾难、公共卫生事件、社会安全事件等各类突发事件情况下市场应急保供预案和措施。根据突发事件对市场影响的范围和程度，综合运用信息引导、企业采购、跨区域调运、储备投放、进口组织、限量供应、依法征用等方式，建立基本生活必需品应急供应保障机制。

完善商品应急储备体系。建立中央储备与地方储备、政府储备与商业储备相结合的商品应急储备体系。建立储备商品定期检查检验制度，确保储备安全。推广商业储备模式，推进商业储备市场化运作和储备主体多元化。

增强市场应急保供能力。建设应急商品数据库，及时掌握相关应急商品产销和库存情况，保障信息传导畅通和组织调度科学有序。实施应急保供重点联系企业动态管理，保持合理库存水平，增强投放力量，合理规划设置应急商品集散地和投放网点。探索利用商业保险稳定生活必需品供应机制，推动重要生活必需品生产流通保险产品创新。

（十三）构建重要商品追溯体系

建设重要商品追溯体系。坚持政府引导与市场化运作相结合，以食用农产品、食品、药品以及其他对消费者生命健康有较大影响的商品为重点，利用物联网等信息技术建设来源可追、去向可查、责任可究的信息链条，逐步增加可追溯商品品种。

完善重要商品追溯体系的管理体制。坚持统一规划、统一标准、分级建设、属地管理的原则，整合现有资源，建设统一的重要商品追溯信息服务体系，形成全国上下一体、协同运作的重要商品追溯体系管理体制。推进跨部门、跨地区追溯体系对接和信息互通共享。地方各级人民政府要建立商品追溯体系持续有效运行的保障机制。

扩大重要商品追溯体系应用范围。完善重要商品追溯大数据分析与智能化应用机制，加大商品追溯信息在事中事后监管、行业发展促进、信用体系建设等方面的应用力度，提升追溯体系综合服务功能。

五、健全内贸流通规范有序的规制体系

（十四）加快推进流通立法

完善流通法律制度。加快推进商品流通法立法进程，确立流通设施建设、商品流通保障、流通秩序维护、流通行业发展以及市场监管等基本制度。推动完善知识产权和商业秘密保护、网络信息安全、电子商务促进等法律制度。

健全流通法规规章。完善反垄断、反不正当竞争法律的配套法规制度，强化对市场竞争行为和监管执法行为的规范。加快制订内贸流通各行业领域的行政法规和规章，

规范相关参与方行为，推动建立公平、透明的行业规则。对内贸流通领域与经济社会发展需要不相适应的现行法规、规章及规范性文件，及时予以修订或废止。

推进流通领域地方立法。坚持中央立法与地方立法相结合，鼓励地方在立法权限范围内先行先试。

（十五）提升监管执法效能

加强流通领域执法。创新管理机制，加强执法队伍建设，合理配置执法力量，严格落实执法人员持证上岗和资格管理制度。健全举报投诉服务网络，完善受理、办理、转办和督办机制。开展商务综合行政执法体制改革试点。

推进行政执法与刑事司法衔接。建立信息共享、案情通报和案件移送制度，完善案件移送标准和程序，相关工作纳入中央、省、市、县四级人民政府统一建设的行政执法与刑事司法衔接信息共享平台。

创新市场监管方式。加强事中事后监管，坚持日常监管与专项治理相结合。加强大数据等现代信息技术在监管执法中的应用，推进行政处罚案件信息公开和流通企业信息公示，加强市场监管部门与行业协会商会、专业机构的合作，引入社会监督力量。创新企业产品质量执法检查方式，推行企业产品质量承诺制度。创新电子商务监管模式，健全消费者维权和交易争端解决机制。

（十六）加强流通标准化建设

健全流通标准体系。加快构建国家标准、行业标准、团体标准、地方标准和企业标准相互配套、相互补充的内贸流通标准体系。扩大标准覆盖面、增强适用性，加强商贸物流、电子商务、农产品流通、居民生活服务等重点领域标准的制定和修订工作。

强化流通标准实施应用。建立政府支持引导、社会中介组织推动、骨干企业示范应用的内贸流通标准实施应用机制。推动建立经营场所服务标准公开公示制度，倡导流通企业以标准为依据规范服务、交易和管理行为。

完善流通标准管理。加快内贸流通标准管理信息化建设，简化行业标准制修订程序、缩短制修订周期。选择具备条件的社会团体开展团体标准试点。建立重点标准实施监督和评价制度，加强标准在认证认可、检验检测、市场准入、执法监督等行政管理中的使用。

（十七）加快流通信用体系建设

推动建立行政管理信息共享机制。以统一社会信用代码为基础，推动各地建设流通企业信用信息系统并纳入全国统一的信用信息共享交换平台，实现信息互通共享。建立健全企业经营异常名录、失信企业“黑名单”制度及跨部门联合惩戒机制，依法向社会提供信用信息查询服务。在行政管理中依法使用流通企业信用记录和信用报告，对企业实施信用分类管理。

引导建立市场化综合信用评价机制。在商品零售、居民服务等行业推动建立以交易信息为基础的企业信用评价机制。引导商品交易市场、物流园区以及第三方电子商务平台等建立入驻商户信用评价机制，鼓励按照信用级别向入驻商户提供差别化的信用服务。

支持建立第三方信用评价机制。支持信用调查、信用评估、信用保险、商业保理等信用服务行业加快发展，创新信用产品和服务。鼓励行业协会商会建立会员企业信用档案，推动具有上下游产业关系的行业协会商会建立信用信息共享机制。

六、健全内贸流通协调高效的管理体制

（十八）处理好政府与市场的关系

明确政府职责。加强内贸流通领域发展战略、规划、法规、规章、政策、标准的制订和实施，整顿和规范市场经济秩序，推动信用建设，提供信息等公共服务，做好生活必需品市场供应应急调控，依法管理特殊流通行业。深化行政审批制度改革，依法界定内贸流通领域经营活动审批、资格许可和认定等管理事项，加快推广行政审批“一个窗口”受理，规范行政许可流程，取消涉及内贸流通的非行政许可审批。结合市场准入制度改革，推行内贸流通领域负面清单制度。

严格依法履职。建立健全内贸流通行政管理权力清单、部门责任清单等制度，公开涉及内贸流通的行政管理和资金支持事项。

（十九）合理划分中央与地方政府权责

发挥中央政府宏观指导作用。国务院有关部门要研究制订内贸流通领域全国性法律法规、战略、规划、政策和标准，加强跨区域整顿和规范市场经济秩序、信用建设、公共服务、生活必需品市场供应应急调控，按国务院有关规定对特殊流通行业进行监督管理。

强化地方人民政府行政管理职责。地方各级人民政府要加强内贸流通领域全国性法律法规、战略、规划、政策和标准的贯彻实施，结合当地特点，制订本地区的规划、政策和标准，着力加强本行政区域整顿和规范市场秩序、信用建设、公共服务、应急保障等职责。

（二十）完善部门间协作机制

进一步理顺部门职责分工。商务主管部门要履行好内贸流通工作综合统筹职责，加强与有关部门的沟通协调，完善工作机制，形成合力。探索建立内贸流通领域管理制度制定、执行与监督既相互制约又相互协调的行政运行机制。

探索建立大流通工作机制。鼓励有条件的地方整合和优化内贸流通管理职责，加强对电子商务、商贸物流、农产品市场建设等重点领域规划和政策的统筹协调。

（二十一）充分发挥行业协会商会作用

推进行业协会商会改革。积极稳妥推进内贸流通领域行业协会商会与行政机关脱钩，厘清行业协会商会与行政机关的职能边界，创新行业协会商会管理体制和运行机制，推动建立政府与行业协会商会的新型合作关系。

支持行业协会商会加快发展。制订支持和鼓励内贸流通领域行业协会商会发展的政策措施，提升行业服务和管理水平，发挥其在加强行业自律、服务行业发展、反映行业诉求等方面的作用。

各地区、各部门要充分认识推进内贸流通现代化、建设法治化营商环境的重要意义，切实抓好各项政策措施的落实，重要的改革要先行试点，及时总结和推广试点经验。各地区要结合本地实际，因地制宜制订实施方案，出台有针对性的具体措施，认真组织实施。各部门要明确分工，落实责任，加强协调，形成合力。商务部会同有关部门负责对本意见落实工作的统筹协调、跟踪了解、督促检查，确保各项任务措施落实到位。

国务院

2015 年 8 月 26 日

国务院办公厅关于推进线上线下互动加快商贸流通创新发展转型升级的意见

国办发〔2015〕72号

各省、自治区、直辖市人民政府，国务院各部委、各直属机构：

近年来，移动互联网等新一代信息技术加速发展，技术驱动下的商业模式创新层出不穷，线上线下互动成为最具活力的经济形态之一，成为促进消费的新途径和商贸流通创新发展的新亮点。大力发展线上线下互动，对推动实体店转型，促进商业模式创新，增强经济发展新动力，服务大众创业、万众创新具有重要意义。为落实国务院决策部署，推进线上线下互动，加快商贸流通创新发展和转型升级，经国务院同意，现提出以下意见：

一、鼓励线上线下互动创新

（一）支持商业模式创新。包容和鼓励商业模式创新，释放商贸流通市场活力。支持实体店通过互联网展示、销售商品和服务，提升线下体验、配送和售后等服务，加强线上线下互动，促进线上线下融合，不断优化消费路径、打破场景限制、提高服务水平。鼓励实体店通过互联网与消费者建立全渠道、全天候互动，增强体验功能，发展体验消费。鼓励消费者通过互联网建立直接联系，开展合作消费，提高闲置资源配置和使用效率。鼓励实体商贸流通企业通过互联网强化各行业内、行业间分工合作，提升社会化协作水平。（商务部、网信办、发展改革委、工业和信息化部、地方各级人民政府）

（二）鼓励技术应用创新。加快移动互联网、大数据、物联网、云计算、北斗导航、地理位置服务、生物识别等现代信息技术在认证、交易、支付、物流等商务环节的应用推广。鼓励建设商务公共服务云平台，为中小微企业提供商业基础技术应用服务。鼓励开展商品流通全流程追溯和查询服务。支持大数据技术在商务领域深入应用，利用商务大数据开展事中事后监管和服务方式创新。支持商业网络信息系统提高安全防范技术水平，将用户个人信息保护纳入网络安全防护体系。（商务部、工业和信息化部、发展改革委、地方各级人民政府）

（三）促进产品服务创新。鼓励企业利用互联网逆向整合各类生产要素资源，按照消费需求打造个性化产品。深度开发线上线下互动的可穿戴、智能化商品市场。鼓励第三方电子商务平台与制造企业合作，利用电子商务优化供应链和服务链体系，发展基于互联网的装备远程监控、运行维护、技术支持等服务市场。支持发展面向企业和创业者的平台开发、网店建设、代运营、网络推广、信息处理、数据分析、信用认证、管理咨询、在线培训等第三方服务，为线上线下互动创新发展提供专业化的支撑保障。鼓励企业通过虚拟社区等多种途径获取、转化和培育稳定的客户群体。（商务部、工业和信息化部、网信办、地方各级人民政府）

二、激发实体商业发展活力

（四）推进零售业改革发展。鼓励零售企业转变经营方式，支持受线上模式冲击的实体店调整重组，提高自营商品比例，加大自主品牌、定制化商品比重，深入发展连锁经营。鼓励零售企业利用互联网技术推进实体店铺数字化改造，增强店面场景化、立体化、智能化展示功能，开展全渠道营销。鼓励大型实体店不断丰富消费体验，向智能化、多样化商业服务综合体转型，增加餐饮、休闲、娱乐、文化等设施，由商品销售为主转向“商品＋服务”并重。鼓励中小实体店发挥靠近消费者优势，完善便利服务体系，增加快餐、缴费、网订店取、社区配送等附加便民服务功能。鼓励互联网企业加强与实体店合作，推动线上交流互动、引客聚客、精准营销等优势和线下真实体验、品牌信誉、物流配送等优势相融合，促进组织管理扁平化、设施设备智能化、商业主体在线化、商业客体数据化和服务作业标准化。（商务部、发展改革委）支持新型农业经营主体对接电子商务平台，有效衔接产需信息，推动农产品线上营销与线下流通融合发展。鼓励农业生产资料经销企业发展电子商务，促进农业生产资料网络营销。（农业部、发展改革委）支持零售企业线上线下结合，开拓国际市场，发展跨境网络零售。（商务部）

（五）加快批发业转型升级。鼓励传统商品交易市场利用互联网做强交易撮合、商品集散、价格发现和信息交互等传统功能，增强物流配送、质量标准、金融服务、研发设计、展览展示、咨询服务等新型功能。鼓励传统批发企业应用互联网技术建设供应链协同平台，向生产、零售环节延伸，实现由商品批发向供应链管理服务的转变。支持发展品牌联盟或建设品牌联合采购平台，集聚品牌资源，降低采购成本。深化电子商务应用，引导商品交易市场向电子商务园区、物流园区转型。以电子商务和现代物流为核心，推动大宗商品交易市场优化资源配置、提高流通效率。鼓励线上行业信息服务平台向综合交易服务平台转型，围绕客户需求组织线下展示会、洽谈会、交易会，为行业发展提供全方位垂直纵深服务。（商务部、工业和信息化部、发展改革委）

（六）转变物流业发展方式。运用互联网技术大力推进物流标准化，重点推进快递包裹、托盘、技术接口、运输车辆标准化，推进信息共享和互联互通，促进多式联运发展。大力发展智慧物流，运用北斗导航、大数据、物联网等技术，构建智能化物流通道网络，建设智能化仓储体系、配送系统。发挥互联网平台实时、高效、精准的优势，对线下运输车辆、仓储等资源进行合理调配、整合利用，提高物流资源使用效率，实现运输工具和货物的实时跟踪和在线化、可视化管理，鼓励依托互联网平台的“无车承运人”发展。推广城市共同配送模式，支持物流综合信息服务平台建设。鼓励企业在出口重点国家建设海外仓，推进跨境电子商务发展。（发展改革委、商务部、交通运输部、邮政局、国家标准委）

（七）推进生活服务业便利化。大力推动吃住行及旅游、娱乐等生活服务业在线化，促进线上交易和线下服务相结合，提供个性化、便利化服务。鼓励餐饮企业发展在线订餐、团购、外卖配送等服务。支持住宿企业开展在线订房服务。鼓励交通客运企业、旅游景点及文化演艺单位开展在线订票、在线订座、门票配送等服务。支持家政、洗染、维修、美发等行业开展网上预约、上门服务等业务。鼓励互联网平台企业汇聚线下实体的闲置资源，发展民宿、代购、合乘出行等合作消费服务。（商务部、旅游局、文化部、交通运输部）

（八）加快商务服务业创新发展。鼓励展览企业建设网上展示交易平台，鼓励线上企业服务实体展会，打造常态化交流对接平台，提高会展服务智能化、精细化水平。支持举办中国国际电子商务博览会，发现创新、引导创新、推广创新。提升商务咨询服务网络化水平。（商务部）提升知识产权维权服务水平。（知识产权局）积极探索基于互联网的新型服务贸易发展方式，培育服务新业态，推动服务贸易便利化，提升商务服务业国际化水平。（商务部）

三、健全现代市场体系

（九）推进城市商业智能化。深入推进智慧城市建设，鼓励具备条件的城市探索构建线上线下互动的体验式智慧商圈，支持商圈无线网络基础设施建设，完善智能交通引导、客流疏导、信息推送、移动支付、消费互动、物流配送等功能，健全商圈消费体验评价、信息安全保护、商家诚信积累和消费者权益保障体系。实施特色商业街区示范建设工程，鼓励各地基于互联网技术培育一批具有产业特色、经营特色、文化特色的多功能、多业态商业街区。（商务部、发展改革委、科技部、工业和信息化部、人民银行、工商总局、地方各级人民政府）

（十）推进农村市场现代化。开展电子商务进农村综合示范，推动电子商务企业开拓农村市场，构建农产品进城、工业品下乡的双向流通体系。（商务部、财政部）引导电子商务企业与农村邮政、快递、供销、“万村千乡市场工程”、交通运输等既有网络和优势资源对接合作，对农村传统商业网点升级改造，健全县、乡、村三级农村物流服务网络。加快全国农产品商务信息服务公共平台建设。（商务部、交通运输部、邮政局、供销合作总社、发展改革委）大力发展农产品电子商务，引导特色农产品主产区县市在第三方电子商务平台开设地方特色馆。（商务部、地方各级人民政府）推进农产品“生产基地＋社区直配”示范，带动订单农业发展，提高农产品标准化水平。加快

信息进村入户步伐，加强村级信息服务站建设，强化线下体验功能，提高新型农业经营主体电子商务应用能力。（农业部）

（十一）推进国内外市场一体化。鼓励应用互联网技术实现国内国外两个市场无缝对接，推进国内资本、技术、设备、产能与国际资源、需求合理适配，重点围绕“一带一路”战略及开展国际产能和装备制造合作，构建国内外一体化市场。（商务部、发展改革委、网信办）深化京津冀、长江经济带、“一带一路”、东北地区和泛珠三角四省区（福建、广东、广西、海南）区域通关一体化改革，推进全国一体化通关管理。（海关总署）建立健全适应跨境电子商务的监管服务体系，提高贸易便利化水平。（商务部、海关总署、财政部、税务总局、质检总局、外汇局）

四、完善政策措施

（十二）推进简政放权。除法律、行政法规和国务院决定外，各地方、各部门一律不得增设线上线下互动企业市场准入行政审批事项。根据线上线下互动特点，调整完善市场准入资质条件，加快公共服务领域资源开放和信息共享。（有关部门按职能分工分别负责）简化市场主体住所（经营场所）登记手续，推进一照多址、一址多照、集群注册等住所登记制度改革，为连锁企业、网络零售企业和快递企业提供便利的登记注册服务。（工商总局）

（十三）创新管理服务。坚持促进发展、规范秩序和保护权益并举，坚持在发展中逐步规范、在规范中更好发展。注意规范方式，防止措施失当导致新兴业态丧失发展环境。创新管理理念、管理体制和管理方式，建立与电子商务发展需要相适应的管理体制和服务机制，促进线上线下互动，充分发挥流通在经济发展中的基础性和先导性作用。开展商务大数据建设和应用，服务监管创新，支持电子商务产品品牌推广。（商务部、工商总局、质检总局）在不改变用地主体、规划条件的前提下，各类市场主体利用存量房产、土地资源发展线上线下互动业务的，可在 5 年内保持土地原用途、权利类型不变，5 年期满后确需办理变更手续的，按有关规定办理。（国土资源部）

（十四）加大财税支持力度。充分发挥市场在资源配置中的决定性作用，突出社会资本推动线上线下融合发展的主体地位。同时发挥财政资金的引导作用，促进电子商务进农村。（财政部、商务部）营造线上线下企业公平竞争的税收环境。（财政部、税务总局）线上线下互动发展企业符合高新技术企业或技术先进型服务企业认定条件的，可按现行税收政策规定享受有关税收优惠。（财政部、科技部、税务总局）积极推广网上办税服务和电子发票应用。（税务总局、财政部、发展改革委、商务部）

（十五）加大金融支持力度。支持线上线下互动企业引入天使投资、创业投资、私募股权投资，发行企业债券、公司债券、资产支持证券，支持不同发展阶段和特点的线上线下互动企业上市融资。支持金融机构和互联网企业依法合规创新金融产品和服务，加快发展互联网支付、移动支付、跨境支付、股权众筹融资、供应链金融等互联网金融业务。完善支付服务市场法律制度，建立非银行支付机构常态化退出机制，促进优胜劣汰和资源整合。健全互联网金融征信体系。（人民银行、发展改革委、银监会、证监会）

（十六）规范市场秩序。创建公平竞争的创业创新环境和规范诚信的市场环境，加强知识产权和消费者权益保护，防止不正当竞争和排除、限制竞争的垄断行为。推进社会诚信体系建设，强化经营主体信息公开披露，推动行政许可、行政处罚信息 7 个工作日内上网公开。建立健全电子商务信用记录，纳入“信用中国”网站和统一的信用信息共享交换平台，完善电子商务信用管理和信息共享机制。切实加强线上线下一体化监管和事中事后监管，健全部门联动防范机制，严厉打击网络领域制售假冒伪劣商品、侵犯知识产权、传销、诈骗等违法犯罪行为。（商务部、发展改革委、工业和信息化部、公安部、工商总局、质检总局、食品药品监管总局、知识产权局）

（十七）加强人才培养。鼓励各类企业、培训机构、大专院校、行业协会培养综合掌握商业经营管理和信息化应用知识的高端紧缺人才。支持有条件的地区建设电子商务人才继续教育基地，开展实用型电子商务人才培训。支持开展线上线下互动创新相关培训，引进高端复合型电子商务人才，为线上线下互动企业创新发展提供服务。（商务部、人力资源社会保障部、地方各级人民政府）

（十八）培育行业组织。支持行业协会组织根据本领域行业特点和发展需求制订行业服务标准和服务规范，倡导建立良性商业规则，促进行业自律发展。发挥第三方检验检测认证机构作用，保障商品和服务质量，监督企业遵守服务承诺，维护消费者、企业及个体创业者的正当权益。（商务部、工商总局、质检总局）

各地区、各部门要加强组织领导和统筹协调，结合本地区、本部门实际制订具体实施方案，明确工作分工，落实工作责任。商务部要会同有关部门做好业务指导和督促检查工作，重大情况及时报告国务院。

国务院办公厅

2015 年 9 月 18 日

国务院关于促进快递业发展的若干意见

国发〔2015〕61 号

各省、自治区、直辖市人民政府，国务院各部委、各直属机构：

快递业是现代服务业的重要组成部分，是推动流通方式转型、促进消费升级的现代化先导性产业。近年来，我国快递业发展迅速，企业数量大幅增加，业务规模持续扩大，服务水平不断提升，在降低流通成本、支撑电子商务、服务生产生活、扩大就业渠道等方面发挥了积极作用。但与此同时，快递业发展方式粗放、基础设施滞后、安全隐患较多、国际竞争力不强等问题仍较为突出。为促进快递业健康发展，进一步搞活流通、拉动内需，服务大众创业、万众创新，培育现代服务业新增长点，更好发挥快递业对稳增长、促改革、调结构、惠民生的作用，现提出以下意见。

一、总体要求

（一）指导思想。以解决制约快递业发展的突出问题为导向，以“互联网 +”快递为发展方向，培育壮大市场主体，融入并衔接综合交通体系，扩展服务网络惠及范围，保障寄递渠道安全，促进行业转型升级和提质增效，不断满足人民群众日益增长的寄递需求，更好服务于国民经济和社会发展。

（二）基本原则。

市场主导。遵循市场发展规律，进一步开放国内快递市场，用市场化手段引导快递企业整合提升，鼓励企业持续提高服务能力和服务质量。进一步简政放权，发挥法律法规、规划、标准的规范引导作用，形成有利于快递业发展的市场环境。

安全为基。进一步强化安全生产红线意识，加强寄递安全制度体系建设，落实企业主体责任，夯实快递业安全基础。依靠科技手段创新管理方式、提升监管能力，保障寄递渠道安全。

创新驱动。鼓励不同所有制资本在快递领域交叉持股、相互融合，激发市场主体活力和创造力。支持快递企业加快推广应用现代信息技术，不断创新商业模式、服务形式和管理方式。

协同发展。推动快递业加快融入生产、流通和消费环节，充分发挥服务电子商务的主渠道作用，联通线上线下，实现与先进制造业、现代农业、信息技术等产业协同发展。

（三）发展目标。到2020年，基本建成普惠城乡、技术先进、服务优质、安全高效、绿色节能的快递服务体系，形成覆盖全国、联通国际的服务网络。

——产业规模跃上新台阶。快递市场规模稳居世界首位，基本实现乡乡有网点、村村通快递，快递年业务量达到500亿件，年业务收入达到8000亿元。

——企业实力明显增强。快递企业自主航空运输能力大幅提升，建设一批辐射国内外的航空快递货运枢纽，积极引导培育形成具有国际竞争力的大型骨干快递企业。

——服务水平大幅提升。寄递服务产品体系更加丰富，国内重点城市间实现48小时送达，国际快递服务通达范围更广、速度更快，服务满意度稳步提高。

——综合效益更加显著。年均新增就业岗位约20万个，全年支撑网络零售交易额突破10万亿元，日均服务用户2.7亿人次以上，有效降低商品流通成本。

二、重点任务

（四）培育壮大快递企业。鼓励各类资本依法进入快递领域，支持快递企业兼并重组、上市融资，整合中小企业，优化资源配置，实现强强联合、优势互补，加快形成若干家具有国际竞争力的企业集团，鼓励“走出去”参与国际竞争。大力提升快递服务质量，实施品牌战略，建立健全行业安全和服务标准体系，加强服务质量监测，降低快件延误率、损毁率、丢失率和投诉率，引导快递企业从价格竞争向服务竞争转变。积极推广快递保险业务，保障用户权益。支持骨干企业建设工程技术中心，开展智能终端、自动分拣、机械化装卸、冷链快递等技术装备的研发应用。

（五）推进“互联网+”快递。鼓励快递企业充分利用移动互联、物联网、大数据、云计算等信息技术，优化服务网络布局，提升运营管理效率，拓展协同发展空间，推动服务模式变革，加快向综合性快递物流运营商转型。引导快递企业与电子商务企业深度合作，促进线上线下互动创新，共同发展体验经济、社区经济、逆向物流等便民利商新业态。积极参与涉农电子商务平台建设，构建农产品快递网络，服务产地直销、订单生产等农业生产新模式。发挥供应链管理优势，积极融入智能制造、个性化定制等制造业新领域。支持快递企业完善信息化运营平台，发展代收货款等业务。

（六）构建完善服务网络。实施快递“向下、向西、向外”工程，建设快递专业类物流园区、快件集散中心和快递末端服务平台，完善农村、西部地区服务网络，构建覆盖国内外的快件寄递体系。支持快递企业加强与农业、供销、商贸企业的合作，打造“工业品下乡”和“农产品进城”双向流通渠道，下沉带动农村消费。鼓励快递企业发展跨境电商快递业务，加大对快递企业“走出去”的服务力度，在重点口岸城市建设国际快件处理中心，探索建立“海外仓”。鼓励传统邮政业进一步加快转型发展，支持邮政企业和快递企业创新合作模式，充分利用现有邮政网点优势，提高邮政基础设施利用效率。

（七）衔接综合交通体系。实施快递“上车、上船、上飞机”工程，加强与铁路、公路、水路、民航等运输企业合作，制定并实施快递设施通用标准，强化运输保障能力。在铁路枢纽配套建设快件运输通道和接驳场所，建立健全利用中欧班列运输邮（快）件机制。稳妥推进公路客运班车代运快件试点和快件甩挂运输方式，因地制宜发展快件水路运输，大力推动快件航空运输。在交通运输领域，完善快件处理设施和绿色通道，辐射带动电子商务等相关产业集聚。鼓励快递企业组建航空货运公司，在国际航线、航班时刻、货机购置等方面给予政策支持。

（八）加强行业安全监管。实施寄递渠道安全监管“绿盾”工程，全面推进快递企业安全生产标准化建设，落实邮政业安全生产设备配置规范等强制性标准，明确收寄、分拣、运输、投递等环节的安全要求。落实快递企业和寄件人安全责任，完善从业人员安全教育培训制度，筑牢寄递渠道安全基础。强化安全检查措施，严格执行收寄验视制度，加强对进出境快件的检疫监管，从源头防范禁寄物品流入寄递渠道。积极利用信息技术提升安全监管能力，完善快递业安全监管信息平台，健全信息采集标准和共享机制，实现快件信息溯源追查，依法严格保护个人信息安全。落实寄递渠道安全管理工作机制，加强跨部门、跨区域协作配合，提升安全监管与应急处置能力。

三、政策措施

（九）深入推进简政放权。深化快递行业商事制度改革，探索对快递企业实行同一工商登记机关管辖范围内“一照多址”模式。简化快递业务经营许可程序，改革快递企业年度报告制度，精简企业分支机构、末端网点备案手续。发挥电子口岸、国际陆港等“一站式”通关平台优势，扩大电子商务出口快件清单核放、汇总申报通关模式的适用地域范围，实现进出境快件便捷通关。

（十）优化快递市场环境。充实监管力量，创新监管方式，强化事中事后监管，全面提升市场监管能力。建立健全用户申诉与执法联动机制，依法查处违法违规行为，规范市场经营秩序。发挥行业自律和社会监督作用，利用企业信用信息公示系统和行业监管信息系统，建立违法失信主体“黑名单”及联合惩戒制度，营造诚实守信的市场环境。

（十一）健全法规规划体系。加快制定快递条例和相关法规规章，提高快递业法治化、标准化水平。编制快递业发展“十三五”规划和重点区域规划，与综合交通运输、物流业、现代服务业、电子商务、物流园区等专项规划做好衔接。有关方面要将发展快递业纳入国民经济和社会发展规划，在城乡规划、土地利用规划、公共服务设施规划中合理安排快递基础设施的布局建设。

（十二）加大政策支持力度。中央预算内投资通过投资补助和贴息等方式，支持农村和西部地区公益性、基础性快递基础设施建设，各级财政专项资金要将符合条件的企业和项目纳入支持范围。快递企业可按现行规定申请执行省（区、市）内跨地区经营总分支机构增值税汇总缴纳政策，依法享受企业所得税优惠政策。各地区要在土地利用总体规划和年度用地计划中统筹安排快递专业类物流园区、快件集散中心等设施用地，研究将智能快件箱等快递服务设施纳入公共服务设施规划。鼓励金融机构创新服务方式，开展适应快递业特点的抵押贷款、融资租赁等业务。快递企业用电、用气、用热价格按照不高于一般工业标准执行。

（十三）改进快递车辆管理。制定快递专用机动车辆系列标准，及时发布和修订车辆生产企业和产品公告。各地要规范快递车辆管理，逐步统一标志，对快递专用车辆城市通行和临时停靠作业提供便利。研究出台快递专用电动三轮车国家标准以及生产、使用、管理规定。各地可结合实际制定快递专用电动三轮车用于城市收投服务的管理办法，解决“最后一公里”通行难问题。

（十四）建设专业人才队伍。引导高等学校加强物流管理、物流工程等专业建设，支持职业院校开设快递相关专业。探索学校、科研机构、行业协会和企业联合培养人才模式，建立一批快递人才培训基地。实施快递人才素质提升工程，建立健全人才评价制度，落实就业创业和人才引进政策。支持快递企业组织从业人员参加相关职业培训和职业技能鉴定，对符合条件的企业和人员可按规定给予补贴。

四、组织实施

各地区、各有关部门要充分认识促进快递业健康发展的重要意义，加强组织领导，健全工作机制，强化协同联动，加大支持力度，为快递业发展营造良好环境。各地区要根据本意见，结合本地区实际情况研究出台有针对性的支持措施并认真抓好落实。各有关部门要各负其责，按照职责分工抓紧制定相关配套措施。交通运输部、发展改革委、邮政局会同有关部门负责对本意见落实工作的统筹协调、跟踪了解、督促检查。

国务院

2015 年 10 月 23 日

国务院办公厅关于促进农村电子商务加快发展的指导意见

国办发〔2015〕78号

各省、自治区、直辖市人民政府，国务院各部委、各直属机构：

农村电子商务是转变农业发展方式的重要手段，是精准扶贫的重要载体。通过大众创业、万众创新，发挥市场机制作用，加快农村电子商务发展，把实体店与电商有机结合，使实体经济与互联网产生叠加效应，有利于促消费、扩内需，推动农业升级、农村发展、农民增收。经国务院批准，现就促进农村电子商务加快发展提出以下意见：

一、指导思想

全面贯彻党的十八大和十八届三中、四中、五中全会精神，落实国务院决策部署，按照全面建成小康社会目标和新型工业化、信息化、城镇化、农业现代化同步发展的要求，深化农村流通体制改革，创新农村商业模式，培育和壮大农村电子商务市场主体，加强基础设施建设，完善政策环境，加快发展线上线下融合、覆盖全程、综合配套、安全高效、便捷实惠的现代农村商品流通和服务网络。

二、发展目标

到2020年，初步建成统一开放、竞争有序、诚信守法、安全可靠、绿色环保的农村电子商务市场体系，农村电子商务与农村第一、第二、第三产业深度融合，在推动农民创业就业、开拓农村消费市场、带动农村扶贫开发等方面取得明显成效。

三、重点任务

（一）积极培育农村电子商务市场主体。充分发挥现有市场资源和第三方平台作用，培育多元化农村电子商务市场主体，鼓励电商、物流、商贸、金融、供销、邮政、快递等各类社会资源加强合作，构建农村购物网络平台，实现优势资源的对接与整合，参与农村电子商务发展。

（二）扩大电子商务在农业农村的应用。在农业生产、加工、流通等环节，加强互联网技术应用和推广。拓宽农产品、民俗产品、乡村旅游等市场，在促进工业品、农业生产资料下乡的同时，为农产品进城拓展更大空间。加强运用电子商务大数据引导农业生产，促进农业发展方式转变。

（三）改善农村电子商务发展环境。硬环境方面，加强农村流通基础设施建设，提高农村宽带普及率，加强农村公路建设，提高农村物流配送能力；软环境方面，加强政策扶持，加强人才培养，营造良好市场环境。

四、政策措施

（一）加强政策扶持。深入开展电子商务进农村综合示范，优先在革命老区和贫困地区实施，有关财政支持资金不得用于网络交易平台的建设。制订出台农村电子商务服务规范和工作指引，指导地方开展工作。加快推进信息进村入户工作。加快推进适应电子商务的农产品分等分级、包装运输标准制定和应用。把电子商务纳入扶贫开发工作体系，以建档立卡贫困村为工作重点，提升贫困户运用电子商务创业增收的能力，鼓励引导电商企业开辟革命老区和贫困地区特色农产品网上销售平台，与合作社、种养大户等建立直采直供关系，增加就业和增收渠道。

（二）鼓励和支持开拓创新。鼓励地方、企业等因地制宜，积极探索农村电子商务新模式。开展农村电子商务创新创业大赛，调动返乡高校毕业生、返乡青年和农民工、大学生村官、农村青年、巾帼致富带头人、退伍军人等参与农村电子商务的积极性。开展农村电子商务强县创建活动，发挥其带动和引领作用。鼓励供销合作社创建农产品电子商务交易平台。引导各类媒体加大农村电子商务宣传力度，发掘典型案例，推广成功经验。

（三）大力培养农村电商人才。实施农村电子商务百万英才计划，对农民、合作社和政府人员等进行技能培训，增强农民使用智能手机的能力，积极利用移动互联网拓宽电子商务渠道，提升为农民提供信息服务的能力。有条件的地区可以建立专业的电子商务人才培训基地和师资队伍，努力培养一批既懂理论又懂业务、会经营网店、能带头致富的复合型人才。引导具有实践经验的电子商务从业者从城镇返乡创业，鼓励电子商务职业经理人到农村发展。

（四）加快完善农村物流体系。加强交通运输、商贸流通、农业、供销、邮政等部门和单位及电商、快递企业对相关农村物流服务网络和设施的共享衔接，加快完善县乡村农村物流体系，鼓励多站合一、服务同网。鼓励传统农村商贸企业建设乡镇商贸中心和配送中心，发挥好邮政普遍服务的优势，发展第三方配送和共同配送，重点支持老少边穷地区物流设施建设，提高流通效率。加强农产品产地集配和冷链等设施建设。

（五）加强农村基础设施建设。完善电信普遍服务补偿机制，加快农村信息基础设施建设和宽带普及。促进宽带网络提速降费，结合农村电子商务发展，持续提高农村宽带普及率。以建制村通硬化路为重点加快农村公路建设，推进城乡客运一体化，推动有条件的地区实施农村客运线路公交化改造。

（六）加大金融支持力度。鼓励村级电子商务服务点、助农取款服务点相互依托建设，实现优势互补、资源整合，提高利用效率。支持银行业金融机构和支付机构研发适合农村特点的网上支付、手机支付、供应链贷款等金融产品，加强风险控制，保障客户信息和资金安全。加大对电子商务创业农民尤其是青年农民的授信和贷款支持。简化农村网商小额短期贷款手续。符合条件的农村网商，可按规定享受创业担保贷款及贴息政策。

（七）营造规范有序的市场环境。加强网络市场监管，强化安全和质量要求，打击制售假冒伪劣商品、虚假宣传、不正当竞争和侵犯知识产权等违法行为，维护消费者合法权益，促进守法诚信经营。督促第三方平台加强内部管理，规范主体准入，遏制“刷信用”等欺诈行为。维护公平竞争的市场秩序，推进农村电子商务诚信建设。

五、组织实施

各地区、各部门要进一步提高认识，加强组织领导和统筹协调，落实工作责任，完善工作机制，切实抓好各项政策措施的落实。

地方各级人民政府特别是县级人民政府要结合本地实际，因地制宜制订实施方案，出台具体措施；充分发挥农村基层组织的带头作用，整合农村各类资源，积极推动农村电子商务发展。同时，加强规划引导，防止盲目发展和低水平竞争。

各部门要明确分工，密切协作，形成合力。商务部要会同有关部门加强统筹协调、跟踪督查，及时总结和推广经验，确保各项任务措施落实到位。

国务院办公厅

2015 年 10 月 31 日

交通运输部办公厅关于开展危险货物道路运输电子运单管理制度试点工作的通知

交办运〔2014〕237号

北京、江苏、浙江、四川、重庆、陕西省（市）交通运输厅（委）：

为督促危险货物道路运输企业严格落实安全生产主体责任，强化危险货物道路运输源头管控和动态监控，有效提升危险货物道路运输安全运营水平，根据《危险化学品安全管理条例》《道路危险货物运输管理规定》《道路运输车辆动态监督管理办法》和《汽车运输危险货物规则》（JT 617）等有关法律法规及标准，交通运输部决定在北京、江苏、浙江、四川、重庆、陕西等六省（市）开展危险货物道路运输电子运单（以下简称“电子运单”）管理制度试点工作。现就有关事项通知如下：

一、试点工作的重要意义

危险货物运单是《汽车运输危险货物规则》（JT 617）要求强制使用的单据，也是国际危险货物运输的通用规则。危险货物运单是管理部门进行安全监管的重要载体，对约束承托双方遵守危险货物道路运输有关法律法规及强制性标准具有重要作用。但是在实际工作中，危险货物运单制度没有得到有效执行，影响了企业安全生产主体责任的落实，也削弱了管理部门的管理力度。

近年来，信息技术的快速发展为有效执行危险货物运单制度，加强事中事后监管提供了有效手段，尤其是《道路运输车辆动态监督管理办法》的印发实施，为实行电子运单制度提供了良好的技术支撑。目前，开展电子运单管理制度试点工作具有重要的现实意义。一是有利于落实企业安全生产主体责任。企业安全管理制度不健全、主体责任落实不到位是制约安全生产的突出问题，而电子运单是管理部门监督企业落实企业安全生产主体责任的重要载体，能够有效解决企业对所属车辆及人员“监而不控”“挂而不管”的问题。二是有利于培育良好的市场环境。长期以来，危险货物道路运输托运环节安全监管相对比较薄弱。通过实行电子运单制度，能够促进落实托运人源头责任，打击违法托运行为，推动建立公平竞争的市场秩序。三是有利于提高安全监管科学性和针对性。当前，基层管理部门安全监管力量薄弱和监管手段落后的问题比较突出。利用信息化手段对业务过程数据、卫星定位数据、运政数据等进行综合分析，实现静态管理与动态监管的紧密结合，确定企业风险等级和薄弱环节，可以将有限的监管力量投入到安全风险大、违法率高的重点环节和企业上，实现精准化监管。四是有利于提高应急处置能力。危险化学品品种繁多、理化性质复杂，危险货物道路运输专业性强、安全风险较高。危险货物道路运输电子运单列明的信息是承运人进行运输作业的重要指导，并且一旦发生事故，承运人和相关管理部门可以参照《道路运输危险货物安全卡》和电子运单列明的货物品名、性质及应急处置措施等信息进行决策和救援。

二、指导思想和总体目标

（一）指导思想

以补齐危险货物道路运输安全管理的“短板”，促进企业落实安全生产主体责任和提高行业监管能力为目标，坚持信息化资源整合与共享应用，通过试点示范，探索构建事前预防、事中检查、事后查处有机结合的长效监管机制，推动建立危险货物道路运输闭环监管体系，为提升危险货物道路运输安全运营水平、促进行业健康发展提供有力保障。

（二）总体目标

通过实施电子运单管理制度，进一步落实危险货物道路运输企业车辆动态监控主体责任，推进企业规范化经营，有效遏制企业对所属人员和车辆“监而不控”“挂而不管”及危险货物运输车辆联网联控系统在线率低等问题，提高企业组织化、专业化水平；整治危险货物非法托运和违法运输等扰乱市场秩序的行为，有效减少安全隐患；提升管理部门对危货运输的精细化、精准化监管水平，提高危险货物运输市场的整体管理水平；为跨部门、跨地区协调联动和应急处置提供基础数据支撑和决策支持。

三、主要任务和试点范围

（一）主要任务

各试点省级交通运输主管部门负责组织领导本区域的电子运单管理试点工作。各试点省级道路运输管理机构负责具体试点实施工作。主要包括：

（1）开发建设电子运单管理系统，实现运单管理、监督检查、量化分析、分类评估的业务环节的自动化采集与处理，为精细化监管提供技术手段。

（2）建立电子运单填写报送和监督检查制度。道路运输管理机构要督促试点危险货物道路运输企业规范填写、使用和上传电子运单，加强对企业电子运单使用和报送情况的监督检查。

（3）建立电子运单与车辆动态监控协同联动机制，强化信息共享与比对；加强对货物种类、数量、分布、流向的分析，开展有针对性的从业人员培训和应急救援演练，同时为地方政府调整优化危险化学品产业布局提供决策支撑。

（4）探索建立电子运单填写情况与运输企业扩大或核减经营范围、运力发展、年度审验等工作相关联的工作机制，提高危险货物道路运输的综合监管能力。

（5）各省之间通过国家交通运输物流平台区域交换节点实现电子运单交换共享，建立跨区域安全监管和应急协调联动机制。

（6）协调安监部门加强危险货物托运、充装等环节的源头监管，协调公安机关交通管理部门提供营运车辆卡口监控比对信息，完善交通运输、安全监管、公安等多部门协同工作机制。

（二）试点范围

各试点省份交通运输管理部门要在本辖区内选择2～3个危险货物运输量比较大的城市，每个城市选择4～5家运输不同货类、不同规模的有代表性的企业进行试点，并在总结试点经验的基础上逐步覆盖辖区内危险货物道路运输行业。

四、技术支持

交通运输部公路科学研究院、中国交通通信信息中心和国家交通运输物流公共信息平台管理中心作为技术支持单位，根据试点单位要求，协助试点省（市）制订完善试点工作实施方案，配合试点地区开展技术支持。

交通运输部公路科学研究院与苏州市运输管理处共同研发电子运单管理软件，推荐给各试点单位及企业免费使用。

五、时间安排

（1）准备阶段（2015年1月—3月）。各试点省（市）制订工作方案，成立专项工作小组，细化任务分工，落实经费安排。参照试点总体要求，完善相关制度、业务流程。

（2）实施阶段（2015年4月—9月）。各试点省（市）部署实施管理信息系统，开展业务培训，在试点企业施行电子运单管理制度，开展分类评估和监管工作。

（3）总结阶段（2015年10月）。试点结束后，各试点省（市）要将试点工作开展情况、取得成效、存在问题及下一步工作建议以工作总结形式报交通运输部运输司。在此基础上，交通运输部将根据试点工作情况研究部署推进电子运单管理制度长效机制建设。

六、工作要求

（一）加强组织领导

各试点省（市）交通运输管理部门要加强对试点工作的组织领导，抓紧制定试点工作方案，加快成立专项工作小组，明确工作目标和并落实工作责任制，扎实推进试点工作；加强对试点工作的监督检查和总结交流，针对试点工作存在的问题，及时提出解决办法。请于2015年1月15日前将试点工作小组名单及具体工作负责人、联系人相关信息报交通运输部运输司。

（二）调动试点企业积极性

各试点省（市）交通运输管理部门要充分结合本地工作实际，加强组织动员和宣传引导，增强企业责任感，调动企业参加试点工作的积极性，认真落实各项试点工作任务。同时，要切实为企业着想，方便企业，努力为企业解决试点工作中遇到的困难和问题。

（三）落实配套措施

各试点省（市）交通运输管理部门要将电子运单试点工作列入重要工作议程，落实专项工作经费，纳入年度财政预算，确保试点工作顺利推进、取得实效。

（四）强化协作配合

各试点省（市）交通运输管理部门要加强与安全生产监督管理、公安部门的沟通协调，共同推进试点工作，并以试点工作为契机，着力构建危险货物道路运输安全生产闭环监管体系。

交通运输部办公厅

2014年12月24日

交通运输部关于印发《全国重点营运车辆联网联控系统考核管理办法》的通知

交运发〔2014〕267号

各省、自治区、直辖市、新疆生产建设兵团交通运输厅（局、委）：

现将《全国重点营运车辆联网联控系统考核管理办法》印发给你们，请遵照执行。

附件：

1. 全国重点营运车辆联网联控系统月度考核表（道路运输管理机构）（略）
2. 全国重点营运车辆联网联控系统年度考核表（道路运输管理机构）（略）
3. 全国重点营运车辆联网联控系统月度考核表（道路运输企业）（略）
4. 全国重点营运车辆联网联控系统年度考核表（道路运输企业）（略）

交通运输部

2014年12月31日

全国重点营运车辆联网联控系统考核管理办法

第一章　总则

第一条　为加强全国重点营运车辆动态监管工作，规范道路运输车辆动态监督管理行为，落实运输企业监控主体责任，提升道路运输安全管理水平，依据《道路运输车辆动态监督管理办法》（交通运输部、公安部、国家安全监管总局2014年第5号令）及有关规定，制定本办法。

第二条　本办法所称重点营运车辆是指旅游客车、包车客车、三类以上班线客车和危险货物运输车辆。

本办法所称全国重点营运车辆联网联控系统（以下简称联网联控系统）是指由各级道路运输管理机构和相关企业建立的依托卫星定位系统技术的营运车辆动态监管、监控体系。联网联控系统包括全国道路运输车辆动态信息公共服务平台（以下简称全国平台）、地方政府（省级、地市级、县级）监管平台、运输企业监控平台、社会化监控平台。

联网联控系统各级各类平台的考核管理应遵守本办法。

第二章　考核内容

第三条　根据联网联控系统平台各方管理职责，按照分类考核的原则，制定平台运行情况的考核指标、道路运输管理机构考核内容及道路运输企业考核内容。

第四条　基于平台运行情况的考核指标包括：

（一）车辆入网率：截至某一统计时点至少一次向上级平台传输动态信息的车辆数占本辖区内或本企业重点营运车辆总数的比率。

（二）车辆上线率：指统计期间内向上级平台正常上传数据的车辆数占本辖区内或本企业重点营运车辆入网数的比率。

（三）平台断线率：指统计期间内下级平台与上级平台之间数据传输中断时间总和占统计期间总时长（以分钟为单位）的比率。

（四）数据不合格率：指统计期间内下级平台上传的车辆数据存在车牌号、车牌颜色、时间、经度、纬度、速度、方向、海拔等不合格数据的条数占上报条数的比率。

（五）车辆在线时长率：指统计期间内车辆在线时间总和（以分钟为单位）占统计期间运营总时长的比率。车辆运营总时长可从客运联网售票系统、客运站电子报班系统、旅游包车管理系统、危险化学品电子运单系统及其他信息系统中统计获取；车辆在线总时长可从联网联控系统统计获取。

（六）平台查岗响应率：指统计期间内政府监管平台不定期向企业监控平台下发查岗指令，监控人员在收到查岗指令后及时（5 分钟之内）响应，查岗响应次数占查岗次数的比率。查岗次数每天不低于一次。

（七）超速车辆率：指统计期间内按照公安交通管理部门设定的车辆限速标准，上报超速信息的车辆数占本单位统计期间内上线重点营运车辆数的比率。

（八）超速车辆处理率：指统计期间内上报超速信息并得到企业及时处理的车辆数占本单位上报超速信息的重点营运车辆数的比率。

（九）疲劳驾驶车辆率：指统计期间内按照公安交通管理部门设定的驾驶员连续驾驶时间限制标准，上报疲劳驾驶信息的车辆数占本单位统计期间内上线重点营运车辆数的比率。

（十）疲劳驾驶车辆处理率：指统计期间内上报疲劳驾驶信息并得到企业及时处理的车辆数占本单位上报疲劳驾驶信息重点营运车辆数的比率。

（十一）车辆实时在线率：指某一统计时点实时连接并正常上传动态信息的车辆数占本辖区或本企业重点营运车辆入网数的比率。

第五条　对各级道路运输管理机构考核内容包括：

（一）制度建设情况，辖区联网联控系统管理规章制度的制定情况，监管平台的运行维护管理制度；故障处理应急预案、运行维护考核管理办法、逐级考核和通报制度等制定情况。

（二）监管平台运行情况，包括：车辆入网率、车辆上线率、平台断线率、数据不合格率、车辆实时在线率（该指标作为参考指标）。

（三）监管平台运行维护经费预算的落实情况。

（四）保障监管平台长期稳定运行的其他措施。

第六条　对道路运输企业考核内容包括：

（一）制度建设情况，包括：本企业监控平台的建设、使用和管理工作，监控平台运行维护管理与考核办法；卫星定位装置的安装、使用及维护制度；监控人员岗位职责及管理制度；交通违法动态信息处理和统计分析制度；突发事件应急处理制度等。

（二）监控人员的配备情况，包括：人员配备数量情况，人员教育培训情况，工作岗位职责和工作流程的执行情况。

（三）车辆实时监控情况，包括车辆入网率、车辆上线率、车辆在线时长率、超速车辆率、超速车辆处理率、疲劳驾驶车辆率、疲劳驾驶车辆处理率。

（四）监控平台运行情况，包括：平台断线率、数据不合格率、平台查岗响应率。

（五）车辆数据保存情况，违法驾驶及处理信息存档情况（其中动态监控数据应当至少保存6个月，违法驾驶信息及处理情况应当至少保存3年）。

第三章　职责分工

第七条　交通运输部负责联网联控系统全国平台及省级监管平台考核管理工作。

第八条　中国交通通信信息中心负责联网联控系统全国平台的运行维护及省级监管平台运行考核指标的统计工作。

第九条　各级道路运输管理机构组织本辖区内联网联控系统的考核管理工作，负责组织实施对下级监管平台的考核管理；地市、县级道路运输管理机构负责对辖区道路运输企业监控平台的考核管理，履行安全监管责任。

第四章　考核程序及考核结果应用

第十条　考核周期分为月度、年度，月度考核按自然月进行，年度考核周期为每年1月1日至12月31日。考核采取系统自动统计分析为主、现场情况勘察为辅的形式。

第十一条　各级各类平台考核实行计分制。道路运输企业有下列情形之一的，考核结果记为0分；道路运输管理机构具有第二种情形的，考核结果记为0分。

（一）破坏卫星定位装置以及恶意人为干扰、屏蔽卫星定位装置信号的。

（二）伪造、篡改、删除车辆动态监控数据的。

第十二条　建立各级各类平台考核结果定期通报制度。

交通运输部对省级监管平台考核结果予以通报，并抄送各省、自治区、直辖市交通运输厅（局、委）。

省级道路运输管理机构对地市级监管平台考核结果予以通报，并抄送各地市交通运输主管部门。

对运输企业的考核结果由负责其考核管理的道路运输管理机构通过网站等形式予以公告。

被考核单位对考核结果如有异议，可向考核单位申诉，由考核单位进行核查，考核结果有误的，应及时更正。

第十三条　道路运输管理机构考核结果应作为部门评优、年度目标考核的依据。

第十四条　道路运输企业考核结果纳入企业质量信誉考核的内容，作为运输企业班线招标和年度审验的重要依据。

第十五条　对道路运输管理机构、道路运输企业考核中发现的问题要及时整改。

第五章　附则

第十六条　各省、自治区、直辖市交通运输主管部门可结合本办法及实际情况制定辖区内政府监管平台、运输企业监控平台及社会化监控平台的考核办法。

各地道路运输管理机构可根据当地实际情况对运营商服务质量进行考核。

第十七条　农村客运车辆由各省根据实际情况选择参照执行。

第十八条　本办法由交通运输部负责解释。

第十九条　本办法自发布之日起施行。

交通运输部关于加快现代航运服务业发展的意见

交水发〔2014〕262 号

各省、自治区、直辖市交通运输厅（局、委），中国船东、港口、船舶代理和无船承运人协会，部属各单位，部内各司局、驻部监察局：

为进一步贯彻落实《国务院关于促进海运业健康发展的若干意见》（国发〔2014〕32 号）、《国务院关于依托黄金水道推动长江经济带发展的指导意见》（国发〔2014〕39 号），加快现代航运服务业发展，提出以下意见：

一、总体要求

（一）指导思想。

深入贯彻党的十八大和十八届三中、四中全会精神，深化改革，创新体制机制，扩大开放，完善政策法规，以航运业发展需求为导向，加快船舶管理、船舶代理、水路客货运代理等传统航运服务业转型升级，积极培育航运金融、航运电商服务等航运服务新业态，以航运中心和自由贸易试验区为重要载体，更好地促进海运业和内河航运健康发展，切实提升现代航运服务业水平和国际竞争力。

（二）基本原则。

——市场主导，政府引导。发挥市场在资源配置中的决定性作用，强化企业主体作用，鼓励和支持各种所有制企业根据市场需求，积极开展服务创新；更好发挥政府作用，营造促进现代航运服务业健康发展的政策法规环境，简政放权，激发社会活力。

——合理布局，集聚发展。强化顶层设计，积极示范探索，以航运中心和自由贸易试验区建设为平台，推动现代航运服务业要素集聚，促进现代航运服务业与关联产业的联动发展。

——对标国际，转型升级。对照国际运行规则，借助信息技术和金融服务手段，提升船舶管理、船舶代理、水路客货运代理等服务水平，提高航运交易、保险、经纪等服务能力，加快构建与国际接轨的现代航运服务体系。

——加强监管，规范服务。坚持制度改革和政策创新相结合，加强事中事后监管，更好发挥政府、中介组织对市场行为的规范作用，努力营造统一开放、竞争有序的市场环境。

（三）总体目标。

到2020年，基本形成功能齐备、服务优质、高效便捷、竞争有序的现代航运服务业体系。现代航运服务业发展与我国航运业转型升级相适应，航运中心的航运服务功能进一步完善，现代航运服务业综合竞争力和服务经济社会发展的能力进一步提升。

二、主要任务

（四）促进传统航运服务业转型升级。鼓励企业加强理念创新和自身能力建设，利用现代信息技术手段，加强与相关服务业融合，创新商业模式，优化产品和服务。进一步简政放权，下放理货、无船承运等审批权限，激发市场活力。深化对外开放，完善外商独资从事船舶管理等配套政策。全面推进船舶管理、船舶代理、水路客货运代理等传统航运服务业的转型升级。

（五）提升航运交易服务能力。加强船舶交易市场管理，合理确定服务机构的区域布局，规范服务收费行为和标准。加强航运业与电子商务、金融服务业务的融合，拓展航运交易功能，完善航运交易信息服务，创新航运交易服务产品，降低交易成本，提高服务效率。

（六）创新航运金融保险服务。积极发展多种航运融资方式，拓宽社会资本投资航运业渠道。支持船舶融资租赁业务发展，鼓励航运金融产品创新，拓展航运金融服务功能。支持保险企业开展航运保险业务，丰富航运保险产品，协调推动出台便利船舶理赔措施，引导港航企业开展自保、互保业务，加强与保险机构合作，构建和完善多种形式的航运保险体系。

（七）强化航运法律服务能力。完善航运法律服务体系，支持航运法律咨询等服务机构发展，为航运企业提供高水平的航运法律服务。支持中国海事仲裁委员会拓展服务领域，逐步建立权威公正的仲裁员队伍和符合国际惯例的仲裁程序，发挥本土仲裁机构在国际海事仲裁中的作用。借鉴国际经验，建立高效规范的海事理赔机制，提升海事理赔水平。依托各地海事法院的专业优势，延伸海事法律咨询服务。

（八）提高航运信息服务能力。充分利用现代信息技术，健全航运信息公开机制，建立航运市场监测和风险预警机制。加快便利运输电子口岸信息平台建设，实现港航企业、货主、口岸监管部门之间的信息共享，促进运输便利化。支持和鼓励形成一批有影响力的国内航运咨询和研究机构，发挥行业智库的作用。

（九）增强运价指数服务功能。完善运价指数的编制和发布机制，形成具有国际影响力的运价指数体系，有效引导航运业的市场预期。支持航运交易服务机构与金融机构合作，在风险可控前提下，探索开展运价衍生品交易新业态的实践，为航运业提供风险管理工具，拓展现代航运服务业功能。

（十）强化船舶技术服务。进一步提高船舶检验机构技术和服务水平，增强国际竞争力，促进船舶节能减排、安全运营。继续推进“阳光引航”，提升引航服务水平。充分利用船舶工业新材料、新技术、新工艺，提高船舶及其设备的维修服务能力。为航运业优化运力结构和安全绿色发展，提供技术保障。

（十一）提升船员劳务服务能力。完善船员教育、培训、考试相关政策措施，提高船员培养质量。重点支持中西部地区积极发展船员教育培训。进一步规范船员劳务市场，建立和完善船员劳务纠纷协调解决机制，引导船员有序流动。加强船员外派工作，促进船员就业，规范船员外派机构的管理，加强保护船员的合法权益，提升我国船员在国际船员劳务市场中的竞争力。

（十二）完善现代航运服务业市场监管体系。进一步转变政府职能，简政放权，推进行业管理由注重事前审批向注重事中、事后监管转变。实行现代航运服务业的市场准入负面清单管理。建立和完善市场行为规范和服务标准，运用信息公示、信息共享和信用约束手段，提高监管效能。充分发挥相关行业协会的协调和自律作用，形成自律机制，维护行业公平竞争秩序。

（十三）深化国际交流与合作。支持航运服务企业深化与国际专业服务机构的合作，积极拓展国际航运服务市场，提高国际竞争力。充分利用双边、多边国际合作机制，积极参与国际航运服务业相关标准、规则的制修订，促进国际交流与合作，增强国际话语权和影响力。

（十四）完善航运中心服务功能。积极创造条件，吸引国际一流的航运人才及服务机构入驻，促进现代航运服务业要素进一步集聚和功能提升，打造服务全国、面向国际的上海国际航运中心。同时以现代航运服务业为重要抓手，充分发挥区位优势，形成天津、大连、厦门等区域航运中心。加快武汉、重庆长江区域航运中心的形成，并与上海国际航运中心联动发展，更好地服务长江经济带建设。

三、保障措施

（十五）加强组织领导。各级交通运输主管部门要高度重视，加强组织领导，明确责任分工，精心组织实施，加快推进现代航运服务业发展。建立健全与相关部门的联动工作机制，加强对现代航运服务业发展的指导、协调和服务，营造良好的发展环境。

（十六）强化法制保障。制修订《国际海运条例》等法规和规章，完善我国航运法律体系，积极推进与国际法律制度接轨，为现代航运服务业发展提供法制保障。研究建立航运信用管理体系，规范航运服务经营行为。

（十七）注重人才培养。鼓励和支持我国高等院校开展航运服务专业教育，重点培养航运金融、航运保险、航运经纪、海事法律等领域的专业性和复合型人才。努力加强与国外高等院校和研究咨询机构的合作，着力培训和引进航运服务业紧缺人才。

（十八）加强宣传引导。充分发挥媒体的舆论导向作用，大力宣传现代航运服务业发展取得的成效，及时总结推广创新发展经验，发挥示范带动效应，扩大行业影响。

（十九）加强监测评估。增强基础数据收集分析能力，开展相关监测预警研究，加强市场运行分析，为现代航运服务业科学发展提供决策依据。

各部门、各单位要根据本意见的要求，结合实际，统筹安排，实化措施，共同推进现代航运服务业的健康发展。

交通运输部

2014 年 12 月 26 日

商务部办公厅关于加快推进中药材现代物流体系建设指导意见的通知

商办秩函〔2014〕809号

中药材是中医药事业传承和发展的物质基础，中药材物流是我国药品流通的重要组成部分。为深入贯彻《国务院关于扶持和促进中医药事业发展的若干意见》（国发〔2009〕22号）和《国务院办公厅关于促进内贸流通健康发展的若干意见》（国办发〔2014〕51号），推动建立中药材现代物流体系，促进中药材流通现代化，提升中药材质量安全保障能力，现提出如下意见：

一、重要意义

我国每年中药材的物流总量约1700万吨，其中，大宗中药材与贵细、毒麻限剧中药材占80%以上。改革开放以来，我国中药材物流体系建设取得一定进展。但随着我国经济社会的发展，中药材物流体系不适应中医药事业发展和人民群众健康需求扩大的矛盾愈发突出，主要表现为：中药材产地加工与包装、仓储设施分散落后，现代养护技术匮乏，中药材物流的集约化、标准化、现代化水平较低，服务功能不完善，为中药材的质量安全带来一定隐患。推进中药材现代物流体系建设，对于提高中药材流通的组织化、现代化水平，提升中药材流通对中药材质量安全保障能力，促进中医药事业的持续健康发展，具有重要意义。

二、指导思想和主要目标

（一）指导思想。按照党的十八大总体要求，坚持为人民健康服务的方向，以提高中药材物流的集约化现代化水平和中药材质量安全保障能力为宗旨，以加强政府规划与政策引导、发挥市场机制的决定性作用、强化现代科学技术和新型管理方式应用为基本原则，推动中药材流通方式与物流技术变革，逐步完善中药材现代物流体系，保障中药材流通过程中的质量安全，促进我国中药材产业及中医药事业可持续发展。

（二）主要目标。到2020年，初步形成采收、产地加工、包装、仓储和运输一体化的中药材现代物流体系，基本满足中药材专业市场与电子商务交易的物流需求，基本适应中医药事业发展的要求和人民群众日益增长的健康需求。具体目标为：中药材物流的标准体系基本建立；以中药材主要产销区为流通节点的物流基础设施和流通网络基本建成，大宗中药材与贵细、毒麻限剧中药材实现集中仓储；物流信息化管理技术和中药材新型养护技术普遍应用；流通追溯体系全面发挥作用；大中型中药材物流企业综合实力显著增强。

三、主要任务

（一）建设中药材产地加工基地。推进适合产地加工的中药材品种产地加工集约化，逐步改变中药材分散、粗放的产地加工方式。鼓励有条件的中药材经营企业、中药饮片与制药企业、第三方物流企业等市场主体，根据国家相关标准与中药材特性，在大宗中药材主要产区建设集约化、规模化的产地加工基地，以专业、规范的中药材干燥处理等技术提升中药材品质。

（二）规范中药材包装。使用符合国家相关标准的包装材料、包装方式与包装标识，切实转变中药材无包装、滥包装、无标识的局面。中药材产地加工基地应当承担中药材的包装责任，引导药农和中药材专业合作社在产地加工基地实行统一规范包装，采用现代信息技术手段，在包装标识中记录中药材种植、交易主体与中药材质量等相关信息，形成中药材流通追溯体系的信息源头。

（三）建设集中仓储配送网络。根据国家相关规范和标准，建设中药材标准化、规模化仓库，逐步改变中药材分散储存、民宅储存的落后状况。根据中药材的流量流向、现有仓储设施规模以及交通设施状况，按照既要保证供应又要减少迂回运输的原则，重点围绕大宗中药材主产区与中药材专业市场，合理布局标准化、社会化的中药材仓储基地，建设以主产区集中仓储为主、销区中转仓储为辅，产区仓储与产地加工包装基地相结合、销区仓储与交易市场相配套，辐射全国的集约高效的中药材仓储配送体系。

（四）推广应用现代物流管理与技术。推广应用符合国家相关标准的中药材干燥、包装、搬运、装卸等方面的机械设备，改变中药材人背肩扛、手工操作的现状，提高中药材物流的机械化水平；推广应用仓储管理系统（WMS）及条码、二维码、无线射频识别等技术，对中药材交易主体与加工包装、入库验收、储存养护等各方面各环节的信息实施电子化管理，并与流通追溯体系无缝对接，提高中药材物流的信息化水平；消除磷化铝熏蒸现象，防止在中药材产地加工与仓储期间滥用硫黄熏蒸，按照安全环保与节约的原则，根据各类中药材的特性，推广应用气调养护、低温养护等先进适用的储存养护技术和方法，保障中药材的品质与安全。

（五）完善中药材专业市场的配套物流服务功能。根据全国中药材仓储配送体系的总体要求与专业交易、电子商务的物流需求，配套建设规模化仓库设施，完善物流服务功能，推动解决中药材专业市场配套仓储设施缺乏及分散落后的问题。中药材专业市场与电子商务企业应当按照国家相关标准，自行或引入第三方物流企业建设中药材仓库，提供中药材公共仓储服务，对专业市场与电子商务交易的中药材实施统一、规范的验收、仓储与养护管理。专业市场及市场配套仓储企业应按国家有关规定与要求，查验市场交易的中药材包装标识与编码，切实落实中药材流通追溯制度。

（六）做强做大中药材仓储物流企业。鼓励中药材仓储物流企业立足中药材物流需求，建设规模化仓库，提供产地加工包装、质量检测、储存养护与运输配送等一体化物流服务，逐步改变单一出租仓库的粗放经营状况。鼓励中药材经营企业与中药饮片企业投资建设社会化的中药材物流企业。鼓励具有现代医药物流能力的企业与其他物流企业合作开展中药材仓储物流业务。中药材仓储物流企业应当健全法人治理结构与各项经营管理制度，优化业务流程，完善服务功能，为中药材担保融资提供仓储监管服务。发挥市场机制作用，鼓励通过收购、合并、参股等多种兼并重组的方式，实现中药材物流的跨区域、规模化、集约化经营。

四、保障措施

（一）加强规划引导与政策支持。各地商务主管部门要将中药材现代物流体系建设纳入药品流通和商贸流通工作体系进行统筹规划。积极会同当地中药材产业管理、食品药品监管、国土资源等部门建立工作协调机制。可结合当地中药材产业发展实际情况，编制本地区中药材现代物流体系建设规划。在充分整合相关商贸发展促进资金基础上，加强与有关部门的沟通协调，争取在中药材集约化产地加工基地、社会化仓储基地建设方面提供土地、资金、融资支持，组织引导广大药农与市场商户委托中药材经营企业和仓储物流企业进行中药材集中加工与仓储。

（二）健全中药材物流标准体系。组织宣传贯彻商务部公布的《中药材仓库技术规范》《中药材仓储管理规范》等行业标准，动员行业组织和企业参与制定中药材气调养护、产地加工、包装、运输等行业标准，研究制定有关中药材物流质量管理的国家标准，尽快形成覆盖中药材物流全过程的标准体系。

（三）推行中药材仓储质量认证制度。探索由相关行业组织按照国家有关标准的要求，对从事中药材产地加工与仓储服务的企业开展中药材仓储质量认证，并做好认证结果与国家药品经营质量管理规范（GSP）、药品生产质量管理规范（GMP）认证工作的衔接，确保从事中药材公共仓储服务的企业具备相应的储存条件。

（四）发挥行业协会作用。支持建立中药材仓储专业性行业组织，充分发挥相关行业协会在中药材标准制订与宣传贯彻、人才培训、专业咨询等方面的积极作用。推动行业协会深入研究中药材物流体系建设相关问题，加强行业自律和业务交流，积极倡导和推广新型物流模式，促进中药材现代物流健康发展。

商务部办公厅

2014 年 12 月 31 日

国家发展改革委关于调整铁路货运价格进一步完善价格形成机制的通知

发改价格〔2015〕183 号

各省、自治区、直辖市发展改革委、物价局，中国铁路总公司，各国铁控股合资铁路公司：

为适应运输市场发展，进一步推动铁路货运价格市场化，积极引导社会资本投入，加快推进铁路建设，决定适当调整铁路货运价格，并建立上下浮动机制，现就有关事项通知如下：

一、国家铁路货物统一运价率平均每吨公里提高 1 分钱，即由现行 14.51 分钱提高到 15.51 分钱，并作为基准价，允许上浮不超过 10%，下浮仍不限。在上述浮动范围内，铁路运输企业可以根据市场供求状况自主确定具体运价水平。调整后的各类货物铁路运输基准运价率见附件 1（略）。

二、磷矿石整车运输调整为执行 2 号运价，农用化肥调整为执行 4 号运价。其他货物品类适用运价号，铁路货物运输计费里程、重量确定办法等计费相关事项，仍按原铁道部《铁路货物运价规则》（铁运〔2005〕46 号）等有关规定执行。

三、大秦、京秦、京原、丰沙大铁路本线运输煤炭（指发、到站均在本线的煤炭）运价率每吨公里同步提高 1 分钱，即由现行 9.01 分钱提高到 10.01 分钱。取消马玉等 3 条铁路本线及跨线货物运输、长荆等 10 条铁路跨线货物运输特殊运价，改为执行调整后的国家铁路货物统一运价。取消特殊运价的铁路详见附件 2（略）。

四、实行特殊运价的国铁线路及国铁控股合资铁路以国家规定的运价为基准价，允许上浮不超过 10%，下浮仍不限。在上述浮动范围内，铁路运输企业可以根据市场供求状况自主确定具体运价水平。

五、取消铁路运输企业收取的“大宗货物综合物流服务费”。铁路运输企业要严格执行国家价格政策，建立健全内部运行机制，自觉规范价格行为。不得强制服务、强行收费，或只收费不服务。要认真落实明码标价规定，及时在各营业场所公示调整后的各类货物铁路运输基准运价率。

六、各级价格主管部门要加强对铁路运输价格政策执行情况的监督检查，依法查处违法违规价格行为，维护市场正常价格秩序。

上述措施自 2015 年 2 月 1 日起实行，其中运价上浮政策自 2015 年 8 月 1 日起实行。

国家发展改革委

2015 年 1 月 29 日

交通运输部办公厅关于进一步做好道路运输车辆卫星定位系统车载终端和平台标准符合性技术审查工作的通知

交办运〔2015〕18号

各省、自治区、直辖市、新疆生产建设兵团交通运输厅（局、委）：

为贯彻落实《道路运输车辆动态监督管理办法》（交通运输部、公安部、国家安全监管总局2014年第5号部令，以下简称5号部令），进一步做好道路运输车辆卫星定位系统车载终端（以下简称车载终端）和道路运输车辆卫星定位系统平台（以下简称平台）标准符合性审查工作，经交通运输部同意，现就有关事项通知如下：

一、进一步明确标准符合性技术审查依据

（一）车载终端应符合以下标准和条件：

1. 已获取中国国家强制性产品认证证书（3C）；
2. 《道路运输车辆卫星定位系统车载终端技术要求》（JT/T 794）；
3. 《道路运输车辆卫星定位系统终端通信协议及数据格式》（JT/T 808）；
4. 《机动车运行安全技术条件》（GB 7258）；
5. 《汽车行驶记录仪》（GB/T 19056）；
6. 《道路运输车辆卫星定位系统北斗兼容车载终端技术规范》；
7. 《道路运输车辆卫星定位系统北斗兼容车载终端通讯协议技术规范》。

（二）平台应符合以下标准：

1. 《道路运输车辆卫星定位系统平台技术要求》（JT/T 796）；
2. 《道路运输车辆卫星定位系统终端通信协议及数据格式》（JT/T 808）；
3. 《道路运输车辆卫星定位系统平台数据交换》（JT/T 809）。

二、加强标准符合性技术审查管理

标准符合性技术审查检测机构（以下简称检测机构）要完善并严格执行检测机构质量管理体系，优化检测流程，公开检测费用标准，切实做好对车载终端样品和平台的标准符合性检测工作。加强对工作人员的管理和职业道德教育，提高检测能力和检测服务水平。

中国交通通信信息中心受部委托，作为标准符合性技术审查技术支持单位，要按

照《道路运输车辆卫星定位系统车载终端和平台标准符合性技术审查工作规范》（附件略）对检测机构标准符合性检测工作实施技术监督。同时，做好车载终端和平台资质审核工作。

交通运输部将加强标准符合性技术审查监督管理，建立车载终端、平台、检测机构退出机制。组织技术专家不定期对车载终端、平台和检测机构进行监督检查，检查结果及时向社会公布。

三、强化车载终端和平台质量监管

交通运输部将按照《关于印发交通运输产品质量行业监督抽查管理办法（试行）的通知》（交科技发〔2012〕32 号）要求，将车载终端和平台纳入交通运输产品质量行业监督抽查管理范围，不定期开展监督抽查活动，结果予以公告。对抽检不合格的产品，将其从道路运输车辆卫星定位系统标准符合性审查公告目录中撤销。对已经在行业中使用的不合格产品，应将其无偿剔除，以合格产品代替。各地道路运输管理机构要督促运输企业加强车载终端和平台应用管理，确保道路运输车辆动态监控目标实现。

四、规范平台备案管理

各省道路运输管理机构要本着公平、公正、公开的原则细化系统平台备案制度，切实做好平台备案工作。在备案过程中，不得设定系统平台服务器本地化部署、注册年限、入网车辆数量等违反公平竞争的条款；平台备案不得收取费用。地市县不得再次备案及设置准入条件，搞变相层层认证审批。

各地交通主管部门不得对通过标准符合性技术审查的车载终端通过认证、招标、审核、注册、调试进行二次筛选。

五、鼓励道路运输企业自建平台

对于运输企业自建监控平台申请标准符合性技术审查，检测机构要简化流程，降低收费标准。简化道路运输企业平台备案手续。尤其鼓励道路运输企业对自有业务管理平台进行升级改造后申请标准符合性技术审查，将动态监控工作与公司业务管理工作结合起来，真正发挥动态监控系统在预防和减少道路运输事故、加强道路运输安全监管方面的作用。

鼓励建立全国性社会化服务平台。

交通运输部办公厅

二〇一五年一月二十八日

交通运输部关于推进交通运输安全体系建设的意见

交安监发〔2015〕20号

各省、自治区、直辖市、新疆生产建设兵团交通运输厅（局、委），中远、中海、招商局、中交建设、中外运长航集团，国家铁路局，中国民用航空局、国家邮政局，部属各单位：

为全面贯彻落实党的十八届三中、四中全会精神，推进交通运输安全体系建设，实现“平安交通”总目标。现提出如下意见：

一、交通运输安全体系建设的重要意义

交通运输安全生产工作，事关人民群众生命财产安全，事关经济发展和社会稳定。随着我国经济社会的发展，对交通运输安全工作提出了新的更高要求。推进交通运输安全体系建设，是贯彻落实党中央国务院关于安全工作部署的重要举措，是建设“平安交通”的客观要求，是依法加强交通运输安全生产和监督管理、提高安全发展水平的必然选择。交通运输系统必须立足现实、着眼长远，构建科学完善的交通运输安全体系，为我国经济社会健康发展和人民群众安全便捷出行提供可靠的交通运输安全保障。

二、总体要求

（一）指导思想

深入贯彻落实党的十八届三中、四中全会精神，坚持以人为本、安全发展，坚持安全第一、预防为主、综合治理，坚持法治思维、依法行政，强化红线意识、守住底线，以建设“平安交通”为目标，以改革创新为动力，推进交通运输安全体系建设，提高交通运输安全发展水平。

（二）基本原则

——坚持安全第一、预防为主。牢固树立安全第一理念，真正把安全发展放在首要位置，做到关口前移、超前预控、有效防范，做到认识到位、责任到位、执行到位。

——坚持依法治理、明责履责。完善法规制度，明晰安全生产监督管理职责定位，制定责任清单，严格履行监督管理职责，严格执法、文明执法。

——坚持改革创新、标本兼治。深化安全生产体制机制改革，创新工作方式方法，

加强隐患排查治理和风险防控，强化基层、夯实基础，构建长效机制。

——坚持统筹谋划、有序推进。加强形势研判，探索安全生产规律，科学谋划交通运输安全生产全局，统筹兼顾、相互协调，有重点、分步骤推进安全体系建设。

（三）建设目标

到2017年“平安交通”五年建设阶段，初步建成交通运输安全生产“法规制度、安全责任、预防控制、宣传教育、支撑保障、国际化战略”六个体系。交通运输安全生产法规制度和标准规范基本健全，责任更加明晰落实，监督管理能力明显提升，从业人员综合素质整体提高，保障水平显著增强，基本适应我国经济社会发展和“平安交通”建设的需要。

到2020年全面建成小康社会阶段，建成系统完备、科学规范、运行有效的交通运输安全体系，全面适应我国小康社会和现代交通运输事业发展需要。

三、重点工作

（一）法规制度体系建设

1. 健全安全生产法规。落实安全生产法等法规，结合行业和各地需求，对现行交通运输法规进行全面梳理，推进交通运输安全生产法规的立改废工作。2017年年底前，完成安全生产法和政府职能转变涉及交通运输安全生产方面需要配套建立完善的法规。

2. 完善安全生产制度。加快建立健全针对性和操作性强、科学规范的管理制度，突出交通运输安全生产重点领域，按照分清轻重缓急的原则，推进安全生产管理制度制定工作。2017年年底前，交通运输企业应按照相关法规要求完善企业内部各项安全生产规章制度；各级交通运输管理部门应建立健全重点监管名单、责任追究、“一岗双责”、隐患排查治理、奖惩激励、诚信管理、安全生产约谈、挂牌督办、监督检查、巡视等安全生产管理制度。

3. 制定安全生产标准规范。围绕交通运输基础设施建设与运营、运输工具和装备设施、生产作业、养护和安全生产管理等方面制定完善相应的安全生产标准规范。2017年年底前，重点推进城市公交、轨道交通运营、港口危化品罐区作业等领域标准规范的制定。

4. 完善安全生产应急预案。按照相关要求对现有应急预案进行评估，及时修订不实用或针对性、操作性不强的应急预案。认真梳理交通运输应急工作职责和应急需求，加快应有未有的应急预案编制，构建完善应急预案体系。

（二）安全责任体系建设

5. 强化企业安全生产主体责任。交通运输企业应严格依法依规从事安全生产活动，按规定设置安全生产管理机构，配足专兼职安全生产管理人员，深入推进安全生产标准化建设，强化安全生产绩效考核，主要负责人、管理人员、从业人员应严格落实安全生产法定责任。2017 年年底前，交通运输企业安全生产责任网络全面构建，主体责任有效落实。

6. 明晰安全生产监督管理责任。按照交通运输管理部门的法定权力、义务和政府部门赋予的职责，科学界定中央和地方、政府和企业、部门之间职责分工，明晰各级交通运输管理部门安全监督管理工作职责。2017 年年底前，交通运输主管部门和管理机构的安全生产监督管理层级责任链条完善，监督管理责任有效落实。

7. 落实安全生产“一岗双责”。按照“党政同责、一岗双责、齐抓共管”以及“管行业必须管安全、管业务必须管安全、管生产经营必须管安全”的总要求，各级交通运输管理部门和交通运输企业应明确“一岗双责”的内容和要求，规范履职行为，并研究建立考核评价、尽职免责机制。2017 年年底前，建立安全生产工作述职机制，各单位和各部门负责人应将安全生产工作履职情况作为年度述职的重要内容。

8. 严格安全生产问责追责。建立完善安全生产事故和重大隐患的问责追责机制，按照“四不放过”原则，严格事故调查处理，依法严肃追究责任单位和相关责任人责任。相关交通运输管理部门应对事故发生单位的整改措施落实情况加强监督检查。2017 年年底前，基本建立安全生产问责追责机制。

（三）预防控制体系建设

9. 加强安全生产形势研判。分析交通运输安全生产形势，根据季节性特点，查找影响安全生产的因素，剖析事故发生原因，总结安全生产规律，举一反三，制定有效的政策和措施，超前预警预防。2017 年年底前，建立完善安全生产事故统计分析机制，编制分析报告。

10. 强化隐患排查治理。交通运输企业应依法落实安全生产隐患排查治理主体责任，做到整改措施、责任、资金、时限和预案“五落实”；交通运输管理部门应依法落实监督管理责任，分类分级加强事故隐患管理，实现督查检查、挂牌督办及责任追究的闭合管理。2017 年年底前，全面建立企业主导、政府监管、社会监督、运行高效的隐患排查治理体系。

11. 推进安全生产风险管理。落实部关于推进安全生产风险管理工作的部署，重点强化客运、危险品运输、城市轨道交通、港口危化品罐区、在建和运营桥梁隧道等的风险源辨识、评估和管控，注重加强跨行业跨部门跨地区联防联控，充分利用科技和信息化手段，强化预测预警预控和过程监管，构建行业自律、政府监督、中介服务、专家咨询的协调推进机制。2017 年年底前，完善相关制度，规模以上客运、危险品运输和港口危化品罐区企业以及工程施工总承包特级和一级企业、国家重点建设项目、在役特大桥及长隧道全面实施安全生产风险管理。

12. 加强安全生产监督检查。明确安全监督检查工作职责和要求，规范监督检查程序和内容，强化现场监督检查和日常监督检查，并采取安全生产巡视、明察暗访、突击检查等方式，重点巡视督查安全生产工作部署落实和安全责任履职情况，督促整改安全隐患，严肃查处存在问题，严厉打击非法违规行为。2017 年年底前，建立完善安全生产巡视和监督检查工作机制，落实年度巡视和监督检查计划。

13. 强化社会监督。充分发挥职工、公众、社团、工会、媒体等监督作用，完善举报、受理、处置、信息公开等办法。加强与媒体合作，设立曝光台，及时曝光非法违法企业、安全生产事故多发频发单位、造成恶劣社会影响的交通运输安全生产事件等。2017 年年底前，建立完善的安全生产投诉举报渠道。

14. 加强安全应急演练。突出公路航道保通保畅、水上搜救与溢油、灾害险情、事故救援处置等重点，按照相关应急预案开展应急演练，切实提升安全防范和现场应急处置能力。大力开展岗位练兵，夯实基本功，提高安全意识、实操技能和应对突发事件的能力。2017 年年底前，针对各类应急预案至少开展一次应急演练，每年至少开展一次岗位练兵。

（四）宣传教育体系建设

15. 加强安全文化宣传引导。采取多种形式，注重发挥媒体的作用，加强安全生产法律法规、安全和应急知识宣传，增强从业人员和社会公众的安全意识，积极主动参与“平安交通”和安全文化建设，营造“我要安全”的氛围。

16. 强化企业从业人员教育培训。交通运输企业应按照法律法规要求，制定并实施年度教育培训计划，重点加强一线从业人员岗位教育培训，未经安全生产教育和培训合格的从业人员，不得上岗作业。企业主要负责人、安全生产管理人员必须经相关管理部门培训合格，特种作业人员必须按规定取得相应资格。2017 年年底前，交通运输企业应对所属从业人员系统进行一次安全生产知识轮训，培训时间原则上不少于 24 学时。

17. 提高安全监督管理人员业务素质。各级交通运输管理部门应完善安全生产教育培训机制，有计划、有步骤地对各类安全监督管理人员进行轮训，切实提高综合素质和业务能力。2017 年年底前，交通运输管理部门应对所属从事安全监督管理的人员系统进行一次安全管理知识轮训，培训时间原则上不少于 24 学时。

18. 加强安全生产诚信管理。认真落实国务院关于加强企业安全生产诚信建设的部署，加快推进交通运输企业安全生产诚信体系建设，促进企业依法守信做好安全生产工作，切实保障人民群众和从业人员生命安全。2017 年年底前，基本建立交通运输企业安全生产诚信体系。

（五）支撑保障体系建设

19. 加强安全管理力量配备。交通运输企业应严格按照法律法规要求设置安全管理机构，配足专兼职安全管理人员。交通运输管理部门应完善部、省、市、县四级安全管理机构，明确相应专职安全监督管理人员。有通航水域或农村公路通营运车辆的乡镇按规定配备专（兼）职安全监督管理人员。

20. 保障安全生产费用和工作经费。交通运输企业应按照“企业提取、政府监督管理、确保需要、规范使用”的原则，足额提取安全费用，单独核算，按规定范围安排使用，不得挤占、挪用。各级交通运输管理部门应将安全管理工作经费列入年度部门预算，主要用于安全生产考核评价、巡视和检查、事故原因调查、企业标准化建设、宣传教育培训等。实现每年安全生产经费预算到位，专款专用。

21. 加强安全监督管理和应急救援装备设施建设。各地交通运输主管部门应按照相关要求编制“十三五”安全生产发展规划。加强安全监督管理装备器材配备，为专门从事安全监督管理部门配备必要的交通工具、监督检测设备、事故调查取证与分析设备、个人防护设备等。加强交通运输监督管理、应急救援、教育培训等装备和基地建设。

22. 强化安全科技和信息化建设。加强安全生产和安全监督管理关键技术研究和装备设施研发，推广应用性能可靠、先进适用的安全生产新技术、新工艺、新设备和新材料，淘汰落后设备和工艺，积极推进信息化技术在交通运输安全生产和监督管理中的应用。2017 年年底前，完成安全生产风险管理、隐患排查治理、安全诚信管理、在线教育培训等信息系统建设。

23. 发挥行业组织的作用。各交通运输行业协（学）会应按照诚信建设要求，充分发挥在安全生产方面的行业自律作用。鼓励和支持行业协（学）会等行业组织、科研机构、院校，在安全生产科技攻关、教育培训、风险评估、诚信评级等方面发挥技术支撑作用。2017 年年底前，积极培育交通运输安全生产咨询服务机构，并依法加强监督管理，规范其咨询服务行为。

（六）国际化战略体系建设

24. 提升国际影响力。建立健全机制，统筹行业力量，积极参加有关国际事务和行动，加大交通运输安全方面国际公约、规则和标准等制定的参与力度，提升我国际话语权和影响力。

25. 提高国际化水平。加强国际交通运输安全发展的研究，学习借鉴发达国家交通运输的安全理念、管理方法，引进先进的技术装备。2017 年年底前，建立健全国际交通运输安全应急方面的信息搜集研究机制，开展与发达国家、发展中国家的对标研究。

26. 加强国际交流与合作。深化与有关国家、地区和国际组织在交通运输安全与应急方面的交流合作，与周边国家和地区初步建立相关的安全应急协调联动机制。利用多种平台，开展交通运输安全应急交流与能力建设，加强信息沟通与共享。

四、相关要求

（一）加强组织领导

各部门、各单位要认清形势，高度重视交通运输安全体系建设，强化组织领导，明确一把手负总责，明确责任部门和责任人；要根据部统一部署，结合本单位实际，制定具体实施意见，细化工作目标，明确责任和完成时限。

（二）加强沟通协作

交通运输安全体系建设各项重点工作任务涉及多领域、多部门，各部门、各单位要加强协调配合，形成工作合力，着力推进重点工作落实，确保安全体系建设各项工作有序开展。

（三）加强督查考核

各部门、各单位要把交通运输安全体系建设工作作为年度工作目标考核重要内容，加大督查力度，及时发现并解决存在的困难和问题，保证实施效果。对于工作不落实或达不到要求的，要追责问责。

铁路、民航、邮政系统可结合各自安全监管职责和安全生产的实际，建立健全本系统的安全体系，保障综合交通运输安全生产稳定向好发展。

交通运输部

2015 年 2 月 10 日

商务部办公厅关于印发《2015 年电子商务工作要点》的通知

商办电函〔2015〕116 号

各省、自治区、直辖市、计划单列市及新疆生产建设兵团商务主管部门：

现将《2015 年电子商务工作要点》印发给你们，请结合本地区实际认真贯彻执行，确保落实到位，并于 2015 年 11 月 10 日前将本年度电子商务工作总结报商务部。

商务部办公厅

2015 年 4 月 3 日

2015 年电子商务工作要点

2015 年电子商务工作的总体要求是：全面贯彻落实党的十八大和十八届三中、四中全会精神，按照中央经济会议和全国商务工作会议部署，主动适应经济发展新常态，落实“互联网 +”行动计划，发挥电子商务拓市场、促消费、带就业、稳增长的重要作用，突出创新驱动，促进转型升级，配合国家“一带一路”、长江经济带和自贸区等发展战略，统筹考虑国内国际两个市场，构建统一开放竞争有序的电子商务市场体系，为加快商务领域创新发展做出新贡献。

一、全面推进，助力商务发展

（一）全面推进以信息化促进流通现代化工作。研究制订《关于以信息化促进流通现代化的若干意见》，从营商环境、企业应用、基础设施、大数据体系、公共服务支撑、追溯体系建设、信用体系构建、治理能力提升 8 个方面，做好“发现”“引导”“扶持”，深化信息化在贸易领域的应用，加快我国商贸流通现代化进程。

地方商务主管部门要结合当地实际制订落实《关于以信息化促进流通现代化的若干意见》的实施方案，切实抓好落实工作。

（二）开展促进规范电子商务发展专项行动。按照在发展中规范、以规范促发展的思路，制订促进和规范电子商务发展专项行动计划并组织实施，做大做强电子商务。大力发展网络消费，支持发展综合性电子商务服务平台，促进传统企业应用电子商务，培育一批专精特新型电子商务企业，支持中小企业开展网络营销，促进线上线下市场融合发展。

地方商务主管部门要加强对专项行动计划的组织实施，建立健全本地区跨部门电子商务工作协调机制，根据行动计划研究制订相关配套政策措施，争取财政等部门支持，加大扶持力度。

（三）加强电子商务重点问题研究。认真研究我国电子商务快速发展的内在动因和潜在问题，深入分析电子商务发展的现实状况和未来趋势，为制订相关政策措施和战略决策提供支撑。跟踪电子商务发展热点领域，重点开展电子商务模式创新、技术进步、产业应用、市场融合等方面的专项研究。

地方商务主管部门要结合当地实际，加强对电子商务热点和难点问题的研究，及时总结报送电子商务创新发展的典型经验。

（四）开展“十三五”电子商务发展顶层设计。根据商务领域深化改革、创新发展和建设法治化营商环境的总体要求，启动研究“十三五”电子商务发展指导意见。

各地商务主管部门要全面做好本地区“十三五”电子商务发展的顶层设计，明确发展目标，细化实施方案，科学指导电子商务发展。

二、重点突破，拓展应用领域

（五）促进农产品流通和农村电子商务应用。推进电子商务进农村综合示范，支持电子商务企业、供销社、邮政以及大型龙头流通企业建设改造农村电子商务配送及综合服务网络，促进电子商务在工业消费品、生产资料下乡和农产品、特色产品进城双向流通网络中的应用。加大农村商务信息服务工作力度，扩大服务范围，建立完善农产品网上购销常态化对接和卖难预警救助机制。多渠道培训农村电子商务从业人员和消费群体，支持农村青年和返乡大学毕业生网上创业。与主流媒体合作宣传推广农产品电子商务典型案例。

地方商务主管部门要着力完善农村、农产品电子商务应用环境，研究制订促进政策和措施，推动农产品电子商务规范有序发展和农村商务信息服务普及应用。

（六）积极促进城市社区电子商务应用。以中心城市（直辖市、计划单列市、省会城市）为重点，探索城市社区商业新模式，应用电子商务促进便利消费进社区，便民服务进家庭。鼓励企业建设社区电子商务平台和移动客户端，整合线上线下供给渠道，实现全方位的居民生活服务供求衔接，打造社区便利、快捷的网络消费“微环境”。

地方商务主管部门要研究制订鼓励社区电子商务发展的政策措施，完善社区综合服务功能和服务环境，着力解决网络购物终端配送等问题，促进社区居民便利消费。

（七）推进服务业应用电子商务创新发展。支持养老家政、健康服务、信息服务、旅游休闲等生活服务业应用电子商务开拓市场，通过线上线下互动结合，满足和带动多样化、个性化的居民服务消费需求。支持研发设计、商务咨询、服务外包、检验认证等生产性服务业深入应用电子商务，推动产业结构优化调整和转型升级。完善电子商务服务生态链，培育一批国内外市场知名的综合性、专业性第三方电子商务平台，支持电子商务领域信息技术、营销推广、支付融资、人才培训等专业服务业发展。

地方商务主管部门要积极支持传统服务业应用电子商务创新发展，结合本地产业特色加快电子商务服务体系建设。

（八）加快推进中小城市电子商务发展。研究制订关于推进中小城市电子商务健康发展的政策措施，支持建设中小城市电子商务综合服务平台，整合商品流通、居民服务等线下市场资源，搭建工业品下乡、农产品进城和便民网络消费的综合服务渠道。完善电子商务相关配套服务支撑体系，培育线上线下融合发展的特色产业集群和骨干企业。

地方商务主管部门要积极促进本地中小城市电子商务发展，支持发展具有地方特色的电子商务模式，总结推广成熟经验，培育扩大网络消费市场。

（九）开展电子商务与物流快递协同发展试点。指导试点城市落实试点工作方案，建立健全试点工作领导机制，开展电商物流规划编制、管理制度改革、标准规范制定等工作，统筹规划基础设施建设，促进运营车辆规范化，解决末端配送难题，加强从业人员基本技能培训。总结评估试点经验，及时宣传推广。

试点城市商务主管部门要主动工作，发挥牵头和主导作用，协调解决重点难点问题，确保试点工作实现预期目标。

（十）推动跨境电子商务健康发展。加快建立健全适应跨境电子商务的监管服务体系，提高各环节便利化水平。支持企业运用跨境电子商务开拓国际市场，推动建立电商企业“走出去”的境外支撑服务体系，引导跨境电子商务产业集群综合发展，培育一批互联网时代中国企业抢占国际市场的“航空母舰”和“排头兵”。加强知识产权及消费者权益保护，促进跨境电子商务规范发展。

地方商务主管部门要结合产业特色和资源优势，支持当地企业应用电子商务拓展国际市场，不断优化政策环境，培育跨境电子商务产业链。

（十一）深入推进电子商务示范创建工作。开展第二批示范基地、2015—2016 年示范企业遴选和创建工作。总结推广示范基地、示范企业典型案例，适时组织工作经验交流，促进东中西部地区电子商务全面平衡发展。示范城市要结合自身特点和优势，积极开展重点区域和特色领域的电子商务创新应用，探索促进和规范电子商务发展的政策创新。示范基地要发挥产业集聚优势，加快建设电子商务生态链，促进传统产业转型升级。

地方商务主管部门要对首批示范基地创建工作及中央专项补助资金使用情况进行

绩效评估，加强对当地示范基地和示范企业创新发展的具体指导。

（十二）加强电子商务人才培养。创新电子商务人才培养机制，建立科学合理的分级分层培训体系，培养一批电子商务高端人才、紧缺人才和专业技能人才，促进高校毕业生就业创业。推进国家电子商务专业人才知识更新工程，支持有条件的地方建设电子商务人才继续教育基地。

地方商务主管部门要贯彻落实《商务部办公厅关于加快电子商务人才培训工作指导意见》，加快人才继续教育基地建设，指导电子商务示范基地加大人才培训工作力度，加强实训，开展岗位对接。

三、巩固基础，优化发展环境

（十三）推进电子商务立法工作。继续参与并推进《电子商务法》立法和电子商务相关法律的修订完善，立足商务工作职能有效发挥作用。贯彻执行《网络零售第三方平台交易规则制定程序规定》，保证交易相关方充分参与交易规则制订和修订，防止平台企业滥用市场支配地位，保障行业健康发展。推动出台《网上商业数据保护办法》。

地方商务主管部门要积极推动并参与研究制订本地区电子商务法规规章，积极配合国家有关部门推进电子商务立法。

（十四）健全电子商务标准体系。推动出台《跨境电子商务服务规范》《移动电子商务服务规范》《基于网络零售开放平台的第三方服务标准》和《电子商务信用信息共享规范》。根据电子商务与网络零售标准规范框架体系研究成果，继续开展基础性关键标准的研究。

地方商务主管部门要重视电子商务标准化工作，加强《电子商务信用评价指标标准》等各项标准规范的宣传贯彻和推广应用，鼓励推动研究机构、中介组织、骨干企业研究起草地方性电子商务标准。

（十五）加强电子商务统计和信用体系建设。研究制订商务领域大数据应用工作方案，推动开展试点应用。推进电子商务信息管理分析系统的全面深度应用，建立数据共享机制。发布《中国电子商务报告（2014）》和《2014 年中国网络零售市场评估报告》。研究提出电子商务信用建设方案，加快信用基础数据库建设。积极推动建立部门信息共享和协同监督机制，推动建立面向第三方信用服务机构的信用信息采集、共享与使用机制，形成政府主导、多方参与、标准统一的电子商务信用体系。

地方商务主管部门要加强部门协作，研究政策措施，全力督促本地电子商务平台企业及时准确地报送统计数据，积极探索电子商务信用信息采集、共享和使用的有效方式。

（十六）积极参与国际规则制订。积极推动和参与国际电子商务规则体系建设，加强电子商务的多双边交流与合作。落实 APEC（亚洲太平洋经济合作组织）电子商务创新发展倡议和中韩自贸协定电子商务条款，开展中日韩、区域全面经济伙伴关系等自贸协定电子商务议题谈判，推进金砖国家、上合组织及两岸电子商务交流合作机制。推进“中国—东盟信息港”建设。

地方商务主管部门要积极配合国家自贸区战略、“一带一路”战略以及多双边和区域经贸交流合作机制，推动本地区电子商务企业和中介组织“走出去”，积极开展国际合作。

公安部　交通运输部关于加强道路运输零担货物受理环节安全管理工作的通知

公通字〔2015〕11 号

各省、自治区、直辖市公安厅（局），交通运输厅（局、委），新疆生产建设兵团公安局、交通局，上海市交通运输和港口管理局：

为进一步夯实道路货物运输领域反恐工作基础，促进物流业安全健康发展，根据《中华人民共和国治安管理处罚法》《中华人民共和国道路运输条例》等法律法规，现就加强道路运输零担货物受理环节安全管理工作提出要求如下：

一、提高思想认识，增强工作主动性

（一）高度重视零担货物受理环节安全管理工作。货物受理是道路零担货物运输业务的第一个环节，也是防范夹带或瞒报枪支弹药、爆炸物品、危险化学品、管制刀具、毒品、淫秽物品、反动宣传品等违禁物品和危险物品，确保道路货物运输安全的重要关口。改革开放以来，我国道路零担货物运输发展迅速，但由于零担受理环节安全管理制度不完善，利用零担运输渠道夹带违禁物品、瞒报运输危险物品的现象时有发生，成为物流行业反恐源头管控的薄弱环节之一。各地公安机关、交通运输主管部门要充分认识当前反恐怖斗争面临的严峻形势，把道路零担货物受理环节作为物流行业反恐源头管控的重点领域，采取有力措施，加强综合治理，切实提升安全管理水平，有效保障人民群众的生命和财产安全。

二、完善管理制度，提高管理水平

（二）制定零担货物运输违禁物品目录。公安机关会同交通运输主管部门，根据当前反恐、维稳及治安形势要求，制定道路零担货物运输违禁物品目录，向社会公布，并督促道路货运企业对列入目录的物品在货物受理环节严格防控。

（三）出台零担运输服务规范。交通运输主管部门制定出台道路零担货物运输运营服务规范行业标准，明确道路零担货物受理、分拣、装卸、运输、储存等各个环节作业要求，督促道路货运企业按照规范要求，建立企业零担货物受理安全检查制度，规范业务操作流程。

（四）建立货物受理验视抽检抽查制度。道路货运企业要按照零担货物受理安全检查制度要求对货物进行抽检抽查，确保托运货物品名、数量等信息与运单填写信息一致，防止托运人在普通货物中夹带违禁物品，防止托运人瞒报危险物品。对于重点时段、运往重点区域和特殊场所的货物应进行开箱验视，检查中发现违禁物品、可疑物品或瞒报危险物品的，应及时报告公安机关或相关管理部门。

（五）建立交付环节收货实名和信息留存制度。道路货运企业受理零担货物时应依法与托运人签订运输合同，认真核对并登记托运单位、托运人及托运货物的品名、数量等真实信息。规范管理签订长期运输合同的用户，要求托运人将不夹带违禁物品、瞒报危险物品及自觉检查货物在合同中加以明确。加快实行货物交付环节的收货实名制，运单所注明的收货人必须凭真实有效身份证件方可提货，企业对于运单及收货人等信息应保留 18 个月以上，以备查询。

（六）完善信息登记制度。交通运输主管部门会同公安机关制定道路货运企业零担货物运输服务信息登记标准。道路货运企业应加快实行业务流程全程计算机管理，根据零担货物运输服务信息登记标准预留安全监管数据接口，为公安机关依法查处零担货物运输夹带违禁物品、瞒报危险物品等违法犯罪行为提供保障。

（七）建立完善企业内部责任制和奖惩制度。道路货运企业应切实履行安全管理主体责任，并将责任分解落实到部门和人员。对于零担货物受理或运输环节发现违禁物品、瞒报危险物品的人员给予奖励，对于疏于管理、违反受理操作规程的人员给予处罚。

三、强化部门协作，形成监管合力

（八）构建协作联动机制。各级公安机关、交通运输主管部门要加强沟通配合，建立零担货物安全管理的联动机制，明确任务目标，强化信息共享，细化工作措施，协调解决管理中存在的问题。

（九）加强重点场所警力配备。各地公安机关应结合当地实际，对于经营零担货物运输业务规模较大的道路货运企业、物流园区、货运站（场）配备警务室，指导、检查其落实安全管理工作，对于运输企业查获的违禁物品，应积极协调有关单位及时妥善处置。

（十）强化执法监管。各地公安机关、交通运输主管部门要指导道路货运企业建立零担货物受理和安全检查制度，强化道路货运人员“履职负责、失职追责、尽职免责”的安全管理意识；要对零担货物受理开箱（包）验视、托运信息登记等安全管理制度落实情况进行监督检查；要加大对货运站（场）的摸底排查与执法检查力度，对已不具备开业要求安全条件、存在重大运输安全隐患的货运站（场），要限期进行整改；对未取得经营许可的，要坚决予以取缔。要强化跨区域、跨部门执法联动，建立完善协作机制，重点解决零担货物受理环节验视不合格、安检走过场、不留存托运信息和瞒报货物品名等突出问题；要开展经常性的信息通报，推进区域间、部门间信息共享和执法联动的常态化、制度化。

四、加强能力建设，提升防范水平

（十一）提升安全管理科技应用水平。道路货运企业和货运站（场）经营企业应逐步探索建立人工检查与利用设备抽检相结合的验视检查模式，根据业务需要，配备相应的安全检查设施设备，提高验视的效率和准确性；要在业务操作场所安装视频监控设备，并确保监控资料保存时间不少于30天。

（十二）强化信息化管理。道路货运企业应加大北斗卫星导航、GPS（全球定位系统）定位、云计算、移动互联网等先进信息技术在物流领域的应用，加快实现货物全程跟踪与实时查询，确保货物来源可追溯、责任能倒查、违法受查究，提高对运输违禁物品和瞒报危险物品的发现与查处能力。

（十三）加强人员管理与培训。道路货运企业应建立完善从业人员身份信息档案，对录用人员进行背景审查，必要时，请公安机关提供相应帮助；要加强安全教育和培训，提高从业人员安全意识与业务素质。

五、注重宣传教育，营造良好氛围

（十四）加强媒体宣传。各地公安机关、交通运输主管部门要充分利用广播、电视、报纸、网络、手机、移动电视、城市广告栏等多种媒体，广泛宣传零担货物运输安全管理法律法规和相关技术标准；要加强警示教育，对于托运、夹带、藏匿违禁物品典型案例和查处结果进行曝光，为物流领域反恐源头管控创造良好的舆论氛围。要在货运站场、物流园区等经营场所，张贴违禁物品和限运货物、凭证运输货物相关图片资料和法律规定，进一步增强社会公众与从业人员的守法意识。

（十五）完善举报奖励制度。各地公安机关要发动群众积极举报零担货物中夹带违禁物品等违法违规行为。要公开举报电话和电子邮件地址，对群众举报非法运输枪支弹药、爆炸物品、管制刀具、暴力恐怖和宗教极端宣传品等行为，经查证属实的，按照《公安部关于公安机关建立完善暴力恐怖犯罪活动举报奖励机制的通知》要求给予奖励。各地接此通知后，请及时报告党委、政府，认真抓好贯彻落实。有关工作情况，请及时对口上报。

公安部　交通运输部

2015年4月9日

交通运输部关于进一步加强港口危险货物安全监管工作的通知

交水函〔2015〕300 号

各有关省、自治区、直辖市交通运输厅（委）:

为加强港口危险货物管理，2013 年我部颁布了《港口危险货物安全管理规定》（交通运输部令 2012 年第 9 号，以下简称“9 号令”）。结合 2014 新《安全生产法》出台，我部进行了港口危险化学品安全监管专项调研，并开展了安全专项整治。为进一步加强港口危险货物安全监管工作，现结合新《安全生产法》和监管实际情况，就有关事项通知如下：

一、巩固 2014 年专项整治成果

2014 年，我部组织开展了港口油气输送管线安全专项排查整治和港口危险化学品安全专项整治，所在地港口行政管理部门要在专项整治的基础上，逐个建立所监管企业的基础档案，档案应包括企业基本信息、生产设施信息、安全设施信息、主要负责人信息及码头、储罐、管线电子分布图等必要内容，并于 2015 年 6 月底前将档案报送至省级港口行政管理部门；同时，要进一步加强重大危险源管理，组织定期应急救援演练，跟踪隐患后续整改，巩固专项整治成果，督促企业完善内部安全生产规章制度，形成安全监管长效机制。各省级港口行政管理部门要在 2015 年 7 月底前将档案建立情况和隐患后续整改情况书面报部。

二、开展安全设施的专项整治

针对港口危险货物企业普遍存在安全设施老旧和配备不齐的问题，今年各级港口行政管理部门应按照《港口安全设施目录》和相关标准规范，开展港口安全设施的专项整治，消除港口安全设施隐患，提高安全生产本质安全。同时，要对辖区内的港口危险货物企业全面实施安全生产风险管理。请各省港口行政管理部门在 2015 年 12 月底前将整治情况书面报部。

三、加强法规标准建设，完善制度体系

部将按照新《安全生产法》等法律法规的要求，结合各地监管实际，修订有关港

口危险货物安全监管的规章标准，进一步完善制度体系。各省级行政管理部门要结合当地实际，制定地方规章和标准，指导基层港口行政管理部门有效开展监管工作。

四、进一步落实监管职责，加强监管队伍建设

各级港口行政管理部门要切实理清监管职责，建立重点监管名单、曝光台、责任追究、“一岗双责”、隐患排查治理、奖惩激励、诚信管理、安全生产约谈、挂牌督办、监督检查、巡视等安全生产监督管理制度。针对预案开展应急演练，提高实操技能和应对突发事件的能力。制定安全生产年度监督检查计划，按计划进行现场监督检查，强化隐患排查，切实履行监管责任，保障港口安全生产。

各级交通主管部门要积极争取地方政府支持，明确港口安全生产监管经费、监管机构和专职监管人员的配置要求；配备必要的交通工具、监督检测设备、事故调查取证与分析设备、个人防护设备；有计划、有步骤地对安全监管人员进行系统的安全监管教育培训，逐步建立与安全监管职责相匹配的安全监管机构和监管队伍。

部将总结分析各地好的做法和经验，在全国范围内进行推广，并选择国内安全监管工作先进地区，组织开展监管工作示范交流学习，提升全国港口危险货物安全监管的整体水平。

五、以信息化为抓手，提升监管能力建设

部将研究制定监管系统信息化建设指南，指导各地建设危险货物港口安全监管信息系统。各港口行政管理部门要向地方政府积极争取信息系统建设配套资金，以信息化建设为抓手，在电子分布图的基础上建立动态的电子监管档案，实现对监管底数的动态实时更新；建设危险货物应急决策支持系统，提升应急管理水平和紧急状况下的指挥决策能力；要根据港口安全监管的实际情况，配置相适应的监管检测设备、现场取证设备、监管交通工具等必要的监管装备，形成现代化的监管力量。

六、严格市场准入管理，强化动态监管

各级港口行政管理部门要按照《安全生产法》《危险化学品安全管理条例》《港口危险货物安全管理规定》等法律、法规和部门规章，严格执行港口危险货物建设项目安全审查制度，对未经安全条件审查擅自开工建设、未按批准的安全设施设计专篇建设施工、安全设施未经验收合格擅自投入使用的港口建设项目，依法责令其停止建设或停产停业整顿，从源头上抓好安全监管。同时，港口行政管理部门要强化以下三方面的动态监管，对不符合安全生产要求的，要依法处罚并责令停产停业。

（一）加强对重大变更行为审查

9号令第三十七条第一款中的危险货物种类的重大变更，指增加类别发生变化、闪点降低、毒性增大，或者需要采取特殊防护措施的危险货物种类；货物数量增加的重

大变更，指导致出现重大危险源或者重大危险源等级增大的数量变更。重大变更可能导致港口危险货物作业安全风险增大，所在地港口管理部门要加强对重大变更行为的监管。

（二）做好港区内危险货物作业和专业化集装箱码头的安全监管

在港区范围内，为船舶提供供油服务和油污水接收的企业，应按《港口经营管理规定》《港口危险货物安全管理规定》发放港口经营许可证，有固定港口设施的，对具体的危险货物场所配发《港口危险货物作业附证》。水上加油船由海事管理机构负责安全监管。

新建、改建、扩建专业化集装箱码头或者集装箱库场，从事港口危险货物集装箱装卸、堆存作业的，应当依据 9 号令进行港口危险货物建设项目安全审查。对已投入运营的专业化集装箱码头，新增港口危险货物集装箱装卸作业的，应当按 9 号令第三十七条进行安全评价，并按照 9 号令发放《港口经营许可证》和《港口危险货物作业附证》。

（三）加强港口危险货物常压储罐的检查检测

港区范围内的危险货物常压储罐投入运营后，所在地港政管理部门应当督促港口经营人，根据企业生产实际，建立储罐检查、检测制度，保障储罐安全运营。

交通运输部

2015 年 4 月 22 日

质检总局关于进一步发挥检验检疫职能作用促进跨境电子商务发展的意见

各直属检验检疫局：

为贯彻落实国务院《关于大力发展电子商务 加快培育经济新动力的意见》（国发〔2015〕24 号）精神，进一步发挥检验检疫职能作用，促进跨境电子商务健康快速发展，现提出如下意见：

一、构建符合跨境电子商务发展的检验检疫工作体制机制

电子商务是国民经济和社会信息化的重要组成部分。加快电子商务发展，特别是跨境电子商务发展，对于促进外贸转型升级、提高国际竞争力，催生新兴产业、激发经济发展活力，推动大众创业、万众创新，均具有重要意义。要顺应跨境电子商务健康快速发展的新态势新要求，按照加快发展与完善管理相结合、有效监管与便利进出相结合的原则，改革创新，主动作为，着力解决现行检验检疫监管制度与跨境电子商务发展不适应、不协调问题，加快建立符合跨境电子商务发展要求的检验检疫工作体制机制。要大力支持中国（杭州）跨境电子商务综合实验区发展，对试验区所在地的检验检疫机构进一步下放审批事权和评审权限，鼓励先行先试，加大制度创新、管理创新和服务创新力度，尽快创造可复制可推广经验。

二、建立跨境电子商务清单管理制度

除以下禁止以跨境电子商务形式入境外，全面支持跨境电子商务发展：

（一）《中华人民共和国进出境动植物检疫法》规定的禁止进境物；

（二）未获得检验检疫准入的动植物源性食品；

（三）列入《危险化学品名录》《剧毒化学品目录》《易制毒化学品的分类和品种名录》和《中国严格限制进出口的有毒化学品目录》的；

（四）除生物制品以外的微生物、人体组织、生物制品、血液及其制品等特殊物品；

（五）可能危及公共安全的核生化等涉恐及放射性等产品；

（六）废旧物品；

（七）以国际快递或邮寄方式进境的电商商品，还应符合《中华人民共和国禁止携

带、邮寄进境的动植物及其产品名录》的要求。

（八）法律法规禁止进境的其他产品和国家质检总局公告禁止进境的产品。

三、构建跨境电子商务风险监控和质量追溯体系

（一）构建跨境电子商务风险监控体系。加强对跨境电子商务商品的风险评估，制定重点商品和重点项目监管清单，不断建立完善质量风险信息采集机制、风险评估分析机制和风险预警处置机制。特别是涉及人身安全、健康和环保项目，通过现场查验、抽样检测和监督抽查等，加强风险监控和预警。对达不到质量安全要求的，采取风险通报、停止销售、强制召回、退运销毁等措施，保障质量安全。

（二）构建跨境电子商务质量追溯体系。充分运用信息化手段，建立以组织机构代码和商品条码为基础的电子商务产品质量追溯制度，通过加贴防伪溯源标识、二维码、条码等手段，实现跨境电子商务商品"源头可溯、去向可查"。加强与质监部门的合作，探索建立"风险监测、网上抽查、源头追溯、属地查处"的质量监测机制，对发生的质量安全事故或投诉，及时组织开展调查，实现质量安全可追溯、责任可追究。

四、创新跨境电子商务检验检疫监管模式

（一）对跨境电子商务商品实行全申报管理。收发货人或其代理人通过地方政府建立的跨境电商公共信息平台向检验检疫机构申报商品信息、订单信息、支付信息、物流信息、收发货人信息等，对低风险商品审核放行，高风险商品可逐步采信第三方检测结果合格放行。

（二）对出境跨境电子商品实行集中申报、集中办理放行手续。不断完善以检疫监管为主，基于风险分析的质量安全监督抽查机制。加大第三方检验鉴定结果采信力度，监督具有资质的第三方检测机构实施检验检测，进行产品质量安全的合格评定。对一般工业制成品，以问题为导向，加强事后监管。

（三）对入境跨境电子商务商品实行集中申报、核查放行。对通过国际快递或邮寄方式进境、收货人为个人、以自用为目的的，按照快件和邮寄物相关检验检疫监管办法管理。对整批入境、集中存放、电商经营企业按订单向国内个人消费者销售的，实施以风险分析为基础的质量安全监管，依据相应产品国家标准的安全卫生项目进行监测。

五、实施跨境电子商务备案管理

检验检疫机构对跨境电子商务经营主体及跨境电子商务商品实施备案管理，落实跨境电子商务经营主体商品质量安全责任，推动规范跨境电子商务经营秩序，实现质量安全责任可追溯。跨境电子商务经营主体包括：跨境电子商务经营企业（电商经营企业）、跨境电子商务平台企业（电商平台企业）和跨境电子商务商品物流仓储企业。

备案内容包括：企业基本制度和经营商品名称、品牌、HS（协调制度）编码、规格型号、原产国别、供应商名称等。跨境电子商务经营企业应仔细核对商品信息，确保信息准确、真实。

六、加强跨境电子商务信息化建设

（一）推进跨境电子商务申报“单一窗口”综合服务体系建设。参与地方政府牵头的跨境电子商务平台建设，实现关检“一次申报、一次查验、一次放行”。加强与商务、海关、工商、港务、民航、税务、外汇管理、邮政等部门的协作，实现与跨境电子商务平台、物流企业和相关部门的数据对接和信息共享。

（二）推进跨境电子商务信用体系建设。加强企业信用管理，利用好总局电子商务产品质量信息公共服务平台，发挥好全国电子商务产品质量信息共享联盟作用，建立跨境电子商务企业信用数据库，推进诚信分类管理，促进信用等级互认。将企业信用等级与分类监管相结合，给予诚信企业更多便利措施，提升跨境电子商务商品的通关便利化水平。

各检验检疫机构要主动在地方政府的统一领导下，加强与相关部门的沟通与合作，及时通报检验检疫部门促进跨境电子商务发展的政策措施。要加大宣传力度，引导相关企业规范开展跨境电子商务进出口业务，促进跨境电子商务健康快速发展。

质检总局

2015 年 5 月 14 日

商务部办公厅关于印发《“互联网+流通”行动计划》的通知

为贯彻落实李克强总理在政府工作报告中提出的“互联网+”行动计划，商务部研究制定了《“互联网+流通”行动计划》，加快互联网与流通产业的深度融合，推动流通产业转型升级，提高流通效率，努力打造新的经济增长点，培育新产业，释放消费潜力。

现将工作方案印发给你们，请结合《促进规范电子商务发展行动计划》，认真组织落实，并于每年年底报送年度工作总结（含附表）。

商务部办公厅

2015年5月13日

“互联网+流通”行动计划

开展“互联网+流通”行动，对于引导生产、扩大消费、吸纳就业、改善民生具有重要意义。现提出以下工作方案：

一、工作思路与工作目标

以“互联网+流通”为载体，完善顶层设计，加强公共投入和环境建设，以示范、培训、宣传为抓手，以技术创新和商业模式创新驱动，推动传统流通产业转型升级，充分发挥电子商务在释放消费潜力、激发行业活力和增加就业机会等方面的重要作用，推动形成“大众创业、万众创新”的新格局。

重点在电子商务进农村、电子商务进中小城市、电子商务进社区、线上线下互动、跨境电子商务等领域打造安全高效、统一开放、竞争有序的流通产业升级版。力争在1~2年内，实现以下具体目标：

1. 在全国创建培育200个电子商务进农村综合示范县，示范县电子商务交易额在现有基础上年均增长不低于30%。

2. 创建60个国家级电子商务示范基地，培育150家国家级电子商务示范企业，打造50个传统流通及服务企业转型典型企业，培育100个网络服务品牌。

3. 运用市场化机制，推动建设100个电子商务海外仓。

4. 指导地方建设50个电子商务培训基地，完成50万人次电子商务知识和技能培训。

5. 力争在2016年年底，我国电子商务交易额达到22万亿元。网上零售额达到5.5万亿元。

二、重点工作任务

（一）推动电子商务进农村，培育农村电商环境

继续推动电子商务进农村综合示范，支持县域电子商务发展，打造一批农村电子商务示范县，总结经验做法并向全国推广。全面推广农村商务信息服务工作，推进农产品网上购销常态化对接。支持农产品品牌建设和农村电子商务服务业发展，支持电子商务企业开展面向农村地区的电子商务综合服务平台、网络及渠道建设。

（二）鼓励电子商务进社区，拓展服务性网络消费范围

促进大中城市社区电子商务应用，发展以社区生活服务业为核心的电子商务服务。鼓励电子商务企业整合社区现有便民服务设施开展电子商务配套服务。鼓励依托互联网创新电子商务服务模式。鼓励物业服务企业开展面向社区居民的电子商务相关增值服务。设立电子商务综合服务点，开展物流分拨、快件自取、电子缴费等便民服务。

（三）支持电子商务进中小城市，提升网络消费便利性

制订出台关于加快推进中小城市电子商务健康发展的政策文件。鼓励中小城市本地化网络服务平台及服务网络建设。支持大型电子商务平台企业服务网络向中小城市延伸。

（四）推动线上线下互动，激发消费潜力

支持大型实体零售、餐饮、家政、洗衣、家电维修、票务、生鲜配送企业利用电子商务平台开展网订店取、网络订票、预约上门服务、社区配送等业务，制定线上线下服务规范和标准，利用基于位置服务等互联网技术，提高资源配置效率，激发线上线下消费潜力。

（五）促进跨境电子商务发展，拓展海外市场

加快建立健全适应跨境电子商务的监管服务体系，协同推进跨境电子商务通关、商检、结汇、退税等环节“单一窗口”综合服务体系建设，提高服务便利化水平。加强知识产权和消费者权益保护，规范跨境电子商务健康发展。支持涉外会展平台开展电子商务服务。

（六）加快电子商务海外营销渠道建设，助力电商企业“走出去”

鼓励电子商务企业“走出去”建立海外营销渠道，创立自有品牌，多渠道、多方式建立海外仓储设施等，提升电商企业全球化经营能力。

三、主要措施

（一）夯实基础，优化环境

1. 加强顶层设计，坚持规划引领。研究制订发展智慧流通的政策性文件，深化“互联网 + 流通”应用，支持和鼓励流通方式创新、商业模式创新、消费服务创新、跨境贸易创新、政务服务创新，建立健全智能化流通支撑体系，释放消费潜力，提高市场效率，发挥市场配置资源的决定性作用，引领我国经济转型升级。加强电子商务热点问题的跟踪研究，启动研究“十三五”电子商务发展指导意见，做好电子商务的顶层设计。

2. 提升流通基础设施网络服务能力。协调有关部门进一步完善电子商务基础设施，包括有线宽带和移动网络覆盖、物流配送网络、售后服务体系，加强城市冷链物流基础设施建设和共享。

3. 加快推动快递物流与电子商务协同发展。积极推进电子商务与物流快递协同发展，继续深入开展电子商务与物流快递协同试点，积极落实相关政策措施，探索推动体制机制创新，突破制约电子商务发展的瓶颈障碍，加强试点绩效评估，总结推广试点经验。

4. 加强电子商务监测体系建设。加强流通行业统计，充分利用统计数据，做好行业分析评价，科学引导行业发展。有条件的地区积极推进商务大数据建设，逐步建立商品数据库、各类交易市场数据库、流通企业法人库、市场交易规则数据库、交易信息数据库、仓储物流信息数据库，汇聚流通大数据平台。做好食用农产品、生产资料等重要商品的监测工作，强化市场运行监测和调控。

5. 大力打击侵权售假行为。建立完善电子商务领域打击侵犯知识产权和制售假冒伪劣商品常态化工作机制，加快建设行政执法与刑事司法衔接信息共享平台，加强侵权假冒行政处罚案件信息公开。发展电子商务可信交易保障公共服务，加强个人信息在电子商务领域应用的隐私保护，引导建立良性竞争的电子商务市场环境。

（二）示范引导，推动创新

1. 深入推进电子商务示范创建工作。开展第二批电子商务示范基地、2015—2016年电子商务示范企业遴选和创建工作。支持国家级经济技术开发区创建电子商务示范基地。以示范城市为载体开展重点区域和特色领域电子商务创新应用，探索促进和规范电子商务发展的政策创新。以示范基地为载体加快电子商务生态链建设，促进传统产业转型升级。

2. 引导传统流通服务企业电子商务创新。支持传统零售企业拓展营销渠道，转变经营方式，开展全渠道运营。支持餐饮、住宿、休闲娱乐、家政服务等生活服务企业深化电子商务应用，提升服务质量，线上线下融合发展。鼓励通过电子商务手段开展特色农产品交易、再生资源回收、旧货流通、拍卖交易、边境贸易、跨境直销等便民服务领域电子商务应用。

（三）加大宣传，开展培训

1. 加大电子商务应用的宣传推广力度。加大电子商务工作的宣传引导，组织相关媒体，利用各种载体，宣传推广电子商务领域“大众创业、万众创新”经验和做法，引领、带动、启发现代流通及其关联领域的创业者。选择已探索出具有示范作用的基地和企业作为典型案例予以总结和宣传。加强不同地区间示范工作经验交流，通过调研和案例推广、召开座谈会和现场会等方式，组织相互学习和借鉴，促进各地电子商务全面平衡发展。

2. 加强电子商务人才培养。完善电子商务人才培训工作机制，推进国家电子商务专业人才知识更新工程，指导地方加快人才继续教育基地建设，创新人才培训机制，夯实电子商务人才培养基础，建立适应电子商务发展和促进现代流通体系建立的继续教育体系。针对流通领域加强实训，开展岗位对接，缓解人才供需矛盾。

（四）制定法规，规范发展

1. 进一步完善电子商务政策法规环境。继续推动《电子商务法》立法工作。贯彻执行《网络零售第三方平台交易规则制定程序规定》，研究出台《网上商业数据保护办法》。研究出台《跨境电子商务服务规范》《移动电子商务服务规范》《基于网络零售开发平台的第三方服务标准》《电子商务信用信息共享规范》等电子商务标准规范。

2. 参与和主导电子商务国际规则制定。积极发起或参与多双边或区域电子商务规则的谈判和交流合作，力争国际电子商务规则制定的主动权和跨境电子商务发展的话语权。落实 APEC 电子商务创新发展倡议和中韩自贸协定电子商务条款，开展中日韩、区域全面经济伙伴关系等自贸协定电子商务议题谈判，积极参与世贸组织电子商务工作计划相关讨论，推进金砖国家、上合组织及两岸电子商务交流合作机制。推进“中国—东盟信息港”建设。利用援外资金和丝路基金、亚投行资金支持“一带一路”国家和地区间的跨境电子商务基础设施建设，促进电子商务多双边合作。

国家邮政局 商务部关于推进“快递向西向下”服务拓展工程的指导意见

各省、自治区、直辖市邮政管理局、商务主管部门：

为贯彻落实《中共中央国务院关于加大改革创新力度加快农业现代化建设的若干意见》（中发〔2015〕1号）文件精神，推动落实《物流业发展中长期规划（2014—2020年）》，进一步健全城乡快递服务网络，加强快递在中西部、农村地区与电子商务的协同发展，现提出以下意见：

一、充分认识“快递向西向下”服务拓展工程的重要意义

随着我国经济社会发展，信息化应用普及推广取得显著成效，城乡居民消费升级步伐不断加快，我国中西部和农村地区对于电子商务类单批次小量、快速、个性化的快递服务需求日益旺盛。近年来，快递企业与电子商务企业合力前行，积极推进服务网络向中西部、农村地区拓展，在加快流通、扩大内需、服务三农、促进就业、普惠民生等方面发挥了积极作用，两者协同发展势头良好。但从整体上看，快递企业在中西部、农村地区的服务能力与东部、城市地区相比仍有较大差距，基础设施、服务水平、产品结构等问题依然突出，适合中西部、农村地区生产生活需求的业务亟待拓展，市场秩序有待规范。加快实施“快递向西、向下”服务拓展工程，有利于整体提升中西部、农村地区快递发展水平，改善城乡间、区域间电子商务及快递服务均衡度，推进快递服务与农村电子商务协同发展。

二、指导思想、基本原则和发展目标

（一）指导思想。

以邓小平理论、“三个代表”重要思想、科学发展观为指导，深入贯彻党的十八大和十八届三中、四中全会精神，认真落实党中央国务院决策部署，充分发挥市场在资源配置中的决定性作用，更好发挥政府作用，促进城乡生产要素有序自由流动、资源高效配置、市场深度融合，健全中西部、农村地区快递网络覆盖，充分发挥电子商务与快递服务的协同作用，全面提升快递服务对电子商务的支撑能力和水平，推动快递普惠民生和转型升级，促进农村流通现代化。

（二）基本原则。

1. 市场主导与政府引导相结合。以市场为导向，充分发挥企业的市场主体作用，积极拓展中西部、农村快递市场，探索快递与电子商务协同发展新模式。积极发挥政府在规划、政策、标准等方面的引导作用，为快递服务向西、向下营造良好的发展环境。

2. 促进发展与加强规范相结合。加大对快递服务、电子商务、农民网商协同发展的政策支持力度，因地制宜拓展服务范围，创新服务方式，改善服务水平。强化规范市场秩序，切实保障快递服务质量，维护消费者权益，确保寄递渠道安全。

3. 自身建设与合作发展相结合。立足快递企业自身实际，加快基础设施、信息网络、末端网点的健全完善，切实提升中西部、农村地区快递网络覆盖度。鼓励快递企业与电子商务企业、商贸流通企业在服务创新、末端投递等领域广泛开展协作，实现资源共享，降低服务成本，提升服务效率。

（三）发展目标。

中西部和农村地区快递服务网络进一步完善，覆盖城乡、配套衔接、布局合理、便民惠民的快递骨干网和末端投递网基本形成。快递与电子商务的协同发展进一步巩固，与农民网商的协同效应明显增强，服务城乡、服务三农作用得到显著发挥。到2020年，基本实现“乡乡有网点，村村通快递”。

三、推进“快递向西向下”服务拓展工程的重点措施

（一）完善中西部、农村地区快递基础设施。按照建设丝绸之路经济带、长江经济带等重大战略规划要求，引导快递企业合理规划中西部快递节点布局，加快中西部地区快递枢纽的建设和改造进程。促进快递与航空、铁路、公路基础设施的顺畅衔接，提升综合运输能力。鼓励快递企业加强中西部、农村地区自营网点建设，提高网点的覆盖率和稳定性，实现市、县基本覆盖。鼓励全网型快递企业在农产品跨区域流通中发挥重要作用。强化快递枢纽、服务网点与重点农产品、农资、农村消费品集散中心的有效对接，引导有条件、有能力的快递企业在特色经济乡镇、交通枢纽乡镇等地区建设较高标准的服务网络。

（二）加强资源整合共享与合作开发。鼓励快递企业间在业务量较小的乡镇和村合作建立服务网点开展快递服务。支持快递企业与农家店、农村综合服务社、农产品购销代办站等以建立合作网点的形式提供投递服务。推动乡镇邮政局所、村邮站、邮政“三农”服务站等邮政基础设施办理（代理）快递业务，打造邮政业综合服务平台。

鼓励快递企业间加强合作，进行城乡间、乡镇与村庄间的快件集中运输。鼓励快递企业与符合条件的农村公路客运站加强合作，通过农村客运班车搭载快件，降低运输成本。鼓励快递企业与农村商贸流通企业、供销合作社等共同制定运输、配送计划，发展农村共同配送。

（三）健全农产品快递服务。鼓励快递企业积极服务农产品进城，探索与涉农电子商务企业等农产品网络销售渠道的有效对接，协同提供农产品从农村到城市、从经济欠发达地区到经济发达地区的快递服务。配合“北粮南运”“南糖北运”等工程，推动快递企业深化与各类农业合作社、农业现代化企业、农副产品深加工企业和涉农电子商务企业的合作。引导快递企业为特色农产品提供包装、仓储、运输的标准化、定制化服务，发展农产品冷链物流，提供适应农业生产季节性特点的快递服务。

（四）提升中西部、农村地区快递服务水平。引导快递企业完善中西部、农村地区网点建设标准和服务标准，加强服务监督。推广适合农村运输的车辆以及托盘、集装篮、笼车等标准化运载单元和专业化装卸设备，提升作业效率、减少快件损毁。鼓励有条件的快递企业在乡镇、农村网点配置 PDA 手持终端，纳入信息化系统统一管理，确保快件跟踪信息完整。以合作、委托代理等形式与电子商务配送站点、商贸流通网点合作开展快递服务的，要与合作方签订合作或委托协议，明确合作方的基本条件和服务要求，确保快递服务质量和寄递渠道安全。

四、保障措施

（一）加强工作沟通。各地邮政管理部门、商务主管部门要建立工作联系机制，在落实好双方现有协同发展政策的基础上，因地制宜推进本地区“快递向西向下”及与农村电子商务的进一步联动发展。对于工作推进中遇到的突出问题，要加强交流协作，研究出台相关政策，及早推动解决。

（二）争取促进政策。各地邮政管理部门、商务主管部门要联合争取地方政府在规划、财政、税收、土地等方面对“电子商务进农村”“快递向西”“快递向下”的政策支持，进一步加强与地方发展改革、财政、国土资源、交通运输、农业等部门的工作对接，开展多种形式的合作，推动本地区新业态释放更大活力。

（三）引导开展行业协同发展。各地快递协会、电子商务行业协会要切实发挥桥梁纽带作用，引导快递企业与农村电子商务企业加强合作，促进信息交流和项目对接；加强与地区农业行业协会、交通运输行业协会等社会团体的沟通协作，推动产业协同发展。

（四）实施示范和试点工程。结合电子商务进农村综合示范，推进快递服务农村电子商务的典型示范。选择具有代表性的省份，积极推进重点项目建设，加强政策和资金支持，及时总结和宣传经验，逐步在行业、区域或全国推广。

（五）规范快递发展。邮政管理部门要进一步转变政府职能，优化快递业务经营许可变更办理等事项审核流程，提高工作效率。对快递企业设立的末端投递网点实行备案管理。完善邮政业消费者申诉受理工作，切实维护中西部、农村地区用户合法权益。加大执法检查工作力度，及时通报重大服务质量问题，依法严肃查处违法违规行为。加强安全监管，落实属地管理，健全安全风险防控机制，督促快递企业切实履行安全主体责任，保障寄递渠道安全、畅通。

（六）加快人才队伍建设。引导中西部地区高等院校和中等职业学校加快快递服务相关专业学科建设，探索形成高等学校、中等职业学校与邮政管理部门、行业协会和企业联合培养人才的新模式。完善在职人员培训体系，鼓励培养快递高层次经营管理人才，积极开展职业培训，提高快递从业人员业务素质。

（七）做好宣传引导工作。通过培训、讲座、展览等多种形式，积极组织《快递服务》国家标准和安全监管要求、电子商务进农村政策等在中西部、农村地区的宣传贯彻，引导企业提升快递服务质量。引导媒体加大对快递服务在中西部、农村地区发展情况和农村电子商务发展情况的报道力度，助推快递和农村电子商务协同发展。

国家邮政管理局　商务部

2015 年 5 月 29 日

交通运输部办公厅关于发布《综合交通运输标准体系（2015年）》的通知

交办科技〔2015〕80号

各省、自治区、直辖市、新疆生产建设兵团交通运输厅（局、委），有关交通运输企业，部管各社团，部属各单位，部管国家局综合司（办公室），部内各司局、驻部监察局：

为加强综合交通运输标准化工作，促进不同运输方式之间的有效衔接与协同发展，提高综合交通运输一体化服务水平，促进综合交通运输体系建设，在广泛征求意见的基础上，研究制定了《综合交通运输标准体系（2015年）》（以下简称《标准体系》），经交通运输部同意，现予以发布，用以指导综合交通运输标准化工作。

《标准体系》确定了综合交通运输标准体系框架，形成了综合交通运输领域基础标准、运输服务标准、工程设施标准、安全应急标准、信息化标准、统计评价标准、运输装备和产品标准七个层次的标准体系，明确了今后一个时期综合交通运输标准制修订工作的任务和目标。各单位要高度重视并积极参与综合交通运输标准的制修订和实施工作，《标准体系》实施过程中有何意见和建议，请及时反馈交通运输部科技司。

交通运输部办公厅

2015年5月22日

国家发展和改革委　民航局关于临空经济示范区建设发展的指导意见

临空经济区是依托航空枢纽和现代综合交通运输体系，提供高时效、高质量、高附加值产品和服务，集聚发展航空运输业、高端制造业和现代服务业而形成的特殊经济区域，是民航业与区域经济相互融合、相互促进、相互提升的重要载体。近年来，有关地方积极推动临空经济区发展，取得了初步成效。选择若干条件成熟的临空经济区开展试点示范，有利于发挥比较优势、挖掘内需增长潜力、促进产业转型升级、增强辐射带动作用，对于促进民航业发展、优化我国经济发展格局、全方位深化对外开放、加快转变经济发展方式具有十分重要的意义。根据《国务院关于促进民航业发展的若干意见》（国发〔2012〕24 号）关于“选择部分地区开展航空经济示范区试点”的要求和《国务院办公厅关于印发促进民航业发展重点工作分工方案的通知》（国办函〔2013〕4 号）明确的部门分工，为推动临空经济示范区健康有序发展，经商有关部门，特提出如下意见：

一、总体要求

（一）指导思想。全面贯彻落实党的十八大和十八届二中、三中、四中全会精神，深入学习贯彻习近平总书记系列重要讲话精神，按照党中央、国务院决策部署，进一步深化改革、先行先试，重点依托大型航空枢纽，着力优化发展环境，不断深化开放合作和改革创新，遵循航空经济发展规律，引导和推进高端制造业、现代服务业集聚发展，构建以航空运输为基础、航空关联产业为支撑的产业体系，推动低污染、低环境风险产业与城市融合协调发展，把临空经济示范区建设成为现代产业基地、区域物流中心、科技创新引擎和开放合作平台，为促进区域经济社会发展和经济发展方式转变提供有力支撑。

（二）基本原则。统筹规划、优化布局。认真总结既有经验，客观分析现实条件，结合国家战略安排和区域发展需要，统筹考虑全国民用机场布局和机场总体规划，优化整体布局，推动资源优化配置与要素合理流动，促进有序开发。

集约节约、保护耕地。落实最严格的耕地保护制度和节约用地制度，严控新增建设用地占用耕地，统筹新增建设用地和存量挖潜，优化开发利用格局，提高土地使用效率，促进土地利用模式创新。

因地制宜、分类指导。加强规划和政策引导，立足比较优势、突出区域特色，合理确定发展方向和重点，把握准入标准，推动经济结构转型升级，防止低水平重复建设。

有力有序、稳步推进。严格控制总量、重视发展质量、适度超前布点，统筹考虑各地经济发展水平，成熟一个、推进一个，明确职责分工，加强督促检查和跟踪指导。

改革创新、先行先试。遵循市场经济规律，推进重点领域和关键环节改革，在管理体制和运行机制等方面先行先试，着力提高对外开放水平，发挥示范带动作用。

二、设立条件

临空经济示范区包括航空港经济综合试验区、航空经济示范区等类型。申报设立临空经济示范区应具备以下条件：

（一）设立临空经济示范区应符合区域发展总体战略、新型城镇化战略和优化经济发展空间格局的总体要求，符合全国主体功能区规划和相关土地利用总体规划、城乡规划，资源环境承载能力较强，行政区划清晰明确。

（二）临空经济示范区原则上在直辖市、省会城市、计划单列市，或者其他区位优越、物流便利、开放型经济发展水平较高的大城市布局。

（三）临空经济示范区所在地机场年货邮吞吐量应在 10 万吨以上或年客流量 1000 万人次以上，空域条件较好，现代交通运输体系较为完善，便于开展联程联运和陆空衔接，有一家以上的基地航空公司或若干家大型物流公司入驻；适当考虑通用航空基础好、航空制造业发展潜力大的地区。

（四）临空经济示范区所在地机场周边现有产业园区基础良好、特色突出，产业结构合理、临空指向性强，基础设施和管理服务体系比较完善，周边货运集疏运网络系统与机场货运能力匹配，有利于承接与集聚发展相关产业。

三、申报程序

临空经济示范区由国家发展改革委按以下程序复函设立：

（一）省级或计划单列市发展改革部门提出设立临空经济示范区的意见，经同级人民政府同意后，向国家发展改革委报送临空经济示范区总体方案及与相关土地利用总体规划、城乡规划相一致的有关说明，机场总体规划、环境影响评价报告、节能评估文件等材料，同时抄送民航局。

（二）根据国家战略需要和区域经济发展要求，国家发展改革委结合各地发展实际和前期工作基础，对符合设立原则与条件的临空经济示范区申报材料，送民航局和有关部门征求意见，并视情况组织专家论证。

（三）有下列情形之一的，应提出不予设立的意见：

1. 临空经济示范区所在城市在申报年度之前的五年内有严重违反土地利用总体规

划、城乡规划及净空管理规定行为的；

2. 临空经济示范区所在城市资源环境类约束性指标完成进度落后于时间要求的；

3. 申报材料与实际情况严重不符的。

（四）国家发展改革委将各部门意见汇总后，依据区域发展总体战略、主体功能区战略和新型城镇化战略等要求，对符合设立条件的临空经济示范区规划范围、功能定位、发展目标、产业布局、主要任务、支持政策等提出意见，并会同民航局函复省级或计划单列市发展改革部门。

（五）省级或计划单列市发展改革部门根据函复意见，进一步完善临空经济示范区总体方案，组织编制临空经济示范区发展规划，报省级或计划单列市人民政府批复并印发实施，规划编制实施中要加强与国家总体规划和有关区域及专项规划的衔接。

四、建设任务

（一）优化空间发展布局，促进区域协同发展。按照节约集约发展理念，推进“多规合一”，规范空间开发秩序，着力推进与城市规划、交通基础设施规划以及区域规划的有机衔接，统筹考虑包括航空港区、综合服务区、产业集聚区、现代物流区、生态防护区等在内的功能分区，形成畅通高效的交通网络、绿色宜居的生活环境、集约有序的城市空间。

（二）推进航空枢纽建设，构建立体交通系统。提升机场客货运功能，加快航空货运仓储设施和货运转运中心建设，完善物流转运设施，提高货物换装的便捷性和兼容性，拓展优化航线网络，完善陆路、水路交通运输体系，加快发展多式联运，促进航空、公路、铁路、水运等多种运输方式高效衔接、互动发展，打造“门到门”快速运输系统，提高客货运中转效率和机场服务水平。

（三）发展优势特色产业，构建高端产业体系。依托航空货运网络，发挥产业和市场优势，积极引进发展航空设备制造及维修、电子信息等高端制造业，发展壮大航空物流、专业会展、电子商务等现代服务业，促进专业化分工和社会化协作，打造各具特色的产业集群，推动产业创新升级，形成以航空运输为基础、航空关联产业为支撑的高端产业体系。

（四）提升开放门户功能，辐射带动区域发展。创新对外开放体制机制，推进民航管理先行先试，研究推进航权开放，加快航空口岸建设，促进通关便利化，构建国际化营商环境，提升参与国际产业分工层次，建设富有活力的开放新高地；发挥交通、产业和开放优势，强化产业集聚和综合服务功能，延伸面向周边区域的产业链和服务链，实现更大范围、更广领域、更高层次的资源配置，促进合作共赢。

（五）加强生态环境保护，促进绿色低碳循环发展。统筹处理好经济发展和生态环境保护的关系，坚持生态优先，严格建设项目及产业准入门槛，严禁开展不符合功能定位的开发建设，大力发展循环经济，尽量使用存量建设用地，强化用地开发强度、土地投资强度等用地指标的整体控制，促进资源节约集约利用，提高能源资源利用效率，控制主要污染物排放总量，加强环境风险防范和应急处置，推动形成绿色低碳的生产生活方式，着力改善生态质量。

五、职责分工

（一）国家发展改革委会同民航局和有关部门结合职能，切实加强对临空经济示范区建设的指导，在政策实施、项目建设、体制创新等方面给予积极支持，并及时总结可推广、可复制的先进经验，协调解决有关重大问题。

（二）临空经济示范区所在地人民政府作为建设管理的主体，要加强组织领导、健全工作机制、明确工作要求，认真落实国家支持临空经济示范区建设发展的有关政策，并在自身权限内研究制定有关扶持政策，涉及有关专项支持政策应加强与国务院有关部门的协调沟通，重大项目按有关规定和程序另行报批。

六、监督考核

（一）国家发展改革委会同民航局对临空经济示范区建设发展情况进行跟踪指导和督促检查，指导有关地方采取自我评估、第三方评估等形式对建设情况进行考核评估，对出现的违规现象督促整改。

（二）省级或计划单列市发展改革部门要跟踪掌握临空经济示范区建设发展情况，分解落实各项建设任务，并结合条件变化和实施情况适时开展规划修编，有关重大问题及时上报国家发展改革委，并抄送民航局。

国家发展和改革委员会 中国民用航空局

2015 年 6 月 24 日

交通运输部 国家发展改革委关于开展多式联运示范工程的通知

交运发〔2015〕107 号

为服务“一带一路”、京津冀协同发展、长江经济带国家战略，深入贯彻落实《物流业发展中长期规划（2014—2020 年）》，加快推进物流大通道建设，不断完善综合交通运输体系，交通运输部、国家发展改革委决定开展多式联运示范工程。现将有关事项通知如下：

一、充分认识开展多式联运示范工程的重要意义

一是加快构建综合交通运输体系的重要举措。随着我国交通基础设施的不断完善，交通运输行业已进入构建综合交通运输体系的关键时期，提高不同运输方式的一体化衔接和协作水平，提升综合运输服务整体效能已成为当前工作的重要任务。通过开展多式联运示范工程，充分发挥不同运输方式的组合优势，实现运输资源的高效整合和运输组织的无缝衔接，是加快构建综合交通运输体系的重要举措。

二是推进物流大通道建设的重要内容。大力推进物流大通道建设，是国家从发展战略出发，解决物流基础设施网络衔接不畅、运输大通道建设滞后、运输组织集约化水平偏低、货运效率不高的重大举措。推进多式联运示范工程是物流大通道建设的重要内容，有利于调整优化运输结构，显著提高运输组织效率，切实降低通道物流成本，增强运输保障能力，为保障重要物资运输、提升物流服务水平、带动沿线经济发展等提供有力支撑。

三是推动多式联运全面发展的重要基础。我国多式联运尚处于初级阶段，发展形式总体单一、覆盖面小，专业化、组织化水平低，一体化运行不畅，同时面临政策、法规、标准、技术等障碍。通过开展多式联运示范工程，完善联运基础设施，推动多式联运政策、关键技术和服务创新，优化运输组织，逐步破解多式联运发展的制约瓶颈，全面推动我国多式联运发展，切实提升综合运输服务质量和水平。

二、指导思想和基本原则

（一）指导思想

紧紧围绕综合交通、智慧交通、绿色交通、平安交通建设，以物流大通道为主要

依托，大力发展多式联运，着力构建以设施高效衔接为基础、以站场快速转运为重点、以各种联运形式竞相发展为路径、以信息资源整合共享为支撑、以设施设备及服务标准化为保障的多式联运组织体系，加快构建综合交通运输体系，大力促进物流业健康发展，充分发挥交通运输“先行官”的重要作用。

（二）基本原则

——市场主导，政府引导。充分发挥市场配置资源的决定性作用，强化企业的市场主体地位，创新多式联运运输组织。发挥政府对市场的引导作用，加快通道和枢纽建设，健全政策法规和标准规范，营造良好发展环境。

——分类推进，重点突破。根据不同地域产业经济特点、基础设施条件和企业各自优势，以需求为导向，探索差别化和多样化的示范模式。以点带面，充分发挥示范工程的引领带动作用，及时总结推广经验。在具备基础和条件的地区，近期优先选择公铁联运、公水联运、铁水联运等模式进行重点突破。

——创新驱动，服务支撑。坚持创新发展，加大联运关键技术研发和推广力度，提高联运标准化和信息化水平，注重政策和机制创新。在优化基础设施衔接、提升设施装备水平的同时，以组织化、一体化、规范化为重点，不断优化多式联运软环境，大力提升全程运输服务能力。

——强化协作，凝聚合力。强化跨方式、跨区域组织协调和高效协作，建立铁路、公路、水路、民航的业务协同工作机制，充分调动各有关部门和单位的积极性、主动性，加强沟通协调，形成强大工作合力。

三、工作目标和主要任务

（一）工作目标

先期开展15个多式联运示范工程建设，形成具有典型示范意义和带动作用的多式联运枢纽场站、组织模式、信息系统以及多式联运承运人；不断完善多式联运设施、装备、信息化、运营组织等方面的技术标准和服务规范；探索托盘集装单元等管理运营模式；逐步充实推进多式联运发展的政策与法规，加快推进多式联运发展。在此基础上，不断归纳形成典型经验和做法，制定完善多式联运发展顶层设计，建立多式联运持续、有序发展的体制机制，加快推进物流大通道建设，促进我国多式联运加快发展。

（二）主要任务

1. 强化多式联运基础设施衔接。加强港口、铁路、公路货运枢纽的对外专用通道建设，以专业化的集装箱和半挂车多式联运中转站建设改造为重点，提高不同运输方式间基础设施衔接水平。同时按照多式联运的运作要求设计快速中转作业流程，提高多式联运基础设施一体化运营支撑能力。

2. 探索创新多式联运组织模式。根据本地区的经济发展水平和货物需求特点，探索创新多式联运组织模式，推动建立多式联运运营组织一体化解决方案，支持推进“一单制”的全程无缝运输服务。推动建立以多式联运枢纽和信息系统为组织平台的资源整合模式，促进多式联运服务和上下游产业的跨界融合和联动发展。

3. 统一规范多式联运服务规则。按照不同联运模式的特点和要求，探索建立健全多式联运服务规则并进行示范应用，鼓励制定企业标准，为制定行业标准和国家标准奠定基础。加强铁路、公路、水路和民航运输在一体化组织中的货物交接、合同运单、信息共享、责任划分、保险理赔等方面的制度对接和统一规范，提高不同运输方式间的标准规范衔接水平。

4. 推广应用快速转运装备技术。加强基于国际集装箱、厢式半挂车等标准运载单元的多式联运快速转运装备的研发，支持发展铁路专用平车、半挂车专用滚装船、公铁两用挂车等专业化装备，实现装卸设备和转运设备的无缝对接。充分利用 RFID（无线射频识别）、物联网等先进信息技术，建立智能转运系统，不断提高多式联运换装转运的自动化作业水平。

5. 推进多式联运信息系统建设。完善国家交通运输物流公共信息平台功能，建立全国性或区域性交通运输信息系统，提供多式联运公共信息服务。推进不同运输方式、不同企业间多式联运信息开放共享和互联互通，鼓励企业建立多式联运信息系统，并研究推进与国家交通运输物流公共信息平台等信息系统间的有效对接。加快推进多式联运信息采集交换、货物状态监控、作业自动化等领域的技术创新与广泛应用。

四、示范工程任务分工

1. 交通运输（物流）企业是示范工程的实施主体，可独立或与相关企业共同合作，编制示范工程具体实施方案，选择确定多式联运示范工程具体线路，深入分析示范工程开展的基础条件，充分论证示范工程的必要性、可行性和示范性，明确提出示范工程的总体思路、建设内容、运营组织及实施计划，分析示范工程开展的经济效益和社会效益。两家及以上企业联合申报示范工程时，应签署合作协议。

2. 省级交通运输、经济运行调节部门负责对交通运输（物流）企业编制的示范工程实施初步方案进行审核，对跨省示范工程项目进行协调；经审核后具备实施条件的方案，按程序向交通运输部、国家发展改革委申报。

3. 示范工程确定后，由交通运输（物流）企业负责具体实施，开展多式联运组织服务，推广应用快速转运装备技术，探索创新多式联运组织模式。地方交通运输、经济运行调节部门应积极争取当地人民政府政策、资金支持，负责完善多式联运基础设施衔接，制定多式联运服务规则，推进多式联运信息系统建设。

五、示范工程申报实施程序

（一）申报条件

1. 优先考虑“一带一路”、长江经济带等物流大通道、京津冀等重点区域和已有铁水联运、甩挂运输等试点示范项目线路区域。

2. 货运基础设施和枢纽条件较为完善，运输通道内包含两种及以上的运输方式，且衔接顺畅；货物集疏运体系总体健全，具备联运专用站场建设或改造的基础条件。

3. 具有充足稳定的适箱（厢）或其他货源，具备组织铁路联运班列或者水路联运班轮的基本条件。

4. 多式联运发展基础较好，具有较强的资金配套能力，拥有 1 ~ 2 家具备多式联运业务运作条件、从事相关业务 1 年以上的骨干企业。

5. 具有先进的多式联运设施设备，具有一定数量的标准运载单元，具有专业化的联运设施和装备，具备快速转运装备和技术研发或应用能力。

6. 具有明确的多式联运组织方案和运作机制以及信息系统建设方案。

7. 当地已出台或将出台推进多式联运发展的政策性文件，已编制或正在编制多式联运发展相关规划。

（二）申报与实施程序

1. 项目申报。各省份根据交通基础设施条件、货物运输特点及经济发展需求等可单独进行申报，也可跨地区联合申报，申报项目原则上不超过 2 个。两个及以上省份联合申报的，由牵头省份组织申报。省级交通运输、经济运行调节部门负责组织编制示范工程整体实施方案，并报交通运输部、国家发展改革委。（实施方案编制要点见附件 1 略）

2. 项目确定。示范工程实施方案上报交通运输部、国家发展改革委后，两部委联合组织有关专业咨询机构或专家对申报项目进行综合评价筛选，择优研究确定具体示范工程项目、实施主体和年度实施计划。

3. 项目实施与验收。示范工程实施时间为 3 年。实施主体应按照批准的实施方案和实施计划，认真组织实施。省级交通运输、经济运行调节部门应加强跟踪督导，协调解决有关问题，在示范工程实施完成后组织验收并做好总结推广。

（三）时间安排

1. 启动阶段。2015 年 7 月为示范工程启动阶段，省级交通运输、经济运行调节部门进行示范工程项目初选，确定实施项目和单位（企业），组织编制实施方案，并于 2016 年 2 月底前上报交通运输部、国家发展改革委，2016 年 5 月底公布示范工程项目名单。

2. 组织实施阶段。示范工程实施主体按照批准的实施方案的要求，在公布名单之后 3 年内认真组织推进示范工程建设。

3. 总结评估阶段。省级交通运输、经济运行调节部门应在示范工程组织实施完成后进行总结推广，交通运输部、国家发展改革委将适时组织开展中间过程的督查和指导，并对示范工作进行评估总结。示范工程的实施流程见附件2（略）。

六、支持政策

交通运输部、国家发展改革委将根据有关规定，对符合要求的多式联运示范工程给予政策支持。对于符合预算内基建、铁路、公路、水路资金（基金）使用政策的项目，将按规定给予资金补助。

省级交通运输、经济运行调节部门应积极争取省级财政资金，对承担示范工程的单位（企业）在相关基础设施建设或改造、设施装备的购置与研发及信息化建设等领域给予相应配套资金支持，并给予其他必要的政策扶持。

七、工作要求

（一）加强组织领导

各省级交通运输、经济运行调节部门要充分认识示范工程建设的重要意义，对示范工程高度重视和大力支持，建立工作协调机制，健全工作制度，将示范工程有关项目纳入本省份综合交通运输“十三五”发展规划，落实配套资金和扶持政策，确保项目组织实施。加强铁路、公路、水路、民航等部门的沟通协调，充分发挥铁路、公路、水路运输市场主体的创造力和能动性，建立与示范单位的联系机制，及时掌握示范工程进展情况，积极协调解决示范过程中遇到的问题。

（二）做好组织实施

各省级交通运输、经济运行调节部门要在单位（企业）自愿申请和严谨分析论证的基础上，认真组织推荐实施项目（单位），详细拟订实施方案。要加强中间过程的监督和指导，必要时组织专业咨询机构进行技术支持。实施主体要按照批准的实施方案，认真组织实施。省级交通运输、经济运行调节部门要定期上报工作进展情况和运行分析报告。

（三）开展绩效评估

交通运输、经济运行调节部门要切实加强对示范工程的跟踪指导，逐步建立完善多式联运综合评价指标体系，健全信息采集制度，并在工程示范过程中同步推进实施，系统评价示范工程绩效，及时总结示范工程经验，完善配套政策，确保示范工程稳步推进。

多式联运示范工程推进实施中，应充分借鉴国际多式联运发展先进技术及组织模式，结合本地区实际情况积极探索实践，加快推进多式联运发展。（《多式联运发展技术指引》见附件3略）

交通运输部　国家发展改革委

2015年6月29日

商务部办公厅关于智慧物流配送体系建设实施方案的通知

商办流通函〔2015〕548 号

各省、自治区、直辖市、计划单列市及新疆生产建设兵团商务主管部门：

智慧物流配送体系是一种以互联网、物联网、云计算、大数据等先进信息技术为支撑，在物流的仓储、配送、流通加工、信息服务等各个环节实现系统感知、全面分析、及时处理和自我调整等功能的现代综合性物流系统，具有自动化、智能化、可视化、网络化、柔性化等特点。发展智慧物流配送，是适应柔性制造、促进消费升级，实现精准营销，推动电子商务发展的重要支撑，也是今后物流业发展的趋势和竞争制高点。根据国务院《物流业发展中长期规划（2015—2020 年）》和《“互联网 +”行动计划》，及商务部《关于促进商贸物流发展的实施意见》（商流通函〔2014〕790 号），现提出智慧物流配送体系建设实施方案，请认真组织实施：

一、指导思想与工作目标

（一）指导思想。以“互联网 +”理念为指导，将满足生产和消费需求作为出发点，把握互联网、物联网背景下物流业发展规律，以信息化、智能化设备为载体，加强技术创新和商业模式创新，优化供应链管理和资源配置，推动物流业与制造业、商贸业的融合，物流与商流、信息流、资金流的融合，互联网、移动互联网、物联网与车联网的融合，促进提高效率、降低成本，提升物流业综合服务能力和整体发展水平。

（二）工作目标。重点提升物流设施设备智能化水平，物流作业单元化水平，物流流程标准化水平，物流交易服务数据化水平，物流过程可视化水平。在推广物联网技术、信息技术应用；加强物流企业订单处理、需求分析、数据安全管理；推动物流业线上线下结合，电子商务与物流协同发展；促进物流业经营模式创新等领域重点推进。在 1 ~2 年内，在全国创建 10 个智慧物流配送示范城市、打造 50 个智慧物流配送示范基地（园区）、培育 200 个智慧物流配送示范企业。通过示范创建工作，推动配送效率提高 20%，仓储管理效率提高 20%。

二、主要任务

（一）建立布局合理、运营高效的智慧物流园区（基地）。按市场需求科学规划、有序建设有较强辐射能力，可提供跨区域服务，信息化创新能力较强的智慧化物流园区（基地）。加快物流园区基础设施现代化建设，实现数据监控和物流流程监控，形成园区内部各个功能区之间的互联互通。加快先进物流技术和产业装备在园区企业运营中的应用，通过业务整体解决方案，推动园区企业有序竞争和互相合作，提高园区物流服务整体水平。鼓励智慧型物流企业落户园区，实现智慧物流产业孵化。通过信息化手段，统一园区内部管理和对外合作，建设服务于园区内外的电子商务平台和信息管理系统，实现公共管理和服务智能化。

（二）建立深度感知的智慧化仓储管理系统。鼓励发展自动化物流仓储中心，支持企业利用信息化手段，将订单运营、分拣加工、客户服务等功能进行整合，建立智慧化仓储管理信息系统。利用二维码、无线射频识别（RFID）等感知技术，提高货物信息在仓库管理流程中数据录入的效率和准确性，确保企业及时准确地掌握货物流转情况，合理保持和控制企业库存。通过商品编码技术，提高各类订单需求的出入库处理能力，对库存货物的批次、保质期等进行管理，实现智能盘点。利用信息系统的库位管理功能，及时掌握所有库存货物所在位置，提升物品拣选、传送、识别等设备的自动化水平，推广高性能货物搬运设备和快速分拣技术，提高仓库管理工作效率。加强仓储管理系统与生产制造企业和终端零售企业信息系统有效衔接，促进供需信息精准对接，提高货物调度效率。

（三）建立高效便捷的智慧化末端配送网络。支持物流、电子商务、快递等企业和专业化末端配送企业进行多方合作，通过信息化手段整合末端配送资源，实现末端物流配送的专业化、统一化，构建基于互联网和移动互联网的末端物流配送体系。鼓励配送企业与社区服务机构、连锁商业网点、大型写字楼、机关事业单位、大学校园等单位开展广泛合作，设立物流末端配送站。大力发展以自助电子快递箱、智能快递站等为代表的智慧末端物流设施，提升自助设施的人性化体验和便捷性。

（四）建立科学有序的智慧化物流分拨调配系统。提高分拨效率，促进物流园区、仓储中心、配送中心货物信息的精准对接，加强人员、货源、车源和物流服务信息的有效匹配。优化配送路线，利用大数据技术采集路况信息，建立交通状况模型，与智能交通系统对接，依据实时路况动态调整配送路线。实现自动调配，鼓励运用北斗等导航定位技术，实时记录配送车辆位置及状态信息，利用云计算技术，做好供应商、配送车辆、门店、用户等各环节的精准对接。加强流程控制，运用信息技术，加强对物流配送车辆、人员、环境及安全、温控等要素的实时监控和反馈。

（五）建立互联互通的智慧化物流信息服务平台。支持通过物流信息服务平台，集聚整合物流供需资源，为用户提供采购、交易、运作、跟踪、管理和结算等全流程服务，加强平台间互联互通，实现全国全网联网调度，线下线上同步整合。通过物流信息服务平台，对物流业务分布热点、货源结构、流向分布以及车源结构等大数据进行挖掘分析，为客户提供个性化服务，提升用户管理、运作、决策和竞争能力，提高与物流业发展配套的金融、法律、咨询等服务的信息化水平。通过物流信息服务平台，推动制造、商贸企业与物流企业信息互通、联动发展，提高生产、流通和物流企业的及时响应能力，促进精益生产和服务，并带动产业链上下游协同联动。

（六）提高物流配送标准化、单元化水平。加快研究、制定和推广物流信息技术、编码、安全、管理和服务等方面标准，推动物流信息化标准体系建设。深入开展物流标准化专项行动，支持行业协会、重点龙头企业、物流信息服务企业、高等院校、科研机构参与物流信息标准的制定和宣贯工作。以信息化为基础，对物流全流程进行监控，推动物品在起始地整合为规格化、标准化的货物单元，并且保持单元化状态直至终点，从而进一步提高物流效率。

（七）提升物流企业信息管理和技术应用能力。鼓励企业在仓储、分拣、包装、配送等各环节采用先进适用的物流装备设施，提高作业自动化水平。积极推进物联网、云计算、大数据等新技术应用。重点支持电子标识、自动识别、信息交换、智能交通、物流经营管理、移动信息服务、可视化服务和位置服务等先进适用技术的应用。积极推进物流企业物流管理信息化，运用企业资源计划（ERP）和供应链管理（SCM）技术，促进信息技术在物流领域的推广应用。建立物流技术创新体制。鼓励企业技术改造和新技术研发推广，支持对重点领域关键技术的联合攻关。

三、保障措施

（一）做好组织协调。各地商务主管部门要加强对智慧物流配送工作的指导，会同有关部门，明确责任，加强组织协调。要坚持市场主导，注重发挥政府部门、社团组织、企业等各方力量，形成合力。建立健全行业管理部门之间信息共享机制，提高跨部门、跨区域、跨行业物流监管和服务协同能力。

（二）创新示范引导。重点以智慧物流示范城市、示范企业和示范基地（园区）为载体，以智慧物流技术应用带动模式创新和产业发展，支持一批物流信息服务平台企业、智慧型物流企业做大做强。探索促进和规范智慧物流发展的有效途径，推动我国物流业转型升级。

（三）加强政策支持。各地商务主管部门要认真落实国家“互联网+”相关政策，协调相关部门，研究出台本地化、差别化扶持政策，整合利用现有财政专项资金，加大对信息化、智能化物流设施设备的支持投入，研究给予智能化配送和仓储中心建设发展资金扶持。支持符合条件的物流企业参与高新技术和技术先进型服务企业认定，加大现代物流技术设备进口贴息、固定资产加速折旧企业所得税等政策落实力度。加强物流信息化知识产权保护。

（四）加强人才队伍建设。建立专家库，吸引在国际领域具有物流先进技术开发、应用经验的人才，为智慧物流发展提供支持和服务。依托社团组织、科研院所、大专院校和职业技术学院，通过专题培训、课题研究、操作指南等多种方式，加快对技术型、管理型和操作型人才的培养，打造一支结构合理、素质优良的人才队伍。

（五）做好宣传引导。利用各种交流形式，宣传推广智慧物流领域先进经验做法，及时总结典型企业、典型案例、典型模式。做好各地之间、企业之间、行业上下游之间的经验交流，促进我国智慧物流配送水平全面提升。

商务部办公厅

2015 年 7 月 7 日

交通运输部关于公布第一批综合运输服务示范城市的通知

交运发〔2015〕120 号

为加快推进综合交通运输体系建设，提升综合运输服务水平，根据《交通运输部关于开展综合运输服务示范城市建设的通知》（交运发〔2014〕254 号），交通运输部决定在“十三五”期组织开展综合运输服务示范城市建设。经有关城市人民政府申请、省级交通运输主管部门推荐以及专家评审，交通运输部研究确定京津冀、沈阳、营口、上海、南京、镇江、杭州、宁波、济南、临沂、湘潭、武汉、广州、深圳、桂林、泸州共16 个城市（城市群）作为第一批综合运输服务示范城市。现将有关事项通知如下：

一、细化完善示范城市实施方案

各有关省级交通运输主管部门要加强对第一批综合运输服务示范城市的指导，督促各有关城市对照交通运输部关于综合运输服务示范城市建设的有关要求和 6 月 25 日集中评审环节专家提出的意见建议，细化完善综合运输服务示范城市建设实施方案，科学制定工作计划，切实明确任务目标。实施方案应经城市人民政府同意、由省级交通运输主管部门审核后于 9 月 15 日前报交通运输部运输服务司、综合规划司备案（各两份，附电子版光盘）。

二、加快推进示范城市建设工作

城市人民政府是综合运输服务示范城市的建设主体，要尽快建立和完善示范城市创建工作领导小组和部门协同联动机制，加强统筹协调，明确任务分工，落实保障措施，确保示范城市建设取得实效。各有关城市交通运输主管部门应在城市人民政府领导下，积极争取相关部门支持，重点围绕综合客运枢纽、城市货运集疏运中心、运输服务信息共享、综合运输组织模式、综合运输服务工作机制、综合运输服务标准等 6 项重点任务，按照实施方案，加快推进实施。各有关省级交通运输主管部门要加强对示范城市的业务指导，推动示范城市加快建立完善综合运输服务工作的体制机制和保障措施，督促完成建设实施方案确定的各项任务，全面提升综合运输服务能力和水平。

三、积极落实示范城市支持政策

交通运输部将结合综合交通运输“十三五”规划实施和交通建设专项资金使用政

策，对综合运输服务示范城市内符合条件的相关项目给予资金支持。省级交通运输主管部门要积极创造条件，努力争取本级人民政府、示范城市人民政府和相关部门的支持，对示范城市创建给予土地、财税、融资、市政配套等方面的支持，积极营造良好政策环境。

四、加强示范城市建设监督考核

各有关省级交通运输主管部门要加强对综合运输服务示范城市建设工作的动态监督，督促示范城市定期总结创建工作情况及成效，编写示范城市建设工作年度报告，并于每年12月31日前，经审核后报部运输服务司、综合规划司。示范城市建设工作进展情况及年度报告，将作为交通运输部政策支持和资金补助的重要参考依据。直辖市示范城市建设工作年度报告由城市交通运输主管部门直接报交通运输部。交通运输部正在组织编制《综合运输服务示范城市考核评价指标体系》，将适时组织有关专家对示范城市建设情况进行督导检查，示范城市建设完成后由交通运输部组织开展示范城市考核验收，验收通过的正式授予“综合运输服务示范城市”称号。

为进一步加强沟通联络，请第一批综合运输服务示范城市相关省级交通运输主管部门于8月15日前向交通运输部报送本单位1位处级领导以及相关城市交通运输主管部门1位分管领导和1位具体负责同志作为示范城市建设工作联系人（报名表附后略）。

交通运输部

2015年8月3日

国家发展和改革委关于加快实施现代物流重大工程的通知

发改经贸〔2015〕1776 号

各省、自治区、直辖市、计划单列市、新疆生产建设兵团发展改革委，有关中央企业：

为落实《物流业发展中长期规划（2014—2020 年）》（国发〔2014〕42 号）和《促进物流业发展三年行动计划（2014—2016 年）》，加强重要物流基础设施建设，发挥物流业投资对稳增长的重要作用，我委已启动实施现代物流重大工程。为进一步完善物流业投资环境，引导社会资本加大投入力度，加快推进现代物流重大工程项目建设，现就有关事项通知如下：

一、充分认识加快实施现代物流重大工程的重要意义

物流业是支撑国民经济发展的基础性、战略性产业，具有巨大的市场需求和发展空间。当前我国物流业总体发展水平偏低，已经成为制约国民经济发展的短板。加快推进现代物流重大工程建设，是适应经济发展新常态，引领社会资本增加对物流业的投入、推动物流业发展的重要举措，对于稳定经济增长，促进产业结构调整、转变发展方式和提高国民经济竞争力具有重要意义。

二、加快实施现代物流重大工程的基本原则和目标

（一）基本原则

1. 积极助力国家战略的实施。引领社会资本重点投向与“一带一路”、京津冀协同发展、长江经济带、自贸区等国家战略相匹配的物流工程，重点提高沿带、沿路、沿江和京津冀区域内的物流基础设施水平，促进互联互通。

2. 着力促进物流业转型升级。提高重大工程实施的整体性和协同性，建设一体化、顺畅衔接的物流通道和设施网络，加强新技术和现代化设备的应用，提高物流运行效率。

3. 充分调动社会投资的积极性。突出企业的主体地位，最大程度调动社会资本投资的积极性，发挥好政府资金“四两拨千斤”的作用，引领市场预期。

4. 创造良好的投资发展环境。通过建立工作协调机制，着力解决羁绊物流业发展的体制机制障碍，为社会资本创造良好的投资条件，营造良好的发展环境。

（二）实施目标

到2020年，依托覆盖全国主要物流节点的物流基础设施网络，基本建立布局合理、技术先进、便捷高效、绿色环保、安全有序的现代物流服务体系。

物流的专业化水平进一步提高。物流业增加值年均增长8%左右，物流业增加值占国内生产总值的比重达到7.5%左右，第三方物流比重由目前的约60%提高到70%左右。

物流基础设施及运作方式衔接更加顺畅。形成资源集聚和辐射力强的全国物流园区网络，建成一批具有多式联运功能的重要物流节点，各种运输方式顺畅衔接和高效中转，甩挂运输、共同配送等现代物流运作方式较快发展。

物流企业竞争力显著增强。物流企业一体化、网络化经营能力进一步提高，信息化和供应链管理水平明显提升，形成一批具有国际竞争力的大型综合物流企业集团和物流服务品牌。

物流整体运行效率显著提高。到2020年，全社会物流总费用与国内生产总值的比率在目前16.6%的基础上再下降1个百分点，物流业对国民经济的保障和支撑作用进一步增强。

三、加快推进现代物流重大工程建设的实施安排

（一）主要任务

1. 建设联通国际国内的物流大通道。建设一批与“一带一路”周边国家互联互通、顺畅衔接的外向型物流枢纽基地，提高进出口货物的集散能力。通过“一带一路”战略的实施，由此向周边国家境内发展，形成内外相通的基础设施网络和联通国际国内的物流大通道，增强物流对“一带一路”等重大战略实施的支撑作用。

2. 打通长江经济带地区多式联运通道。以航运中心和主要港口、机场为重点，大力发展铁水、公水、公铁、空铁等多式联运，提高集装箱和大宗货物联运比重。加强长江经济带沿线重要节点物流园区建设，推进港口、机场与物流园区通道建设，实现运输的无缝化、低成本衔接。

3. 推动京津冀物流协同发展。落实京津冀协同发展整体战略和产业布局调整优化的要求，推动建立跨区域物流合作机制，促进京津冀地区物流基础设施互联互通和信息资源共享，实现京津冀物流一体化协同发展。

4. 建设一批适应电子商务等新型业态发展需要的物流设施。构建服务于跨境电子商务、自贸区战略等的物流支撑体系，建设一批与之相配套的现代物流重大项目，满足新经营业态和新经营模式对现代物流服务的需求。

5. 构建覆盖全国主要物流节点便捷高效的物流基础设施网络。合理规划物流基础设施，完善交通枢纽节点布局，加快铁路货运站与港口一体化、国内航空货运转运中心等现代物流基础设施建设，构建便捷、高效的物流基础设施网络，提升我国物流基

础设施的现代化水平。

6. 提升物流业信息化、标准化水平。加强大数据、物联网、云计算等先进信息技术在重大物流工程中的应用，推动物流信息和公共服务信息的有效衔接和互联互通，提高托盘等标准化设施设备的应用水平。

（二）重点建设项目

根据《物流业发展中长期规划（2014—2020年）》和实施“现代物流重大工程”的主要任务，重点引领企业开展以下10个领域项目建设：

1. 多式联运工程：重点是建设现代化的中转联运设施，包括港口的铁路和公路转运货场、集疏运设施、铁路集装箱中心站、内陆城市和港口的集装箱场站建设等。

2. 物流园区工程：重点是物流园区转运基础设施、现代化立体仓库和信息平台建设，以及先进运输方式、物流技术、设备应用等。

3. 农产品物流工程：重点是建设大宗鲜活农产品产地预冷、冷藏保鲜、冷链运输等设施。

4. 制造业物流与供应链管理工程：重点是建设与制造业企业紧密配套、有效衔接的仓储配送设施、信息平台等，传统运输、仓储企业向供应链上下游延伸，提供采购、入厂、交付、回收等物流服务项目。

5. 资源型产品物流工程：重点是煤炭、石油、铁矿石等物流集散中心建设。

6. 城乡物流配送工程：重点是连锁企业跨区域配送中心、城乡配送中心、末端配送网点物流基础设施建设等。

7. 电子商务物流工程：重点是电子商务仓储配送基地、与跨境电子商务相关的快递转运中心建设等。

8. 物流标准化工程：重点是仓储和转运设施、运输工具等标准化建设和改造，以及托盘等标准化设备推广应用。

9. 物流信息平台工程：重点是综合运输信息、“公路港”、物流资源交易、大宗商品交易等信息平台建设。

10. 应急物流工程：重点是建设应急仓储、中转、配送设施，提升应急物流设施设备的标准化和现代化水平。

四、加快实施现代物流重大工程的工作要求

（一）加强现代物流重大工程实施的组织协调

各地发展改革部门要会同国土、城乡建设、环保、银监等部门建立“现代物流重大工程”项目建设协调机制和绿色审核通道，加强横向联动、有机衔接，形成工作合力，协调解决重大工程项目推进中面临的困难和问题，为项目顺利实施创造良好条件。有关中央企业也要加强对所负责项目的统筹协调。重大工程实施过程中遇到的难以解决的突出问题要及时上报，我委将依托全国现代物流工作部际联席会议等机制着力协

调解决。

（二）加大对现代重大工程项目建设的政策支持力度

各省（区、市）要多渠道增加对现代物流重大工程项目的投入，引导银行业金融机构加大对物流企业的信贷支持，为重大项目建设提供更便利的融资服务。支持企业通过发行公司债券、非金融企业债务融资工具、企业债券和上市等多种方式拓宽融资渠道，开展重大项目建设。今后，我委用于物流领域的中央预算内投资原则上将全部用于支持现代物流重大工程项目，并研究建立推进现代物流重大工程建设与安排中央预算内投资相挂钩的机制。同时，我委也将积极协调有关部门在政策允许的范围内对列入现代物流重大工程的项目给予一定土地、规划、融资等政策支持。

（三）建立现代物流重大工程项目调度机制

请你们对根据《国家发展改革委办公厅关于报送物流业重大工程项目的通知》（发改办经贸〔2015〕1133 号）要求报送的项目做进一步筛选，我委将会同你们建立现代物流重大工程项目库。从今年 8 月开始，你们要按《加强和完善重大工程调度工作暂行办法》（发改办投资〔2015〕851 号）要求，指导相关地市、县逐级建立调度制度，做好现代物流重大工程相关统计、调度和报送工作，并在每月 10 日前，将你单位列入现代物流重大工程项目库的项目上个月的工作进展情况、工程实施进度、投资完成情况等报送我委（经济贸易司）。

各单位要充分认识到加快推进现代物流重大工程建设对促进物流业发展的重大意义，积极采取有力措施，抓紧部署实施，确保列入现代物流重大工程的项目建设有序推进。我委将加大对现代物流重大工程实施情况的监督检查，对项目进展缓慢、调度协调不力的，将向有关地方政府发催办单并进行通报。

国家发展改革委

2015 年 8 月 3 日

关于取消有关水运涉企行政事业性收费项目的通知

财税〔2015〕92号

交通运输部，各省、自治区、直辖市、计划单列市财政厅（局）、发展改革委、物价局：

根据国务院关于推进收费清理改革工作部署，为切实减轻航运企业负担，促进长江经济带发展，决定取消有关水运涉企行政事业性收费项目。现将有关事项通知如下：

一、自2015年10月1日起，取消船舶港务费、特种船舶和水上水下工程护航费、船舶临时登记费、船舶烟囱标志或公司旗注册费、船舶更名或船籍港变更费、船舶国籍证书费、废钢船登记费等7项中央级设立的行政事业性收费。

二、各省（区、市）财政、价格部门要对省级设立的水运涉企行政事业性收费项目进行清理。取消属于政府提供普遍公共服务或体现一般性管理职能，以及主要目的是养人、违背市场经济基本原则的不合理收费项目。坚决取缔违规设立的收费项目。

三、取消有关水运涉企行政事业性收费项目后，相关部门和单位依法履行职能和事业发展所需经费，由同级财政预算予以统筹安排，保障工作正常开展。

四、有关执收部门和单位要到财政部门办理财政票据缴销手续。有关行政事业性收费的清欠收入，应当按照财政部门规定的渠道全额上缴国库。

五、各地区和有关部门要严格执行本通知规定，对公布取消的水运涉企行政事业性收费项目，不得以任何理由拖延或者拒绝执行，不得以其他名目或者转为经营服务性收费方式变相继续收费。各级财政、价格部门要加强对落实本通知情况的监督检查，对不按规定取消相关收费项目的，按有关规定给予处罚，并追究责任人员的行政责任。

财政部 国家发展改革委

2015年8月17日

关于继续实施物流企业大宗商品仓储设施用地城镇土地使用税优惠政策的通知

财税〔2015〕98 号

各省、自治区、直辖市、计划单列市财政厅（局）、地方税务局，西藏、宁夏回族自治区国家税务局，新疆生产建设兵团财务局：

为进一步促进物流业健康发展，经国务院批准，现就物流企业大宗商品仓储设施用地城镇土地使用税政策通知如下：

一、自 2015 年 1 月 1 日起至 2016 年 12 月 31 日止，对物流企业自有的（包括自用和出租）大宗商品仓储设施用地，减按所属土地等级适用税额标准的 50% 计征城镇土地使用税。

二、本通知所称物流企业，是指至少从事仓储或运输一种经营业务，为工农业生产、流通、进出口和居民生活提供仓储、配送等第三方物流服务，实行独立核算、独立承担民事责任，并在工商部门注册登记为物流、仓储或运输的专业物流企业。

三、本通知所称大宗商品仓储设施，是指同一仓储设施占地面积在 6000 平方米及以上，且主要储存粮食、棉花、油料、糖料、蔬菜、水果、肉类、水产品、化肥、农药、种子、饲料等农产品和农业生产资料，煤炭、焦炭、矿砂、非金属矿产品、原油、成品油、化工原料、木材、橡胶、纸浆及纸制品、钢材、水泥、有色金属、建材、塑料、纺织原料等矿产品和工业原材料的仓储设施。

仓储设施用地，包括仓库库区内的各类仓房（含配送中心）、油罐（池）、货场、晒场（堆场）、罩棚等储存设施和铁路专用线、码头、道路、装卸搬运区域等物流作业配套设施的用地。

四、物流企业的办公、生活区用地及其他非直接从事大宗商品仓储的用地，不属于本通知规定的优惠范围，应按规定征收城镇土地使用税。

五、非物流企业的内部仓库，不属于本通知规定的优惠范围，应按规定征收城镇土地使用税。

六、本通知印发之日前已征的应予减免的税款，在纳税人以后应缴税款中抵减或者予以退还。

七、符合上述减税条件的物流企业需持相关材料向主管税务机关办理备案手续。

请遵照执行。

财政部　国家税务总局

2015 年 8 月 31 日

商务部办公厅关于请推荐商贸物流标准化专项行动重点推进企业（协会）和智慧物流配送示范单位的函

商办流通函〔2015〕651 号

各省、自治区、直辖市、计划单列市及新疆生产建设兵团商务主管部门，各有关协会：

根据《国家标准委 商务部关于加快推进商贸物流标准化工作的意见》（国标委服务联〔2014〕33 号）、《商务部办公厅 国家标准委办公室关于印发〈商贸物流标准化专项行动计划〉的通知》（商办流通函〔2014〕752 号）及《商务部办公厅关于智慧物流配送体系建设实施方案的通知》（商办流通函〔2015〕548 号）等文件要求，为加快智慧物流配送体系建设，深入推进商贸物流标准化专项行动，降低物流成本，提高流通效率，提升物流配送信息化、智能化、标准化水平，现就推荐第二批商贸物流标准化专项行动重点推进企业（协会）和第一批智慧物流配送示范单位通知如下：

一、推荐商贸物流标准化专项行动重点推进企业（协会）

（一）推荐范围

各省级商务主管部门推荐本地商贸物流标准化工作突出的重点推进企业（协会）。

中国商业联合会（商贸物流分会）、中国物流与采购联合会（托盘专业委员会）、中国国际货运代理协会、中国仓储协会、中国物资储运协会、中国连锁经营协会、中国电子商务协会（物流专业委员会）、中国医药商业协会、中国汽车流通协会、全国城市农贸中心联合会、中国建筑材料联合会、中国建筑材料流通协会、中国金属材料流通协会、中国木材与木制品流通协会等 14 个全国性协会在会员单位中推荐商贸物流标准化工作突出的重点推进企业。

（二）推荐条件

1. 商贸物流标准化重点推进企业。重视并应用有关商贸物流标准，创新标准推广模式，在物流标准化建设方面取得一定成效。能按《商务部办公厅 国家标准委办公室关于印发〈商贸物流标准化专项行动计划〉的通知》（商办流通函〔2014〕752 号）要求编制标准化实施方案并承诺每半年及时报送实施进度，支持有关统计数据填报工作。拥有良好的社会信誉和品牌，近 3 年内无违法违规记录或造成社会不良影响的行为。

2. 商贸物流标准化重点推进协会。积极发挥行业协会作用，组织制订商贸物流标准，并开展标准的推广实施活动。积极参与商贸物流标准化专项行动，能按要求编制标准化实施方案并承诺每半年及时报送实施进度。创新标准化工作方式，在标准宣传、案例推广、总结经验等方面取得一定成效。

（三）有关要求

1. 各省级商务主管部门、相关协会要充分考虑区域特点、行业特色和创新模式，组织初步遴选，对有关单位的标准化工作开展情况与成效进行综合评价，分类出具推荐意见。

2. 各省级商务主管部门推荐重点推进企业不超过 10 个、重点推进协会不超过 2 个，并填报附件 1（略）、附件 2（略）。每个全国性协会推荐重点推进企业不超过 10 个，并填报附件 1。

3. 14 个全国性协会按照《商务部办公厅关于发挥行业协会作用 推进商贸物流标准化专项行动的通知》（商办流通函〔2015〕149 号）要求上报商贸物流标准化专项行动实施方案、进展报告。

4. 各省级商务主管部门、各全国性协会根据评估遴选情况，对推荐企业进行降序排名推荐。

二、推荐智慧物流配送示范单位

（一）推荐范围

各省级商务主管部门推荐智慧物流配送示范城市（直辖市、计划单列市可直接申报）、智慧物流配送示范基地（园区）、智慧物流配送示范企业。

（二）推荐条件

1. 智慧物流配送示范城市。能够系统设计城市智慧物流配送体系建设，合理布局物流园区、仓储配送中心、末端配送网点。具有服务能力强、运营模式成熟、标准化的物流综合信息服务平台，能够有效整合、调配社会资源。具有 5 家以上创新能力强、运作效益好、社会影响大的大型物流企业。具有发展智慧物流配送的相关配套支持政策。

2. 智慧物流配送示范基地（园区）。基地（园区）定位准确，规划建设符合城市整体发展规划和市场需求，具备较强辐射能力，可提供跨区域服务。配备自动化、机械化现代设备，利用信息化手段，实现园区内部各功能区之间的互联互通，实现数据流转和物流流程监控，园区公共管理和服务智能化水平较高。综合服务能力和信息化创新能力强，拥有良好的社会信誉和品牌，已形成成熟的盈利模式。

3. 智慧物流配送示范企业。

智慧物流信息服务平台：能够提供撮合交易、诚信、金融、结算、信息等综合服务，实现与用户信息系统或平台间的互联互通，有效整合供应链资源和跨界资源。能够对物流交易、货源结构、流向分布以及车源结构等大数据进行挖掘分析，为客户提供个性化服务，为政府部门决策提供服务。会员企业达到 3000 家以上，日撮合交易量平均达到 1000 条以上，形成成熟的运营模式。

仓储配送企业：具有仓储管理信息系统，能利用二维码、无线射频识别（RFID）等感知技术加强订单运营、货物管理、客户服务。配备快速分拣、传送、识别、监控、导航定位等自动化设备，及高性能的货物搬运设备和运输装备，物流一体化运作管理能力强、效率高。仓储管理信息系统与上下游企业信息系统能够有效衔接，数据互联互通，提高供应链管理效率。近 3 年内无违法违规记录或造成社会不良影响的行为。

末端配送企业：能够与社区服务机构、连锁商业网点、大型写字楼、机关事业单位、大学校园等单位开展合作，设立末端配送站、智能自助提货柜，或开展网订店取（送），整合末端配送资源。利用信息化手段，实现与电子商务、快递等上下游企业的数据对接，构建基于互联网和移动互联网的末端物流配送体系，提升人性化体验和消费便捷性。近 3 年内无违法违规记录或造成社会不良影响的行为。

（三）有关要求

1. 各省级商务主管部门要充分考虑区域特点、行业特色和创新模式，组织初步遴选，对有关单位的智慧物流配送工作开展情况与成效进行综合评价，分类出具推荐意见。

2. 各省级商务主管部门可推荐示范城市 1 个、示范基地（园区）不超过 2 个、示范企业不超过 5 个（所有制不限），并填报附件 3（略）、附件 4（略）。

3. 各省级商务主管部门根据评估遴选情况，对推荐基地（园区）和企业进行降序排名推荐。

请于 2015 年 10 月 30 日前将推荐第二批商贸物流标准化专项行动重点推进企业（协会）和第一批智慧物流配送示范单位的相关材料电子版和纸质版报送商务部（流通发展司）。

商务部办公厅

2015 年 9 月 18 日

农业部　国家发展和改革委员会　商务部关于印发《推进农业电子商务发展行动计划》的通知

农市发〔2015〕3号

各省、自治区、直辖市、计划单列市、新疆生产建设兵团农业（农牧、农村经济）厅（委、局、办）、发展改革委、商务主管部门：

按照《国务院关于大力发展电子商务加快培育经济新动力的意见》（国发〔2015〕24号）和《国务院关于积极推进“互联网+”行动的指导意见》（国发〔2015〕40号）的部署要求，发挥电子商务在培育经济新动力、打造“双引擎”、实现“双目标”方面的重要作用，扎实推进农业电子商务快速健康发展，农业部、国家发展和改革委员会、商务部共同研究制定了《推进农业电子商务发展行动计划》，提出了发展农业电子商务的指导思想、基本原则、总体目标，并明确了5方面重点任务和20项行动计划。现印发给你们，请认真贯彻落实。

农业部 国家发展和改革委员会 商务部

2015年9月6日

推进农业电子商务发展行动计划

当前，农业电子商务发展迅猛，正在深刻改变着传统农产品流通方式，成为加快转变农业发展方式、完善农产品市场机制、推动农业农村信息化发展的新动力，对发展现代农业、繁荣农村经济、改善城乡居民生活的作用日益凸显。与此同时，我国农业电子商务发展仍处在初级阶段，面临着基础设施条件差、标准化程度低、流通链条不完整、市场秩序不规范、诚信体系不健全、配套政策不完善等困难和问题，亟须提高认识，采取有效措施切实加以解决。为认真贯彻落实2015年中央1号文件、十二届全国人大三次会议和《国务院关于大力发展电子商务加快培育经济新动力的意见》（国发〔2015〕24号）、《国务院关于积极推进“互联网+”行动的指导意见》（国发〔2015〕40号）的部署要求，发挥农业电子商务在培育经济新动力、打造“双引擎”、实现“双目标”方面的重要作用，积极实施“互联网+”现代农业行动，扎实推进农业电子商务快速健康发展，努力把农业电子商务打造成为大众创业、万众创新的平台，提出以下行动计划。

一、深刻认识推进农业电子商务发展的重大意义

（一）推进农业电子商务发展是完善农产品市场机制的重要举措。党的十八届三中全会指出要使市场在资源配置中起决定性作用。实践证明，电子商务可以为传统农产品产销注入信息化元素，以信息流带动物流、技术流、人才流、资金流，实时反映供求状况，解决市场信息不对称问题，提升农产品生产者话语权，拓展新渠道、新客源和新市场；能够有效促进产销衔接，降低流通成本，同时有利于稳定市场预期、减缓价格波动，是建立健全现代农产品流通体系的必然要求。迫切需要通过加快发展农业电子商务，有效引导市场主体广泛参与，促进资源要素合理有序流动，消除妨碍公平竞争的制约因素，推动全国农产品统一市场的进一步完善，更好地发挥市场配置资源的决定性作用。

（二）推进农业电子商务发展是促进现代农业发展的重要途径。发展现代农业的基础和前提是市场化，农业电子商务是农业市场化的重要组成部分，是现代服务业的重要内容。推进农业电子商务，将产业链、价值链、供应链等现代经营管理理念融入农业，可以促进现代信息技术与传统农业全面深度融合，推动农业生产由以产品为中心转变为以市场为导向、以消费者为中心，倒逼农业生产标准化、品牌化，优化农业生产布局和品种结构，发展高产、优质、高效、生态、安全农业，实现农业发展方式根本性转变，提高农业产业素质和国际竞争力，为新型工业化、信息化、城镇化和农业现代化同步发展拓展新的空间、增添新的动力。

（三）推进农业电子商务发展是扩大和提升消费需求的重要动力。在经济新常态下，扩大和提升消费需求对促进经济发展的关键作用日益凸显。促进电子商务创新发展，是实施“互联网+”行动的重大举措，对主动适应经济发展新常态、打造经济社会发展新引擎、有效应对经济下行压力具有重要现实意义。推动农业电子商务发展是顺应消费方式、生活方式深刻变化的现实需要，可以满足不同消费群体的个性化、多样化、便捷性需求，能够突破购销的时空限制，进一步挖掘市场需求潜力，促进消费转型升级。同时，农业电子商务的发展，还可以创新流通方式，带动农业生产资料和消费品下乡，加快形成城乡产品和要素市场双向流动的新格局，激活农村消费市场活力，让农村居民分享信息经济发展的成果。

（四）推进农业电子商务发展是加快转变政府职能的客观要求。在充分发挥市场配置资源决定性作用的同时，要更好发挥政府作用，为市场主体创造良好发展环境，切实加强公共服务、市场监管、社会管理等职责。农业部门在继续抓好农业生产的同时，应更加重视搞活农产品流通，创新农业生产资料下乡渠道。农业电子商务作为农产品流通和农业生产资料销售的新业态，在发展的过程中出现了一些新情况新问题，需要政府部门转变观念、转变职能，切实把推进农业电子商务发展作为一项重要工作来抓，

加强政策创设和规划制定，健全农产品和农业生产资料市场信息监测预警体系、标准体系、质量安全追溯体系、诚信体系和法律法规建设，强化市场监管和行政执法，努力营造安全可信、规范有序的农业电子商务发展环境。

二、指导思想、基本原则和总体目标

（五）指导思想。全面贯彻党的十八大和十八届三中、四中全会精神，以邓小平理论、“三个代表”重要思想、科学发展观为指导，深入贯彻习近平总书记系列重要讲话精神，按照中央 1 号文件的部署要求，紧紧围绕农业农村经济发展“两个千方百计，两个努力确保，两个持续提高”的目标任务，以改革创新为动力，以加快转变农业发展方式、有效提升消费需求为主线，强化顶层设计和政策引导，着力解决农业电子商务发展中的困难和问题，着力完善制度、机制和模式，着力营造开放、规范、诚信、安全的发展环境，为加快实现农业现代化和城乡发展一体化提供新的动力。

（六）基本原则。一是市场主体，政府引导。正确处理好市场与政府的关系，充分发挥市场主体作用，提高农业电子商务资源配置效率，同时加强政策、规划、信息指导，强化制度建设和市场监管，为农业电子商务发展创造良好环境。二是统筹兼顾，重点突破。注重农村与城市相结合、农产品与农业生产资料和消费品相结合、线上与线下相结合，分类别、分阶段、分区域拓展和推动农业电子商务应用。重点探索鲜活农产品与农业生产资料的电子商务模式，支持发展产地田头市场、城乡仓储、冷链物流、终端配送，突破发展瓶颈。三是创新驱动，示范引领。推动技术创新、管理创新、服务创新和制度创新，将移动互联网、云计算、大数据、物联网等新一代信息技术贯穿到农业电子商务的各领域各环节，切实增强自主创新能力。注重典型引路和示范带动，因地制宜探索发展适应当地实际的农业电子商务模式。四是规范有序，健康发展。在发展中求规范，以规范促发展。立足需求导向，坚持必要和可行的原则，明确方向和重点，采取先易后难、循序渐进的策略，找准切入点和突破口，有力有序推进，避免盲目跟风，保障农业电子商务快速健康持续发展。

（七）总体目标。到 2018 年，农业电子商务基础设施条件明显改善，制度体系和政策环境基本健全，培育出一批具有重要影响力的农业电子商务企业和品牌，电子商务在农产品和农业生产资料流通中的比重明显上升，对完善农产品和农业生产资料市场流通体系、提升消费需求、繁荣城乡经济的作用显著增强。

三、重点任务

（八）积极培育农业电子商务市场主体。围绕提升新型农业经营主体电子商务应用能力、支持农产品和农业生产资料网络营销、推进农业生产性服务线上交流与交易、壮大农业电子商务企业的发展目标，培育农业电子商务市场主体，推动形成各类市场主体竞相发展农业电子商务的新格局。

专项行动1——能力提升行动：积极参与国家电子商务专业技术人才知识更新工程，开展新型农业经营主体培训。充分利用新型职业农民教育、农村实用人才培训等项目，重点组织专业大户、家庭农场、农民合作社等新型农业经营主体和农业企业负责人，联合有关教育培训机构、电子商务企业，开展电子商务平台使用、农产品和农业生产资料网上经营策略和技巧培训，有计划培养一批有理论和实践能力的农业电子商务人才，切实提高新型农业经营主体电子商务应用能力。

专项行动2——平台对接行动：充分发挥农业、商务部门牵线搭桥的作用，积极组织、引导电商企业，加强农业电子商务业务建设。依托各类会展平台和论坛，组织专业大户、家庭农场、农民合作社等新型农业经营主体、农产品经销商、国有农场和农业企业等，开展形式多样的交流活动，对接各类涉农电子商务平台和电子商务信息公共服务平台，有效衔接产需信息，促进农产品和农业生产资料实现网上销售。

专项行动3——电商拓展行动：加强政策和信息引导，鼓励综合型电子商务企业拓展农业电子商务业务，扶持垂直型农业电子商务企业发展壮大，推动电子商务企业适当降低农业电子商务门槛，引导有条件的传统农产品流通企业和农业生产资料生产经销企业发展电子商务。

（九）着力完善农业电子商务线上线下公共服务体系。探索农产品和农业生产资料线上与线下协同发展模式，完善农产品监测预警、质量标准和追溯体系，推动农业电子商务相关数据信息开放共享，实现农业全产业链数据互联互通，完善农业电子商务线上线下公共服务体系，为农业电子商务提供公共服务支撑。

专项行动4——网络集货行动：构建农产品网络集货平台，依托农产品产地市场，完善电子商务平台集货对接功能，引导在集货过程中实现标准化、规模化，提高重复性购买产品的一致性。

专项行动5——产品推介行动：完善农产品展示推介平台，在继续做好农产品营销促销工作的同时，集中打造网上展示大厅，推动“名特优新”“三品一标”“一村一品”农产品上网营销，加强宣传推介，提高农产品网络销售的公信力、信誉度和美誉度。

专项行动6——信息共享行动：健全农产品市场信息监测预警体系，强化农产品产销动态监测统计，拓展信息获取渠道，加强农产品市场信息预警分析，及时全面准确发布农产品生产、消费、贸易、库存、成本收益、价格及未来趋势等市场信息，加大农产品质量安全信息发布公开力度，推动涉农数据信息开放共享。

专项行动7——质量监管行动：完善农产品质量标准和质量安全追溯体系，加快农产品质量、包装标准制修订进程，健全“名特优新”“三品一标”“一村一品”等电子商务基础数据库，健全国家农产品质量安全追溯管理信息系统，推进农药、兽药、肥料等农业投入品追溯系统建设，探索与涉农电子商务企业建立数据共享机制，实现质量可追溯、责任可追查。

专项行动8——运行保障行动：建立农业生产经营全产业链电子商务公共服务平台，在各行业各领域大力推进电子商务发展基础上，实现种植、畜牧、水产以及种子、化肥、农药、兽药、饲料、农机等电子商务信息共享和互联互通，为农业电子商务协同快速发展提供公共服务。健全诚信体系，整合银行、税务、工商、质检、商务等领域和电子商务相关主体的信用信息，推行信用档案制度，净化市场环境，提高农业电子商务信任度。

（十）大力疏通农业电子商务渠道。加强与相关部门的沟通协调、形成合力，加快推动网络、物流、冷链、仓储等基础设施建设，鼓励相关经营主体开展技术、机制、模式创新，深入推进信息进村入户，开展电子商务进农村综合示范，为全面发展农业电子商务创造良好条件、提供经验。

专项行动9——渠道延伸行动：深入推进信息进村入户试点，加强部省12316三农综合信息服务体系建设，加快村级信息服务站建设，支持开展电子商务业务，为农民提供信息咨询、代卖代购等服务。加快完善农村物流体系布局，实施快递“向西”“向下”工程，推动农村综合服务社、超市、邮政“三农”服务站、村邮站、快递网点等基层农村物流节点建设，鼓励物流快递企业向乡、村延伸业务。

专项行动10——市场转型行动：指导支持农产品电子商务企业有效衔接农产品品种、产量、产地、收获时期等生产者信息，促进农产品网络销售。鼓励产地和销地农产品批发市场开展信息技术、经营方式、服务模式等创新，充分发挥线上与线下相结合的优势，推动批发市场创新发展农产品电子商务。促进农产品批发市场流通基础设施、质量检测设备、产品流通渠道等应用于农产品电子商务。

专项行动11——模式创新行动：推动电子商务企业、国有农场、农民合作社与城市社区开展合作，共同设立农产品体验店、自提点和提货柜、试点“基地+城市社区”的鲜活农产品直配模式。推动销地批发市场发挥优势，支撑电子商务发展，探索满足城市日常消费的“批发市场+宅配”模式。鼓励种子、农药、化肥等农业生产资料企业，依托各地村级信息服务站探索“放心农资进农家”模式。配合相关部门支持电子商务企业建立海外营销渠道，创立自有品牌，推动跨境农业电子商务发展。

专项行动12——基础支撑行动：加快农村宽带基础设施建设，扩大第四代移动通信网络在农村的覆盖面。支持农业生产基地加强规模化、标准化、智能化和质量追溯能力建设。鼓励有条件的地方建设农业电子商务产业基地、物流园、创业园。支持电子商务市场主体在农村和城市建设仓储、冷链、分级包装、智能配货等设施设备，改善农业电子商务发展的基础条件。

（十一）切实加大农业电子商务技术创新应用力度。按照“需求牵引、重点跨越、支撑发展、引领未来”的原则，开展农业电子商务发展战略研究，突破核心关键技术，制定完善相关标准、法规，大力推广先进实用信息化技术在流通等领域的应用，全面提升农业电子商务技术创新应用能力。

专项行动13——技术创新行动：加强农业电子商务核心关键技术研发，着力在核心芯片、射频识别、智能终端、系统集成、网络与信息安全以及大数据处理、应用软件等共性和关键技术研发应用上取得突破，加大自主知识产权保护力度，加快建立以企业为主体、市场为导向、产学研用相结合的技术创新体系。

专项行动14——示范推广行动：积极参与国家电子商务示范城市建设。继续开展两年一次的农业农村信息化示范基地申报认定工作，并向农业电子商务倾斜，引导各类新型农业经营主体入驻电商平台，树立农业电子商务企业典型。支持移动互联网、云计算、大数据、物联网等新一代信息技术在农业电子商务全链条中的示范应用。鼓励金融机构、非银行支付机构为农业电子商务企业、物流企业及相关用户提供安全、高效的支付服务，在农村地区推广网上支付、手机支付等支付方式。推进农产品批发市场电子商务技术应用，加快推进农产品电子结算、电子交易、电子拍卖、电子商务应用，提高流通效率和信息公开程度。

专项行动15——标准推进行动：鼓励支持电子商务企业制定适应电子商务的农产品产品质量、分等分级、产品包装、物流配送、业务规范等标准，鼓励支持快递企业制定适应农业电子商务产品寄递需求的定制化包装、专业化服务等标准。加快农产品、农业生产资料产品质量国家、行业标准和生产技术规程制修订进程，加快国家农业标准化示范县建设，引导各类电子商务主体共同建立农产品标准化生产示范基地。同时研究制定农业电子商务技术标准和业务规范。

专项行动16——政策研究行动：依托各有关直属单位，与有关科研和教学单位、企业合作开展发展战略研究，追踪热点问题，提出政策建议，编制农业电子商务发展年度报告。鼓励各级发展改革、农业、商务部门会同有关部门组织相关科研、教学单位和企业联合开展农业电子商务重大问题研究，为规划制定和政策措施出台提供决策参考。加快建立以企业为主体、市场为导向、产学研用相结合的技术创新体系，推动农业电子商务相关技术中心、工程中心、重点实验室建设。

专项行动17——智库应用行动：在每年中国电子商务创新发展峰会和农业信息化高峰论坛期间组织举办农业电子商务分论坛，支持地方、行业组织、企业举办论坛、研讨会，总结交流各地推进农业电子商务发展的好做法、好经验、好模式，研究农业电子商务发展过程中遇到的困难和问题，引导农业电子商务快速健康发展。

（十二）加快完善农业电子商务政策体系。按照“政府引导，市场主体”的原则，强化顶层设计和政策创设，配合有关部门优化农业电子商务相关审批事项和流程，推动落实支持农业电子商务发展扶持政策，充分发挥市场在资源配置中的决定性作用，为农业电子商务发展提供良好政策环境。

专项行动18——政策支撑行动：联合相关部门，大力加强农业电子商务政策创新，推动出台并落实支持农业电子商务发展的用地、用水、用电、用网等政策，建立健全适应电子商务发展的多元化、多渠道投融资机制。配合相关部门全面清理农业电子商务领域现有前置审批事项，无法律法规依据的一律取消，严禁违法设定行政许可、增加行政许可条件和程序。

专项行动 19——硬件支撑行动：针对农产品流通的特殊性，积极争取各级政府对田头集货、产地预冷、冷藏保鲜、分级包装、冷链物流、运输车辆、集散仓储、城市配送设施等方面建设给予扶持，按照相关规定，对符合条件的纳入农机购置补贴、农产品产地初加工补助项目等支持范围。鼓励保险公司开展鲜活农产品配送质量保险试点。

专项行动 20——运营支撑行动：积极推动成立农业电子商务标准化技术专业委员会、协会。组织相关科研和教学单位、企业开展农业电子商务核心和关键技术研发。经认定为高新技术企业的农业电子商务企业依法享受相关优惠政策。推进信息进村入户，积极争取农村信息服务站建设、信息员培训，以及政府购买公益服务支持。鼓励新型农业经营主体应用电子商务平台开展农产品上线营销、市场推广，指导新型职业农民、大学生村官、返乡农民工、农村经纪人、农村信息员等依托电子商务创业。

四、保障措施

（十三）强化组织领导。各级发展改革、农业、商务部门要进一步提高认识、转变观念，把农业电子商务作为创新农产品流通、建设现代农业、繁荣农村经济的重要举措予以推进。加强相关工作力量，明确负责机构和人员，注重调查研究，制定推进方案，细化政策措施，狠抓任务落实，会同有关部门形成工作合力，为农业电子商务快速健康发展提供组织保障。

（十四）强化制度建设。积极参与电子商务法律法规建设，围绕市场监管和公共服务职能职责，配合有关部门制定完善诚信经营、公平竞争、权益保护、信息公开、网络安全、行政执法等方面的规章制度。严格执法，严厉查处违法违规行为，切实保障相关市场主体和消费者合法权益，同时加强部门合作，避免多头重复执法。引导行业组织制定行业规范和服务要求，加强行业自律和信用评价。

（十五）强化示范宣传。将农业电子商务与“互联网＋”现代农业行动以及农业物联网、大数据应用示范统筹推进，推动农业电子商务纳入国家电子商务示范城市和智慧城市建设内容。将农业电子商务作为农业农村信息化示范基地、国家现代农业示范区、农业社会化服务示范县建设与认定的重要指标，培育和树立一批具有引领示范作用的农业电子商务企业。及时总结农业电子商务发展经验、运行模式，加强先进典型的宣传和推广，努力营造社会各界关注和支持农业电子商务发展的良好氛围。

关于开展现代物流创新发展城市试点工作的通知

发改经贸〔2015〕2008 号

各省、自治区、直辖市及计划单列市发展改革委：

为进一步落实《物流业发展中长期规划（2014—2020 年）》（国发〔2014〕42 号，以下简称《规划》）和《促进物流业发展三年行动计划（2014—2016 年）》，更好地发挥“互联网+”背景下城市在物流业创新发展中的集聚、引领和提升作用，率先在物流管理体制机制方面进行突破，促进产业结构调整，并进一步增强物流对“一带一路”、京津冀协同发展、长江经济带等国家重大战略实施的支撑保障作用，我委将开展现代物流创新发展城市试点工作，现就有关事项和要求通知如下：

一、重要意义

城市是物流业发展的关键节点和重要载体，也是一个国家物流业发展水平与综合实力的集中体现。开展现代物流创新发展城市试点工作，对提升物流产业基础和服务能力，加强物流资源整合和优化，破除物流业发展的体制机制障碍，创造良好的物流业发展环境，降低物流成本、提高物流效率具有重要意义。同时，也将有利于提高城市经济的影响力和辐射力，更好地引领区域物流协同发展，进一步改善投资和消费环境，促进经济持续稳定增长。

二、总体要求和工作目标

（一）总体要求。以党的十八大和十八届三中、四中全会精神为指导，全面落实党中央、国务院关于促进物流业健康发展的决策部署，按照《规划》的总体要求，充分发挥中央和地方两个积极性，通过试点示范，着力解决现代物流发展中面临的突出问题，完善政府物流管理的体制机制，实现现代物流在重点区域突破创新和率先发展，形成典型示范效应，促进以城市为中心的区域物流协同发展和区域间物流高效衔接运行，提高社会物流整体发展水平，进一步促进产业结构调整和国民经济提质增效。

（二）工作目标。按照《规划》到 2020 年基本建立布局合理、技术先进、便捷高效、绿色环保、安全有序的现代物流服务体系的要求，适应“互联网+高效物流”的发展需要，建设一批具有典型带动作用的现代物流创新发展城市，建立和完善以试点城市为龙头、辐射带动区域物流协同发展的现代物流服务体系。通过试点城市在政府物流管理方面的改革创新，探索和营造有利于现代物流发展的体制机制，完善适应现代物流发展的法规规章，建立健全促进现代物流发展的政策体系，推动物流产业的发展和物流效率的提升。

三、主要任务

（一）加强城市物流发展规划制定工作。城市物流发展规划是城市物流工作的统领。试点城市要编制（或完善）城市物流发展规划，并与城市总体规划、土地规划、交通规划等做好衔接，根据本地的产业特点、发展水平、设施状况、市场需求、功能定位等，明确本地物流业发展的总体目标、主要任务、发展重点以及物流基础设施布局，提出促进城市物流业发展的政策措施，特别是要明确城市物流设施用地范围，确保规划落地实施。要加强规划的约束性，提高规划的可操作性。通过制定规划，探索有利于资源整合和优化配置的体制机制，逐步形成适合本城市发展的现代物流发展路径。

（二）创新体制机制完善政策环境。建立和完善由城市相关部门组成的现代物流创新发展综合协调工作机制，形成多部门联动、责权明确的运行管理机制。加快推进物流管理体制改革，进一步简政放权，在确保企业运营安全的前提下，放宽对物流企业资质的审批条件，在试点城市探索建立物流领域的“负面清单”，形成公平透明的市场准入规则。通过制定标准、管理规范等方式，建立和完善城市物流配送管理体制。对制约现代物流发展的地方规章抓紧修订完善，加强改革创新，支持行业企业发展，减轻企业负担。城市政府要加快职能转变，加强物流信息公开和数据开放，并指导行业协会等为企业提供教育培训和其他公共服务。

（三）完善城市重要物流基础设施建设。进一步优化城市重要物流基础设施布局，因地制宜整合或新建物流园区，加快航空、铁路、公路物流枢纽建设，根据区位特点，加强与京沪、京广、欧亚大陆桥、中欧铁路大通道、长江黄金水道、珠江—西江黄金水道等跨区域物流大通道无缝对接。充分调动企业和社会力量参与物流设施建设的积极性，积极发展甩挂运输，建设具有多式联运功能的城市集疏运通道网络，完善基于满足居民消费需求和城市运行保障的物流基础设施，加强电子商务、应急、冷链、快递等物流基础设施建设，优化最后一公里城市配送设施网络。研究建立城市托盘共同系统，推广标准化托盘的循环利用，提高物流运作效率。

（四）形成现代化的区域物流服务网络。努力提升城市物流服务水平，发挥物流业集聚效益和带动作用，形成以试点城市为中心、辐射周边、具有较强竞争力的现代物流产业服务体系。提高城市配送的规模化和协同化水平，建立快速便捷、绿色高效的城乡共同配送体系。提高城市物流信息监控和调度水平，提高城市物流信息分析预警能力。位于长江经济带、京津冀等重点物流区域的城市要研究建立省际物流合作机制，加快区域物流一体化进程，促进物流基础设施互联互通和信息资源共享。结合本城市区位特点，进一步提升国际物流服务能力，积极探索国际国内物流一体化运作。

（五）培育具有国际竞争力的物流企业。结合本地区产业发展要求，加快培育1～2家技术水平先进、主营业务突出、具有国际竞争力的大型现代物流企业集团。鼓励物流企业加强大数据、云计算、物联网、移动互联网等先进信息技术的应用，开展技术应用和经营模式创新。引导运输、仓储等传统物流企业向上下游延伸服务，支持骨干物流企业与其他产业“多业联动、融合发展”。培育和支持大型快递企业发展，促进电子商务物流发展。鼓励物流企业与本地区先进制造企业深化战略合作，建立与新型工业化发展相适应的制造业物流服务体系，发展具有全球采购、全球配送能力的供应链服务商。

四、组织实施

（一）申报与评定程序。现代物流创新发展试点城市由省级发展改革委组织申报。每个省（区、市）限报1个城市，计划单列市可单独申报。申报城市原则上应符合下列条件之一：

1.《物流业调整和振兴规划》确定的全国性或区域性物流节点城市；

2.《全国物流园区发展规划》确定的一级或二级物流园区布局城市；

3. 符合“一带一路”、长江经济带、京津冀协同发展、自贸区等国家重大发展战略规划的城市。

申报材料须在10月20日前报送国家发展改革委。申报材料包括：试点工作方案一式三份，并附电子光盘1份。试点工作方案由申报城市编制，省级发展改革委进行预审后报国家发展改革委。国家发展改革委将组织有关部门、专家开展城市创建工作方案的评议工作，并遴选10～15个城市开展第一批现代物流创新发展城市试点工作。

（二）加强创建工作方案编制。申报城市要在充分调研、广泛听取各方面意见的基础上，结合当地经济、社会发展状况和战略定位，从本地物流业现状、特点和比较优势出发，确定试点示范工作的目标、重点、步骤和政策措施等，围绕着总体目标、基本原则、主要任务、体制机制改革创新、政策措施改革创新、实施步骤、取得（预期）成效等相关方面编制现代物流创新发展城市试点工作方案，特别是要突出城市物流的发展特色和体制机制创新。

（三）建立创建工作的保障机制。参与创建工作的城市人民政府要根据试点工作的总体要求，建立试点工作的协调机制。发展改革部门要主动发挥综合协调职能，促进参与试点工作相关部门协同配合、通力合作，形成组织有序、分工合理、协调配合的制度化、常态化推进机制，确保试点工作目标、主要任务和保障措施顺利实施。

（四）落实各项工作任务。在国家发展改革委会同有关部门确定第一批现代物流业创新发展城市试点名单后，相关城市要按照试点工作方案抓紧开展工作，落实各项试点任务，确保实现试点目标。工作进展情况和取得的经验成果要及时报送国家发展改革委。

各地要高度重视现代物流创新发展城市试点工作，积极推进物流领域的改革创新，加快建立适应“互联网+”背景下的物流管理体制机制。国家发展改革委将会同有关部门加强对城市试点工作的指导和支持，及时协调解决城市试点工作中面临的土地、规划、体制机制创新等问题。今后，中央预算内投资将优先支持试点城市内符合条件的物流基础设施项目建设，我们也将以适当方式推广试点城市先进经验。

国家发展改革委

2015 年 9 月 6 日

关于确定公路甩挂运输第四批试点项目的通知

交办运〔2015〕153 号

各省、自治区、直辖市、新疆生产建设兵团交通运输厅（局、委）、财政厅（局）：

按照《财政部办公厅 交通运输部办公厅 商务部办公厅关于印发 2015 年度车辆购置税收入补助地方资金用于交通运输节能减排 公路甩挂运输试点 老旧汽车报废更新项目申请指南的通知》（财办建〔2015〕13 号）的要求，经研究，确定京津冀区域清洁能源运输一体化甩挂运输试点项目等 30 个主题性项目为公路甩挂运输第四批试点项目（见附件）。

公路甩挂运输第四批试点起止时间为 2015 年 9 月至 2017 年 9 月，各试点项目承担单位要按照审定的甩挂运输主题性试点项目实施方案及子项目实施方案的要求，加强联营合作，强化货源组织，优化网络布局，创新运营模式，加大投入，确保项目顺利推进，在试点期内，尽快完成试点项目各项建设内容，确保取得良好的经济和社会效益。

各地交通运输厅（局、委）、财政厅（局）要建立甩挂运输试点工作协调机制，完善试点项目跟踪督导制度，加强对试点工作的组织协调和监督指导，确保试点工作有序推进并取得实效；要建立与试点企业的联系机制，及时掌握试点工作进展情况，协调解决试点过程中遇到的问题，按照《交通运输部办公厅关于做好公路甩挂运输试点项目运行信息报送工作的通知》（厅函运〔2013〕41 号）要求，及时上报项目运行信息；要积极协调相关部门落实配套政策，对试点项目给予必要的政策扶持；要按照公路甩挂运输试点项目验收与专项资金申请的相关要求，做好已经完工项目的审查验收和专项资金申报工作。涉及跨省域的主题性试点项目，各子项目所在省份交通运输主管部门、财政主管部门要做好本省子项目在试点实施过程中的监督管理、项目验收及资金申请等工作。

交通运输部办公厅

财政部办公厅

2015 年 10 月 9 日

交通运输部关于全面清理和规范港口经营服务性收费的通知

交水函〔2015〕711号

各有关省（自治区、直辖市）交通运输厅（委）：

为贯彻落实《国务院办公厅关于促进进出口稳定增长的若干意见》（国办发〔2015〕55号）和国务院七部委《关于进一步清理和规范进出口环节收费的通知》（发改价格〔2015〕1963号）要求，进一步清理和规范港口经营服务性收费行为，切实解决部分企业反映的不合理收费问题，交通运输部决定在全国范围内开展港口经营服务性收费的清理和规范工作。现将有关事项通知如下：

一、总体要求

针对货主等反映的部分港口经营服务性收费环节存在的乱收费和强制服务收费等突出问题，按照“打破垄断、促进竞争，规范行为、加强监管”原则，全面开展港口经营服务性收费的清理和规范工作，从规范港口经营行为、加强行业监管的角度，切实采取措施，解决港口经营服务性收费环节存在的问题，为外贸稳定增长营造良好环境。

二、组织安排

（一）各省级交通运输主管部门对辖区内的港口统一部署，由港口所在地港口行政管理部门根据检查要求对所有港口经营服务性收费情况进行全面检查。检查应深入实地和港口收费环节。检查范围应包括港口经营人和引航机构的所有经营服务性收费情况。检查方式应以港口经营人、引航机构自查与港口行政管理部门重点核查相结合。检查结果应形成港口经营服务性收费检查情况报告，并填写《港口经营服务性收费检查情况统计表》（见附件1）。

（二）港口所在地港口行政管理部门应将检查情况报告（含《港口经营服务性收费检查情况统计表》）于2015年11月5日前报送所在省（自治区、直辖市）交通运输主管部门。

（三）各省级交通运输主管部门应根据具体情况安排或会同同级价格主管部门对所辖区域部分港口行政管理部门的检查工作予以督查、对部分港口经营人和引航机构的经营服务性收费情况进行抽查，并根据督查、抽查情况和各港口所在地港口行政管理部门报送的检查情况对全省的港口收费检查情况进行汇总，梳理全省港口收费情况，分析存在的问题，针对检查要求形成全省（自治区、直辖市）港口经营服务性收费检查情况报告（报告应包括基本情况、检查情况（含国家政策落实情况）、存在的问题及采取的措施、相关意见和建议等内容），并填写《全省（自治区、直辖区）港口经营服务性收费检查情况汇总表》（见附件 2），于 2015 年 11 月 15 日前将汇总报告和汇总表报送我部（水运局）。

（四）各级港口行政管理部门应严格依据《港口法》《港口经营管理规定》等法律法规，对港口收费检查中发现的违规问题从规范行业管理的角度采取措施或予以处罚，对违反《价格法》的有关行为移交同级价格主管部门处理。

（五）在此期间，我部将根据有关情况会同国务院价格主管部门选择部分省市和港口企业开展清理和规范港口经营服务性收费情况的督查和抽查工作（通知另发），并针对普遍存在的问题制定相应的整治措施。

三、检查要求

各港口所在地港口行政主管部门应严格按下列要求对港口经营人和引航机构的经营服务性收费情况进行检查，并对检查中发现问题采取措施、予以处理。

（一）严格落实国家关于港口收费的相关政策。

1. 根据《交通运输部 国家发展改革委关于放开港口竞争性服务收费有关问题的通知》（交水发〔2014〕253 号）要求，2015 年 1 月 1 日起，港口经营人应对运输货物及集装箱船舶提供的港口装卸等劳务性作业、为国际客运和旅游船舶提供港站使用等服务分别综合计收港口作业包干费。

2. 根据《交通运输部 国家发展改革委关于调整港口船舶使费和港口设施保安费有关问题的通知》（交水发〔2015〕118 号）要求，2015 年 9 月 20 日起，重新规范船舶使费收费项目和计费办法，对船舶使费实行政府指导价和上限管理，降低港口设施保安费收费标准。

（二）严格限定港口收费项目范围。

港口经营服务性收费应严格限定在国家规定的收费项目范围内并应单独设项收费。超出下列范围的收费项目（地方定价目录规定的收费项目除外）均属违规收费项目：

1. 实行政府定价的收费项目：货物港务费、港口设施保安费以及国内客运和旅游船舶港口作业费（包括旅客运输作业费、行李运输作业费、旅客港务费）；

2. 实行政府指导价的收费项目：引航（移泊）费（长江除外）、拖轮费、停泊费、驳船取送费、特殊平仓费、围油栏使用费；

3. 实行市场调节价的收费项目：港口作业包干费、堆存保管费、库场使用费、理货（箱）费，以及提供船舶服务的供水（物料）服务费、供油（气）服务费、供电服务费、垃圾接收处理服务费、油污水接收处理服务费。

（三）严格界定港口作业包干费范围。

港口作业包干费的包干范围包括港口作业的全过程，港口经营人应分别将下列货物及集装箱港口作业、国际客运港口服务收费纳入港口作业包干费，同时可根据港口作业情况增加或减少下列收费内容，但不得将下列收费内容单独设项收费：

1. 货物及集装箱港口作业：散杂货装卸，集装箱装卸，集装箱铁路线使用，集装箱铁路货车取送，集装箱汽车装卸、搬移、翻装，集装箱火车、驳船装卸，集装箱拆、装箱，起重船、起重机、吸扬机使用，起货机工力，拆包和倒包，灌包和缝包，分票，挑样，一般扫舱和拆隔舱板，装卸用防雨设备、防雨罩使用，装卸及其他作业工时，岸机使用。

2. 国际客运港口服务：国际客运和旅游客运码头服务、港站使用服务、行李代理、行李装卸、迎送旅客码头购票。

（四）严格管理港口作业包干费包干形式。

港口作业包干费不得包含要求单独设项收费的实行政府定价、政府指导价和其他实行市场调节价收费项目。

（五）进一步规范港口经营人和引航机构的收费行为。

1. 港口经营人和引航机构应在其经营场所公布经营服务的收费项目和收费标准。

2. 依法实行政府定价的港口经营服务性收费，港口经营人应严格按规定的收费标准收费，不得擅自提高或降低收费标准。

3. 依法实行政府指导价的港口经营服务性收费，收费标准实行上限管理，港口经营人和引航机构的各项收费不得突破现行的收费标准上限。

4. 港口经营人和引航机构应当使用国家规定的港口经营票据。

5. 港口经营人不得故意使用大功率拖轮、延长拖轮使用时间、增加拖轮使用数量。

6. 港口经营人不得采取不正当手段排挤竞争对手、限制或者妨碍公平竞争；不得对具有同等条件的服务对象实行歧视；不得以任何手段强迫他人接受其提供的港口服务。

7. 港口经营人不得为所属船舶代理等企业招揽业务、搭车收费。

交通运输部

2015 年 10 月 21 日

关于调整铁路和航空运输企业汇总缴纳增值税分支机构名单的通知

财税〔2015〕87 号

各省、自治区、直辖市、计划单列市财政厅（局）、国家税务局、地方税务局，新疆生产建设兵团财务局：

经研究，我们对铁路和航空运输企业汇总缴纳增值税分支机构名单进行了调整。现将有关内容通知如下：

一、铁路运输企业

（一）对《财政部 国家税务总局关于铁路运输企业汇总缴纳增值税的通知》（财税〔2013〕111 号）的附件 1（略），增补本通知附件 1 所列的分支机构。

（二）对财税〔2013〕111 号文件的附件 2（略），增补、取消和更名本通知附件 2 所列的分支机构。

上述增补和更名的铁路运输企业分支机构，自提供铁路运输服务及相关的物流辅助服务之日起，按照财税〔2013〕111 号文件和《财政部 国家税务总局关于铁路运输企业汇总缴纳增值税的补充通知》（财税〔2014〕54 号）的规定缴纳增值税。

上述取消的铁路运输企业分支机构，自本通知附件 2 列明的取消时间起，不再按照财税〔2013〕111 号和财税〔2014〕54 号文件的规定缴纳增值税。

二、航空运输企业

对《财政部 国家税务总局关于部分航空运输企业总分机构增值税计算缴纳问题的通知》（财税〔2013〕86 号）的附件 2，增补本通知附件 3（略）所列分支机构。

上述增补的航空运输企业分支机构，自 2015 年 4 月 1 日起，按照财税〔2013〕86 号文件的规定缴纳增值税。

财政部

国家税务总局

2015 年 8 月 10 日

关于印发《物流标准化中长期发展规划（2015—2020 年）》的通知

国标委服务联〔2015〕54 号

各省、自治区、直辖市质量技术监督局（市场监督管理部门）、发展和改革委员会、经济和信息化主管部门、公安厅、交通运输厅、农业厅、商务厅、粮食局、邮政局、供销合作社，海关总署广东分署、各直属海关，各地区铁路监督管理局、各铁路局：

为贯彻落实《物流业发展中长期规划（2014—2020 年）》（国发〔2014〕42 号），国家标准化管理委员会联合国家发展和改革委员会、工业和信息化部、公安部、交通运输部、农业部、商务部、海关总署、国家质量监督检验检疫总局、国家粮食局、国家铁路局、国家邮政局、中国物流与采购联合会、中华全国供销合作总社、中国铁路总公司等单位编制了《物流标准化中长期发展规划（2015—2020 年）》，现印发给你们，请加强组织领导，制定具体实施方案和落实措施，认真贯彻执行。

2015 年 7 月 24 日

物流标准化中长期发展规划（2015—2020 年）

物流业是融合运输、仓储、货代、信息等产业的复合型服务业，是支撑国民经济发展的基础性、战略性产业。标准化是保障物流运作安全便利、高效畅通的重要手段，对于提高物流服务水平，降低物流成本，促进我国物流业健康发展，增强国际竞争力具有重要作用。为促进我国物流标准化工作有序开展，更好地为物流业发展提供技术支撑，根据《物流业发展中长期规划（2014—2020 年）》（国发〔2014〕42 号）和《深化标准化工作改革方案》（国发〔2015〕13 号）的要求，制定本规划，规划期为 2015—2020 年。

一、发展现状与面临的形势

（一）发展现状

“十二五”以来，我国物流标准体系逐步完善，物流标准制修订工作顺利推进，物流标准实施成效显著，物流标准化机制不断完善，为物流业健康发展发挥了重要作用。

1. 物流标准体系逐步完善。在《全国物流标准 2005 年—2010 年发展规划》的基础上，根据《物流业调整和振兴规划》，国家标准委会同国家发展和改革委等 10 部门联合印发了《全国物流标准专项规划》，确立了以物流基础通用类、公共类和专业类物流标准为主体结构的物流标准体系总体框架。交通运输、仓储配送、快递物流、商贸物流、设施设备等物流领域的标准化工作快速发展，物流标准体系进一步完善。

2. 物流标准制修订工作顺利推进。“十二五”以来，我国新发布物流国家标准 152 项，物流国家标准总数已达 466 项，其中基础通用类国家标准 47 项、公共类国家标准 252 项、专业类国家标准 167 项。行业和地方也积极推动物流标准制修订工作。截至 2014 年 6 月底，我国已发布各类物流标准达 794 项。冷链物流、医药物流、应急物流、汽车物流等专业类物流标准的制修订工作深入推进，专业类物流标准数量和水平大幅提升，有力地推动了专业物流的快速发展。物流全流程、各领域逐步实现“有标准可依”。

3. 物流标准实施取得成效。近年来，政府部门、行业组织、相关企业积极推进物流标准实施。国家标准委组织开展了“服务业标准化试点”工作，截至目前已下达物流标准化试点 43 个，有效提高了物流企业参与和实施标准的能力和水平，促进了物流服务质量提升。各部门和行业组织的物流标准宣贯工作稳步推进，各领域物流服务的规范性和协同性逐步提高。物流企业分类与评估、快递服务等一批重点标准的实施工作取得了明显成效，在加强物流企业规范自律、诚信经营、健康发展等方面发挥了重要作用，得到了政府、市场和社会各界的广泛认可。

4. 物流标准化工作机制不断改善。物流标准制修订全过程管理机制进一步完善，标准化技术组织和人才队伍建设不断加强，标准制修订的前期研究逐步夯实，物流标准实施监督管理机制初步建立，企业参与物流标准化工作的积极性显著提高，有效推动了物流标准的实施应用。上海、北京、广东、重庆等地相继成立了地方物流标准化技术组织，形成了国家、地方、企业协同推进物流标准化工作的良好局面。

5. 物流领域国际标准化工作顺利开展。密切跟踪物流领域国际标准化发展动态，主动参与国际标准制修订，积极采用国际先进的物流标准。企业参与物流领域国际标准制修订的积极性明显增强，由我国企业参与制定的《集装箱 RFID 货运标签系统》（ISO 18186：2011）等国际标准，对引导物流业健康发展发挥了重要作用。总体上看，我国物流标准化工作取得了长足进展。但是，由于我国物流标准化工作起步较晚，尚存在标准与物流业发展不相适应、标准实施存在着“用”得不到位、使用效果差等突出问题，具体表现在：一是物流标准化工作协同推进机制有待进一步完善；二是部分领域间标准协调性有待提高；三是重点领域、新兴领域物流标准尚不能满足技术创新、产业转型和社会事业快速发展的需求；四是物流标准的实施缺乏相应的配套措施；五是实质性参与国际标准化工作的能力和水平有待提升。

（二）面临的形势

当前，经济全球化深入发展，新一轮供应链下的资源全球配置使得物流市场竞争日趋激烈，“互联网+”、高新技术的不断创新加速了产业融合步伐；伴随着改革全面深化、经济转型持续升级、产业结构不断调整、物流市场快速发展、企业对物流标准需求日益增加等变化，特别是《物流业发展中长期规划（2014—2020年）》进一步明确了物流在国民经济发展中的基础性、战略性产业地位，物流业发展对标准化工作提出了新的要求，我国物流标准化工作面临新的形势。

1. 全面深化改革为物流标准化提供新动力。十八届三个全会提出发挥市场在资源配置中的决定性作用、加快转变政府职能的要求；《深化标准化工作改革方案》也提出要健全统一协调、运行高效、政府与市场共治的标准化管理体制。上述要求均需要在物流各类标准中区分政府与市场的关系定位，充分发挥政府、社会组织、产业技术联盟、企业等各方在物流标准化工作中的作用。

2. 科技进步对物流标准化提出新要求。科技进步促进生产工艺不断变革、产品更新速度持续加快，并催生了一系列新兴产业、物流新技术、新服务与新模式，亟需在相关领域制修订一批物流标准，以提高采购、生产、销售、回收等供应链各环节标准的协调性，保障物流服务优质、高效、稳定、便捷，推动产业融合发展。

3. 关注公共利益成为物流标准化新重点。经济社会的快速发展和人民生活水平的不断提高，促使公共利益维护意识不断增强，对资源节约、环境保护、市场秩序稳定、诚信建设、消费者权益保护等方面提出更高要求，亟须在相关领域开展物流标准制修订工作，并不断提高标准的执行力与监管力，保证公共利益不受侵害。

4. 统一开放市场需要物流标准化提供新支撑。在国家简政放权的大背景下，物流市场的统一开放、深入发展，要求打破行业间、地区间的技术封锁和交流障碍，需要依托标准构建统一市场秩序，营造公平竞争环境，为物流市场运行提质增效提供规范化支撑。

5. 经济全球化标示物流标准化新方向。随着国际产业转移进程加速和我国“走出去”战略的实施，与采购、生产、销售、回收全球化相适应的物流模式正在形成，我国物流企业参与国际竞争的程度不断加深，迫切需要从服务质量、设施设备、术语标识等方面与国际标准对接，支撑构建国际物流服务网络，打造具有国际竞争力的跨国物流企业。

二、指导思想、基本原则与发展目标

（一）指导思想

以邓小平理论、“三个代表”重要思想、科学发展观为指导，贯彻党的十八大、十八届二中、三中、四中全会精神和习近平总书记系列重要讲话精神，落实国务院《物流业发展中长期规划（2014—2020年）》和《深化标准化工作改革方案》要求，以促进物流标准化升级为主线，创新物流标准化工作机制，完善物流标准体系，加强重点标准研制，积极探索团体标准，强化标准推广实施，提高标准评估监督水平，提升实质性参与国际标准化活动能力，增强我国物流标准竞争力，为促进国民经济转型升级和物流业可持续发展提供有力支撑。

（二）基本原则

创新机制：创新全国物流标准化工作机制，发挥政府在物流标准化工作中顶层设计、服务和监管作用。强化行业组织在物流标准化工作中的重要作用，明确行业组织在团体标准工作中的主导地位。提高企业参与各类物流标准制修订的积极性，充分发挥企业在物流标准实施中的主体作用。

协同推进：打破行业、部门和地区分割，注重物流标准化工作中行业间、部门间、地区间的协同配合。注重政府、行业组织、企业在标准制修订和应用实施中的协同。

突出重点：根据现代物流市场发展需求，着力推进重点领域关键技术标准制修订，注重物流标准之间及与其他产业标准的协调配套，提高物流相关标准的国际化水平，促进物流服务体系高效运转。

注重实效：进一步完善物流标准分类管理，着力提升物流标准的适用性，强化普及应用，加强实施信息反馈、效果评估和监督管理，创新实施推广模式，着力提高物流标准应用水平。

（三）发展目标

到2020年，我国物流标准化工作主要实现以下目标：

1. 物流标准体系进一步优化。建成适应物流业发展的层次分明、结构合理、重点突出、衔接配套、科学适用，强制性标准与推荐性标准相互协调，国家标准、行业标准、团体标准协同有序发展的物流标准体系，物流安全、诚信、绿色以及模式创新、设施设备等关键技术标准有所突破，制定100余项物流标准，满足新常态下物流业全面健康可持续发展的需求。

2. 物流标准化机制更加完善。初步建立分工明确、协调有序、高效运作的物流标准化管理机制。物流标准化基础研究、标准制修订、实施推广、评估监督、人才培养等工作机制进一步完善，对物流业科学发展的支撑作用明显增强。

3. 物流标准水平明显提高。物流标准科学性、有效性和实用性显著增强，科学研究与标准研制的结合更加紧密，标准在国际竞争中的影响力显著提升。

4. 物流标准实施效果显著增强。物流标准的宣传推广渠道和手段不断拓展，物流标准实施信息反馈机制进一步完善，在重点领域开展100个物流标准化试点，物流标准化示范项目成效显著，在促进物流运行效率提高方面的作用进一步显现。

三、主要任务

（一）完善物流标准体系

科学划分物流强制性标准和推荐性标准，整合精简物流强制性标准，优化完善物流推荐性标准；重点研制物流基础类、涉及安全环保的重大公共利益类、通用性装备与技术类、需要多部门协同的国家标准；优化专业领域内重要产品、工程技术、服务和行业管理类行业标准；培育发展满足市场和创新需要的、上下游企业相互协调的团体标准；鼓励企业制定严于国家标准、行业标准，具有竞争力的企业标准，建立和完善企业标准体系；不断提高物流标准间的协调性，提高与其他相关产业标准和国际标准的衔接度，逐步形成政府主导制定的标准与市场自主制定的标准协同发展、协调配套的新型物流标准体系。

（二）提高物流标准制修订水平

鼓励企业、社团组织积极参与物流标准化工作，使物流标准更好地反映行业、市场发展需求。推动物流业先进技术成果转化为标准，以科技创新促进物流标准水平提升，提高标准科技含量。加强物流标准研制全过程管理，及时披露制修订过程信息，提高透明度，畅通社会各方广泛参与渠道，建立物流标准实施信息反馈机制及评价机制，逐步形成物流标准持续完善的内生动力，提高我国物流标准的科学性、先进性、适用性、有效性。

（三）加大物流标准实施监督力度

加强物流强制性标准实施监督，明确监管部门及责任，提高行政监管的透明度；加大物流标准宣贯力度，利用媒体、网络、会议等平台，开展多层次、多角度的培训、研讨和解读；对涉及面广的重点标准充分发挥政府引导、行业自律的作用，通过法律法规与政策引导、标准试点示范、认证认可等方式，强化标准实施；发挥企业在物流标准实施中的主体作用，鼓励企业采用标准化的物流设施设备，积极推广先进物流技术标准及新型物流模式标准，开展企业产品和服务标准自我声明公开；建立和完善行业组织、社会公众和媒体、物流企业间的多方监督机制，鼓励行业组织、标准化技术组织、大专院校、企业联盟等第三方建立多种形式的标准实施效果监测体系，开展标准监测与实施反馈。

（四）深化物流标准化试点示范

选取部分基础较好、潜力较大的地区、物流企业和物流园区，围绕物流关键设施设备、运营模式，在支撑区域经济一体化等重大战略工程项目中，推进物流标准化综合试点。同时，选取部分物流关联度高的行业和物流聚集度高的节点城市，以大型龙头企业为主体，开展重点领域的物流标准化专项试点，加强物流标准化设施设备升级改造和普及推广，提高物流标准化服务水平，降低物流成本，提高物流效率。

（五）积极参与国际标准化工作

开展物流标准国际化战略研究，明确我国物流领域标准国际化的工作定位，逐步建立政府引导、行业组织和龙头企业实质参与国际标准化的工作格局。及时跟踪国际标准化组织、相关国际组织、发达国家物流标准化动态，加强对国际标准的分析评估和及时转化，推动先进国际标准“引进来”。鼓励我国企业、行业组织等积极参与国际标准制修订，推动中国标准“走出去”，力争在一些优势领域实现国际标准突破，提高我国在国际标准化工作中的参与度和影响力。

（六）强化物流标准基础研究

加强物流标准基础理论、新兴领域和重点项目物流标准化的前期研究。促进物流模数、物流信息、绿色物流、现代化物流装备、电子商务物流技术研发与标准研制的衔接互动，依托物流业技术创新促进物流标准水平提升。加强物流领域团体标准研究，探索建立具有中国特色的物流团体标准工作体系，促进标准化工作有序开展。加快物流标准实施效用机理与效用评价等综合性研究，提高物流标准化整体效用。

四、标准制修订重点领域

（一）基础类物流标准

重点开展物流术语、物流标识等标准的制修订，逐步探索物流模数标准制定。

（二）通用类物流标准

重点开展物流诚信标准、应急物流标准，以及绿色物流指标及评价、绿色仓储及设备、绿色包装、逆向物流等绿色物流标准的制修订以及物流信息共享交换标准、物流效率相关标准制修订。

大力推进多式联运、甩挂运输、共同配送、城乡配送、货物换装等运输组织和管理配套标准，货物装卸及加固等安全防护标准，基于联运的设施设备和运输工具标准，托盘、集装箱等集装单元化器具标准，联运电子单证、铁路货票等物流单证标准，以及基于联运和全程跟踪追溯的物流信息平台标准和管理软件接口标准的制修订。

积极研究制定货物存放场所安全防范标准，积极探索物流作业安全、物流设施设备安全运行管理、信用风险等标准的制定。

（三）专业类物流标准

重点开展食品物流、医药物流、汽车物流、家电物流、电子商务物流、冷链物流、烟草物流、危化品物流标准的制修订工作，加快各领域物流装备标准化进程。

大力推进仓储设施、装卸机械、运输工具、信息编码、质量监督、在线监测等粮食物流重点标准制定；大力推进农产品物流设施设备、流通追溯和安全保障等物流管理与技术的标准制定；大力推进邮政和快递安全、服务设施、服务质量等相关标准的制修订。

加强钢铁、机械、煤炭、铁矿石、石油石化、建材、棉花、化肥等大宗产品物流标准的制定。逐步探索以面向周边国家区域物流为突破的国际物流、跨境贸易电子商务物流相关标准的制修订。

五、重点工程

（一）托盘标准应用推广及循环共用体系建设工程

树立单元化理念，从托盘标准化入手，开展物流装备单元化标准制修订，带动上下游及横向环节装备的衔接。选取重要物流节点城市，开展托盘标准化及其循环共用，以大型龙头企业为主体，支持对非标准托盘按照国家标准《联运通用平托盘主要尺寸及公差》《联运通用平托盘性能要求和试验选择》进行标准化更新，鼓励企业带标准托盘运输，使用和更新标准化周转箱、笼车等标准化物流设备，着力推进托盘及仓储配送等相关配套设施设备的标准化改造和衔接，提升物流一体化运作水平。开展标准化托盘推广应用方面的专项行动计划，培育10～20个统一标准、跨区域的物流标准综合信息服务平台，在快速消费品、农副产品、药品流通领域培育一批标准托盘应用和循环共用重点企业。

（牵头单位：商务部；参加单位：交通运输部、中国物流与采购联合会、中国仓储协会、中国连锁经营协会、中华全国供销合作总社、中国铁路总公司等）

（二）冷链物流标准体系建设及应用推广工程

适应新形势下冷链物流发展的需要，建立全程冷链标准体系。结合国家食品药品监管有关规定，开展城乡食品和药品冷链配送服务、温度控制、服务质量及评价等标准的制修订，探索制定食品、鲜活农产品物流环节的安全类强制性标准，研究借鉴国际先进经验，完善我国食品、鲜活农产品冷链运输和运输设备的相关标准，加强冷链运输车辆车型及其安全、环保等方面的技术标准制修订，推动运输车辆标准化、专业化，探索制定肉类、水产品等农副食品和速冻食品物流环节的安全强制性标准。加强冷链物流标准的培训宣传和推广应用，鼓励企业建设全程温控和可追溯标准体系，引导和鼓励企业使用标准化的托盘、容器等集装单元化器具，在医药和食品冷链领域，开展低温冷库安全运行标准、食品冷链温控追溯标准、医药冷链设备（如保温箱）循环共用标准的推广。

（牵头单位：国家发展和改革委员会；参加单位：中国物流与采购联合会、商务部、交通运输部、工业和信息化部、国家质量监督检验检疫总局、海关总署、农业部、国家邮政局、国家粮食局、中华全国供销合作总社、中国铁路总公司、中国标准化研究院等）

（三）物流信用标准体系建设工程

研究建立物流企业诚信标准体系，制定物流企业诚信要素标准，引导物流企业建立内部诚信管理体系；推动形成具有品牌效应的诚信标准；选择物流园区、企业联盟，以及汽车物流、冷链物流、危险品物流等专业物流领域开展诚信标准化的试点示范。

制定并完善物流质量追溯标准体系，为物流信息的可追踪及诚信的评价提供保障；建立物流信用标准体系，制定信用评价系列标准，制定物流信用采集和分类管理标准，为提高物流信用服务的规范性和可信度提供支撑。

（牵头单位：国家发展和改革委员会；参加单位：交通运输部、商务部、国家质量监督检验检疫总局、中国铁路总公司、中国标准化研究院、中国物流与采购联合会等相关协会）

（四）物流信息标准化工程

结合物联网、云计算、大数据等新兴信息技术，完善我国物流信息标准体系和国家统一物品编码标准体系，服务于第三方物流公共服务平台的建设。重点研究制定物流信息基础数据元标准、交换标准、公共服务平台标准，二维码、RFID 等技术在粮食、医药、冷链、大宗物资、邮政和快递等重点领域的物流应用标准，电子商务及移动商务等新兴商务模式下物流信息应用规范等。重点在汽车配件、家电产品、农副产品以及大宗物资等领域开展物流信息标准应用推广，实现物流全程透明可视化、产品可追溯与召回等。

（牵头单位：工业和信息化部；参加单位：中国物品编码中心、交通运输部、商务部、中国物流与采购联合会、国家邮政局、国家粮食局、中华全国供销合作总社、中国铁路总公司等）

（五）电子商务物流标准化工程

根据电子商务物流特点，建立覆盖仓储、运输、流通加工、包装、配送以及一体化服务的全链条电子商务物流服务标准体系；针对电子商务特殊品类，制定生鲜食品、精密仪器等电子商务物流操作与服务规范；面向电子商务与物流协同发展，制定电子商务系统与物流信息系统对接、数据交换以及业务协同标准；以促进行业自律为目的，制定电子商务物流信用、能力等评价标准。适应经济全球化发展要求，探索和制定跨境电子商务物流服务标准。选择一批物流企业，组织开展电子商务物流标准化试点。发挥行业协会等组织作用，广泛开展标准宣贯和实施。

（牵头单位：商务部；参加单位：国家发展和改革委员会、中国电子商务协会、中国物流与采购联合会、中国铁路总公司、中国标准化研究院等）

（六）物流服务标准化综合试点工程

充分发挥标准化对我国综合交通运输体系建设、区域经济一体化等宏观战略重点项目建设的支撑作用，重点面向物流企业专业化、精益化服务升级，京津冀、长三角、珠三角等区域物流协调发展，以及国内、国际物流一体化发展等方面，遴选一批物流企业、物流枢纽、配送中心、售后服务平台等，推进 100 个物流服务标准化综合试点，提高物流标准实施力度，提升物流枢纽、物流设施设备的标准化运作和服务水平。在试点的基础上，推出一批有影响力的标杆企业、典型区域，打造物流服务标准化示范单位，支撑物流业转型升级。

（牵头单位：国家标准化管理委员会；参加单位：商务部、交通运输部、国家粮食局、中国铁路总公司、中国标准化研究院、相关协会等）

（七）物流标准国际化培育工程

在部分基础较好的重点领域，有序开展物流领域国际标准化协作平台建设，为国内组织机构和专家实质性参与国际标准化活动提供服务。加大国际标准化跟踪力度，对国际标准和先进国家的标准进行系统分析研究，积极采用适用于我国物流发展的国际先进标准，推动优势标准“引进来”。重点针对电子商务物流等我国优势领域，积极推动我国物流标准上升为国际标准，努力实现国际标准化突破。结合“一带一路”国家战略，加强与沿线国家物流标准化交流与合作，稳步开展物流标准外文版翻译工作，通过标准“走出去”服务于物流企业“走出去”，推动国际贸易发展。

（牵头单位：国家标准化管理委员会；参加单位：中国标准化研究院、中国物流与采购联合会、中国铁路总公司、中国物品编码中心等）

（八）物流标准化基础能力建设工程

在全国现代物流部际联席会议合作框架下，成立物流标准化协调工作组，协调解决物流标准化工作的重大问题。组建物流标准化专家委员会，做好物流标准化工作的顶层设计及重大问题咨询。优化物流标准化技术组织整体布局，形成分工明确、协同配合的物流标准化技术组织体系。进一步吸纳物流产业上下游和相关行业、消费者组织的代表，提高技术组织委员构成的合理性。启动物流标准化专家库建设，初步建立一支既精通物流专业，又熟悉标准化工作程序和要求的复合型专家队伍。强化物流标准化基础理论研究，构建物流标准化理论体系，编写出版物流标准化教材，服务相关科研院校、物流企业培养物流标准化人才队伍。

（牵头单位：国家标准化管理委员会；参加单位：中国物流与采购联合会、高等学校物流类教学指导委员会、中华全国供销合作总社、中国铁路总公司、中国标准化研究院、相关高等院校）

六、保障措施

（一）强化组织协调

加强对物流标准化工作的组织和协调，按照统一管理、分工负责的原则，建立常态沟通机制。国家标准化主管部门负责本规划实施的统筹协调，相关部门各司其职、各负其责，及时协调解决工作中遇到的问题，共同推动重点领域物流标准的制修订、实施推广、监管等工作的开展。各级地方政府应加强领导，建立完善物流标准化协调机制。加强物流标准化省部合作，协商解决跨区域、跨领域的物流标准化问题，协同推进、务求实效。

（二）完善政策支持

加大政府对物流强制性标准和公益基础管理类标准制修订，国际标准化活动，重点公益类标准实施推广，物流标准化试点示范，物流标准技术信息服务平台、实施监测平台建设，物流标准化基础性研究，企业采用先进标准开展标准化设施设备的升级改造等方面的政策扶持和经费保障；对应用效果显著的团体标准采用政府采信或购买服务的方式加以升级推广。鼓励先进的物流标准研制成果申报各级科学技术奖励。

（三）加强人才培养

完善物流标准化人才培养体系，加强标准化技术机构建设，提高标准化技术委员会专家队伍的能力和水平，着力培养物流标准化复合型人才。鼓励高等院校积极开设物流标准化相关课程，校企联合建设物流标准化人才培养基地，以提高实践能力为重点，探索产学研联合培养人才的新途径。完善在职人员培训体系，提高物流从业人员标准化素质与能力。

（四）发挥行业协会作用

进一步加强行业协会的桥梁和纽带作用，做好物流标准需求分析、调查研究、推广实施、人才培养等方面的重点工作。探索团体标准新模式，鼓励行业协会开展团体标准的制修订和实施推广工作，积极推动物流标准化工作健康有序开展。

七、组织实施

各部门要充分认识到物流标准化工作对促进物流系统各环节衔接配套、物流服务体系高效运转、物流业健康发展的重大意义，采取有力措施，明确权责分工，确保各项任务落到实处。

各地方政府和行业协会要加强与各部门的沟通对接，完善协调机制，密切结合实际，抓紧制定规划落实的细化方案，及时将规划实施过程中出现的新情况、遇到的新问题上报国家标准化管理委员会和行业主管部门。

河北省政策

河北省人民政府办公厅关于印发《河北省推广中国（上海）自由贸易试验区可复制改革试点经验工作方案》的通知

冀政办字〔2015〕17 号

各设区市人民政府，省直管县（市）人民政府，省政府有关部门：

《河北省推广中国（上海）自由贸易试验区可复制改革试点经验工作方案》已经省政府同意，现印发给你们，请结合本地本部门实际，认真组织实施。

河北省人民政府办公厅

2015 年 2 月 12 日

河北省推广中国（上海）自由贸易试验区可复制改革试点经验工作方案

为贯彻落实《国务院关于推广中国（上海）自由贸易试验区可复制改革试点经验的通知》（国发〔2014〕65 号，以下简称《通知》）精神，复制和借鉴推广上海自贸试验区好的经验做法，进一步推进我省改革开放，制订本方案。

一、总体要求

全面贯彻党的十八大和十八届三中、四中全会精神，将推广上海自贸试验区可复制改革试点经验作为新形势下推进改革开放的重要举措，与我省全面深化改革统筹衔接、协调推进。主动适应经济发展新常态，加快转变政府职能和管理理念，以开放促改革，释放改革红利，突出创新驱动，着力解决市场体系不完善、政府干预过多和监管不到位等问题，充分发挥市场在资源配置中的决定性作用，逐步构建与开放型经济发展要求相适应的新体制、新模式，加快培育参与国际经济合作竞争新优势。

二、任务分工

（一）做好国务院有关部门负责复制推广改革事项的落实工作。根据《通知》要求，由国务院有关部门负责在全国范围或海关特殊监管区域内复制推广的改革事项共29项，主要包括投资管理、贸易便利化、金融和服务业开放等领域，以及海关监管制度、检验检疫制度创新等内容（具体改革事项任务及分工见附件1略）。对上述国家统一安排和部署的改革任务，省有关部门要按照责任分工及相关要求，如期推进，确保完成；需结合实际制定具体办法的，要明确责任，提前安排，及时出台并推进实施，确保改革试点经验在我省生根落地，产生实效。

（二）积极借鉴推广上海自贸试验区的经验做法。

1. 企业设立实行“单一窗口”。规范审批行为，简化审批程序，优化审批流程，提高审批效率。加快推进企业准入“单一窗口”改革试点，通过试点先行的方式，不断规范行政审批行为。自2014年12月1日已在石家庄、邢台市开展试点，2015年6月30日前将在其余9个设区市和省直管县（市）开展试点。在不断总结试点经验的基础上，适时在全省推开。（牵头单位：省工商局、省编委办）

2. 社会信用体系。制定出台全省社会信用体系建设规划。完善我省市场主体信用信息公示系统、质量信用信息系统等信用信息平台，实现市场主体依法应当公示的信用信息全部网上公示，社会公众可以通过信用平台对市场主体的信用信息进行查询和监督。整合企业、个人和其他组织的信用信息，建设全省统一的信用信息数据库和共享、公示平台。完善与信用信息、信用产品使用有关的制度。（牵头单位：省发展改革委、人行石家庄中心支行、省工商局、省质监局）

3. 信息共享和综合执法制度。实现省、市、县三级行政审批事项网上一体化办理和联合审批，完善全省统一的信息交换和共享平台，实现政府管理部门监管信息资源的归集应用和共享。学习借鉴上海自贸试验区综合执法体系建设方面的经验，完善衡水、威县、定州、新乐、迁安、河间等市（县）开展的综合行政执法体制改革试点，提高综合执法的实效。整合执法主体，相对集中行政执法权，加快推进综合执法，解决权责交叉、多头执法问题，减少行政执法层级，加强重点领域基层执法力量。推进在农、林、水、交通、安监等领域开展综合执法。（牵头单位：省编委办、省法制办、省工业和信息化厅、省发展改革委、省工商局）

4. 企业年度报告公示和经营异常名录制度。在实行企业年度报告公示制度和经营异常名录制度的基础上，根据市场主体信用状况实行分类分级、动态监管，建立健全守信激励和失信惩戒机制。与商事制度改革相配套，进一步改革市场监管体系，完善促进市场公平竞争维护市场正常秩序的体制机制，健全协作机制，实行统一的市场监管，提高监管效能。（牵头单位：省工商局）

5. 社会力量参与市场监督制度。推进社会多元共治，构建政府主导、行业自律、企业自控、社会监督“四位一体”的治理结构，提高市场监督效能。通过扶持引导、购买服务、制定标准等制度安排，完善社会力量参与市场监督的平台建设，支持行业协会商会和专业服务机构参与市场监督，发挥社会公众和舆论参与市场监督的作用。建立完善社会力量参与市场监督的投入保障机制，对专业服务类机构受政府委托开展活动或提供服务，由政府支付相应的费用，所需资金纳入预算管理。（牵头单位：省工商局、省有关部门）

6. 完善专业监管制度。结合国家和我省扩大开放相关政策实施情况，省有关部门要按照国家部署，根据国家行业监管制度安排，从投资者条件、企业设立程序、业务规则、监督管理、违规处罚等方面，制定完善相应专业监管实施办法。（牵头单位：省各相关部门）

三、组织实施

（一）加强组织领导。省政府将统筹协调上海自贸试验区可复制改革试点经验推广工作，加强督导检查，及时研究解决改革事项落实工作中的新情况、新问题。省有关部门要按照改革事项的责任分工，细化工作方案，做好制度安排，认真组织实施，确保按期完成改革任务。

（二）依法有序推进。对国家已作出推广安排的，做好相关准备工作，按照国家统一部署，确保第一时间在全省推广。对需国家授权的改革措施，加强沟通汇报，积极争取政策支持。对国家鼓励探索的领域，具备条件的，积极推进；需积累经验的，积极试点，不断总结改进，分阶段逐步推进。

（三）注重宣传引导。各级各有关部门要通过多种途径，采取多种形式广泛宣传复制推广上海自贸试验区试点经验的意义，做好各项改革措施的政策解读和相关配套服务，引导社会公众广泛参与，形成全社会理解、关心、支持的良好氛围，确保上海自贸试验区试点经验生根落地，进一步加快我省改革开放和转型升级，实现全省经济的跨越发展。

河北省人民政府办公厅关于促进内贸流通健康发展的实施意见

冀政办发〔2015〕6号

各设区市人民政府，各县（市、区）人民政府，省政府各部门：

为深入贯彻落实《国务院办公厅关于促进内贸流通健康发展的若干意见》（国办发〔2014〕51号），进一步增强内贸流通在经济发展中的基础性和先导性作用，结合我省实际，制定如下实施意见：

一、推动电子商务快速发展

加强电子商务平台建设，着力培育10个大宗商品、30个县域特色产业和100个单品电商平台；支持大型商业综合体和专业批发市场打造网络购物平台，提升重点网购平台零售规模和市场影响力；加强与阿里巴巴、京东商城等知名电商企业合作，鼓励淘宝网等第三方电商平台开设网上“河北特色商品馆”。加快城市社区电子商务应用，推广“网订店取”“网订店送”等新型配送模式。促进电子商务向农村延伸，抓住我省列为全国首批电子商务进农村示范省的机遇，做好清河、迁安、正定、永年、宽城、阜平、康保等7个示范县（市）工作，发展农村特色产品和消费品电子商务，促进农产品进城和工业品下乡。鼓励发展移动电子商务，拓展购物、住宿、餐饮、娱乐、旅游、家政、交通、金融等服务领域。推进电子商务园区（基地）建设，支持石家庄市创建国家电子商务示范城市，加快正定慧聪网等15个电商产业园区（基地）发展，力争有2家以上进入国家级示范基地，培育和认定一批省级电子商务龙头企业。完善电子商务支撑服务体系，支持网上融资平台建设，促进互联网金融发展。加快电子发票应用，完善电子会计凭证报销、登记入账及归档保管等配套措施。到2020年，力争全省电子商务交易额占全国的比重达到6%以上，网络购物额占社会消费零售总额的比重达到10%以上。

二、完善现代物流配送体系

优化城乡物流配送布局，重点推进石家庄全国商贸物流基地和32个省级物流产业聚集区建设，增强综合承载能力。提升物流社会化水平，抓好石家庄、唐山国家级城市共同配送试点，推广统一配送、共同配送等模式。完善货运网络规划，支持发展多式联运。发挥邮政网络和服务优势，加强邮政终端设施建设，因地制宜发挥农村邮政物流服务。支持供销社深化改革，坚持面向农业农村的主业，完善县、乡、村消费品和农资配送体系，促进农村地区商品双向流通。推动物流专业化发展，重点支持10家龙头企业整合物流资源，做实做精20对物流企业与制造企业供应链联动发展示范工程，做大做强30家第三方物流企业。开展电子商务与物流快递协同发展试点，加快智能快件箱和快递新能源车辆推广应用，在大专院校建立公共性快递末端投递平台。实施商贸物流标准化专项行动计划，在快速消费品、农副产品、药品流通等领域开展标准托盘推广应用和循环共用。加强物流信息化建设，支持物流企业采用先进适用的技术装备，建设智能物流信息平台。落实促进物流发展相关税费政策，被认定为高新技术企业的第三方物流和物流信息平台企业，依法享受高新技术企业相关优惠政策。畅通物流绿色通道，推动城市配送车辆统一标识管理，适当增加通行线路和时间，规范停靠收费，保障车辆通行便利。到2020年，力争全省物流增加值年均增长10%以上，全社会物流总费用占地区生产总值的比例降到18.5%以下。

三、鼓励引导连锁经营发展

支持大型商贸流通企业以电子商务、信息化及物流配送为依托，发展直营连锁，建设直采基地和信息系统。规范特许经营和自愿连锁，提升联合采购、统一分销、共同配送能力。大力推广典型连锁经营企业的发展经验，促进连锁经营向社区和农村延伸。连锁企业总部统一办理工商登记注册和取得经营资质后，其非法人分支机构可持总部出具的文件，直接到所在地工商行政管理机关申请登记注册，免予办理工商登记核转手续。落实跨地区经营企业总分支机构汇总纳税政策，减轻连锁企业负担。到2020年，力争流通连锁化率达到22%以上，有更多企业进入全国连锁百强，连锁企业商品统一配送率达到75%以上。

四、加快流通设施提档升级

打造城市商贸中心，重点谋划和推进30个单体投资规模10亿元以上，集购物、餐饮、宾馆、办公、会展、娱乐、生活体验等功能于一体的大型商贸综合体，各设区市分别培育2～3条方便快捷、消费力集中、文化底蕴深厚的商业街区，引领和扩大消费。促进商品市场转型升级，加快建设一批商品集散型和产地型批发市场，推动县域特色商品市场专业化提升和精细化改进，带动产业集群发展。城区商品批发市场异地搬迁改造，政府收回原国有建设用地使用权后，可采取协议出让方式安排商品市场用地。制定统一规划，优化资源配置，推进公益性农产品市场建设，积极争取国家相关试点，支持石家庄、唐山、保定、承德等市先行先试，探索采用政府回购、政府股权投资、设立农产品流通产业发展基金等方式，建设一批公益性农产品市场。对符合条件的农产品批发市场、农贸市场，按其经营农产品面积占总交易场地面积的比例，免征城镇土地使用税和房产税。推动农产品产地集配中心升级改造，完善分选包装、冷链物流、检验检测、电子结算和信息发布等市场功能和手段。到2020年，全省年成交额超百亿元、超十亿元的商品市场分别达到10个和100个。

五、健全城乡便民服务网络

优化社区商业网点和业态配置，2015年在有条件的设区市启动社区综合服务中心建设，各设区市力争到2017年全部建有社区综合服务中心。落实新建社区商业和综合服务设施面积占社区总建筑面积比例不低于10%的政策。建设乡镇商贸中心，选择人口集中、经济发达、交通便利的中心乡镇，新建和改造一批有利于改善农村生产和生活环境的商贸中心。引导餐饮企业转型，发展特色化、大众化、标准化餐饮，扩大低价套餐、家常菜、平民菜的经营比例，支持特色店、老字号、农家乐等餐饮企业发展，培育地方名优特色小吃和地方菜系，鼓励超市、便利店、机场等场所依法依规建设便民餐点。加强鲜活农产品产销衔接，推动农贸市场和标准化菜市场改造升级，扩大农产品直销网点。完善家庭服务体系，重点扶持15家大型示范性家庭服务企业、100家中小型规范化服务企业，形成20～30个在省内外具有影响力的家庭服务品牌，年培训输出家政服务员5000人以上。

六、构建绿色低碳流通模式

推广绿色低碳采购，遴选一批大型骨干流通企业，开展与绿色低碳商品生产企业（基地）的产销对接，优先采购和使用节能环保产品与服务，打造绿色低碳供应链。加强流通节能减排，推广绿色低碳设备设施，在具备条件的企业实施分布式光伏发电、夹层玻璃光伏组件等新材料产品应用试点，开展绿色饭店创建评定活动，培育一批绿色商场、绿色市场和绿色饭店，力争到2020年全省零售业万元销售额能耗降低10%，绿色饭店和餐饮企业达到180家以上。加大老旧汽车和黄标车淘汰力度，2015年基本淘汰全省范围内的黄标车。开展报废汽车回收拆解企业升级改造，提高综合拆解能力。完善再生资源回收体系，抓好石家庄、张家口、承德国家级试点，到2020年全省建成20个以上废旧商品回收利用基地，培育30家以上大型废旧商品回收龙头企业，各主要品种废旧商品回收率达到80%以上。

七、培育壮大市场流通主体

加快做大做强步伐，推动优势流通企业通过参股、控股、兼并、合资、合作等方式，提升组织化和规模化水平，培育若干具有较强竞争力的商贸流通企业，到2020年力争有5家企业进入全国零售百强。鼓励和引导金融机构加大对流通企业兼并重组支持力度，支持商业银行扩大对兼并重组商贸企业综合授信额度。加大流通领域招商引资力度，支持国际知名零售商到我省投资发展，拓宽与外商在电子商务、物流配送、融资租赁等领域的合作。制定完善相关政策，加快培育发展融资租赁、商业保理等新兴行业，力争到2020年全省内外资和金融租赁企业发展到40家，融资租赁市场渗透率达到全国平均水平。

八、搞活中小商贸流通企业

健全中小商贸企业服务体系，加快公共服务平台建设，抓好石家庄、邢台、秦皇岛国家级试点，力争用3年时间基本形成覆盖全省的服务网络。提升中小商贸企业组织化程度，鼓励发展新型流通方式和营销渠道，支持大型商贸企业、第三方物流企业和各类电子商务平台，为中小商贸企业提供联合采购、共同配送和网络销售等服务。加强中小商贸聚集区建设，完善配套设施和服务功能，促进产业聚集和抱团发展。开展中小商贸企业品牌创建，发掘培育一批知名度、美誉度较高的商品和服务品牌。支持中华老字号传承发展传统技艺，应用现代技术提高商品质量和服务水平。引导中小商贸企业规范发展，推进标准信用建设，增强市场竞争和抗风险能力。全面落实国家已经出台的促进中小商贸企业发展的减免税收、降低费用等相关政策，引导和鼓励银行、担保、保险、典当、融资租赁、商业保理等融资机构，开发符合内贸流通特点的融资产品，为中小企业提供公益性和市场化服务。

九、支持内外贸融合发展

推动市场采购贸易方式发展，争取将白沟箱包市场纳入商务部重点培育的国家级内外贸结合商品市场试点。依托辛集皮革、清河羊绒、高阳毛巾等条件较为成熟的专业市场，有计划地认定一批省级内外贸结合商品市场，培育对外贸易功能。协调海关、商检、税务等相关部门，在具备条件的商品市场所在地设立分支机构，提供进出口便利服务。组织市场商户参加广交会等境内外国际性展会，强化实务培训、信息咨询和外宣推介服务。支持大型流通企业、专营贸易公司和特色专业市场“走出去”，建立海外营销、物流及售后服务网络，带动商品和服务出口。鼓励外贸企业建立国内营销渠道，开展国外品牌经营代理，合理增加一般消费品进口，满足国内市场需求。完善多部门合作机制，加快出口商品质量安全示范区建设，支持建立进出口货物集中检验检疫查验监管区，促进“进口直通、出口直放”便利通关。

十、引导和扩大居民消费

加强市场监测调控，完善省、市重要商品储备制度，适度扩大肉类、蔬菜、食糖、小包装食品等生活必需品的储备规模，增加储备商品品种，在有条件的县

（市、区）探索建立相应储备制度，增强应急保供能力。支持商贸流通企业利用节假日，举办形式多样、内容丰富的营销活动，扩大市场销售。继续搞好省级肉菜直补惠民销售，鼓励有条件的市、县（市、区）加大资金支持，逐步扩大补贴销售规模、品种和范围。发展城市夜经济，引导大型商贸流通企业延长营业时间，因地适时推出促进夜消费活动，激发夜消费活力。促进安全放心消费，以肉类、蔬菜、酒类、药品等商品为重点，加快建立来源可追溯、去向可查证、责任可追究的追溯体系，确保石家庄肉菜和安国中药材国家级流通追溯体系试点建成运行，发挥示范引领作用。

十一、推进京津冀市场一体化

加强大型流通企业和商品批发市场合作，主动承接京津产业转移，鼓励我省重点商贸企业、名优特商品和中华老字号到京津开设销售网点或专柜。扩大农副产品产销合作，加快曹妃甸、高碑店、涿州、廊坊、滦平等农副产品保障基地建设，鼓励“河北地理标志产品”进入京津高端市场，扩大我省与京津“农超对接”规模，建立农副产品检验检测结果互认制度，畅通鲜活农产品运输“绿色通道”。整合相关职能，优化区域布局，形成开拓京津冀农产品市场合力。推进京津冀物流合作，配合制定《京津冀商贸物流专项规划》，联合共建北京新机场临空经济合作区、廊坊商贸物流园区、石家庄物流基地、秦皇岛滨海高端商务区等重点物流园区，搭建区域公共物流信息服务和电子商务交流平台，完善服务京津、辐射全国的物流网络。

十二、建设法制化营商环境

加快推进行政审批制度改革，系统评估和清理涉及内贸流通领域的行政审批、备案等事项，最大限度地取消和下放行政权力。对涉及内贸流通企业的各种行政事业性和经营服务性收费，实行目录清单管理，建立和完善公示制度。推进工商用电同价，自本实施意见下发之日起，除自愿选择执行峰谷分时电价的用户外，商场、超市、餐厅、宾馆、冷库等用户暂不执行峰谷分时电价，按一般工商业平段电价执行。落实银行卡刷卡手续费定价机制改革相关政策，从总体上降低餐饮业银行卡刷卡手续费。加强制度标准建设，严禁滥用行政权力制定含有排除、限定竞争内容的规定。加大对重点商品、重点领域的市场整治力度，严厉打击侵犯知识产权、制售假冒伪劣商品和商业欺诈行为。强化网络商品交易的监管，完善监督抽查、风险监测、源头追溯、质量担保、损害赔偿等制度，促进电子商务健康发展。加强行政执法与刑事司法衔接，建立信息共享、联合执法、定期会商和个案移交等协作机制。推进商业诚信体系建设，建立和完善国内贸易企业信用信息记录和披露制度，依法发布失信企业“黑名单”，营造诚信经商氛围。

十三、加强组织领导

建立内贸流通工作部门联席会议制度，强化政策协调和工作督导，及时研究解决内贸流通发展中的重大问题。各市、县（市、区）政府要根据本实施意见，结合实际，制定贯彻落实工作方案，出台有针对性、具体化的配套措施，统筹协调，强化责任，确保政策落实到位，形成促进内贸流通健康发展的强大合力。

河北省人民政府办公厅

2015 年 2 月 25 日

关于印发《河北省危险化学品道路运输安全专项治理工作方案》的通知

冀安委办〔2015〕12 号

各设区市安委办，定州市、辛集市安委办，省安委会有关成员单位：

为深刻吸取“1·16”重大危险化学品道路运输事故教训，切实加强危险化学品道路运输安全监管，严格落实企业安全生产主体责任和行业主管部门监管责任，有效预防和减少危险化学品道路运输事故发生，根据省领导指示，经省政府同意，省安委会决定在全省开展危险化学品道路运输安全专项治理行动。现将《河北省危险化学品道路运输安全专项治理工作方案》印发给你们，请结合实际认真贯彻落实。

河北省安全生产委员会办公室

2015 年 2 月 11 日

河北省危险化学品道路运输安全专项治理工作方案

为贯彻落实省领导批示精神，切实加强危险化学品道路运输安全监管，督促危险化学品道路运输企业严格落实安全生产主体责任，预防和减少危险化学品道路运输事故发生，经省政府同意，省安委会决定在全省开展危险化学品（以下简称危化品）道路运输安全专项治理行动，制定如下工作方案。

一、指导思想

全面贯彻落实新《安全生产法》，深刻吸取“1·16”重大危化品道路运输事故教训，强化红线意识和底线思维，按照“谁主管、谁负责，谁审批、谁负责”的原则，严格落实行业主管部门监管责任和企业安全生产主体责任，加强安全生产综合监管和联合执法，全力防范危化品道路运输事故的发生。

二、工作目标

通过开展此次危化品道路运输专项治理行动，使危化品运输行业准入更为严格，底数更加清楚，企业主体责任进一步明确，运输专用车辆违法挂靠现象得到有效治理，驾驶人员、押运人员等从业人员资格管理和培训教育进一步规范，专用车辆的审验检测维护制度更加完善，非法生产改装伪装专用车辆行为受到严惩，专用车辆动态监管得以实现，应急处置能力得到提高，危化品道路运输事故得到有效遏制。

三、主要任务和措施

（一）严格危化品道路运输市场准入，严厉打击违法违规行为。（交通运输部门负责，工商、公安部门配合）

1. 严格企业准入管理，全面清理整顿危化品运输企业。严格危化品道路运输企业行政许可，对全省危化品运输企业资质进行全面核查，督促企业切实按要求配备专用车辆及设备、停车场地、从业人员和管理人员，健全安全生产管理制度；坚决按照《国务院关于加强道路交通安全工作的意见》（国发〔2012〕30号）要求，做好“挂而不管、以包代管、包而不管”安全责任不落实挂靠专用车辆的清理，实现危化品道路运输经营企业全部专用车辆实质性公司化经营。对达不到资质许可条件的要限期整改，整改仍不达标的，交通运输部门依法吊销其经营资质并通知工商行政管理部门；工商行政管理部门接到通知后依法责令其办理变更登记或者吊销其营业执照。2015年年底前，暂停审批危化品道路运输企业，2015年6月30日前暂停审批经营性危化品道路运输专用车辆。

2. 严格运输工具准入管理，坚决清理不合格专用车辆。严格危化品道路运输专用车辆准入前材料审核和年度审验，禁止不合格专用车辆进入危化品道路运输市场。对未安装符合标准的卫星定位装置或卫星定位装置不能正常使用的专用车辆，对未安装卸料口安全防护装置、紧急切断装置的液体危化品罐式车辆，不予发放《道路运输证》；对已发放《道路运输证》但无紧急切断装置且无安全技术检验合格证明的液体危化品罐车，根据相关法律、法规规定不予通过年审，注销其《道路运输证》。

3. 严格从业人员准入管理，严查作假和制售假证行为。严把危化品道路运输从业人员考试与证件发放关，严禁考试和发证过程中弄虚作假、徇私舞弊等行为，对取得危化品运输从业资质人员开展资质确认考核，未通过的注销其从业资格。企业主要负责人和安全生产管理人员必须具备与本单位所从事的生产经营活动相应的安全生产知识和管理能力，并由主管部门考核合格；从事危化品道路运输的驾驶人员、押运人员必须持相应的资格证上岗。对考试和发证过程中弄虚作假、徇私舞弊等行为一律严肃处理；对制售假资格证书的犯罪行为，依据《刑法》严厉打击。

4. 严格专用车辆评级、维护、检测机构准入管理，严查只收费不维护、不检测行为。严把检测等机构人员、设备、管理资质条件关，严格审查专用车辆技术等级评定、车辆综合性能检测报告、二级维护出厂合格证。检测机构应当使用符合标准的设施、设备，严格按照国家有关技术检测标准对专用车辆进行检测，对出具的专用车辆检测报告负责，并对已检测专用车辆建立检测档案；专用车辆维护作业的维修企业，应按规定的作业规范进行作业，不得漏项或减项作业。对等级评定、车辆综合性能检测、二级维护中的只收费不检测等弄虚作假行为，按照有关规定予以严肃处理，对情节严重者，吊销其相关资质；对制作假公章的犯罪行为，依据《刑法》严厉打击。

（二）规范危化品道路运输企业安全管理。（交通运输部门负责，公安、工业和信息化、质监、安全监管部门配合）

1. 企业要切实落实主体责任，保证安全投入，排查事故隐患。危化品道路运输企业要加大安全投入，采取赎买、股份制改造等多种方式对原挂靠专用车辆进行清理，将专用车辆、聘用人员纳入规范化管理，坚决杜绝“挂而不管、以包代管、包而不管”行为。健全安全生产责任制、管理制度、操作规程，落实安全教育培训制度，切实抓好从业人员岗前培训、在岗培训和继续教育，并加强事故警示教育；落实危化品运输专用车辆维护、检测、使用和管理制度，健全专用车辆技术档案，确保专用车辆技术状况良好。加强对长期在外地经营的本企业危化品运输专用车辆和驾驶人的安全管理，确保从业人员培训到位，专用车辆维护检测到位。

2. 加强危化品运输专用车辆动态监管和驾驶人监管。危化品道路运输企业要完善监控管理制度，加强对卫星定位装置和监控平台的日常维护和技术保障，保持系统设备完好，确保专用车辆接入联网联控系统，实现专用车辆运行期间的实时监控和管理，及时发现和纠正营运驾驶员违法行为，规范驾驶行为，消除安全隐患。加强对长期在本地经营的异地危化品道路运输专用车辆和驾驶人的安全管理，将其纳入本地动态监管。

3. 加强应急演练，提高事故应急处置能力。危化品道路运输企业要认真组织编制具体的危化品道路运输事故应急预案，按规定办理备案手续，并将应急预案发放到相关专用车辆和从业人员，配备应急装备设施和物资，加强应急演练，确保发生危化品道路运输事故时，能发挥应急预案的作用。各级各部门要进一步加强危化品道路运输应急救援体系建设，完善交通事故急救通信系统，配足救援设备，完善应急救援预案，定期组织演练。

4. 加强危化品运输企业标准化工作，积极推进企业诚信体系建设。危化品道路运输企业要建立健全安全生产管理机构，严格执行安全生产管理制度，建立隐患排查治理体系，强化对专用车辆和驾驶人的安全管理，开展安全生产标准化建设并通过达标验收。以企业质量信誉考核、营运驾驶员诚信考核为手段，把标准化达标情况作为企业诚信评级的核心依据，建立健全道路运输企业诚信评价体系，定期公布企业诚信等级，并将诚信等级与企业生产经营许可、证照办理、项目核准等挂钩，促进企业实现安全生产自我约束、自我完善、自我提高的良性循环。

（三）打击非法违法危化品道路运输行为。

1. 打击非法承运危化品道路运输行为（交通运输部门负责，公安部门配合）。按照《道路危险货物运输管理规定》（交通运输部令 2013 年第 2 号）第 59 条、第 60 条、

第 67 条规定，依法取缔未取得道路危险货物运输许可、擅自从事道路危险货物运输的企业；严厉处罚使用失效、伪造、变造、被注销等无效道路危险货物运输许可证件、超越许可事项、非法转让或出租许可证件从事道路危险货物运输的行为；对运输企业擅自改装已取得《道路运输证》的专用车辆及罐式车辆罐体的，责令改正并处罚款。根据《危险化学品安全管理条例》（国务院令第 591 号）第 86 条，严厉处罚运输企业驾驶人员、押运人员未取得从业资格上岗作业的行为。

2. 打击非法违规经营充装危化品行为（安全监管部门负责，质监、工商部门配合）。对危化品生产、经营、储存企业开展全面检查，打击非法违规经营充装危化品行为。督促危化品生产经营单位认真落实安全生产主体责任，向承运人提供危化品安全技术说明书或其品名、危险特性、应急处置措施等材料，并对危化品流向进行登记。在发货或充装危化品时，做到“四必查”：必须查验车辆《道路运输证》、驾驶人、押运人员及装卸作业人员的从业资格证是否与承运货物相适应；必须查验压力容器是否在检验合格有效期内；必须查验车辆是否悬挂符合国家标准要求的标志；销售剧毒化学品、易制爆危化品的，必须查验相应的购买许可证件或证明文件。对不符合规定的，一律不得发货或充装。

3. 打击危化品罐车、罐体非法违规生产、改装行为（质监部门负责，工业和信息化、交通运输、工商、公安等部门配合）。质监部门负责加强对危化品罐车用罐体的检验工作，对出具虚假检验报告的，依法撤销其检验资质；对液体危险货物罐车未安装紧急切断装置以及罐体壁厚达不到标准要求、容量与标准不符的，一律不得出具合格检验报告；对危化品车用罐体产品获证企业生产加工加长加大罐体以及“小车大罐”“大罐小标”等非法违规生产、改装行为严厉打击。工业和信息化部门负责查处公告内罐式车辆生产企业私自定制生产、违法改装行为，对产品准入、一致性进行监督。交通运输部门负责查处机动车维修企业从事危化品专用车辆改装等非法行为。工商行政管理部门按照《道路交通安全法》第 103 条第三款的规定，根据有关部门通知，负责对有营业执照从事危化品专用车辆非法改装的企业依法吊销其营业执照。公安部门按照《道路交通安全法》第 94 条规定，负责对机动车安全技术检验机构的违法行为进行查处。

4. 打击道路危化品运输专用车辆违法违规行为（公安部门负责，交通运输、安全监管部门配合）。在危化品装载充装和发货的企业、站场出口或者周边道路设立执勤卡点，对危化品道路运输专用车辆出发上路前装载状况进行检查；依托交通安全执法服务站、超限检测站，对途经的危化品道路运输专用车辆严格检查。对发现的超速、超载、不按规定时间路线速度行驶、未悬挂或喷涂警示标志、疲劳驾驶、酒后和醉酒驾驶、吸毒后驾驶、无证运输或未随车携带通行证件、非法改装等交通违法行为，要依据《道路交通安全法》《危险化学品安全管理条例》的有关规定严格处罚。对非法改装伪装、非法灌装危化品、非法运输以及不具备从业资格的人员非法驾驶、押运危化品道路运输专用车辆等违规运输行为，要暂扣专用车辆，停放到指定的位置妥善监管，并移交交通运输部门依法处罚，同时由交通运输、安全监管等部门追究销售、灌装、运输、购买企业的责任。对液体危化品罐车未加装紧急切断装置的，在依法处罚的同时，移交道路运输证核发地的交通运输部门处理。

四、工作要求

全省危化品道路运输安全专项治理工作从 2015 年 2 月中旬开始到 2015 年 6 月底结束，7 月由省专项治理工作办公室组织对整个专项治理“回头看”，检查各市、各部门专项治理工作开展情况。现提出如下工作要求：

（一）加强组织领导。为加强对专项治理工作的协调督导，成立了危险化学品道路运输安全专项治理工作领导小组，办公室设在省交通运输厅。各级、各部门要加强对专项治理行动的领导，认真部署和扎实开展专项治理行动。各部门要按照职责分工，动员部署本行业、本系统迅速行动起来，真抓实干，不走过场。

（二）建立信息共享机制。交通运输部门和公安交管部门要建立危化品道路运输企业、专用车辆和从业人员电子信息管理共享机制，实现共享核查全省危化品道路运输企业、专用车辆以及驾驶人、押运人的从业资格证件、从业信息、交通违法和事故情况、继续教育记录等信息。各部门要建立打击非法违法“黑名单”信息数据库，实现“黑名单”数据共享。

（三）建立联动联查机制。专项治理办公室负责组织督导检查组采取“四不两直”明察暗访的形式，对危化品运输企业、运输专用车辆、罐车罐体生产改装企业、培训机构、检测机构、维护企业等违法违规问题深入调查，各部门各负其责、相互配合、联合执法，确保治理工作取得实效。

（四）及时上报专项治理工作开展情况。交通运输、公安、工业和信息化、工商、质监、安全监管部门每月初要将专项治理工作开展情况逐级上报本系统上级主管部门，省级主管部门汇总情况并每 2 个月报省专项治理办公室。省交通运输、公安、工业和信息化、工商、质监、安全监管局于 7 月 10 日前将专项治理工作总结报省专项治理办公室。

河北省人民政府关于促进融资性担保行业规范发展的意见

冀政字〔2015〕31号

各设区市人民政府，各县（市、区）人民政府，省政府有关部门：

为贯彻落实国务院促进融资性担保行业发展的工作部署，加快我省融资性担保行业规范发展，切实缓解小型微型企业和“三农”融资难、融资贵问题，促进大众创业，提出如下意见：

一、总体要求

坚持市场化运作，大力发展政府支持的融资担保和再担保机构，鼓励发展多种所有制形式的融资担保机构，进一步健全和完善融资担保体系，形成分工合理、优势互补、资源充分利用、运营科学规范、担保再担保结合、融资服务功能显著提高的发展格局，为小型微型企业和“三农”提供强有力的融资支撑。到2017年，全省融资性担保机构控制在500家左右，资本金总量达到600亿元以上，形成3000亿元以上的融资担保能力。

二、主要任务

（一）完善融资担保体系。

1. 加快组建省级融资性再担保机构。以省中小企业信用担保服务中心为主体，组建省级融资性再担保机构。发挥再担保机构的“稳定器”和“倍增器”作用，对市、县担保机构进行再担保，带动全省融资性担保体系建设。省级融资性再担保机构资本金2015年争取达到10亿元，2017年争取达到30亿元，具备较强的再担保能力，成为全省融资性担保体系中规模大、信用等级高、运作规范、服务范围广的机构。（省工业和信息化厅、省财政厅、省国资委等部门负责）

2. 做强市级融资性担保机构。以设区市政府主导的融资性担保机构为主体，建设市级核心融资性担保（再担保）机构，发挥上下连接的融通作用，采取直接担保、联保、分保等多种经营方式，与县级融资性担保机构联合运营。市级核心融资性担保机构资本金2015年达到3亿元以上，2017年达到5亿元以上，形成辐射带动所属县（市、区）融资性担保机构的能力。（各设区市政府负责）

3. 做实县级融资性担保机构。以县（市、区）政府主导的融资性担保机构为主体，规范运营管理，以直接担保为主，创新服务产品和服务方式，为小型微型企业和“三农”融资提供多样化服务。县级融资性担保机构资本金2015年达到1亿元以上，2017年达到3亿元。（各县（市、区）政府负责）

4. 多渠道筹集担保资本金。实施多元化投资，以政府资金为主导，鼓励支持企业和个人投资建立融资性担保机构，鼓励国内外投资机构在我省设立融资性担保机构，形成以国有资本为主的政策性融资性担保机构为骨干，商业性担保机构为补充的格局。社会资本和国内外投资机构出资设立的融资性担保机构，与国有资本设立的融资性担保机构享受同等待遇。（省工业和信息化厅、省商务厅等部门负责）

（二）规范融资性担保机构行为。

1. 突出担保主业。融资性担保机构要聚集主业，针对小型微型企业和“三农”轻资产、少资产的特点，开发适应其多元化、多层次融资需求的担保产品和业务模式，为小型微型企业和“三农”提供丰富的融资产品和优质的融资服务。（省工业和信息化厅等部门负责）

2. 坚持合规经营。融资性担保机构要依法合规使用资本金，不得违规挪用和抽逃。严格保证金管理，不得高额收取、挪用或占用客户保证金；严格规范收费，不得收取担保费以外的其他费用；严格贷款流向管理，不得占用客户贷款。收取担保费要坚持收益覆盖风险的原则，对小型微型企业和“三农”要实行低收费，政府主导的融资性担保机构担保费率不超过银行同期利率的50%。不得高收费、乱收费，变相抬高融资成本。风险底数不清、风险隐患较大的地区可暂停行政区域内融资性担保机构开展民间融资担保业务。（省工业和信息化厅、省金融办、河北银监局、人民银行石家庄中心支行等部门负责）

3. 完善信息披露制度。融资性担保机构要及时向银行业金融机构和有关部门报送真实准确的财务、项目等信息，并接受银行业金融机构和有关部门的监督，提高业务经营透明度，实现互信合作。（省工业和信息化厅、河北银监局、人民银行石家庄中心支行等部门负责）

4. 加强行业自律。充分发挥省融资性担保业协会作用，提供业务培训，推动信用评级，促进信息共享，规范行业内部竞争行为，培育行业文化，防范行业风险。（省工业和信息化厅负责）

（三）完善银担合作机制。

1. 为银担合作创造条件。研究制定银行业金融机构与融资性担保机构合作及融资性担保机构信用评级等相关指导意见，组织符合条件的第三方信用评级机构对融资性担保机构进行信用评级，为银行业金融机构与融资性担保机构创造评价客观、信用透明的合作条件。（河北银监局、人民银行石家庄中心支行、省金融办、省工业和信息化厅等部门负责）

2. 建立利率风险定价机制。银行业金融机构要研究建立与融资性担保机构合作的贷款项目利率风险定价机制，制定与融资性担保机构合作的具体操作规程，规范合作方式和风险控制。对运作规范、信用良好、资本实力和风险控制能力较强的融资性担保机构承保的小型微型企业和“三农”项目，优先提供信贷支持。（河北银监局、人民银行石家庄中心支行、省工业和信息化厅、省金融办等部门负责）

3. 建立风险比例分担机制。按照风险与收益对等的原则，银行业金融机构对不同资信等级的融资性担保机构建立相应的风险比例分担机制，对融资性担保机构承担全部风险责任的贷款利率不上浮或少上浮，促进银行、担保机构、贷款企业三方共赢。（河北银监局、人民银行石家庄中心支行、省工业和信息化厅、省金融办等部门负责）

4. 鼓励银担互利合作。支持银行业金融机构选择符合条件的融资性担保机构作为助贷机构，建立长期稳定的战略合作关系。对与融资性担保机构有效合作、大幅度增加小型微型企业和“三农”信贷投入的银行业金融机构，各级政府采取给予风险补偿金等方式予以鼓励。（各设区市、县（市、区）政府，省工业和信息化厅、省财政厅等部门负责）

5. 改进对金融机构的监管。银行业金融机构监管部门提高对涉及小型微型企业和“三农”的贷款不良率容忍度，对符合条件的小型微型企业和“三农”融资担保贷款，可不列入存贷比考核范围，对银行不承担风险或只承担部分风险的，按照实质重于形式的原则，根据实际承担风险情况，合理进行风险计量和拨备计提。（河北银监局、人民银行石家庄中心支行、省金融办等部门负责）

（四）加大政策扶持力度。

1. 建立风险补偿和资本金补充机制。各级政府每年应安排专项资金，用于对政府出资的融资性担保机构资本金补充和融资性担保机构风险补偿，重点支持法人治理结构完备、为小型微型企业和“三农”融资业务提供担保服务、风险控制能力强、社会效益好的融资性担保机构。（各设区市、县（市、区）政府，省工业和信息化厅、省财政厅等部门负责）

2. 落实税收优惠政策。对符合免税条件的融资性担保机构，免征 3 年营业税；融资性担保机构实际发生的代偿损失，可冲减担保赔偿准备，不足冲减部分据实在企业所得税税前扣除。（省地税局、省国税局、省工业和信息化厅等部门负责）

3. 规范抵（质）押物登记。融资性担保机构开展担保业务涉及房产、土地、车辆、船舶、设备和其他动产、股权、商标专用权等抵押物登记和出质登记，有关登记主管部门要依法为其办理相关登记手续。融资性担保机构可以依法查询、抄录或复印与担保合同有关的客户登记资料，有关登记主管部门要提供便利。在办理有关抵押物登记、出质登记过程中，融资性担保机构可以与被担保企业协商确定抵（质）押物的价值，也可商请有关单位依法评估，有关部门不得指定评估机构对抵（质）押物进行强制性评估。融资担保机构要积极探索用仓单、林权、应收账款、知识产权等进行质押，开展信用无抵押。（省住房城乡建设厅、省公安厅、省国土资源厅等部门负责）

4. 依法公开各种信息。有关部门要依法公开政府信息和掌握的企业、个人信用信息，方便融资性担保机构查询和使用。信息主要包括工商部门的市场主体登记备案、股权出质、动产抵押物登记等信息，银行业金融机构的企业信贷信用信息，国土资源部门的土地登记资料、登记结果等信息，房产管理部门的房屋登记信息，公证机构的财产抵押登记信息，法院的企业和个人信用信息，其他部门掌握的企业和个人信用信息。（人民银行石家庄中心支行、省工商局、省国土资源厅、省住房城乡建设厅、省法院等部门、单位负责）

三、保障措施

（一）强化政府主导。各级政府要加大对融资性担保机构的投入，组建政府控股或参股的担保机构，使政府出资设立的担保机构成为融资担保的主力军。（各设区市、县（市、区）政府，省财政厅、省工业和信息化厅等部门负责）

（二）加强组织协调。进一步完善省融资性担保业务监管联席会议制度，定期研究协调融资性担保行业发展中的重大问题，向省政府提出有关对策建议；密切关注整个行业的经营状况、风险动态等情况，完善应对预案，切实防范风险；指导各设区市、县（市、区）政府对融资性担保业务进行监管和风险处置。（省工业和信息化厅、省金融办、省融资性担保业务监管联席会议成员单位等部门负责）

（三）落实监管责任。各地要按照国务院和省政府的工作部署，建立健全管理体制，加强对行政区域内融资性担保机构的监管，守住风险底线，及时报告和妥善处置发生的重大风险事件。严格准入和退出机制，切实加强事中和事后监管，促进融资性担保机构依法合规经营。加快实施分类监管，充分运用信息化手段，提高监管效率。（省工业和信息化厅、省金融办，各设区市、县（市、区）政府负责）

（四）完善考核机制。对政府出资的融资性担保机构，调整考核指标结构和权重，完善风险控制指标，削减单纯的盈利性指标，增加服务小型微型企业和“三农”的成效指标，力争做到保本微利。（省国资委、省财政厅等部门负责）

（五）加强监管队伍建设。各级监管部门要明确专职监管人员，根据行政区域内融资性担保机构的监管需要，合理配置力量。要会同有关部门切实加强融资性担保机构从业人员培训，重点强化高管人员培训，全面提高从业人员素质。（省工业和信息化厅，各设区市、县（市、区）政府负责）

河北省人民政府

2015 年 5 月 20 日

河北省人民政府关于加快发展服务贸易的实施意见

冀政发〔2015〕21 号

各设区市人民政府，省直管县（市）人民政府，省政府各部门：

为贯彻落实《国务院关于加快发展服务贸易的若干意见》（国发〔2015〕8 号），提升我省服务贸易的规模和效益，优化外贸产业结构，转变外贸发展方式，加快形成货物出口与服务出口并举的格局，提出如下实施意见：

一、加快调结构转方式

以体制机制创新为动力，以调结构、转方式、培育外贸竞争优势为目标，构建服务贸易新载体，培育服务贸易新业态，拓展服务贸易新领域，促进服务贸易集聚发展，形成服务业与服务贸易、货物贸易与服务贸易协调融合发展的格局。到 2017 年，全省服务贸易规模不断扩大，年增长率保持在 17% 以上；到“十三五”末，全省服务贸易总额突破 100 亿美元，服务贸易占货物贸易的比重逐步提高至 10% 以上。

二、科学规划战略布局

结合我省区位优势和产业特点，实施“规划建设四个服务贸易功能区”“重点培育双二十基地”和“沿海与内陆错位发展”的服务贸易发展布局。服务贸易功能区，即规划建设北戴河新区、曹妃甸综合保税区、黄骅港综合保税区和石家庄空港综合保税区 4 个省级服务贸易功能区，加快发展与综合保税区、出口加工区有紧密联系的国际物流、结算、分销等方面的服务。“双二十基地”，即以我省产业聚集区为基础，培育曲阳石雕、吴桥杂技、武强乐器、承德旅游、石家庄动漫产业基地等 20 个特色服务出口基地，促进服务贸易集聚发展；支持河北经贸大学等 20 个培育基地加快培养和引进专业人才和管理人才，保障服务贸易发展对人才的需求。沿海与内陆错位发展，即沿海与内陆地区重点发展各自比较优势的港口和以现代信息技术为核心的服务贸易领域。

三、促进服务业对外开放

积极探索对外商投资实行准入前国民待遇加负面清单的管理模式，力求在融资租赁担保和小额贷款等金融服务业、节能环保、医疗健康养老等现代服务业领域寻求突破。强化引进服务业跨国公司，推动商业存在模式的服务贸易发展。加强与阿里巴巴、深圳华为、美国微软等国内外500强等重点服务业企业合作，鼓励在冀设立运营、研发、采购、分销、物流、品牌等具有贸易营运和管理功能的总部或分部。加强人员流动和国际交流合作，为专业人才和专业服务“引进来”和“走出去”提供便利。积极参与内地与港澳服务贸易自由化。推动与台湾服务业合作与交流。

四、加快发展现代服务贸易

大力实施“互联网+”战略，加快发展基于“大物移云”等新技术的服务产业，推动软件和信息技术服务出口企业做大做强。健全现代技术贸易促进体系，加快发展科技服务和技术出口，鼓励企业引进技术消化吸收再创新。培育完善信用、快递物流、支付等电子商务支撑体系。大力发展金融产业，加快建设现代金融市场体系。加快开发保险和再保险市场，推进责任保险、出口信用保险业务创新。优化租赁服务结构，提高租赁在航空、船舶、大型设备等领域的渗透率。加快发展环境及节能服务，积极推进环保工程设计、咨询、污染治理、设施运营、节能审计等领域的国际交流与合作。

五、推动服务贸易转型升级

加快培育和发展国际商务、度假等高附加值旅游服务，推动旅游服务跨境交付，鼓励发展旅游电子商务。巩固和开拓境外劳务市场，鼓励采用特许经营、项目融资等国际通行方式开展国际工程承包。积极化解过剩产能，大力推进钢铁、建材、轻纺等行业的研发、设计、技术培训、企业管理等服务出口。开拓工程设计、监理等建筑服务市场。发展交通运输、现代物流和供应链管理服务，加快建设综合运输网络，完善跨国（境）物流管理政策和配套服务。积极发展第三方物流，鼓励现有运输、仓储、货代、联运、快递企业整合功能和延伸服务。大力发展会展服务，积极引导有国际影响力的展会落户我省。推动商贸服务业转型升级，建设一批集展贸直销、电子商务、信息发布、物流配送、融资结算等服务于一体，面向国内外市场的服务平台。

六、加快发展服务外包

以省级服务外包示范城市为核心，以示范园区为支撑，以产业基地和重点企业为依托，积极承接离岸服务外包业务；引进国（境）投资商到我省注册服务外包企业开拓在岸外包市场。巩固扩大信息技术外包，拓展做大业务流程外包，培植发展知识流程外包，构筑特色鲜明、错位互补的服务外包产业发展格局。结合我省产业特点，加快发展软件研发设计、物流服务、会展服务、采购与营销服务、人力资源服务等生产性服务外包。

七、扩大文化贸易规模

建设文化贸易公共服务平台，培育文化贸易基地，扩大服装设计、出版物、美术品、广告、动漫、网络游戏等文化创意产业相关贸易进出口。拓展杂技、武术、乐器、石雕、民间工艺品出口市场。促进广播影视服务贸易发展，鼓励有条件的新闻出版企业在境外兴办实体。以体育劳务、技术培训等为基础，逐步扩大国际体育服务规模。

八、发展社会公共服务

加快发展国际医疗和生物医药服务，以生物技术和生命科学发展为依托，加快培育健康服务贸易链条。鼓励省内医疗健康服务机构与国际知名医疗服务机构合作。充分发挥中医药的特色和优势，大力发展中医药服务贸易。鼓励引进境外优质教育资源，支持省内教育机构提高教育服务创新能力，开发有比较优势的国际化教育服务项目，鼓励扩大来冀留学生规模。积极推动会计、法律、广告代理、检测认证、品牌价值评估等专业服务对外交流。

九、做大做强市场主体

扶持武强金音乐器（集团）有限公司、金大陆文化产业集团、吴桥龙之传奇杂技演出有限公司、曲阳宏州大理石工艺品有限公司等一批龙头企业。支持河北出版集团、河北商务港、秦皇岛火柴盒等有条件的企业通过兼并、联合、重组、上市等多种方式扩大规模和壮大实力，培育成有较强国际竞争力的大型服务贸易企业或跨国公司。引导和支持康泰医学、吴桥龙之传奇、河北玛雅影视等企业创立“河北服务”品牌。支持服务贸易企业建立工程（技术）中心、重点实验室、技术创新平台和合作联盟，提升自主研发和创新能力。支持中小型服务业企业开展对外业务。推动加工贸易转型升级，鼓励传统制造企业向制造服务型企业转型，由单一出口产品转向提供全过程的服务链支持。支持生产性企业设立专业服务机构，在优势领域开展社会化服务。

十、推动市场布局多元化

稳定扩大港澳台市场，推动与美、欧、日、韩等发达国家（地区）服务贸易发展，实现高附加值的服务进出口增长。积极拓展新兴市场，扩大对东盟、中东、俄罗斯、拉美、非洲等国家（地区）的技术、电信和建筑工程承包服务出口，提高其在服务贸易总额中的比重。支持有条件的企业设立境外分支机构和研发中心、拓展境外业务、发展国际营销网络。支持企业参与投资、建设和管理境外经贸合作区。鼓励企业建设境外保税仓，积极构建跨境产业链，带动国内劳务输出和货物、服务、技术出口。

十一、建设服务贸易促进平台

加快建设河北服务贸易网等平台的服务贸易促进功能。引导企业参加香港服务贸易洽谈会、德国科隆游戏展、中国（北京）国际服务贸易交易会、中国（上海）国际技术进出口交易会、中国（深圳）国际文化产业博览交易会、中国（北京）文化创意产业博览交易会、中国国际软件和信息服务交易会等专业性展会，积极推介“河北服务”品牌。逐步推动在中国进出口商品交易会、中国国际高新技术成果交易会、中国加工贸易产品博览会等展会增设服务贸易展区。充分利用对外交流合作等平台，搞好对外宣传、信息咨询、品牌推广、市场拓展等服务。

十二、打造跨境电子商务平台

推动河北晨邦集团的“冀商通”、秦皇岛火柴盒公司的“长城 E 贸”等省内跨境电子商务平台加速建设运营。支持具有自主知识产权的产品和服务通过电子商务参与国际竞争。支持面向跨境贸易的多语种电子商务平台建设，促进面向全球产业链协作的跨境电子商务服务发展。强化省内商品国际采购中心的国际电子交易支撑能力。鼓励电子商务企业为中小企业提供电子单证处理、报关、退税、结汇、保险、融资、物流等“一站式”服务，提高中小企业开拓国际市场的能力。扩充国际转口贸易、国际物流、中转服务、研发、国际结算、分销、仓储等功能。

十三、深化与京津的合作

建立京津冀服务贸易工作联系机制，重点开展金融合作，在投融资、委托管理、联合共建等方面扩大合作范围。开展服务外包深层次合作，共同拓展海外业务。开展会展业交流与合作，促进三地会展经济协调发展。促进区域协调发展，秦皇岛、唐山、沧州优先发展与国际港口运输有关的服务；石家庄、保定、廊坊重点发展计算机信息、科技、医药、文化等领域的服务贸易；邯郸、邢台、衡水重点发展建筑、安装及劳务承包服务；张家口、承德重点发展旅游服务。鼓励各市依靠制造业转型升级对服务业的巨大需求，加快提升物流、设计研发、信息咨询、电子商务等生产性服务贸易发展水平，实现制造业和服务业、货物贸易和服务贸易协调发展。

十四、扩大税收支持范围

落实国家服务业营业税改征增值税的改革措施，扩大适用出口退税政策的应税服务范围。鼓励符合条件的服务贸易企业申报高新技术企业，对符合条件的高新技术企业，减按 15% 的税率征收企业所得税政策。对国家重点鼓励的文化产品出口实行增值税零税率。对国家重点鼓励的文化服务出口实行营业税免税。对纳入增值税征收范围的文化服务出口实行增值税零税率或免税。结合全面实施“营改增”改革，对应税服务出口实行增值税零税率或免税政策，鼓励扩大服务出口。探索推广自贸区国地办税一窗化、缴税方式多元化、出口退税无纸化、税银征信互动化、风险提示国别化的做法和经验。

十五、加大财政扶持力度

统筹现有服务贸易发展相关资金，加大对服务贸易发展的支持力度，进一步优化资金安排结构，突出政策支持支重点，完善和创新财政资金使用方式，拓宽融资渠道，改善公共服务。加大对技术、专利、信息等急需的生产性服务进口的支持。综合运用多种政策手段，对服务企业服务出口、境外投资、营销渠道建设、市场开拓、公共服务平台建设、人才培养等方面给予支持。

十六、强化金融保障

鼓励符合条件的服务贸易企业在资本市场挂牌上市。充分运用短期融资债券、中期票据、中小企业集合债券等渠道进行融资。鼓励金融机构创新金融产品和服务，开展供应链融资、仓单质押贷款、融资租赁等业务。鼓励政策性金融机构在现有业务范围内加大对企业开拓国际市场、开展国际并购等业务的支持力度，支持服务贸易重点项目建设。鼓励保险机构创新保险品种和保险业务，探索、研究更便捷的外贸汇率避险险种，在风险可控的前提下采取灵活承保政策，简化投保手续。鼓励服务类企业通过与国内外制造型企业联合，实现跨国经营。

十七、提升便利化水平

建立和完善与服务贸易特点相适应的通关管理模式，开辟通关“绿色通道”，在保证有效监管的情况下，为以实物载体形式出口的服务提供通关便利。支持服务贸易企业采用出口收入存放境外等方式提高外汇资金使用效率。简化跨境人民币结算手续和审核流程，提升结算便利，降低汇率风险。对企业申请进入国际市场所必需的资质认证，给予适当支持。积极为服务贸易企业各类人才进出境及服务贸易企业员工境外工作提供办理证照、签证以及通关的最大便利。简化外汇审核流程手续，在企业开户、收支、结售汇、融资等方面提升结算便利，降低汇率风险。支持金融机构针对服务贸易的特点，设计符合企业需求的外汇产品，在外汇期限、币种、利率以及汇率风险防范等方面加大支持力度。

十八、健全工作机制

建立由主管副省长任组长，省商务厅、省发展改革委等省有关部门负责同志参加的省服务贸易工作领导小组，定期研究服务贸易领域的重大事项和专项促进政策，编制服务贸易发展规划和《河北省服务出口重点领域指导目录》，确立主导行业和发展重点，宣传服务贸易发展政策。各地也要建立相应的工作协调机制，推动本地服务贸易发展。完善统计体系，建立与省外汇管理局、省统计局服务业统计数据对接通用、信息共享的数据标准，以“河北服务贸易网”为技术和信息平台，建立河北服务贸易数据库。研究完善运输服务、软件出口、文化贸易、服务外包、技术进出口等服务贸易专项业务统计，提高发展服务贸易决策的水平和能力。

十九、强化人才培养

支持高等院校建立服务贸易人才培育基地，加快培养和引进金融、会计、法律、评估、保险、信息、商务中介等服务贸易急需的专业人才和管理人才。充分发挥省引进高层次人才“一站式”服务平台作用，对高层次服务贸易人才在落户、子女入学、外籍高端人才办理在华永久居留等方面提供便利。推动高等学校、职业院校服务贸易实务学科建设，加快培养服务贸易专业人才。

二十、优化发展环境

清理规范服务贸易领域的不合理收费项目，对现有的行政事业性收费项目，凡国家和省规定收费标准有上下浮幅度的，一律按下限征收。积极推进服务业企业节约集约利用土地，盘活存量用地，提高土地利用率，支持利用工业、仓储等用房、用地兴办符合规划的服务业，涉及原划拨土地使用权转让或改变用途的，经批准可采取协议出让方式供应。加强知识产权能力建设，引导服务贸易出口企业提升知识产权创造保护能力，积极应对国际知识产权纠纷，维护企业权益。建立完善服务贸易领域标准体系。支持服务贸易协会等社会组织建设，规范行业竞争，指导企业履行社会责任。

各市、县（市、区）政府及省有关部门要按照实施意见要求，抓紧制定具体的实施办法，力争使本地的服务贸易特色优势产业持续快速发展。

河北省人民政府

2015 年 5 月 28 日

河北省人民政府关于促进海运业健康发展的实施意见

冀政发〔2015〕22号

各设区市人民政府，各县（市、区）人民政府，省政府各部门：

为贯彻落实《国务院关于促进海运业健康发展的若干意见》（国发〔2014〕32号）精神，充分发挥我省海运业对京津冀协同发展和河北沿海地区率先发展的服务保障作用，加快推进21世纪海上丝绸之路、互联互通和海上河北建设，提出如下实施意见：

一、总体目标

按照全面建成小康社会的要求，到2020年，基本建成与公路、铁路、航空等其他运输方式相协调，安全、便捷、高效、绿色、具有较强竞争力的现代海运产业体系，实现海运业企业规模化、管理现代化、船舶大型化、运输专业化目标。海运船舶运力达到500万载重吨以上。海运业抗风险能力整体增强，服务能力显著提升，对国民经济增长的贡献率明显提高，基本适应京津冀协同发展和我省国民经济发展需要。

二、重点任务

（一）加快建设现代海运船队。

1. 着力提升海运船队规模。加大财税扶持力度，重点支持海运龙头企业通过低成本扩张、跨行业发展等方式做大做强，努力培育具有较强国内外竞争力的海运集团，打造河北海运品牌。引导中小海运企业通过租赁、联合、兼并、收购等方式实现规模化发展，增强市场竞争力和抗风险能力。鼓励海运企业新建或购买船龄低、技术先进的船舶，扩大船舶运力规模，服务沿海港口发展。（省交通运输厅牵头负责，省发展改革委、省财政厅配合）

2. 不断优化海运船队结构。严格执行国家船舶强制报废制度，落实国家鼓励老旧运输船舶和单壳油轮提前报废更新政策。秦皇岛、唐山、沧州市政府可根据实际制定新的鼓励政策。加快淘汰老旧运输船舶，鼓励建造符合国际新规范和新标准的节能环保船舶，优化船队结构，提升海运业市场竞争力。加快建设与我省港口发展相适应的干散货船、油船、集装箱船等专业化船队。（秦皇岛、唐山、沧州市政府牵头负责，省财政厅、省工业和信息化厅、省交通运输厅配合）

3. 努力建立长效合作机制。利用我省港口煤炭、铁矿石、原油等货种优势，引导海运企业与货主加强合作，签订长期稳定的运输合同，以资本为纽带，共同拓展市场，形成风险共担、互利共赢的合作机制，提高重点物资的省内承运保障能力。推动货主与贸易商合作，采用有利于优化全程运输组织和监控的海运国际贸易合同，促进海运服务贸易进出口平衡发展。（省交通运输厅牵头负责，省发展改革委、省国资委配合）

4. 加快建设绿色海运。开发绿色技术，推广靠港船舶岸电技术、大型设备油改电技术。鼓励使用清洁替代能源，开展 LNG（液化天然气）动力船舶、大型港口设备清洁能源试点。落实水运节能减排方案，健全船舶能源消耗管理体系，完善海运节能减排和环境保护监测、考核制度。（省交通运输厅牵头负责，省财政厅、省科技厅、省环境保护厅、河北海事局配合）

（二）大力拓展现代海运服务业。

1. 完善现代海运服务业体系。推动海运服务业转型升级，在推进船舶代理、货运代理、船舶管理、无船承运、船舶港口供应、船员劳务等传统海运服务产业发展的基础上，大力发展海运金融、海运保险、海运法律服务、海运信息、海运交易、海运经纪等高端海运服务业。探索成立我省航运交易所，鼓励海运（服务）企业、港口企业由传统企业向现代物流供应商转型升级。加快建立市场化运作的海运发展基金，吸收社会资本参与，促进我省海运业持续健康发展。（省交通运输厅牵头负责，省金融办、河北银监局、河北保监局、河北海事局配合）

2. 积极拓展港口服务能力。适应船舶大型化、专业化发展需要，推进专业化泊位、深水航道等港口基础设施建设，完善港航集疏运体系，构建路、港、航综合运输体系，吸引货物从我省沿海港口下水、上岸。通过资本合作，整合省内集装箱泊位资源，提升经营管理效率，降低社会物流成本，增强市场竞争力，提升港口集装箱运输发展水平。深入开展“阳光引航”服务，实施科学引航，提升港口拖轮作业效率，提供优质的港口服务。（省交通运输厅牵头负责，省发展改革委，秦皇岛、唐山、沧州市政府配合）

3. 提升海运口岸信息化水平。加快交通电子口岸平台建设，构建“政府主导、企业参与”的河北海运业综合信息服务平台，实现与国家海运业综合信息服务平台对接，推进资源共享，提高智能化水平。加快推动河北省进出境船舶联合查验单一窗口系统建设，提升海运口岸通行便利化。（省交通运输厅牵头负责，省发展改革委、省工业和信息化厅、省财政厅，秦皇岛、唐山、沧州市政府配合）

（三）努力提升海运业发展环境。

1. 推进海运服务中心建设。秦皇岛、唐山、沧州市要加大资金投入，加快建设海运服务中心，完善服务设施，优化业务流程，提升办事效率，实行一站式通关、全方位服务。海运服务中心实施省、市共建，政府主导、市场运行。发挥秦皇岛海运煤炭交易市场服务优势，整合相关口岸部门资源，率先建设海运服务中心，集聚航运要素，完善航运产业链。规范海运行政事业性收费，清理不合理的服务收费，公布收费项目

清单，切实减轻企业负担。（秦皇岛、唐山、沧州市政府牵头负责，省发展改革委、省财政厅、省交通运输厅配合）

2. 强化海运市场监管。加强海运企业经营资质和安全监管，建立健全经营资质、安全监督检查和预警制度。强化诚信管理体系建设，健全海运信用分类监管、信用约束制度，建立海运企业诚信档案。推动港航、海事联合执法，加强协同监管，实行海运企业、船舶、船员等信息共享，形成长效机制，严厉打击无证经营、超范围经营等海运违法行为。优化沿海货运船舶边防治安管理，简化办理流程，压缩办理时限，采取有力措施方便群众。（省交通运输厅牵头负责，省公安厅、河北海事局配合）

3. 营造良好金融环境。拓宽海运业投融资渠道，鼓励金融机构对海运企业给予信贷支持，扩大信贷规模，延长贷款期限，开展船舶融资租赁业务，对在建船舶实施抵押贷款。鼓励保险机构开展船舶保险、水路客运承运人责任保险等海运保险业务。（省金融办牵头负责，河北银监局、河北保监局、省交通运输厅、省工业和信息化厅配合）

4. 加强海运人才队伍建设。鼓励我省高等学校开设海运相关专业，优化专业设置，为海运发展提供人才储备。对航海、轮机等艰苦海上专业学生予以学费补助。加快发展海员现代职业教育，深化产教融合、校企合作。强化船员队伍培训，大力发展船员服务及外派业务，促进劳动力转移就业。规范船员服务管理，有效保护船员合法权益。研究制定海运专业人才引进、培养激励政策。（省教育厅牵头负责，省财政厅、省人力资源社会保障厅、省交通运输厅、河北海事局配合）

5. 加强京津冀区域发展协作。充分利用京津冀协同发展优势，争取国家相关部委对京津冀海运协同发展的支持，强化区域海运发展合作，实现港航企业资质互认、船舶检验审图互认、相互间检验委托、行政执法协作和监管信息共享，共同打造海运发展区域统一市场，服务京津冀海运业协同发展。（省交通运输厅牵头负责，省发展改革委配合）

6. 充分发挥行业协会作用。加快培育和发展我省海运行业协会，制定海运业经营规范和服务标准，建立行业诚信监督、约束机制，提高行业诚信水平。对会员的经营行为和服务质量进行自律性管理。（省交通运输厅牵头负责，省民政厅配合）

7. 营造良好税收环境。做好中小海运企业一般纳税人认定工作，完善海运企业增值税专用发票的管理使用，进一步提升纳税服务水平。（秦皇岛、唐山、沧州市政府牵头负责，省国税局、省地税局、省交通运输厅配合）

三、保障措施

（一）加强组织领导。各级各有关部门要高度重视和支持海运业发展，加强组织领导，明确责任分工，建立部门联动工作机制，及时协调解决海运业发展的重大问题。秦皇岛、唐山、沧州市政府要成立促进领导小组，负责推进本市海运业健康发展工作。

（二）加大扶持力度。努力争取国家加大对我省海运业发展的支持力度，优化船舶运力结构，发展清洁船舶。各级财政、金融等部门，要根据本实施意见在财税政策、金融保险等方面，研究制定配套的海运发展扶持政策，引导和鼓励海运业健康发展。

（三）明确责任分工。各级各有关部门要充分认识海运业对区域经济发展的保障服务作用，统筹协调，密切配合，形成发展合力。秦皇岛、唐山、沧州市政府要结合本地实际抓紧制定具体实施办法。

（四）加大宣传和培训力度。充分发挥新闻媒体的作用，加大对我省海运业的宣传推介力度，提高我省海运业影响力。各级港航管理部门要制定各类海运人才培训计划，有重点、分层次培训各类专门人才，为我省海运业健康发展提供人才资源。

河北省人民政府

2015 年 5 月 29 日

河北省人民政府关于加快推进“互联网+”电子口岸建设的实施意见

冀政发〔2015〕35号

各设区市人民政府，省直管县（市）人民政府，省政府各部门：

为贯彻落实《国务院关于印发落实“三互”推进大通关建设改革方案的通知》（国发〔2014〕68号）、《国务院关于改进口岸工作支持外贸发展的若干意见》（国发〔2015〕16号）和全国口岸工作座谈会会议精神，加快我省电子口岸建设步伐，提高口岸通关效率，提升贸易便利化水平，结合我省实际，提出如下实施意见：

一、发展目标

2015年年底前，搭建电子口岸基础平台和门户网站，统一数据交换标准和技术规范体系，完成与主要共建单位数据交换接口的横向互联，重点开发口岸信息查询、关检合作“三个一”、舱单申报、出入境人员联网监测等应用系统，确保平台正式上线运行，具备国际贸易“单一窗口”和跨境电子商务的主要功能，并实现与中国电子口岸的互联互通。

到2016年年底，进一步完善电子口岸基础支撑平台，重点开发进出境船舶（飞行器）联检和多式联运等应用系统，建立电子口岸指挥监控中心，把河北电子口岸建成具有一个“门户”入网、一次认证登录和大通关“一站式”服务等功能，符合国际贸易“单一窗口”建设管理规则和通行标准的平台，并实现与京津及周边省（区、市）电子口岸的互联互通。

到2017年年底，重点开发区港联动和口岸金融等服务项目，形成对口岸管理和政府相关部门及口岸经营单位、外贸企业、物流基地大通关流程全覆盖，集口岸通关执法管理及相关物流商务服务为一体的大通关、大物流、大外贸统一公共信息平台，构建与国民经济和对外贸易发展相适应的口岸通关软环境。

二、主要任务

（一）制定电子口岸建设方案并组建运营实体。研究制定电子口岸建设方案，明确主体框架、建设内容、进度安排、资金预算和安全保障体系，报请省政府批准后实施。由省政府口岸办牵头，会同省财政、工业和信息化、国有资产监管等部门，选择信息化行业运营经验丰富、专业技术力量较强的省属国有企业作为发起人，组建河北省电子口岸发展股份有限公司，积极吸纳港口、机场和内陆港等相关口岸经营单位投资参股，在突出政务性、公益性、服务性的前提下，严格按照《中华人民共和国公司法》规定，建立和完善公司法人治理结构。要着力创新建设模式，按照“硬件外包、软件自采”的原则，通过 PPP（公私合作模式）、政府购买服务等方式，严格执行招投标程序，加快推进系统平台开发建设，最大限度降低建设成本、缩短开发周期。

（二）搭建门户网站和综合信息服务平台。以国际互联网为依托，建立电子口岸门户网络平台，并设立口岸资讯、信息查询和业务办理等功能索引，口岸管理等相关部门、口岸经营单位通过专线与平台相连，外贸企业通过“单一窗口”门户网站办理相关业务，为各类用户提供线上服务。以海关、检验检疫、海事、边检、港口、机场、内陆港等单位通关物流状态信息及相关部门信息资源为基础，整合运输工具动态信息、集装箱信息、货物进出港和装卸等作业信息，形成完整的通关及物流状态综合信息库、外贸企业综合资信库和政策法规资讯库，实现全省口岸管理等相关部门资源共享和联网监管，为口岸经营单位和外贸企业及时掌握通关申报各环节状态、合理安排物流作业、全面了解口岸资讯及促进贸易便利化提供优质、高效和便捷服务。

（三）推进业务应用项目开发建设。积极推进大通关“一站式”服务和作业无纸化工作进程，重点开发跨部门综合性大通关服务应用项目，建设具有网上报关、报检、贸易许可、结汇和退税等功能及便利跨境贸易电子商务的综合服务平台。围绕大通关“单一窗口”服务，开展关检合作“三个一”和进出境运输工具、舱单、进出境人员信息等“一次录入、分别申报”项目建设。围绕海关特殊监管区域政策调整和跨境电子商务快速通关等要求，积极开展跨境电子商务服务等配套项目建设。围绕促进现代物流业发展，推动口岸管理部门和运输单位间的业务协同，开展多式联运、电子装箱单、电子提货单、网上订舱、堆场联网、仓库联网和口岸综合信息查询等项目建设，实现通关环节和物流、商务、支付环节的信息交换、流程衔接、协同处理。

（四）建立健全平台基础支撑体系。充分运用云计算、物联网、大数据等新一代信息技术，按照既保障平台数据安全、又方便企业用户使用，同时兼顾可扩展、可管理和可用性的原则，通过采用私有云和公有云混合使用的方式，搭建电子口岸设备和网络硬件系统，建立同城备份机房和异地容灾中心，形成与口岸大通关业务相配套的网络环境，满足保安全、大容量、高速度的便利化通关要求。建设电子口岸指挥监控中心，建立信息展示管理控制系统，综合展示全省口岸通关监管现场视频监控图像和业务系统数据动态信息，为口岸管理等相关部门监测分析、执法调度大通关业务搭建监控平台。建立电子口岸数据存储交换和身份认证系统，对大通关涉及的物流、商务及部分政务数据进行汇总归类，满足不同作业系统间异构数据交换与共享、统一身份认证等功能需求。

（五）促进口岸信息资源的互通共享。加快推进与口岸管理、商务等相关部门电子政务系统及港口、机场、内陆港等重要物流生产作业系统间的横向互联和数据实时交换，简化和统一单证格式与录入程序，实现申报人通过“单一窗口”向口岸管理等相关部门一次性申报，口岸管理等相关部门通过电子口岸平台共享信息数据、实施职能管理，通过“单一窗口”向申报人反馈执法结果，实现大通关“一站式”服务和管理单位业务协同。落实京津冀协同发展和关检一体化改革要求，积极推动与中国电子口岸和业务关联度高的京津、沿海沿边省（区、市）及我省口岸腹地区域地方电子口岸的对接合作，通过预留接口、统一认证标准等方式，实现货物流与单证流、信息流的互联互通和资源共享，便利企业办理跨区域通关业务，拓展服务范围和发展空间。稳步推动电子口岸与出口加工区、综合保税区等海关特殊监管区域及相关物联网平台间的区港联动、互联互通和数据交换，实现设备共享和网上办理各项业务，扩大网络覆盖范围。

（六）加强信息安全保障和服务体系建设。切实加强对网络、系统和数据，特别是大数据、云计算和物联网的安全防护和应急管理，健全安全管理制度、协调机制和应急处理机制，建立符合国际认证体系标准的认证系统、安全应用支撑平台和容灾体系。参照中国电子口岸和有关国家及行业标准，建立健全河北电子口岸统一的数据交换标准和技术规范体系及严格规范的工作流程，建立平台硬件设施及软件系统的运行维护机制，切实保障电子口岸平台安全稳定运行。推进一体化客户服务体系建设，构建覆盖全省电子口岸客户的服务网络，建立统一的话务和工单接转流程，采用统一的知识库和问题回复标准，实现电子口岸客服部门统一的服务接入号码、管理和标准，并积极推动电子口岸平台服务向移动应用拓展，进一步提升客户服务水平。

三、保障措施

（一）加强组织领导协调。省电子口岸建设工作领导小组要加强对电子口岸建设工作的统一领导和组织协调，及时研究解决发展战略、规划设计、资金保障和监督考核等重大问题和重要事项，并对电子口岸运营实体进行宏观指导和业务协调。要进一步规范我省电子口岸建设和运营管理，建立跨部门共建、共管、共享机制，由省电子口岸建设工作领导小组成员单位和相关部门共同发起组成监督指导委员会，制定工作规程，明确共建单位的主要职责及权利，贯彻落实省电子口岸建设工作领导小组的决策部署，支持保障电子口岸公司建设和运营，促进电子口岸公司健康发展。各级各部门要高度重视全省电子口岸建设工作，进一步加大对本地口岸（作业区）信息化建设支持力度，加快推动与省电子口岸平台的联网进程。

（二）发挥职能部门作用。各职能部门要主动加强协调配合，把电子口岸建设纳入本部门发展规划，研究制定具体落实方案。在不改变原有业务审批和管辖关系的前提下，及时开放各类通关执法信息和数据交换接口，完善与电子口岸建设相配套的基础条件，明确责任处室和联络员，为电子口岸平台大通关综合应用项目上线运行及物流商务服务提供支撑和保障，实现信息互换和共享。石家庄海关、河北出入境检验检疫局要开通“三个一”申报通道及接口；分别将交通运输工具备案和申报相关功能纳入电子口岸平台，并将通关、物流相关节点和审批信息反馈平台；将企业资质备案纳入平台；提供出口跨境政策配套及相关支持。石家庄海关要将舱单备案和申报相关功能纳入电子口岸平台；推进加工贸易项目，开放相关申报接口。河北出入境检验检疫局要将检验检疫业务查验、检疫处理和放行等信息纳入电子口岸平台，通过数据共享实现检验检疫业务办理状态的统一查询。省公安边防总队要提供统一申报接口，并在电子口岸平台进行审批及反馈。河北海事局要将交通工具备案、申报相关功能和企业资质备案纳入电子口岸平台，并将通关、物流相关节点和审批信息反馈平台。省商务厅要将对外贸易经营者备案登记和加工贸易审批信息纳入电子口岸平台，实现与平台数据互换。省国税局要将本部门网站信息公开和办税服务等相关功能纳入电子口岸平台，并开放相关数据接口。国家外汇管理局河北省分局要将国家网站的信息公开、网上服务和数据统计等相关功能纳入电子口岸平台，并开放相关数据接口；在出口跨境快速退税等相关政策上给予支持。省工商局要将企业备案数据纳入电子口岸平台。省国资委、省工业和信息化厅、省交通运输厅等部门要充分发挥职能作用，全力支持电子口岸建设，为平台按期投入运营提供便利条件。同时，港口、机场、内陆港等口岸经营单位要积极参与和支持电子口岸建设，建立完善 EDI（电子数据交换）系统，将集装箱进出口数据、船舶靠离泊数据、货物装卸船数据、堆场提空箱数据、运抵报告和理货数据等纳入平台；海关特殊监管区要将特殊区域管理系统与电子口岸对接，提供通关服务和船舶申报等相关服务接口。

（三）加大资金支持力度。按照国务院要求，省财政要积极为电子口岸建设和运行维护提供必要的资金保障，并通过政府购买服务等多种形式支持电子口岸公司运营发展。加强对应用项目建设的扶持，省发展改革委、省工业和信息化厅、省商务厅、省科技厅、省交通运输厅等相关部门要优先将电子口岸应用项目列入信息化建设和商务发展等专项资金支持范围。积极稳妥地推进电子口岸的市场化运营，开拓面向市场的增值服务，开发与大通关相关、为企业服务的物流商务应用项目，增强电子口岸运营主体的“造血”能力。

（四）深入开展交流宣传。加强与沿海、沿边及内陆地区电子口岸的联系沟通，积极开展电子口岸建设经验交流和优质服务项目引进移植工作，不断拓展完善服务功能。加大省电子口岸的宣传培训力度，指导外贸企业和口岸经营单位熟悉操作规程并积极运用电子口岸，扩大我省电子口岸品牌影响力，提高平台使用效率。

河北省人民政府
2015 年 7 月 24 日

河北省人民政府关于同意唐山港口岸京唐港区通用散杂货泊位对外开放的批复

冀政字〔2015〕45 号

唐山市人民政府：

你市《关于对唐山港京唐港区第四港池通用散杂货泊位工程进行对外开放验收的请示》（唐政呈〔2015〕46 号）收悉。经驻冀各查验部门对唐山港口岸京唐港区通用散杂货泊位（京唐港区第四港池 58 号泊位）口岸开放验收，同意自 2015 年 9 月 1 日起对外开放。

河北省人民政府

2015 年 9 月 1 日

河北省人民政府关于同意唐山港口岸曹妃甸港区矿石码头三期工程对外开放的批复

冀政字〔2015〕46 号

唐山市人民政府：

你市《关于对唐山港曹妃甸港区矿石码头三期工程进行对外开放验收的请示》（唐政呈〔2015〕47 号）收悉。经驻冀各查验部门对唐山港口岸曹妃甸港区矿石码头三期工程（自东向西分别为甸头区 7 号和 8 号泊位）口岸开放验收，同意自 2015 年 9 月 1 日起对外开放。

河北省人民政府

2015 年 9 月 1 日

河北省人民政府关于同意唐山港口岸曹妃甸港区通用散货泊位对外开放的批复

冀政字〔2015〕47 号

唐山市人民政府：

你市《关于对唐山港曹妃甸港区通用散货泊位二期工程进行对外开放验收的请示》（唐政呈〔2015〕48 号）收悉。经驻冀各查验部门对唐山港口岸曹妃甸港区通用散货泊位二期工程（自北向南分别为一港池 36 号、37 号和 38 号泊位）口岸开放验收，同意自 2015 年 9 月 1 日起对外开放。

河北省人民政府

2015 年 9 月 1 日

河北省人民政府办公厅关于促进跨境电子商务健康快速发展的实施意见

冀政办发〔2015〕37号

各市（含定州、辛集市）人民政府，各县（市、区）人民政府，省政府各部门：

为贯彻落实《国务院办公厅关于促进跨境电子商务健康快速发展的指导意见》（国办发〔2015〕46号）精神，推进我省跨境电子商务健康快速发展，经省政府同意，结合我省实际，制定如下实施意见：

一、总体目标

按照“政策引领、市场运作、全面推进、分步实施”的原则，大力培育跨境电子商务市场主体和完整产业链，加快构建高效、便捷、安全的跨境电子商务公共服务平台，充分发挥商贸物流体系的支撑作用，形成第三方平台和自营平台同步推进、境内外电商共同参与、出口与进口并重、多种模式并存、线上线下有序结合的跨境电子商务发展格局。实施跨境电子商务“2212工程”，到2017年，力争培育200家跨境电子商务示范企业，搭建20个跨境电子商务平台，建设10个跨境电子商务园区，建成20个跨境电子商务公共海外仓，跨境电子商务年交易额占全省外贸进出口总值的比重超过10%。

二、主要任务

（一）培育跨境电子商务市场主体。开展大规模、常态化专题培训，引导企业积极体验“互联网+进出口”商业模式。2015年至2017年，省商务厅把跨境电子商务专题作为每年“外贸主体万人培训”的重要内容，培训规模超过2万人；各市（含定州、辛集市，下同）商务部门也要定期举办专题培训；支持各类外贸基地、进出口商会、跨境电子商务行业协（商）会等组织外贸企业参加国家层面的专题培训。推动省内高等学校、各类职业培训机构与知名电子商务企业开展各种形式的合作，为外贸企业培养、输送跨境电子商务专业实用人才。培育沧州新丝路进出口服务有限公司等外贸综合服务企业，为电子商务企业开展跨境贸易提供报关、报检、结汇、退税、信用保险等全流程服务。开展跨境电子商务示范企业认定工作，培育一批跨境电子商务领军企业，2015年、2016年和2017年，分别认定30家、70家和100家跨境电子商务示范企业。（省商务厅、石家庄海关、河北出入境检验检疫局、国家外汇管理局河北省分局、省国税局、省教育厅、中信保河北分公司，各市政府按职能分工分别负责）

（二）建设跨境电子商务平台。鼓励省内企业利用阿里巴巴速卖通、敦煌网、诚商网、中国制造网等国内外第三方跨境电子商务平台开展跨境零售出口和进口（B2C），以及企业对企业（B2B）间进出口贸易；发挥省级以上外贸转型升级示范基地的产业和贸易优势，依托清河羊绒网、辛集国际皮革城网、中国搜丝网和万户通箱包网等在全国同行业知名度高的县域特色产业电子商务网，通过完善相关信息系统和优化升级，打造跨境电子商务平台；发挥龙头企业的带动作用，推动枣强县凡雅皮草制品有限公司等企业建设中国（国际）裘皮网等一批专业跨境电子商务平台。各市要结合本地产业特色，分别建设1～2个跨境电子商务平台。2016年和2017年，分别认定10个跨境电子商务平台。（省商务厅、石家庄海关、河北出入境检验检疫局、国家外汇管理局河北省分局、省国税局、省工业和信息化厅，各市政府按职能分工分别负责）

（三）打造跨境电子商务园区。依托石家庄、和道国际、大营裘皮、清河羊绒、沙河、辛集皮革城、唐山高新区等7个省级以上电子商务示范园区，完善跨境贸易支撑体系，形成具有跨境电子商务功能的电子商务园区。推动廊坊市与京东集团合作，在廊坊出口加工区建立跨境电子商务园区。发挥曹妃甸综合保税区、石家庄综合保税区等海关特殊监管区、外贸基地和服务外包示范区的政策和产业优势，吸引跨境电子商务企业入驻，形成集聚效应，建设区域线下服务平台和展示、贸易、仓储、配送、售后等服务体系，打造各具特色的跨境电子商务园区。各市分别培育1～2个跨境电子商务园区。2016年和2017年，分别认定5个跨境电子商务园区。（省商务厅、石家庄海关、河北出入境检验检疫局、国家外汇管理局河北省分局、省国税局，各市政府按职能分工分别负责）

（四）建设跨境电子商务公共海外仓。引导石家庄双剑工具有限公司、枣强县凡雅皮草制品有限公司等将自用海外仓扩建为公共海外仓；鼓励各类外贸基地、跨境电子商务园区、跨境电子商务龙头企业和外贸综合服务企业，通过租用或自建方式，到欧美、东盟和韩国、日本、俄罗斯、印度等重点市场以及“一带一路”沿线国家建立公共海外仓，并搭建辐射网点，提供一站式仓储配送服务。支持康泰医学系统（秦皇岛）股份有限公司等跨境电子商务零售出口企业利用海外仓、体验店和配送网点等，融入境外零售体系，并提供售后服务。2016年和2017年，分别认定10个跨境电子商务公共海外仓。（省商务厅、省发展改革委、中信保河北分公司，各市政府按职能分工分别负责）

（五）建设跨境电子商务公共服务平台。加快河北电子口岸建设，确保今年年底上线运行，并具备国际贸易“单一窗口”和跨境电子商务的主要功能，努力建成信息流、物流和资金流“三流合一”的跨境电子商务公共服务平台，为海关、海事、检验检疫、税务、外汇、商务等部门提供信息共享服务，为进出口电商、支付、物流和仓储等企业提供数据交换服务，实现“一次申报、一次查验、一次放行”，提高口岸监管便利化水平。（省发展改革委、省商务厅、石家庄海关、河北出入境检验检疫局、国家外汇管理局河北省分局、省国税局按职能分工分别负责）

（六）优化海关通关作业流程。落实海关总署跨境电子商务进出境货物、物品监管的有关规定，依托国家跨境电子商务通关管理平台，实现与跨境交易、支付、物流、仓储、跨境电子商务公共服务平台的对接。创新跨境电子商务进出境货物管理模式，积极推广跨境电子商务一般出口“清单核放、汇总申报”通关模式，并简化商品归类方式。实行“全年无休、24 小时内办结海关手续”，提高跨境电子商务通关效率。将电子商务进出口纳入海关统计。（石家庄海关负责）

（七）完善检验检疫监管政策措施。对跨境电子商务经营主体及商品实行检验检疫备案管理和分类监管，突出经营主体质量安全责任。实行进出口商品全申报制度，建立基于风险分析的质量安全监督抽查机制，采信第三方检验鉴定机构的产品质量安全合格评定，实施集中申报、集中查验、集中放行等便利措施。（河北出入境检验检疫局负责）

（八）开展电子商务跨境支付结算及在线供应链金融业务。根据中国人民银行相关政策，积极支持我省符合条件的机构申报开展互联网支付业务；推进省内支付机构跨境外汇支付业务试点；支持满足相关资质的银行机构与依法取得互联网支付业务许可的支付机构合作，开展跨境人民币结算业务，为企业及个人跨境货物贸易、服务贸易提供更加便利的人民币结算业务，满足境内外企业及个人跨境电子支付需要。支持省内在线供应链金融服务公司与银行机构合作，开展针对跨境电子商务的应收账款、应付账款、仓单质押等在线供应链金融服务。（人行石家庄中心支行、国家外汇管理局河北省分局、省金融办按职能分工分别负责）

（九）落实跨境电子商务税收政策。落实跨境电子商务零售出口和外贸综合服务企业出口货物增值税、消费税退税或免税政策，提高退税效率，确保及时足额退税。引导跨境电子商务企业用足用好出口退（免）税分类管理措施，按规定标准培育更多一类企业，享受 2 个工作日内办结退税手续的优惠服务。按照国家对跨境电子商务零售进口税收政策的调整，积极争取国家进口税收优惠政策。（省国税局、石家庄海关按职能分工分别负责）

（十）发展跨境电子商务物流体系。支持秦皇岛—仁川海运邮路，推动石家庄等有条件的城市建设国际邮件互换局（交换站），充分利用中欧班列快捷安全的优势，形成航空、海运、铁路等多种运输方式服务跨境电子商务业务的格局。支持邮政和国内外快递、物流企业依托综合保税区和武安保税物流中心设立仓储物流中心和集中监管场所，为跨境电子商务提供物流服务。鼓励有条件的企业依托海外仓在境外建立快递物流分拨中心。（省发展改革委、省邮政管理局、省交通运输厅、石家庄海关、河北出入境检验检疫局按职能分工分别负责）

（十一）加强诚信体系建设。完善跨境电子商务信用评估机制，实现各监管部门信息互换、监管互认、执法互助，构建跨境电子商务交易保障体系。引导跨境电子商务主体规范经营行为，承担质量安全主体责任，建立健全经营商品可追溯体系。探索建立跨境电商消费纠纷解决机制，营造公平竞争的市场环境，加大知识产权保护力度。（省发展改革委、人行石家庄中心支行、省工商局、河北出入境检验检疫局、省知识产权局、省商务厅、中信保河北分公司按职能分工分别负责）

（十二）发展跨境电子商务进口。鼓励跨境电子商务企业与跨境电子商务公共信息平台对接，开展网上直购进口业务；支持北人集团等大型商贸流通企业开设跨境电子商务体验店，线下体验，线上成交，扩大日用消费品进口，引导境外消费回流。关注国家有关保税进口政策变化情况，鼓励石家庄综合保税区、曹妃甸综合保税区、武安保税物流中心等海关特殊监管区适时与河南省进口物资公共保税中心有限公司合作，引进河南保税物流中心跨境电子商务综合服务平台，为开展跨境电子商务保税进口创造条件。支持廊坊市申报国家跨境贸易电子商务试点城市。（石家庄海关、省发展改革委、河北出入境检验检疫局、省国税局、国家外汇管理局河北省分局、省商务厅，石家庄、唐山、廊坊、邯郸市政府按职能分工分别负责）

三、保障措施

（一）加强组织领导。省对外开放领导小组要加强对全省跨境电子商务工作的统一领导和组织协调，定期调度、督查各地各部门工作进展情况，及时研究解决跨境电子商务发展中遇到的政策措施、体制机制、资金保障等重大问题。涉外部门联席会议要及时会商跨境电商发展中需协调联动的问题。各市政府要加强组织领导，建立工作机制，因地制宜研究制定鼓励政策，积极推进工作落实，形成覆盖全省的促进跨境电子商务发展的组织保障体系和推进机制。（省对外开放领导小组各成员单位，各市政府按职能分工分别负责）

（二）凝聚支持合力。发展改革委、工业和信息化、财政、商务、海关、检验检疫、外汇管理、国税、邮政、通信、交通运输、工商、教育、知识产权、金融、中信保等部门要强化与国家层面的政策衔接和信息沟通，根据职能和跨境电子商务发展要求，不断完善支持举措，创优跨境电子商务发展环境，在办理注册、备案登记手续、检验检疫、通关、结汇、退税、融资、保险等方面提供优质高效的服务。统筹中央和省级外贸发展、电子商务、对外投资合作、服务业等财政专项资金，在使用方向上向支持企业自建跨境电商平台、建设跨境电子商务园区、公共海外仓和海外服务网点等方面倾斜，推动进出口贸易向全程在线交易发展。（省商务厅、石家庄海关、河北出入境检验检疫局、省国税局、国家外汇管理局河北省分局、省财政厅、省发展改革委、省工业和信息化厅、省工商局、省交通运输厅、省教育厅、省邮政管理局、省通信管理局、省金融办、省知识产权局、中信保河北分公司，各市政府按职能分工分别负责）

（三）强化宣传推介。与新闻媒体密切合作，强化以跨境电子商务发展为主题的宣传报道，结合实施“2212 工程”，总结推广一批跨境电子商务示范企业和园区，在全省营造有利于跨境电子商务发展的浓厚氛围。多渠道向我驻外使领馆、中国进出口商品交易会等国际知名展览会到会客商宣传推介我省跨境电子商务平台及公共海外仓，叫响河北区域品牌，扩大跨境电子商务交易额。（省商务厅负责）

（四）发挥行业组织作用。推动建立全省跨境电子商务行业组织，指导各地行业组织积极有效开展工作。发挥行业组织的桥梁纽带作用，引导企业加强自律、公平竞争、守法经营。加强与国内外相关行业组织的交流与合作，支持跨境电子商务企业与我省外贸基地、行业组织在境外举办实体展会，建立营销网络。（省商务厅负责）

河北省人民政府办公厅

2015 年 11 月 20 日

河北省人民政府办公厅《关于推进线上线下互动加快商贸流通创新发展转型升级》的实施意见

冀政办字〔2015〕163号

各市（含定州、辛集市）政府，省政府各部门：

为贯彻落实《国务院办公厅关于推进线上线下互动加快商贸流通创新发展转型升级的意见》（国办发〔2015〕72号）精神，加快推进我省商贸流通创新发展和转型升级，经省政府同意，结合我省实际，提出以下实施意见：

一、发展目标

到2018年，全省电子商务交易额达到2.6万亿元；网络零售额达到2600亿元，占全省社会消费品零售总额比重达到15%；全省企业线上线下融合发展比例显著提高，大中型企业达到85%以上，中小型企业达到70%以上。

二、主要任务

（一）鼓励创新商业模式。最大限度包容和鼓励商业模式创新，充分释放全省商贸流通市场活力。鼓励具备条件的大型实体企业自建平台，中小企业利用微信、手机终端、第三方平台开展多元化营销。重点推进本地电子商务企业和商贸流通企业积极开展网订店取、网订店送、网订自提等方式，整合线上线下资源，打通全渠道、全天候的体验消费通道。加强宣传推介，引导消费者通过各类网上社区建立联系，体验网上生态，强化网民合作，培养合作消费习惯，扩大合作消费规模。（省商务厅、省网信办、省发展改革委、省工业和信息化厅，各市政府）

（二）深化信息技术应用。鼓励国际国内快递龙头企业在我省建设工程技术中心，开展智能终端、自动分拣、机械化装卸、冷链快递等技术装备的研发运用。鼓励各地建设基于云计算、云服务、大数据应用的大商务公共服务云平台，强化大数据在政务、信息、供需、公共信用等方面的共享应用，打通政府、企业、市场的链接通道，在为中小微企业提供商业基础技术应用服务的同时，探索和创新电子商务监管服务新方式。（省商务厅、省工业和信息化厅、省发展改革委、省科技厅，各市政府）

（三）强化专业服务能力。鼓励发展第三方电子商务专业服务平台，推进专业服务平台、企业电子商务、物流配送企业、网络营销企业等有效对接，丰富、完善、延伸和壮大产业链条，加快电子商务服务业发展；引导中小企业开展业务流程外包和信息技术外包服务，充分发挥服务外包的促进作用；鼓励专业网络销售企业承接传统电子商务企业销售外包业务，培育一批网络销售领域的骨干龙头企业。（省商务厅、省工业和信息化厅、省网信办，各市政府）

（四）推进零售业加快发展。引导和鼓励本地零售企业采取股权并购、委托代理、协议控制、交叉持股等方式，强强联合，开展深入合作，通过调整自营比例，加大自主品牌、定制化商品比重，深入发展连锁经营等方式，提升市场竞争力。围绕大型商业综合体、专业批发市场和社区便利店，推进建设一批模式创新、有交易规模和影响力的网络购物平台、社区综合服务中心。推进传统零售业电子商务化改造，优化供应链管理，提升客户消费体验，实现线上线下协同互动。（省商务厅）

推动农村电子商务平台与新型农业经营主体有效对接，衔接产需信息，推动农产品线上营销与线下流通融合发展。鼓励农业生产资料经销企业发展电子商务，促进农业生产资料网络营销，为农民提供优质、实惠、可追溯的农业生产资料。（省农业厅、省供销社）

鼓励企业利用第三方跨境平台开展进出口业务，培育一批跨境电子商务领军企业。通过自建或租用方式，重点在“一带一路”沿线市场建立跨境电子商务公共海外仓。（省商务厅）

（五）促进批发业转型升级。积极推进安平丝网、白沟箱包、清河羊绒、香河家具等一批专业批发市场和新华集贸、南三条等大型综合批发市场利用互联网技术建设供应链协同平台，向生产、零售环节延伸，实现由商品批发向供应链管理服务的转变。围绕钢铁、煤炭、铁矿石、农产品、中草药、裘皮等优势行业，积极发展大宗商品现货市场，研究制订商品价格指数、电子合同及电子仓单标准、供应链协同标准，提升供应链管理和市场价格指导能力。围绕陶瓷、耐材、玻璃、医药、光伏、旅游等行业，加快推进行业垂直电子商务平台建设，优化采购、分销体系，实现流程再造，提升企业经营效率。（省商务厅、省工业和信息化厅、省发展改革委）

（六）提升物流业现代化水平。积极推进河北省物流公共信息平台节点建设，加快与全国物流公共信息平台的对接进程，充分发挥信息发布、在线交易、数据交换、跟踪追溯、智能分析等方面作用，最大限度实现城市共同配送功能。加强物流企业和基地标准化建设，创建一批国家级和省级物流标准试点。重点推进在石家庄和唐山市开展城市共同配送和物流标准化示范；在邯郸市开展智慧物流配送示范，选择一批基础较好的物流企业开展智慧物流配送试点。发挥互联网平台实时、高效、精准的优势，对线下运输车辆、仓储等资源进行合理调配、整合利用，提高物流资源使用效率，实现运输工具和货物的实时跟踪和在线化、可视化管理，鼓励依托互联网平台的“无车承运人”发展。鼓励企业在欧美、日韩和中东欧等出口重点地区建设海外仓，推进跨境电子商务发展。加快建设全国现代商贸物流重要基地，促进农产品、钢铁、煤炭、铁矿石等大宗商品物流发展，创新交易方式，完善网上品种交易资源，探索开展中远期交易，控制物流金融风险，打造大宗商品资源配置中心和价格发现中心。（省发展改革委、省金融办、省商务厅、省交通运输厅、省邮政局、省质监局）

（七）推进生活服务便利化。推进电子商务企业与线下实体企业相结合，整合各类线下资源，开展面向社区的O2O电子商务服务。依托社区电子商务综合服务平台，建立集社区菜市场、便利店、快餐店、配送站、再生资源回收点，以及健康、养老、看护等大众化服务网点于一体的社区电子商务综合服务体，开展快件代收自取、电子缴费、社区养老等便民服务。鼓励社区周边零售、住宿、餐饮、旅游、家政、洗衣、家电维修、票务、生鲜配送等生活服务类企业，主动接入O2O电子商务平台，利用平台资源和位置服务技术，广泛开展网订店取、网络订票、预约上门服务、社区配送等近民服务，拓展服务范围，丰富服务内容，激发消费潜力。（省商务厅、省旅游局、省文化厅、省交通运输厅）

（八）加快商务服务业发展。鼓励境内展览企业在我省建设网上展示交易平台，实现线上线下展览、展示功能互动，打造常态化交流对接平台。支持我省展会平台深化网上融合，优化网上报名、信息发布、产品展示、企业推介、项目洽谈、咨询服务、跟踪管理等服务功能，提升全渠道、全过程、全天候智能化服务水平。（省商务厅）

充分发挥“12330”知识产权维权电话、维权援助中心和工作站的作用，有效保护知识产权不受侵害。（省知识产权局）

（九）推进城市商业智能化。鼓励具备条件的城市探索构建线上线下互动的体验式智慧商圈，支持民间资本参与商圈无线网络基础设施建设，逐步完善智能交通引导、客流疏导、信息推送、移动支付、消费互动、物流配送等功能，健全商圈消费体验评价、信息安全保护、商家诚信积累和消费者权益保障体系。鼓励各地基于互联网技术培育一批具有产业特色、经营特色、文化特色的多功能、多业态商业街区。促进社区电子商务应用，发展以社区生活服务业为核心的电子商务服务，努力打造15分钟生活服务圈。（省商务厅、省发展改革委、省科技厅、省工业和信息化厅、人行石家庄中心支行、省工商局，各市政府）

（十）实现农村电子商务全覆盖。推动国家和省级电子商务进农村综合示范，支持县域电子商务发展，打造一批农村电子商务示范县，总结经验做法并向全省推广。加快17个国家级电子商务进农村综合示范县（市）建设经验的推广，到2016年年底实现我省农村电子商务全覆盖。（省商务厅、省财政厅）

鼓励国内电子商务龙头企业在我省农村全面布局，建设电子商务县级运营中心、仓储物流中心及村级服务网点，打通农村电子商务“最后一公里”。支持省内企业开辟电子商务进农村本土化渠道，建设农村服务网点，助力农村电子商务快速发展。加快实施“快递下乡”工程，支持快递服务网络向农村地区延伸，构建农产品快递网络，服务产地直销、订单生产等农业生产新模式。加快推进我省农产品商务信息服务公共

平台建设。（省商务厅、省交通运输厅、省邮政局、省供销社、省发展改革委）

鼓励有特色农产品和特色工业品的市、县（市、区），在国内知名电子商务平台上开设地方特色馆，大力发展农产品电子商务。（省商务厅，各市政府）

支持新型农业经营主体和农副产品批发市场对接电子商务平台，推进“以销定产”模式发展。着手解决农副产品标准化、全流程追溯、冷链仓储建设等关键问题，促进农业生产和农产品流通现代化。（省农业厅）

（十一）加快推进国内外市场一体化。鼓励我省钢铁、水泥、玻璃、光伏等领域企业，建立国际化、开放性采购营销平台，发展基于订单的制造模式，推进电子商务和供应链管理协同发展，开展国际产能和装备制造对接合作，构建国内外一体化市场。（省商务厅、省发展改革委、省网信办）

依托国家深化“京津冀”和“一带一路”区域通关一体化改革，加快我省电子口岸建设，推进海关、检验检疫、税务、外汇、商务等方面数据信息共享互通，为跨境贸易提供支付、物流、仓储、通关、结汇、退税等数据交换服务，提升跨境电子商务公共服务水平，实现“一次申报、一次查验、一次放行”。健全跨境电子商务监管服务体系，提高贸易便利化水平。（省商务厅、石家庄海关、省财政厅、省国税局、省地税局、河北出入境检验检疫局、省外汇管理局）

三、保障措施

（一）推进投资便利化改革。进一步简化登记手续，允许“一照多址”“一址多照”“集群注册”，为连锁企业、网络零售企业提供便利的登记注册服务。（省工商局）

除法律、行政法规和国务院决定外，各地各部门一律不得增设线上线下互动企业市场准入行政审批事项。根据线上线下互动特点，加快完善市场准入资质条件，推动公共服务领域资源开放和信息共享。（有关部门按职能分工分别负责）

（二）探索创新管理服务。运用大数据提高政府公共服务能力，加强对市场主体的事中事后监管。依托我省信用平台，推动社会信用体系建设，构建公平诚信的市场环境。运用大数据的理念、技术和资源，加强政府对市场主体的全生命周期监管，提升全方位服务水平。根据服务和监管需要，探索推进政府购买服务，降低政府运行成本。通过政府信息公开和数据开放、社会信息资源开放共享，提高市场主体生产经营活动的透明度。充分调动社会力量监督市场主体的积极性，逐步形成全社会广泛参与的市场监管格局。（省商务厅、省工商局、省质监局）

在不改变用地主体、规划条件的前提下，各类市场主体利用存量房产、土地资源发展线上线下互动业务的，可在5年内保持土地原用途、权利类型不变，5年期满后确需办理变更手续的，按有关规定办理。（省国土资源厅）

（三）做好财税支持服务。充分发挥市场在资源配置中的决定性作用，突出社会资本推动线上线下融合发展的主体地位。发挥财政资金的引导作用，促进电子商务进农

村。（省财政厅、省商务厅）

切实落实“互联网+税务”计划，加大税收政策的宣传、解释、辅导力度，减轻纳税人办税负担，营造线上线下企业公平竞争的税收环境。（省财政厅、省国税局、省地税局）

· 线上线下互动发展企业符合高新技术企业认定条件的，优先认定并按现行税收政策规定享受有关税收优惠。（省财政厅、省科技厅、省国税局、省地税局）

优化和完善网上办税服务应用功能，积极争取在我省尽早实行电子发票应用。（省国税局、省地税局、省财政厅、省发展改革委、省商务厅）

（四）加强金融支持力度。建立适应电子商务发展的多元化投融资体系，支持金融机构创新金融产品，完善服务机制。发展互联网金融，推进融资便利化。引导天使基金、风险投资、私募股权投资等投向电子商务项目，满足电子商务发展需求。支持我省证券公司通过改制上市等方式增强资本实力，依法合规创新金融产品和服务。鼓励我省证券期货、私募股权基金等机构，在符合市场交易规定的基础上，为线上线下互动企业提供多样化、差异化的金融支持。推进跨境电子商务外汇支付试点，便利企业外汇支付。鼓励银行卡助农取款服务点、村级电子商务服务点相互依托建设，实现优势互补。利用互联网和大数据，建立和完善互联网金融征信体系，推进各类信用信息平台无缝对接。鼓励小额贷款公司、融资性担保公司通过互联网接入人民银行征信系统，做好个人征信互联网查询工作，防范金融风险。（省金融办、人行石家庄中心支行、省发展改革委、省工业和信息化厅、河北银监局、河北证监局）

（五）规范市场秩序。充分发挥“12312”商务投诉举报平台、“12365”质监投诉举报平台、“12331”食品药品投诉举报平台的作用，有效规范市场秩序，打击违法违规行为。利用“3·15”消费者权益保护日、“4·26”世界知识产权日、“5·15”打击和防范经济犯罪宣传日等重要节点，筹划集中宣传活动。完善食品药品流通环节监督检查和监督抽查工作机制，积极探索食品药品流通环节量化分级管理模式。完善网络安全防控体系，加强密码基础保障作用和域名管理工作，推动互联网实名认证。支持建设商业网络信息系统，提高安全防范技术水平，将用户个人信息保护纳入网络安全防护体系。加强网络安全宣传教育，营造网络安全人人有责、人人参与的良好氛围。（省商务厅、省网信办、省发展改革委、省工业和信息化厅、省公安厅、省工商局、省质监局、省食品药品监管局、省知识产权局）

（六）加强人才引进与培养。坚持政府主导与市场化运作相结合，深化我省企业与省内高等学校合作，实现“政府+企业+高校”三方对接。鼓励有条件的地区建设电子商务人才继续教育基地，开展实用型电子商务人才培训。积极开展线上线下互动创新培训，引进高端复合型电子商务人才，为线上线下互动企业创新发展提供服务。探索人才培养新模式，倡导场景化、体验式培训，强化培训效果。（省商务厅、省人力资源社会保障厅，各市政府）

（七）发挥行业组织作用。推动河北省电子商务协会、河北省电子商务研究会等行业组织依据行业特点和发展需求，制定行业服务标准和规范，倡导建立良性商业规则，促进行业自律发展。发挥第三方检验检测认证机构作用，通过分级管理强化检验检疫信用，保障商品和服务质量，监督企业遵守服务承诺，维护消费者、企业及个体创业者的正当权益。（省商务厅、省工商局、省质监局、河北出入境检验检疫局）

各地各部门要加强组织领导和统筹协调，结合本地本部门实际，研究制定具体实施方案，明确工作分工，落实工作责任。省商务厅要会同省有关部门做好业务指导和督促检查工作，重大情况及时报告省政府。

河北省人民政府办公厅

2015 年 12 月 21 日

河北省人民政府办公厅关于推进农村电子商务全覆盖的实施意见

冀政办发〔2015〕45号

各市（含定州、辛集市）人民政府，各县（市、区）人民政府，省政府各部门：

为贯彻落实《国务院办公厅关于促进农村电子商务加快发展的指导意见》（国办发〔2015〕78号）精神，加快农业农村现代化进程，推动城乡一体化发展，拓展农民创新创业平台，打赢扶贫开发攻坚战，促进京津冀协同发展，建设全国现代商贸物流重要基地，结合我省实际，提出如下实施意见：

一、总体目标

到2016年年底，在全省实现县域农村电子商务体系全覆盖、农村电子商务双向流通渠道全覆盖、行政村电子商务应用全覆盖。农村电子商务在解决买难卖难、创业增收、扶贫开发等方面取得初步成效，力争全省农村电子商务交易额达到2800亿元，占全省电子商务交易额的12%。

到2020年，初步建成统一开放、竞争有序、诚信守法、安全可靠、绿色环保的农村电子商务市场体系，在降低农村流通成本、推动农民创业就业、开拓农村消费市场、带动农村扶贫开发等方面取得明显成效。力争全省农村电子商务交易额突破9000亿元，占全省电子商务交易总额的20%以上。

二、重点任务

（一）完善农村电子商务公共服务体系

1. 构建农村电子商务服务体系。支持各类企业或社会力量参与农村电子商务公共服务中心建设，整合当地农村产品资源，提高产品标准化水平，培育特色品牌，开展农村电子商务数据采集分析，推动农村电子商务数据互通共享。鼓励电商企业加强与万村千乡、邮政便民服务网点、供销社、超市等流通主体的合作，新建或改造农村电子商务服务站点，支持其拓展服务功能，提高电子商务应用水平。到2016年年底，农村电子商务公共服务中心覆盖所有县（市），农村电子商务服务站点覆盖所有行政村。（省商务厅负责）

2. 健全农村电子商务三级配送体系。加强交通运输、商贸、农业、供销、邮政等部门的协调配合，建立农村物流服务网络和设施的共享机制，推动多站合一、资源共

享。(省商务厅、省交通运输厅、省邮政局、省农业厅、省供销社负责)

建设和改造县、乡、村三级物流节点基础设施，打通农村电子商务“最后一公里”。到2016年年底实现物流配送中心覆盖所有县（市）。(省商务厅、省发展改革委负责)

3. 完善农村电子商务基础设施。加快农村通信网络基础设施建设，实施“宽带中国”战略，促进宽带网络提速降费，完善电信普遍服务补偿机制，支持农村及边远地区宽带建设和运行维护，在有条件的行政村推广4G（第四代移动通信技术）应用，2016年年底基本实现行政村宽带全覆盖。(省通信管理局负责)

加快农村公路建设，打通断头路，完善“村村通”工程，提供便利的交通运输支撑体系。(省交通运输厅负责)

（二）培育多元化农村电子商务主体

1. 发挥农村电子商务企业主体作用。培育本地电子商务企业，发挥地缘优势，整合各类资源，不断提高竞争实力。鼓励省外电子商务企业在我省投资发展农村电子商务，为其注册提供便利，借助其平台资源优势，完善、拓展、创新农村电子商务发展模式。支持本地农村电子商务企业与省外企业合作，共同推动区域农村电子商务发展。(省商务厅、省工商局负责)

2. 鼓励各类资本发展农村电子商务。支持电商、物流、商贸、金融、邮政、快递等各类社会资本整合优势资源，共同推动农村电子商务发展。（省商务厅、省金融办、省邮政局负责)

引导返乡高等学校毕业生、返乡青年、大学生村官、农村青年、巾帼致富带头人、退伍军人等参与农村电子商务，发挥引领和示范作用，扩大农村电子商务主体。(省委组织部、省人力资源社会保障厅、团省委、省教育厅、省妇联负责)

支持第三方电子商务平台创新和拓展农村电子商务业务。(省商务厅、省农业厅负责)

3. 积极培育农村电子商务服务企业。引导电子商务服务企业拓展农村业务，为农村电子商务发展提供咨询、人员培训、技术支持、网店建设、品牌培育、品质控制、营销推广、物流解决、代理运营等专业化服务，培育一批扎根农村的电子商务服务企业。(省商务厅负责)

（三）提升农村电子商务应用水平

1. 建设新型农村日用消费品流通网络。改造现有农村日用消费品流通网络，推动传统生产、经营主体转型升级，实现线上线下融合发展。鼓励各类企业向基层网点提供B2B网上商品批发和配送服务。(省商务厅负责)

支持电子商务企业渠道下沉，充分利用“万村千乡”、信息进村入户、邮政、供销合作社和商贸企业等现有农村渠道资源，实现优势互补。（省商务厅、省农业厅、省邮政局、省供销社负责)

2. 创新农村产品交易模式。支持企业整合农产品、林果产品、农村制品等农村产品资源，按照网络消费需求打造个性化的特色农村产品。引导特色农产品主产区在第三方电子商务平台开设地方特色馆，促进“三品一标”“名特优新”“一村一品”农产品上网销售。（省农业厅、省林业厅、省商务厅负责）

鼓励大型生产基地和流通企业探索建立高效衔接的农产品 O2O 交易模式。鼓励新型农业经营主体与邮政局（所）、快递网点和社区对接，开展生鲜农产品“基地 + 社区直供”电子商务业务。（省农业厅、省林业厅、省供销社、省邮政局负责）

开发“智慧旅游”项目，对接第三方旅游电子商务平台，结合地域特色旅游资源，发展休闲农业和乡村旅游等个性化、体验式的农村电子商务。（省旅游局负责）

3. 发展农业生产资料电子商务。依托电子商务平台、“万村千乡”农资店、供销合作社农资连锁店、农村邮政局（所）、乡村快递网点、农村电子商务服务网点等，提供测土配方施肥服务，开展化肥、种子、农药等生产资料电子商务，为农民提供优质、实惠、可追溯的农业生产资料。鼓励农资生产企业应用电子商务实现直营直销。组织农资企业和研究机构，将农资研发、生产、销售与指导农业生产相结合，通过网络终端提供农业专家服务，加强实用技术指导和服务体系建设。（省供销社、省农业厅、省邮政局负责）

4. 提升农村服务业水平。按照新型城镇化发展要求，逐步增加农村电子商务综合服务功能，实现一网多用，缩小城乡居民在商品和服务消费上的差距。鼓励行政村电子商务网点与服务业企业、银行业金融机构等加强合作，提高大数据分析能力，在不断完善农民网络购物功能的基础上，逐步增加手机充值、票务代购、水电气费缴纳、农产品网络销售、小额取现、信用贷款、家电维修、养老、医疗、土地流转等功能，进一步提高农村生产、生活服务水平。（省商务厅负责）

5. 推动电子商务在扶贫开发和美丽乡村建设中的应用。结合省“互联网 + 扶贫”行动实施方案，不断创新扶贫开发工作机制，将电子商务和扶贫开发工作紧密结合。根据贫困县产业特色和基础条件，分类确定电子商务扶贫的重点任务，增强扶贫工作的针对性和有效性，推动电子商务扶贫工程深入开展。加强与大型电子商务平台合作，拓宽合作领域，探索创新电子商务扶贫模式，开辟贫困老区特色产品交易专区，增加贫困地区农民收入。（省扶贫办、省商务厅负责）

制定全省美丽乡村建设农村电子商务专项行动五年计划，确定美丽乡村农村电子商务站点建设标准，发挥农村电子商务在美丽乡村建设中的作用。（省商务厅、省供销社、省美丽乡村办负责）

三、政策措施

（一）强化要素支撑

1. 加大培训工作力度。各级政府要加强对农村电子商务培训工作的组织指导，依托现有培训项目和各类培训资源，对机关、企业、农业经营主体和农民等进行电子商务政策、理论、运营、操作等方面的培训。有条件的地区要建立专业的电子商务人才培训基地和师资队伍，培养农村电子商务人才。引导具有实践经验的电子商务从业者返乡创业，鼓励电子商务职业经理人到农村发展，培养和带动一批农村创业人员。（省商务厅、省人力资源社会保障厅负责）

2. 加大财税支持力度。加大对农村电子商务在基础设施提升、公共平台运营、公共服务补助、政府购买服务、人才引进培养、产品质量安全等方面的扶持力度，采取以奖代补、专项补助等多种形式，统筹安排服务业、商贸流通、电子商务等专项资金，推进农村电子商务配套设施建设。2016 年统筹专项资金 2. 88 亿元用于行政村电子商务服务站点建设。创新财政支持方式，积极探索建立基金、股权投资、PPP 等模式，增强财政资金的支持效果。（省财政厅、省商务厅负责）

对认定为高新技术企业或技术先进型服务企业的农村电子商务企业，可按现行税收政策规定享受相关税收优惠。积极推广网上办税服务和电子发票应用。（省国税局、省地税局、省科技厅负责）

3. 加大金融支持力度。鼓励各类金融机构研发适合农村特点、满足农村电子商务发展需求的金融产品。创新金融服务，加大对电子商务创业的支持力度，结合“农村青年电商培育工程”，设计“青”字号电商创业金融服务项目，在授信额度、利率优惠等方面重点向电子商务创业青年倾斜。鼓励保险机构开发适用于农村电子商务的产品，通过互联网为客户提供信息咨询、网上投保、承保等保险业务。（省金融办、省商务厅、省工业和信息化厅、人行石家庄中心支行、河北银监局、河北保监局负责）

4. 加大用地支持力度。鼓励各县（市、区）在符合土地利用总体规划和城乡规划的情况下，利用空置厂房、仓储用房等存量房产帮助企业发展电子商务，优先保障列入省重点建设项目的电子商务龙头企业扩大经营和重大电子商务项目的用地供应。（省国土资源厅负责）

（二）营造创新创业环境

1. 开展示范和宣传推广。开展电子商务进农村综合示范，总结示范地区经验做法，对开展农村电子商务创业成效突出的经营主体及个人进行宣传推介，对适合农村发展需求的农村电子商务模式进行总结推广。（省商务厅负责）

利用互联网、电视台、电台、报刊等媒介，加大对农村电子商务的宣传推广力度。（省委宣传部、省新闻出版广电局负责）

2. 加强创业引导。结合百万大学生和青年教师寒暑假进农村“体验省情 · 服务群众”主题实践活动、“农村青年电商培育工程”和“互联网 + 巾帼电商创业创新行动”，营造农村电子商务创业创新氛围。（省教育厅、团省委、省妇联负责）

开展农村电子商务创新创业竞赛，激发大众创业热情。引导具有特色商品生产基础的乡村开展电子商务，吸引农民工返乡创业就业。（省商务厅负责）

3. 搭建发展平台。鼓励电子商务基础较好的地区建设农村电子商务产业基地、园区或综合运营服务中心，发挥孵化功能，为当地网商和电子商务创业者等提供低成本的办公用房、网络通信、仓储配送等公共服务，推动网商在农村的集聚发展，加快电子商务标准化建设，推进农村电子商务规范化、集约化发展。（省商务厅、省质监局负责）

（三）优化营商环境

1. 建立安全监督机制。指导各地依法对网络食品经营者进行食品经营许可或备案管理（法律、法规规定不需要办理许可或备案的除外）。（省食品药品监管局负责）

推广商品条码在农村电子商务的应用，逐步纳入全省农村产品电子商务溯源体系，从源头防止假冒伪劣商品进入交易环节。（省质监局负责）

严厉打击虚假宣传、不正当竞争、侵犯知识产权和网上销售假冒伪劣商品等违法行为，营造良好网络消费环境。（省工商局负责）

2. 完善质量保障体系。结合当地农业、林业生产实际，推动建立科学合理的质量保障模式。（省农业厅、省林业厅负责）

依托现有互联网资源，对接质量安全追溯公共服务平台，加强对产品生产、加工和流通等环节的质量监督，强化上下游追溯体系对接和信息互通共享，不断扩大追溯体系覆盖面，实现产品“从农田到餐桌”的全过程可追溯。（省质监局、省食品药品监管局、省商务厅、省工商局、省农业厅负责）

3. 推进诚信环境建设。构建农村电子商务诚信体系，建立健全诚信“黑名单”制度，提高失信成本，促进守法诚信经营。督促第三方平台加强内部管理，规范主体准入，遏制“刷信用”等欺诈行为。支持建立第三方信用评价机制，鼓励行业协会建立会员信用档案，推动具有上下游产业关系的行业协会建立信用信息共享机制。（省发展改革委、省工商局负责）

建立省农村电子商务联席会议制度，省商务厅作为推进农村电子商务全覆盖的牵头部门，要指导成立省农村电子商务行业协会，会同有关部门加强统筹协调、跟踪督查，及时总结推广经验，协调解决问题，确保各项措施落实到位。各部门要明确分工，落实责任，加强协调，形成合力。各地要结合实际，建立协调议事机制，根据县域特点制定有针对性的具体措施，分类推进农村电子商务全覆盖。

河北省人民政府办公厅

2015 年 12 月 18 日

河北省人民政府关于推进国内贸易流通现代化建设法治化营商环境的实施意见

冀政发〔2015〕50号

各（州、辛集市）人民政府，各县（市、区）人民政府，省政府各部门：

为贯彻落实《国务院关于推进国内贸易流通现代化建设法治化营商环境的意见》（国发〔2015〕49号）精神，促进内贸流通改革发展，结合我省实际，提出如下实施意见：

一、总体目标

到2020年，基本形成布局合理、设施完善、主体多元、业态先进、统一开放、竞争有序、绿色低碳、高效便民的内贸流通体系和较为完善的法治化营商环境。全省社会消费品零售总额年均增长10%以上；物流业增加值突破4000亿元，年均增长9%以上，物流总费用占生产总值的比率降至16%左右；电子商务交易额占全国的比重达到6%以上，网络购物额占社会消费品零售总额的比重达到15%以上；流通连锁化率达到22%以上，连锁企业商品统一配送率达到75%以上；力争有10家企业进入全国零售百强和连锁百强，10个商品市场年成交额超过百亿元；营商环境得到较大改善，流通和消费对经济增长的贡献率明显提升。

二、健全骨干流通网络

（一）加强流通节点城市建设。完善流通规划体系，发挥规划引导作用，调整优化空间布局，推动流通设施网络化、系统化建设。石家庄市要瞄准建设国家级流通节点城市，唐山、保定、邯郸、秦皇岛市要围绕打造区域级流通节点城市，沧州、张家口、承德、廊坊、邢台、衡水市要着眼培育地区级流通节点城市，分别制定流通节点城市发展规划，合理布局大宗商品交易市场、重要商品和物资储备中心、物流（快递）园区、多式联运中心、公路港、区域配送中心、快件分拨中心和其他物流场站等设施，促进区域分工协作和错位发展，汇聚商流、物流、资金流和信息流，提升商品集散、生产服务、消费促进、外贸通道和应急保障功能，形成骨干流通网络的重要引擎和枢纽，增强示范引领和辐射带动作用。

（二）打造城乡商贸流通中心。加强城市大型商业设施建设，统筹推进中央商务区、商贸功能区和特色商业街区协调发展，引导城市商圈有序扩大，重点谋划和推进30个单体投资规模10亿元以上，集购物、住宿、餐饮、娱乐和生活体验等功能为一体的大型商贸综合体，各市分别培育2～3个方便快捷、消费力集中、文化底蕴深厚的特色商业街区，促进商业、旅游、文化和快递产业融合发展，引领和带动消费。优化社区商业网点建设和业态配置，推进社区综合服务中心建设，提升社区商业便利化、智能化水平。选择人口集中、经济发达、交通便利的中心乡（镇），新建和改造一批乡（镇）商贸中心，促进农村生产和生活环境的改善。

（三）提升商贸聚集区功能。依托生产要素聚集和产地市场的优势，以省级物流聚集区（园区）为重点，大力发展货运代理、加工贸易、创意设计、服务外包、产品展销、邮政快递、区域配送和电子商务等生产性服务业，提升流通引导和服务生产功能。加快谋划建设一批商贸物流园区，北京新机场、石家庄正定国际机场重点建设国际性、区域性空港商贸物流园区；秦皇岛、唐山、沧州市重点建设煤炭、铁矿石、钢材、汽车、管道装备、精细化工等临港商贸物流园区；邯郸、承德、邢台、衡水市重点建设钢材、金属制品、新型建材和农产品等仓储中转商贸物流园区；石家庄、保定、廊坊等市重点建设箱包皮具、服装服饰、家居用品、中药材、农副产品等商贸物流园区。

（四）促进商品市场转型升级。建设大宗商品交易中心，支持秦皇岛煤炭交易市场、河北钢铁交易中心、承德有色金属交易中心完善现货交易、期货交割和价格指数等功能。在秦皇岛、高碑店等地谋划建设一批农副产品、粮油和果蔬等新型大宗商品交易平台。围绕商品集散型和产地型批发市场，推动专业化提升和精细化改进，培育县域特色经济，带动产业集群发展。支持石家庄、唐山、保定、承德等市探索采用政府回购、政府股权投资、设立农产品流通产业基金等方式，建设和培育一批公益性农产品市场，完善农产品集配中心分选包装、冷链物流、检验检测、电子结算和信息发布等市场功能和手段。鼓励供销社参与公益性农产品批发市场建设试点，有条件的地区、政府控股的农产品批发市场可交由供销社建设、运营、管护。

三、培育壮大市场主体

（一）推动流通企业做大做强。支持优势流通企业通过参股、控股、兼并、合资和合作等方式，形成若干具有较强市场竞争力、资源整合力和品牌影响力的大型商贸流通集团，提升流通组织化、规模化、标准化和集约化水平。鼓励和引导金融机构加大对流通企业兼并重组的支持力度，支持商业银行提高对兼并重组商贸企业综合授信额度。加快推进供销社综合改革试点，打造服务农民生产生活的生力军和综合平台。实施品牌培育工程，支持企业申报驰名商标、著名商标和省服务品牌，加快创建一批本土知名品牌，扩大品牌效应，提升品牌价值。

（二）搞活中小商贸流通企业。鼓励中小商贸企业突出经营特色，创新流通方式和营销渠道，实行差异化发展。支持大型商贸企业、第三方物流企业、快递企业和各类电子商务企业，为中小企业提供联合采购、共同配送和网络销售等服务。支持中华老字号传承发展传统技艺，应用现代技术提高商品质量和服务水平。加强中小商贸企业聚集区建设，完善配套设施和服务，促进聚集发展和抱团发展。开展小微企业创业创新基地城市示范工作，聚焦小微企业发展需求，以创业创新基地为载体，着力打造支撑小微企业发展的市场化、专业化、集成化和网络化新型载体；认真落实支持创业和鼓励创新的相关政策措施，对入驻基地的小微企业适当减免场地和厂房等使用费用；运用大数据、云计算等信息化手段，建设互联互通、资源共享的小微企业公共服务平台。

（三）扩大流通领域对外开放。支持沃尔玛、家乐福、苏宁、国美等境内外知名零售商在我省发展。开放现代物流业，鼓励外商投资物流设施、物流网络和信息服务等，吸引更多的国际知名物流企业落户我省。拓宽与外商在电子商务和融资租赁等现代服务业领域的合作。推动内外贸融合发展，争取将白沟箱包市场纳入商务部重点培育的国家级市场采购贸易方式试点，依托辛集皮革、清河羊绒、高阳毛巾等条件较为成熟的专业市场，培育和认定一批省级内外贸结合商品市场。支持大型流通企业、快递企业、专营贸易公司和特色专业市场“走出去”，设立境外商贸物流（快递）园区，完善海外营销、支付结算、仓储物流及售后服务网络，鼓励快递企业发展跨境电子商务快递业务，带动商品和服务出口。鼓励外贸企业建立国内营销渠道，开展国外品牌经营代理，合理增加一般消费品进口，满足国内市场需求。

（四）推进京津冀市场一体化。加强京津冀商贸流通发展规划衔接，有序承接京津市场转移。鼓励流通企业双向延伸、融合发展，相互开展商品展示交易，拓展市场空间。深化农产品流通市场合作，推动“农超对接”，为我省农产品市场进入京津市场提供便利。推进农产品质量安全监管合作，确保京津农副产品优质安全供应。搭建区域公共物流信息服务平台，制定京津冀物流协同地方标准，开展物流标准化试点合作，提高商品物流配送效率。共同打造展会平台，发展会展经济。探索建立重要商品应急保供机制，联合保障京津冀区域市场稳定运行。

四、创新流通发展模式

（一）建设全国现代商贸物流基地。推进京津冀商贸物流大市场建设，着力构建“一环、两通道、多枢纽”的物流发展主框架，到2020年基本建成服务京津、辐射全国、面向世界的现代商贸物流重要基地。突出服务京津，主动承接北京市非首都功能疏解，建设环首都物流产业带。落实“一带一路”战略，打通唐山港、秦皇岛港与二连浩特口岸综合运输大通道，谋划开通石新欧、冀蒙俄国际货运班列，加密沿海港口集装箱航线，开辟国际远洋航线，打造国际综合物流通道。支持石家庄、唐山、邯郸、秦皇岛、沧州等市，依托综合交通枢纽，完善航空货运、跨区分拨、陆海联运、内陆口岸、国际贸易和邮政快递等综合服务功能，建设国家级物流枢纽城市。支持保定、张家口、承德、邢台、衡水等市，提升区域物流集散能力，建设国家区域性物流节点城市，巩固和增强全国物流网络中的节点地位。推进物流产业聚集区基础设施和公共服务平台建设，增强综合服务和聚集发展水平，支持快递业率先突破。争取中国（天津）自由贸易园区政策向我省条件成熟的地区延伸，争取国家批准设立黄骅港综合保税区和京唐港保税物流中心，在北戴河试行离区免税政策。依托北京新机场临空经济区，培育保税加工贸易和保税物流仓储等产业，开展国际贸易和跨境电子商务试点；将秦皇岛、唐山和沧州等市打造成落实中韩、中澳自由贸易协定的地方经济合作示范区。实施多式联运、城乡共同配送、物流标准化、智慧物流、绿色物流和快递物流等重大示范工程，创新物流发展模式，提高物流社会化、专业化、标准化和智能化水平。

（二）实施“互联网+”流通行动计划。鼓励商业模式创新，积极搭建廊坊366、北国如意购、承德宽广购和邢台家乐园等区域性电子商务平台。支持零售企业推进实体店数字化改造，增强店面场景化、立体化和智能化展示功能，促进多渠道、全天候营销。加强互联网企业与实体店合作，推动线上交流互动、引客聚客、精准营销等特点和线下真实体验、品牌信誉、物流配送等优势相互融合。加强大宗商品、县域特色产业和单品电子商务平台建设，强化交易撮合、商品集散、价格发现和信息交互等传统功能，增强物流配送、质量标准、金融服务、研发设计、展览展示和咨询服务等新型功能。开展电子商务进农村综合示范，支持邮政、快递企业完善农村地区服务网络，加强与农业、供销和商贸企业合作，构建农产品进城和工业品下乡双向流通体系，力争到2016年年底实现农村电子商务全覆盖。健全电子商务便民服务体系，完善快餐、缴费、网订店取、网订自提和社区配送等功能。加快移动互联网、大数据、物流网、云计算、北斗导航、地理位置服务和生物识别等现代信息技术在流通领域的应用推广，提高内贸流通智能化水平。推进国家级电子商务示范城市、园区（基地）创建活动，培育一批省级电子商务龙头企业。

（三）进一步提高流通连锁化水平。支持大型商贸企业以电子商务、信息化和物流配送为依托，积极发展直营连锁，规范特许经营和自愿连锁，增强联合采购、统一分销和共同配送能力，提高自营商品比例。制定和推广实施物流链相关标准，加强流通企业与生产企业价值链、供应链、产业链融合，优化业务流程，提升资源利用效率。加强产销合作，规范经销代理模式，畅通流通渠道，降低流通成本。鼓励和扶持专业大户、家庭农场、农民合作社、农业服务企业和农业产业化龙头企业等新型农业经营主体向流通产业延伸，发展农产品商品化处理、冷藏保鲜、仓储配送，提高农产品连锁经营水平。

（四）发展绿色循环低碳流通模式。倡导文明节约、绿色低碳的生产、流通和消费方式，培育创建一批绿色商场、绿色市场和绿色饭店，力争到2020年全省零售业万元销售额能耗降低10%。开展绿色营销试点，鼓励流通企业与绿色低碳的生产企业建立战略合作，优先采购环境友好、节能降耗和易于资源综合利用的原材料、商品和服务，通过开设绿色产品专柜和专区等形式，宣传、展示和推销有节能标识和获得低碳认证的绿色商品，扩大绿色低碳商品销售规模和市场占有率。支持新能源车辆在邮政、快递领域的应用。加强商业建筑和设施节能减排，大力推广节电、节水、环保技术和设备，抑制一次性用品使用和商品过度包装，落实塑料袋有偿使用制度，探索餐厨垃圾集中回收和分类处理方式。加快构建多元化回收、集中分拣和拆解、安全储存运输和无害化处理再生资源回收体系，到2020年全省建成20个以上废旧商品回收利用基地，培育30家以上大型废旧商品回收龙头企业，各主要品种废旧商品回收率达到80%以上。加快二手车市场、报废汽车回收企业升级改造，推动旧货市场规范发展。

五、保障市场稳定运行

（一）加强市场运行监测。推进大数据应用，强化市场运行监测分析和预测预警，提高公共信息和市场调控的预见性、针对性和有效性。推动部门间信息开放、互通和共享，搭建内贸流通综合信息平台。完善内贸流通统计体系，建立电子商务、服务消费等统计调查制度。整合大数据采集资源，挖掘和研发大数据公共服务产品，引导流通企业利用大数据技术进行市场拓展、精准营销和优化服务。建立社会化、市场化的大数据应用机制，推动第三方电子商务平台等企业开放数据资源，规范数据交易行为。加强实体市场和电子商务明码标价监管，强化信息采集发布，规范价格行为。

（二）增强应急保供能力。针对自然灾害、事故灾难、公共卫生事件和社会安全事件等各类突发事件，制定细化市场应急保供预案。完善省、市重要商品储备制度，适度扩大肉类、蔬菜、食糖、小包装食品等生活必需品的储备规模，增加储备商品品种，在有条件的县（市、区）探索建立相应的储备制度。坚持政府储备和商业储备相结合，推广商业储备市场化运作和储备主体多元化。建立应急商品数据库，强化储备商品查验措施。根据突发事件影响的范围和程度，综合运用信息引导、企业采购、跨区调运、储备投放、组织进口、限量供应和依法征用等方式，增强市场投放和调控能力，抑制市场异常波动。

（三）引导扩大居民消费。准确把握市场变化，积极培育消费热点，引领产业升级，释放内需潜力，引导消费向智能、绿色、健康、安全方向发展。突出扩大服务消费，着力提升消费档次和品质。打造“幸福河北欢乐购”等大型消费促进平台，组织开展购物、肉类直补、旅游、餐饮和网购等板块的消费促进活动。依托传统和民俗节日，引导企业强化促销措施，打造节日经济。发展城市夜经济，支持大型商贸企业延长营业时间，因地适时推出夜消费活动，激发夜消费活力。

（四）构建流通追溯体系。坚持政府引导与市场化运作相结合，利用互联网技术，以肉类、蔬菜、酒类和药品等商品为重点，加快建立来源可追溯、去向可查证、责任可追究的流通追溯体系。认真总结石家庄肉菜和安国中药材追溯体系试点经验，加快复制推广，力争到2020年基本建成对接国家、覆盖全省、联通周边的重要商品流通追溯体系。扩大重要商品追溯体系应用范围，强化追溯大数据智能化分析研究，加大在事中事后监管、促进行业发展、信用体系建设等方面的应用力度，提高追溯体系综合服务功能。建立完善重要商品追溯体系工作机制，推进跨部门、跨地区追溯体系对接和信息互通共享。

六、建设法治化营商环境

（一）深化体制机制改革。探索建立大流通工作机制，理顺部门职责分工，整合内贸流通职责，加强对电子商务、商贸物流、农产品市场建设等重点领域规划和政策的统筹协调。依法界定内贸流通经营活动审批、资格许可和认定等管理事项，推行市场准入负面清单管理制度。除法律、法规和国务院决定外，各地各部门一律不得增设市场准入行政许可事项，取消涉及内贸流通非行政许可审批。调整和优化市场准入资质条件，进一步降低市场准入门槛。认真落实注册资本由实缴制改认缴制、“先照后证”改革、“一照一码”等制度，简化市场主体经营场所登记手续，推进“一照多址”“一址多照”“集群注册”等登记制度改革。加快推广行政审批“一个窗口”受理，规范行政许可流程，提高办事效率。

（二）健全流通法规标准。推动内贸流通领域地方性法规和政府规章的制定完善工作，加快建立统一开放、规范有序、公开透明的行业规则。抓紧推动有关市场流通管理、城镇商业网点规划、保护知识产权和商业秘密、规范商业促销活动、电子商务监管、网络信息安全等方面的法规体系建设。鼓励有条件的地方在权限范围内先行先试。推进流通标准化，加大对流通国家、行业标准的宣传贯彻和实施推广力度，做好地方标准和企业标准的制修订工作。建立健全我省内贸流通标准体系，以标准为依据规范企业的交易、服务和管理行为。

（三）提升监管执法效能。开展商务综合执法改革试点，认真落实执法人员持证上岗和资格管理制度，健全举报投诉网络和执法规程，创新流通执法机制。抓紧建立涉及流通领域的权力清单、责任清单和监管清单，完善信息公示制度。加强对重点商品、重点领域和重点环节的市场监管，严厉打击侵权假冒和非法集资等违法行为。创新对产品质量和电子商务等方面的监管模式，推行“双随机”抽查，完善质量担保和争端解决等制度。加强行政执法与刑事司法衔接，健全信息共享、联合执法和案件移送等协作机制。加强商业征信体系建设，实施信用分类管理，建立企业经营异常名录和严重违法失信企业名单，完善市场化综合信用评价和服务，依法惩戒失信企业，营造诚信经商氛围。

（四）完善促进政策措施。积极开展内贸流通各类试点，主动争取财政支持，提高引导资金使用效益。探索采用基金方式，重点支持公益性、公共性内贸流通设施建设。落实新建社区商业和综合服务设施面积占社区总面积比例不得低于10%的政策。对符合条件的农产品批发市场和农贸市场，实行免征土地使用税和房产税等政策。推进跨地区连锁经营企业总部和分支机构汇总纳税，落实国家已出台的促进中小商贸企业发展的减免税收、降低费用等政策。鼓励和引导银行、保险、典当、融资租赁、商业保理等融资服务机构，开发符合内贸流通特点的融资产品。实行工商用电同价，除自愿执行峰谷分时电价的用户外，能单独计价的商场、超市、餐厅、宾馆、冷库等用户暂不执行峰谷分时电价，按一般工商业平段电价执行。落实银行卡刷卡手续费定价机制改革，从总体上科学合理地调整包括餐饮业在内的商贸流通行业刷卡手续费。落实涉企行政事业性收费和实行政府定价、政府指导价经营服务性收费目录清单和公开公示制度，进一步减轻企业负担。

河北省人民政府

2015 年 12 月 24 日

石家庄市人民政府关于促进物流业加快发展的若干意见

石政发〔2015〕19号

各县（市）、区人民政府，高新区、正定新区、循环化工园区和空港工业园管委会，市政府有关部门：

为贯彻落实《国务院关于印发物流业发展中长期规划（2014—2020年）的通知》（国发〔2014〕42号）、《国务院办公厅关于促进物流业健康发展政策措施的意见》（国办发〔2011〕38号）和《河北省人民政府关于促进物流业加快发展的若干意见》（冀政〔2014〕119号）精神，积极融入京津冀物流业协同发展，加快我市商贸物流基地建设，结合实际，提出如下意见：

一、简化审批手续

（一）依法高效快捷办理注册登记。简化物流企业申请设立审批程序，对手续齐全的，办理营业执照时间缩短至2个工作日内。具备法定投资资格的自然人、企业法人、社团法人、事业单位法人、民办非企业单位、个人独资企业、合伙企业、有投资能力的村（居）委会，均可成为物流企业的出资人。各行政主管部门依照各自法定职责，对物流企业加强事中事后监管。（责任部门：市工商局；相关部门配合）

（二）公司制物流企业总部可以统一办理各分公司工商登记注册。非公司制物流企业设立分支机构时，可持总部出具的文件及前置许可手续，直接到所在地工商行政管理机关申请登记注册，免予办理工商登记核转手续。允许“一照多址”。对无需前置审批的企业或者前置审批文件、证件已经标明生产（经营）地址的企业，住所和生产（经营）场所在同一县（市）、区行政区域范围内的，可以申请在总部营业执照上加载生产（经营）场所地址，免予办理分支机构登记。（责任部门：市工商局）

（三）简化个体运输业户道路运输许可证、营运证年审手续。（责任部门：市交通局）

二、保障物流用地

（四）优先支持三个省级物流产业聚集区和重点物流项目用地。按照聚集区规划确定的村庄整合方案和用地布局，有步骤地推进聚集区村庄开展城乡建设用地增减挂钩试点。对符合规划的物流重点项目，确需占用农用地的，在年度用地计划内统筹考虑，优先安排。支持利用工业企业旧厂房、仓库及其他存量土地资源建设物流设施或提供物流服务，涉及原划拨土地使用权转让或租赁的，按规定办理土地有偿使用手续，经批准可采取协议方式出让。探索采用缩短出让年限的方式出让物流业用地。（责任部门：市国土局）

（五）农产品批发市场用地作为经营性商业用地，严格按照相关规定和规划合理布局。土地招拍挂出让前，所在区域有工业用地交易地价的，可参照市场地价水平、所在区域基准地价和工业用地最低价标准等确定出让底价。土地出让后不得擅自改变用途和性质，严禁擅自改变用途从事商业性房地产开发。（责任部门：市国土局、市规划局、市城管委）

（六）一次性缴纳土地出让金确有困难的物流企业，在依法约定的前提下，首期缴纳50%后，其余可在1年内分期缴付。鼓励以租赁方式供应物流业用地。允许物流企业通过租赁方式取得国有土地使用权。（责任部门：市国土局、市财政局）

三、加大资金投入力度

（七）严格按市场化程序，研究设立市级现代服务业产业引导股权投资基金。政府投入部分财政性资金，引导各类社会资本积极参与，以社会资本为主、财政资金为辅、支持推动物流产业发展。（责任部门：市财政局、市金融办、市发展和改革委）

（八）引导银行业金融机构加大对物流企业的信贷支持力度。鼓励大型物流企业发起或参股设立小额贷款公司。支持发展物流金融，扩大质押融资规模。开展多种形式的银企对接，促进金融业与物流业融合。利用新三板、众筹、股权融资、境内外上市等金融工具，加快物流企业上市融资步伐。（责任部门：市金融办、市商务局）

四、落实税费政策

（九）大型农贸市场用气、热价格与工业同价。进一步落实鲜活农产品运输绿色通道政策，扩大蔬菜运输免收道路通行费的品种范围。（责任部门：市物价局、市交通局）

（十）支持农产品物流加快发展。取消超市向供应商收取的违反国家相关法律法规的通道费。落实免征蔬菜及部分鲜活肉蛋产品流通环节增值税政策。（责任部门：市商务局、市工商局、市国税局）

（十一）规范物流领域收费行为。涉及物流企业的收费单位要全面推行收费公示制度，按规定将收费项目、标准、服务内容等予以公示。建立和健全物流领域的投诉机制，切实维护群众的合法权益。（责任部门：市物价局、市财政局）

五、促进便利通行

（十二）市公安局会同交通局、商务局，制定保障城市配送车辆通行便利的管理办法和城市货运配送车辆的技术标准及运营服务规范，科学规划城市配送车辆运营线路、运营时间、临时停靠泊位。支持鼓励配送车辆使用新能源和清洁能源车辆，推进我市城市配送试点城市建设。（责任部门：市公安局、市交通局、市商务局）

六、突破关键技术

（十三）提升物流企业信息化水平。着重支持物流企业与物联网、云计算、大数据等新一代信息技术研发的IT企业联姻合作，开展货物跟踪定位、无线射频识别、物流信息平台、智能交通、物流管理、物流移动信息服务等应用示范。通过高新技术企业认定的物流企业，依法享受高新技术企业所得税优惠政策。物流企业和物流科技研发企业为开发新技术、新产品、新工艺发生的研究开发费用，按照税法规定，对未形成无形资产计入当期损益的，在据实扣除的基础上，按照研究开发费用的50%加计扣除；形成无形资产的，按照无形资产成本的150%摊销。重点支持优势物流企业建设信息平台、移动信息等服务。（责任部门：市科技局、市工信局、市发展和改革委、市财政局、市国税局、市地税局）

（十四）物流企业在信息化改造中所购置并实际使用符合国家规定的环境保护、节能节水和安全生产专用设备的，该专用设备投资额的10%可从企业当年的企业所得税应纳税额中抵免；当年不足抵免的，可以在以后5个纳税年度结转抵免。（责任部门：市国税局、市地税局、市工信局、市财政局）

七、深化管理改革

（十五）探索创新省级物流产业聚集区管理体制和运行机制。跟踪了解其发展状况，按照开发区（园区）的有关政策规定，适时明确和完善其管理体制。（责任部门：市编办）

（十六）鼓励、引导和支持物流企业兼并重组。重点支持龙头物流企业通过资产重组、主业剥离和并购参股等形式，整合物流资源，培育壮大一批龙头骨干物流企业。积极支持公路智能港网络建设，重点支持浙江传化、深国际等重大物流项目，在我市网路布局，带动提升全市物流智能化水平。积极发展多式联运，建设以航空、铁路、公路无缝链接的物流网络，加快推进电子商务与物流快递协同发展试点城市建设。引导、支持物流企业深入参与大型制造企业供应链管理。积极引导工商企业物流业务外置，做大做强第三方物流企业。支持物流企业设立海关监管场所、进口保税库、出口监管库、出入境检验检疫集中查验场所和定点监管场所，重点支持内陆港、综保区、润成保税物流等项目建设。（责任部门：市交通局、市邮政管理局、市商务局、市国资

委、市发展和改革委、空港管委会）

八、加强组织领导

（十七）各有关责任部门要高度重视物流业发展，切实加快政府职能转变和管理创新。要结合实际，研究出台落实细则，进一步细化政策措施，认真抓好落实。市发展改革委会同有关部门，牵头抓好物流业发展工作，共同推动我市物流业健康快速发展。

石家庄市人民政府

2015 年 5 月 30 日

石家庄市人民政府办公厅关于促进快递服务业发展的意见

石政办发〔2015〕34 号

各县（市）、区人民政府，市政府有关部门：

为进一步加快我市快递服务业发展，规范快递服务市场秩序，更好地发挥快递服务在促进生产、改善民生、增加就业、扩大内需等方面的重要作用，现就促进我市快递服务业发展，制定以下意见。

一、总体要求

（一）重要意义

快递作为服务行业，在自身高速发展的同时，嵌入并渗透农业及制造业的转型升级，为第一、第二产业发展起到了重要的基础支撑作用。快递服务业是融合信息交流、物品递送、资金流通等多种功能于一体的高成长复合型新兴服务业，具有促进商品流通能力强、拉动居民消费作用大、吸纳就业人数多、涵盖生产生活领域广等特点，在方便群众生活、服务社会生产、助推经济发展等方面发挥着越来越重要的作用。加快促进快递服务业发展，有利于充分发挥我市区位、交通、人力、市场等优势，推动快递行业功能整合和服务延伸，融入地方产业链、服务链和供应链，优化产业结构，提升产业层次，促进快递与电子商务、制造业等产业协调联动发展，对推动产业结构战略性调整、促进全市经济持续较快发展具有重要意义。

（二）指导思想

以党的十八大和十八届三中全会精神为指导，以服务产业结构调整、方便民众生活、促进社会消费、推动社会经济发展为出发点，以构建网络完善、技术先进、服务优质、便捷高效的现代快递服务体系为目标，推进快递与电子商务、制造业联动发展，与综合交通运输体系顺畅对接，支持解决城市快递车辆通行难题，全面提升全市快递服务业发展水平，提升和发挥其在服务经济社会发展和民生改善方面的地位和作用。

（三）发展目标

到 2020 年，全市快递服务业发展要努力实现以下目标：

1. 总体指标位居前列。全市快递业务收入达到 50 亿元，年均增长 30% 以上；业务量达到 3. 5 亿件，年均增长 30% 以上；年业务收入 1 亿元的骨干网络企业达到 7 个，其中年收入达到2亿元的企业3个；行业从业人员达到2万人以上。

2. 枢纽地位明显提升。基本建成面向全国、紧密衔接、统一协调、使用方便、服务优质、技术先进、快捷高效的现代快递服务网络，充分发挥与生产、投资、消费三大领域关联的作用，成为产业内、产业间、区域间和文化间的重要连接纽带，进一步巩固我市在全国快递服务网络中的全国性区域中心枢纽地位。

3. 服务能力显著增强。快递终端服务网点遍布城乡，乡镇覆盖率达到80%以上。省内县级以上城市间和全国61个重点城市间的快件实现48小时内投递，人民群众使用快递服务的总体满意度达到80%以上，确保快递服务业的在发展中提升，在提升中发展。

4. 生产水平快速提升。规模以上快递企业员工素质、管理水平、装备水平明显提高，构建多品种、差异化、个性化的快递产品服务体系，基本实现快递服务功能多样化、寄递服务快捷化、内部作业机械自动化、生产组织信息化。

二、重点工作

（一）完善网络重要节点，推进快递物流园区建设

开展快递服务业规划、物流园区发展规划，并做好两个规划的衔接。将快递服务业规划纳入本级城乡规划、土地利用总体规划，将物流快递园区建设作为城市重要的基础设施，合理安排建设布局、用地规模和开发时序，预留快递服务业发展空间。按照企业集中布局、产业集群发展、资源集约利用、功能集合构建的原则，规划建设具备集中仓储、分拣处理、快速集散、统一配送、商品展示等服务功能的现代化物流快递园区。

（二）改善道路运输环境，规范快递车辆管理

1. 落实快递车辆通行政策。落实快递车辆通行政策。按照依法、高效、环保的原则，研究制定城市快递配送管理办法。对所有在市区内道路通行的合法快递车辆在严格遵守市政府有关车辆限行规定的基础上，最大限度的保障优先通行。同时，对运输快件的快递车辆在市区道路通行、停靠、作业等相关方面在法律规定的范围内给予相应便利。

2. 逐步规范快递车辆管理。明确快递车辆范畴，同时纳入城市配送车辆体系，实行统一管理和专项管理相结合的管理模式。通过统一快递车辆标识、统一快递车辆通行证等措施逐步规范快递车辆管理。

3. 积极推广快递新能源汽车。充分发挥政府、企业、市场的引导协调作用，大力组织实施快递新能源汽车推广应用，按照中央财政与地方财政配套的有关政策进行资金补助，加快完善配套基础设施建设，将建设充换电等基础设施纳入市政规划，对快递从业人员考取车辆驾驶证开辟绿色通道。

（三）完善末端投递服务体系，加大投递末端公共服务设施建设

1. 大力推广智能快件箱（自提箱、储物柜、E邮柜）。智能快件箱是城市公益性基

础设施，要以共同配送体系的一部分纳入城市发展和建设规划，统一建设，每年投入一定资金，重点在政府机关、高校、住宅小区设置智能快件箱。利用多种形式鼓励、吸引快递企业或第三方投资建设智能快件箱，共同解决好快递末端投递的难题，为人民群众提供便捷高效的快递服务。

2. 大力推进快递服务综合站点建设。加快与城市共同配送体系建设的融合发展，将快递服务综合平台建设纳入城市共同配送体系。由政府给予政策优惠，引导快递企业与城市社区、小区物业等合作，共建快递服务综合服务网点，为快递末端投递和揽收提供服务便利，提升快递末端服务质量，节省末端服务成本，不断提升快递服务水平。

3. 大力推进快递“七进”工程。不断增强和改进快递服务条件，在全市大力推进快递服务进政区、进园区、进商区、进校区、进小区、进景区、进郊区的“七进”工程，提高行业服务网络覆盖率，延伸服务末梢，确保快递深入千家万户，为人民群众生活提供更大便利。

（四）积极服务民生，完善公共服务体系建设

1. 推进快递下乡工作。依托邮政企业村邮站及“三农”服务网点，打造辐射乡镇和农村的农村快递公共服务平台，列入公共基础设施服务建设规划，纳入城市建设长期规划。

2. 成立石家庄市邮政业发展中心。将申诉、行业发展规划、行政审批服务、咨询服务和安监系统管理维护等纳入邮政业发展中心，进一步强化和落实政府监管责任，健全邮政监管体系，加强和地方各级部门的融合发展。

（五）积极服务地方经济，推动快递服务与关联产业融合

1. 促进电子商务与快递服务协同发展。发挥地方政府统筹协调优势，建立适合电子商务与快递协同发展的管理和服务体系，破除行业发展瓶颈。支持电子商务平台服务商、销售商进入快递市场，为消费者提供电商快件寄递、配送服务。完善骨干节点和末端投递服务站点建设，完善快递从业人员服务标准化、制度化、规范化建设。

2. 推动制造业与快递服务协同发展。鼓励快递企业与制造企业建立机构合理、标准对接的合作模式，实现互利共赢。支持制造企业外包服务环节依托快递网络，开展综合集成制造和分销配送，构建产业发展新体系；支持快递企业根据制造业需求，加强功能整合和服务延伸，构建安全高效、技术先进的快递服务体系。

3. 推动交通运输与快递服务协同发展。积极支持交通运输与快递服务融合发展、协同壮大，鼓励民航、铁路等运输部门为快件运输开通绿色通道，提供优质服务。

（六）提高企业竞争力，推动快递技术装备和人员素质提升

1. 提高企业技术装备。支持快递企业选配自动（半自动）分拣设备和快件搬运、装卸、仓储设备，不断提高快件处理的机械化、自动化水平。鼓励快递企业推广应用

快件跟踪查询、信息处理、行业信息交互对接、快件时效管理、优仓优配等先进技术。全面推行安检设备的配备，并以分拨中心优先配备为主，逐步推广到各个站点，做到邮件、快件100%通过X光机进行安全检查。

2. 加强企业人才培养。依托现有资源加大行业人才培训和职业技能鉴定。加强快递人才培养和职业培训，引导高等院校和中等职业学校加强与快递服务业发展相适应的学科专业建设，加快培养快递服务业紧缺人才。支持有条件的企业与高校、科研院所联合建立实训基地，支持各类教育培训机构开展（快递）服务业技能型人才培训、再教育。

3. 建立快递综合信息服务平台。鼓励引导快递企业，不断提高信息化应用水平，积极运用现代通信、网络技术，由政府主导投资对业务受理、仓储管理、分拣配送、客户管理、安全监控、信息跟踪查询等生产管理环节建立综合服务平台，进行全方位的监测、分析，提高企业运行效率和服务质量，提升行业监管水平。

（七）完善规章制度，加强快递服务行业监管

全面贯彻落实《中华人民共和国邮政法》《快递市场管理办法》（交通运输部令2013年第1号）、《快递业务经营许可管理办法》《邮政行业安全监督管理办法》（交通运输部令2011年第2号）、快递服务国家标准等法律、法规和标准，加强快递市场监管，规范快递市场秩序，依法维护国家利益和公共安全，保障消费者和经营者的合法权益。

三、保障政策

1. 扶持政策支持。高度重视快递服务业的发展，将快递服务列为重点扶持发展行业，给予政策支持。在快递物流园区建设、车辆通行便利、快递综合信息服务平台以及推广快递新能源汽车、智能快件箱、综合服务网点、快递下乡等项目中给予政策便利，推动相关产业与快递服务协同发展，共同服务地方经济。

2. 保障土地、场地供给。将快递服务业发展纳入经济社会发展规划，快递服务业用地布局要与城乡建设规划、土地利用总体规划相衔接，统筹考虑快递服务基础设施布局规划，妥善安排快递物流园区、智能快件箱、综合服务网点、快递下乡等基础生产服务设施的用地，切实保障土地供给。对将企业总部、全国性区域总部、全国或全国区域性服务功能设施布局在我省的骨干网络快递企业用地和列为市重点建设项目的快递建设项目用地予以重点保障。快递物流园区项目用地应规划为物流仓储用地，国土局按规划用途供地，有关部门要在园区选址、立项、供地审批等方面给予支持。

3. 加大财政支持。加大对快递服务基础实施投资的扶持力度，对具有重大社会公共效益的快递服务基础设施和技术服务创新项目给予补助和贴息扶持。

快递物流园区建设落实国家鼓励类服务业价格政策，快递企业用水、用电、用气、用热实行与工业企业同价。新能源汽车推广按照中央财政与地方财政配套的有关规定，

对新能源汽车及充电桩等基础设施建设给予补贴。快递服务网点对其用地、建设、后期运营提供补贴，并将快递服务综合平台建设列为各级地方政府年度考核指标，大力推动快递服务作为公共基础设施建设的发展速度。快递下乡由政府以优惠条件提供建设用地，对建设过程提供财政资金支持。政府对邮政部门开展的相关人才和职业技能鉴定给予资金支持。

4. 落实税收政策。在快递服务业领域落实国家服务业领域有关税收优惠政策，对快递企业投资购置使用环境保护、节能节水、安全生产等专用设备，按国家有关政策落实税收抵免政策。对快递企业跨境业务税费给予抵扣、减免。鼓励快递企业推广应用手持税控终端开具普通发票。

5. 拓宽投融资渠道。加大对快递企业的金融支持力度，引导金融机构增加对骨干网络快递企业的授信额度，扩大贷款规模，在国家允许贷款利率浮动幅度内给予一定的利率优惠。鼓励金融机构针对快递企业特点设置贷款评估标准，为快递企业购置自动（半自动）快件分拣机、快件安检机、重型汽车等大型设备提供融资租赁服务。

四、强化管理

1. 加强组织协调。各有关部门要根据意见要求，进一步深化对发展快递服务重要意义的认识，落实专门的牵头部门，制定符合实际的扶持发展政策，切实加强组织领导和协调配合，推动全市快递服务业快速健康发展。

2. 加强行业指导。邮政管理部门要加强对快递服务企业的行业指导，督促企业按照现代企业管理要求，建立健全公司法人治理结构，完善内部管理制度，树立企业文化，打造服务品牌，提高服务质量，不断增强企业市场竞争力。

石家庄市人民政府办公厅

2015 年 7 月 31 日

沧州渤海新区管委会《关于扶持物流贸易发展的优惠政策》

第一条　对新设立的年实际纳税总额在 300 万元以上的公路、铁路、海运货物运输企业，自开业年度起，前三年按其缴纳营业税（增值税）的 100% 标准给予补助，后两年按其缴纳增值税的 50% 标准给予补助；自获利年度起，前三年按其缴纳企业所得税地方留成部分的 100% 标准给予补助，后两年按其缴纳企业所得税地方留成部分的 50% 标准给予补助。

第二条　对新设立的年实际纳税总额在 200 万元以上的装卸、仓储、分拨、配送、采购、包装、期货交割库、货代、船代等物流辅助服务类企业，自开业年度起，前三年按其缴纳营业税（增值税）的 100% 标准给予补助，后两年按其缴纳增值税的 80% 标准给予补助；自获利年度起，前三年按其缴纳企业所得税地方留成部分的 100% 标准给予补助，后两年按其缴纳企业所得税地方留成部分的 50% 标准给予补助。

第三条　对新设立的年实际纳税总额在 100 万元以上的物流公共信息平台、电子商务（包括各类大宗商品交易平台）等物流综合服务类企业，自开业年度起，前三年按其缴纳营业税（增值税）的 100% 标准给予补助，后两年按其缴纳增值税的 50% 标准给予补助；自获利年度起，前三年按其缴纳企业所得税地方留成部分的 100% 标准给予补助，后两年按其缴纳企业所得税地方留成部分的 80% 标准给予补助。

第四条　对新设立的年实际纳税总额在 400 万元以上的煤炭、矿石、油品、化工品、粮食等贸易企业，自开业年度起，前三年按其缴纳增值税地方留成部分的 100% 标准给予补助，后两年按其缴纳增值税地方留成部分的 80% 标准给予补助；自获利年度起，前三年按其缴纳企业所得税地方留成部分的 100% 标准给予补助，后两年按其缴纳企业所得税地方留成部分的 80% 标准给予补助。

第五条　对已设立的物流贸易企业，以 2012 年各税种实缴税额为基数，超基数部分享受上述政策。

第六条　对在渤海新区从事物流贸易工作年薪超过 15 万元的高级管理人员，个人所得税地方留成部分的 100% 标准补贴个人。

第七条　对物流企业自有的（包括自用和出租）大宗商品仓储设施用地，城镇土地使用税减半征收。

第八条　设立物流贸易发展专项资金，专项支持物流贸易项目企业。

第九条　本文件自发文之日起执行。

第十条　本政策暂在渤海新区试行，由新区财政局、物流办负责解释。

渤海新区管委会《关于支持黄骅港集装箱产业发展的优惠政策》

第一条　对在黄骅港从事集装箱专用码头运营的公司实施补贴。按集装箱专用码头建成运营后实现的集装箱吞吐量，每标箱补贴100元。

第二条　对在黄骅港从事集装箱支线运输的船公司实施补贴。使用101～300标箱船型的，每标箱补贴50元；使用301～500标箱船型的，每标箱补贴55元；使用501～900标箱船型的，每标箱补贴60元；使用901标箱以上船型的，每标箱补贴65元。

第三条　对在黄骅港从事集装箱内贸干线运输的船公司实施补贴。使用不足1000标箱船型的，每标箱补贴70元；使用1001～3000标箱船型的，每标箱补贴75元；使用3001标箱以上船型的，每标箱补贴80元。

第四条　对从事黄骅港集装箱业务的代理公司的代理重箱量每标箱补贴50元。

第五条　对从事铁海联运集装箱且在黄骅港口岸离岸或到岸的公司每标箱补贴100元。

第六条　对在渤海新区注册并从事集装箱业务的企业，按照所缴税额，地方财政留成部分等额支持集装箱业务发展。

第七条　各涉港部门要主动服务，协调配合，为集装箱运输、运营创造良好的发展环境。

第八条　任何部门和个人不得干扰集装箱运输和经营企业的正常运营管理，违者追究其相关责任。

第九条　公安、交通部门认真落实河北省政府出台的《关于进一步推进口岸建设开放的若干意见》，对拖带40HC（指40英尺高柜）集装箱的运输车辆，高度不超过4.5米免予处罚。

第十条　港口、口岸、联检部门加强配合，积极主动，提高集装箱中转运输效率。

第十一条　本优惠政策自颁布之日起生效。

第十二条　本优惠政策由渤海新区财政局和渤海新区港口建设服务中心负责解释。